American Idioms
& MBA English

머리글 Preface

「American Idioms & MBA English」는 다음 분들을 위해 편집되었다.

- 글로벌 기업 직원 및 글로벌 비즈니스 종사자 및 미국 현지에서 상용되는 관용어를 구사하고 싶으신 분
- 경영 실무, 금융, 무역 분야로 유학 및 해외진출을 하고자 하는 분
- 인문대, 사회과학대, 이공대등 비(非)상경대 출신으로 미국 Business School 유학 (준비) 중인 분들

「American Idioms & MBA English」는 학교 수업, 실전 비즈니스에 사용되는 「Global 경영·금융·증권·회계·외환·무역 기초 용어」와 미국 현지 생활에서 사용되는 American Idioms (미국 관용어) 를 영문/국문으로 편집한 바, 어느 Business 분야를 공부하든 기초 용어를 충분히 이해하고 관용어를 적절히 사용한다면, 미국에서의 영어 수업 수강, 미국 생활 및 Global BIZ에 상당히 도움이 될 것이다.

학교 수업, 토론, 세미나, 컨설팅에서 영어로 말하고 듣고 쓰는 것은 쉬운 일이 아니다. 이는 특정 상황에 관련된 전문 용어에 대한 이해가 부족하거나, 그 의미를 알더라도 영어로 표현하는데 어려움을 겪는 것에서 비롯된다. 예를 들어, depreciation이라는 용어가 회계에서 「감가상각」 이라는 의미가 있다는 것을 모르고, 경제 용어 「평가절하」 의 의미만 알고 있다면, 회계 관련 토론/컨설팅을 진행할 때 depreciation 이라는 단어가 나오면 흐름이 끊기게 되는 것이다.

미국 유학 생활을 하여도 미국인들과 어울리지 않으면 미국인이 학교, 직장, 일상생활에 사용하는 American Idioms (미국 관용어) 를 접할 기회가 흔치 않을 것이다.

영어 사용 시, 간혹 적절한 표현이 생각이 나지 않아 본인이 전달하고 싶은 상황이나 감정 표현을 하기 위해 아주 길게 설명하곤 하는데, 이때 그 상황에 적합한 관용어 를 구사할 수 있으면 표현 하나로 상황 설명 및 감정 전달을 정확하게 할 수 있다.

예를 들어, 『옥에 티, 닭살 돋다, 헛물켜다, 보지 않게 되어 속 시원하다, 수박 겉핥기, 가려운 데를 긁어주다, 희생양, 빈정대는 칭찬, 주도권 싸움, 입장이 뒤바뀌다』 등을 말해야 할 경우, 관용어를 알면 쉽게 표현할 수 있으나, 관용어를 모르면 상당한 부연 설명이 있어야 원하는 의미 전달이 가능할 것이다.

이 관용어들은 미국 현지 생활 (미국 회사 근무, 언론 기사, 방송, 미드 등) 을 적극적으로 할 때 접할 기회가 있을 것이나, 미국 유학 생활을 하더라도 비(非)영어권 국가의 유학생들하고만 주로 어울리거나, 한국에 거주하면서 무역을 할 경우는 접할 기회가 흔치 않다.

「American Idioms (미국 관용어)」은 한국인이 접할 기회가 많지 않은 미국 현지에서 사용되는 관용어를 발췌하여 편집한 바, 미국 유학을 가거나, 보다 정곡을 찌르는 영어 구사를 원하는 직장인들 (외국 회사 한국 지사 및 글로벌 한국 기업) 에게 큰 도움이 될 수 있을 것으로 판단된다.

「American Idioms & MBA English」의 특징은,

■ 한 권의 서적으로 「MBA 관련 기초 용어 와 미국 관용어」를 익힐 수 있어,

■ 경영·금융·증권·회계·외환·무역에 대한 영어 용어 및 기초 설명으로 전공자뿐 아니라 비(非)상경대 출신의 MBA 유학에 도움이 되며,

■ American Idioms는 「관용어, 한글 의미, 관련 영한 예문」으로 Business, 시사 및 일상 생활에서 사용되는 영어 문장으로 편집하였으므로 미국의 실생활에 친근하게 젖어 들 수 있는 디딤돌이 되어 줄 것이라기대한다.

> ➡ 관용어에 몇 가지 의미가 있는 경우, 대표적인 의미로 사용되는 몇 개 문장 편집 과정에서 각 문장끼리 연계성이 없는 경우도 있는 바, 다른 문장과의 연계성을 생각하지 말고 각 문장에 사용된 관용어의 의미만 익히기 바람.

끝으로 「American Idioms & MBA English」의 편집을 도와준 미국 보스턴의 고마운 지인과 「American Idioms & MBA English」를 출간하여 주신 한올출판사 임순재 사장님, 바쁜 일정에도 불구하고 본 서적 출간을 위해 수고하신 최혜숙 편집장님께 깊은 감사의 말씀을 드린다.

2021년 6월

아펠바움에서
편저자 **장 시 혁**

Contents

Chapter I. Finance   6

1. Financing(자금조달)과 Interest Rate(금리) ················ 8
2. NPV(순현재가치) 와 Discount Rate(할인율) ··············· 14
3. Fiscal Policy(재정정책)과 Monetary Policy(금융정책) ·········· 17
※ Related Terms ·· 24

Chapter II. Securities   26

1. 미국의 증권시장 및 주요 경제지표 ······················ 28
2. 주식회사와 주식 ······································ 32
   A. 주식회사 일반 ···································· 32
   B. 주식 ·· 37
3. CB vs. BW ·· 55
4. ADR vs. Arbitrage ··································· 61
5. Financial Terms ···································· 64
6. Corporate Analysis(기업분석) ························ 75
7. M&A Terms ·· 82
※ Related Terms ····································· 89
   미국의 프로 스포츠 ································· 93

Chapter III. Accounting   94

1. GAAP (generally accepted accounting principles, 일반적으로 인정된 회계 규칙) ······ 96
2. Accounting Terms(회계 용어) ························· 98
3. Financial statement(재무제표) ······················· 103
   A. Income statement ······························ 103
   B. Balance Sheet ································· 104
   C. Statement of Cash Flow ······················· 104
4. Income Statement(손익계산서)의 의미와 서식 ············ 105
5. Balance Sheet(대차대조표)의 의미와 서식 ··············· 109
6. EBIT, EBITDA ····································· 114
7. Retained Earnings ································· 115
8. 주요 재무 비율 ····································· 116
※ Related Terms ····································· 118

📈 Chapter Ⅳ. Foreign Exchange　　　　120

1. 환율의 종류 ······· 122
2. 기축통화와 통화스왑 ······· 126
3. 환율조작국(Currency Manipulator, Currency Manipulating Country) ······· 129
4. 대체송금방식(ARS, alternative remittance system, 환치기) 131
5. 참고사항 ······· 133
※ Related Terms ······· 135

📈 Chapter Ⅴ. Trade　　　　136

1. 무역 절차 및 조건 ······· 138
2. 결제 방법 ······· 142
3. 선적 절차 및 B/L ······· 149
4. 수출입 가격 vs. 환율 ·······155
5. Claim vs. Force Majeure ······· 157
6. Commodities ······· 159
7. 입찰과 입찰 보증금 ······· 163
　🌐 유치산업보호론, 관세, SKD, CKD ······· 165

📈 Chapter Ⅵ. American Idioms　　　　166

　🎤 미국 실생활 관용어
　🎤 회사 생활 영어
　🎤 일상의 쉬운 단어로 표현되는 관용어
　🎤 상황의 핵심을 찌르는 사자성어 관용어

※ 참고 문헌 및 Sites　555

Chapter I
Finance

American Idioms & MBA English
미국 실용 관용어와 Global 경영·금융·증권·외환·무역 용어

01 Financing(자금조달)과 Interest Rate(금리)

02 NPV(순현재가치)와 Discount Rate(할인율)

03 Fiscal Policy(재정정책)과 Monetary Policy(금융정책)

※ Related Terms

01
Financing(자금조달)과 Interest Rate(금리)

 ## Direct Financing vs. Indirect Financing

Direct finance is a method of financing where borrowers borrow funds directly from the financial market without using a third party service, such as a financial intermediary.

Indirect finance is where borrowers borrow funds from the financial market through indirect means, such as through a financial intermediary.

기업의 자금조달(corporate financing) 방식에는 직접금융(direct financing)과 간접금융(indirect financing) 과 있다.

■ direct financing(직접금융)*은 기업이 금융기관을 통하지 않고 투자자로부터 직접 자금을 차입하는 것이다. 투자자에게 직접 자금을 차입하려면 차입한 자금을 상환(redemption) 하겠다는 약속 증서를 발행하여야 하는 바, 바로 이 증서가 채권(bond), 즉 회사채 (corporate bond) 인 것이다.

   * 기업이 금융기관을 통하지 않고 투자자에게 직접 자금을 차입하는 것이지만, 금융기관에 회사채 발행 업무를 맡기고 그에 대한 대가를 금융기관에게 지불하는 것이 일반적인 직접금융 방식이다.

■ indirect financing(간접금융)은 기업이 금융기관으로부터 자금을 차입하는 것인 바, 금융기관과 기업 둘 사이에 거래가 이루어지며, 따라서 이러한 차입금은 유통시장이 형성되지 않는다.

 ## Interest(이자), Interest rate(이자율)

돈을 차입할 때 부담하는 대여료가 금리(= 이자율)이다. Interest는 수요 공급의 법칙에 의해 결정된다.

- 돈에 대한 수요가 많으면 금리가 상승하며
- 돈에 대한 수요가 적으면 금리가 하락한다.

따라서, 기업은 financing(자금조달) 계획을 잘 수립하여 저금리에 financing 하면 financing cost(금융비용, 자금조달비용)을 절감할 수 있는 것이다. 일반적으로, 자금부(Department of Finance)에서 자금 조달을 담당한다.

| 금리의 종류 |

구 분	내 용
기준금리 (= 시중금리, basic rate)	중앙은행에서 결정하는 금리
콜금리 (= 표준금리, call rate)	콜 금리는 금융기관 사이의 단기자금 과부족을 조정해주는 콜 시장에서 형성되는 금리를 말한다. 빌려주는 것을 call loan, 빌리는 것을 call money 라고 한다.
예금금리 (= 수신금리, deposit rate)	금융기관에 돈을 예치할 때 적용되는 금리 ➡ 은행 고객의 입장에서는 예금금리이고, 은행 입장에서는 수신 금리이다.
대출금리(= 여신금리, borrowing / loan rate)	금융기관에서 돈을 빌려 줄 때 적용되는 금리 ➡ 은행 고객의 입장에서는 대출금리이고, 은행 입장에서는 여신금리이다.

 스프레드(spread, 가산금리)

금융기관이 대출할 때, 대출자의 신용도에 따라 우대금리에 일정 금리를 더해서 대출한다. 이를 스프레드(spread*, 가산금리)라고 한다. Spread는 대출자의 신용도에 inversely proportional(반비례) 한다. 즉, 대출자의 신용도가 좋으면 spread는 작아지며, 신용도가 좋지 않으면 spread는 커진다.

 * A spread has several meanings in finance. Basically, however, they all mean the difference between two prices, rates or yields.
   In trading of securities, the spread is the gap between the bid and the ask prices of a security or asset, like a stock, bond or commodity. This is called as 「bid-ask spread.」
   In lending, the spread can also refer to the price a borrower pays above a benchmark yield to get a loan. If the prime interest rate is 3%, for example and a borrower gets a mortgage charging a 5% rate, the spread is 2%.

Spread를 다르게 설명하면, 국제금융에서 기준이 되는 런던은행간 금리(LIBOR*)와 실제금리와의 차이를 말한다. 대출 당시의 LIBOR가 연 5.7%(annual interest rate of 5.7%)이며, 실제 지불금리가 연 6.7%라면 이 차이 1.0%를 spread 라고 한다.

  * LIBOR는 London Inter-bank Offered Rate로 「런던 은행간 거래 금리」이다.

 ## 프라임 레이트(prime rate, 우대 금리)

은행등 금융기관들이 신용도가 가장 좋은 고객들에게 적용하는 최저 우대 금리로 금융기관 대출금리의 기준 금리가 된다.

 ## At the interest rate of 5%(5프로 이자로)

Interest rate 앞에 아무런 명기가 없으면, 연리를 의미하는 것이 보편적이나, 연리인지 월리인지 등을 확실히 할 필요가 있을 경우, 연리 5%이면 at the annual interest rate of 5% 라고 확실히 명기할 필요가 있다.

 ## 국제간 금리 차이로 돈 장사

국제간의 금리 차이를 활용, 타국에서 저금리로 빌려와 자국에서 고금리로 대출하여 금리 차이로 수익을 확보하는 것이다. 예를 들어, 미국의 금리가 5%이고, 한국의 금리가 10%라면, 미국에서 돈을 차입하여 한국에서 돈을 대출해준다면 금리 차이 5%를 확보할 수 있다. 실제로 금융기관(financial institutes)은 이러한 돈 장사**를 하고 있다.

  ** 2018년말 현재, 한국 대부업의 상당 부분은 일본계 자금이다. 즉, 일본의 자금을 저렴하게 대출받아 한국에서 돈을 빌려주고 이자 차이를 확보하는 것이다.

 ## Yield Curve(수익률 곡선)

채권의 만기 수익률과 만기와의 관계를 나타내는 것이 수익률곡선(Yield Curve)이다. 수익률곡선은 일반적으로 우상향하는 모습을 보이나 우하향 또는 수평(flat)의 형태가 될 수도 있다.

수익률 곡선의 모양은 향후 경기전망을 어떻게 보는지를 시사한다. 이자율과 경기는 같은 방향으로 움직이기 때문에 수익률곡선이 우상향의 기울기를 보인다면 경기의 확장을 예상하고 있으며, 반대로 수익률곡선이 우하향한다면 경기의 위축을 예상한다는 것을 의미한다.

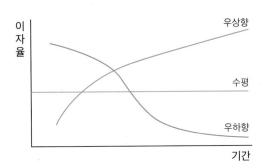

 ## Interest Coverage Ratio (ICR, 이자보상배율)

The interest coverage ratio is a debt and profitability ratio used to determine how easily a company can pay interest on its outstanding debt. The interest coverage ratio may be calculated by dividing EBIT of a company during a given period by the company's interest payments due within the same period.

- ICR = EBIT/interest payments = 영업이익/이자비용 (금융비용)
  (EBIT: earning before interest and taxes)

기업이 부채에 대한 이자를 지급할 수 있는 능력이 어느 정도 되는지를 판단하기 위해 산출하며, 기업의 이자비용이 수익의 몇 % 인지를 나타내는 수치이다. 기업의 채무상환 능력을 보여주는 지표로 영업이익을 자금조달비용, 즉, 금융비용 (이자비용)으로 나눈 것이며, 수치에 따른 의미는 다음과 같다.

| 이자 보상 비율 |

interest coverage ratio	의 미
= 1	영업이익과 이자비용이 같음
> 1	영업이익이 금융비용을 지불하고 남음
< 1	영업이익이 금융비용보다 작음

영업이익이 금융비용보다 작다면, 벌어들이는 돈으로 이자를 지급할 자금이 충분하지 않아, 이자를 상환하기 위해 다시 대출을 일으켜야 하는 바, 부채가 계속 증가하는 잠재적 부실 기업으로 전락한다.

Complex Interest (복리 ➡ asset management의 기본)

원금 1억원을 연리 simple rate (단리)* 5%로 차용하였다. 일년 이자는 1억원 × 5% = 500,000원, 9년이면 이자가 450만원인 바, 원금 포함시 총 1억 450만원이다. 하지만, 이 계산에는 「이자에 대한 이자(interest on interest)」 계산이 누락되어 있다.

> * simple rate (단리)는 일정한 시기에 원금에 대해서만 약정한 이율을 적용하여 이자를 계산히는 방법이다. 이때 발생하는 이자는 원금에 합산되지 않기 때문에 「이자에 대한 이자(interest on interest)」가 발생하지 않는다.

원금 1억원을 complex interest (복리) 연리 5%로 차용하였다. 일년 이자는 1억원 × 5% = 500,000원, 9년이면 1억원 × $(1+0.05)^9$ 인 바 총액은 약 1,551만원이다. 원금 포함 시 총 1억 1,551만원이다. 단리 계산할 때와 차이가 크다. 금리의 기회비용은 항상 복리 계산으로 한다.

Junk Bond

Junk bonds are bonds that carry a higher risk of default than most bonds issued by corporations and governments. A bond is a debt or promises to pay investors interest payments and the return of invested principal in exchange for buying the bond. Junk bonds represent bonds issued by companies that are struggling financially and have a high risk of defaulting or not paying their interest payments or repaying the principal to investors.

일반적으로 기업의 신용등급이 아주 낮아, 회사채(corporate bond) 발행이 어려운 기업이 발행하는 회사채인 바, 원리금 상환에 대한 불이행 위험이 큰 만큼 이자가 높다.

신용등급이 낮은 기업이 발행하는 「high risk, high yield bond (고위험 고수익 채권)」를 의미한다. 정크(junk)란 「쓰레기」를 뜻하는 말로 직역하면 「쓰레기 같은 채권」이다. 일반적으로 기업의 신용등급이 아주 낮아 회사채 발행이 불가능한 기업이 발행하는 회사채로 「고수익채권 또는 열등채」라고도 한다. 신용등급 기준으로 S&P의 경우 BBB 이하, Moody's

의 경우 Baa 이하의 채권을 junk bond*라고 한다.

* 여기에 관련된 영어 표현들을 몇 가지 예를 들면,
   • High risk, high return. 고위험 고수익.
   • Profit is proportional to the risk. 이익은 위험에 비례.
   • No guts, no glory. 용기없이 영광없다.

■ My word is my bond.

미국 investment bank(투자은행: 한국의 증권회사) 직원들이 가끔 사용하는 말로 「One will always do what one has promised to do. 한다고 한 것은 항상 한다.」*는 의미이다. 물론, bond가 junk bond라면 공수표가 될 것이다.

* Please rest assured of the quality and delivery. My word is my bond.
   품질과 납기는 안심하세요. 내가 말하는 것은 틀림없습니다.

Zero-coupon Bond(제로쿠폰본드, 무이자 할인채)

Zero coupon bond(called as Pure Discount Bond or Accrual Bond) refers to those bonds which are issued at a discount to its par value and makes no periodic interest payment unlike a normal coupon bearing bond.

채권에 대한 이자를 별도로 지불하는 것이 아니라, 채권금액을 정하고, 그 금액에서 얼마를 할인한 금액으로 판매하는 채권. 즉, 예를 들어, 액면가 1억 채권을 9천만원에 판매하는 행위, 결국은 1천만원이 9천만원에 대한 이자인 것이다.

➡ 발행자의 입장에서 제로쿠폰본드는 이자를 지급하지 않으니, 채권의 만기 관리만 하면 되는 바, 이자 지급에 대한 관리가 필요하지 않아, 신경 쓸 일이 줄게 되고 red tape*이 없어 편리하다.

* red tape은 규칙이 너무 세세하고 번잡하여 비능률적인 현상을 말한다. 서양에서 방대한 양의 공문을 묶어 저장 할 때 붉은 띠를 사용한데서 유래했다.
   • red tape: unnecessary bureaucratic routine; needless but official delays.
   ☞ If you want to proceed things quickly, you are required to locate the key person in power who can cut the red tape.

02
NPV(순현재가치)와 Discount Rate(할인율)

어떤 사업 투자 여부를 결정할 때, 가장 효율적으로 사용되는 재무지표 중의 하나가 NPV 와 Discount Rate 이다.

 ## NPV(net present value, 순현재가치, 순현가)

Net present value(NPV) is the difference between the present value of cash inflows and the present value of cash outflows over a period of time. NPV is used in capital budgeting and investment planning to analyze the profitability of a projected investment or project.

미래 소득의 현재 가치를 의미한다. 즉, 미래 소득의 현재가치는 얼마인지를 계산하는 것이다. NPV(net present value)는 「순현재가치」 또는 줄여서 「순현가」 라고 하며, 계산 방법은 「NPV = 미래의 수익을 오늘의 가치로 환산한 금액 - 미래의 비용을 오늘의 가치로 환산한 금액」 인 바, 단순 계산으로는

NPV	의 미
> 0	수익이 비용보다 크며, 투자가치가 있다.
< 0	수익이 비용보다 작으며, 투자가치가 없다.

 ## Discount Rate(할인율)

The rate at which a future cash flow is discounted to determine its present value.

미래시점의 일정 금액과 동일한 가치를 갖는 현재시점의 금액, 즉, 현재가치 산출에 적용하는 비율을 말한다. 사업에 투자되는 비용과 그 결과로 얻게 되는 수익을 현재 가치로 나타

내려면 「비용과 수익과의 사이에 시간차이로 인한 이자, 화폐가치의 변동, 물가추이 등을 고려」하여야 한다. 이러한 사유로 사업시행의 결정시점에서 사업으로부터 미래에 발생되는 가치를 평가하는 기준이 필요하다. 이 기준이 곧 discount rate(할인율)이다.

- $Po = Pn/(1+r)^n$
  Po: Pn의 현재 가치
  Pn: n년후 시점의 현금
  r: 할인율

「현재가치는 할인율과 inversely proportional(반비례 관계)」이기 때문에 할인율이 높아질수록 현재가치는 감소하게 되며, 할인율이 낮아질수록 현재가치는 증가한다. 따라서, 채권가격은 매매시점의 현재가치로 결정되기 때문에 이자율이 하락하면 채권가격이 상승하며, 이자율이 상승하면 채권가격이 하락한다.

할인율은 현재가치를 추정함에 있어 매우 중요한 요소로 실무에서 투자, 공정가치 평가 등을 위해 널리 활용되는 개념이나 주관적인 판단에 어느 정도 영향을 받는다는 한계가 있다. 특히, 중앙은행이 시중은행으로부터 어음을 매입할 때 적용하는 할인율은 정부의 통화공급 정책 수단으로 이용되며, 「rediscount rate(재할인율)」 또는 「official discount rate(공정할인율)」 이라고 한다.

NPV(순 현재 가치) vs. Discount Rate(할인율)

할인율의 결정은 복리 계산에 의해 결정된다. 2019/1/1일 1억원을 연리 5% compound interest(복리)로 운용하는 경우, 다음과 같이 계산된다.

일 자	금 액
2020. 1. 1	1억원 x (1 + 5%) = 105,000,000원
2021. 1. 1	105,000,000 x (1 + 5%) = 110,250,000원
2022. 1. 1	110,250,000 x (1 + 5%) = 115,762,500원
2023. 1. 1	115,762,500 x (1 + 5%) = 121,550,625원
2024. 1. 1	121.550,620 x (1 + 5%) = 127,628,156원

간단히 식으로 표시하면, 1억원 × $(1 + 5\%)^5$ = 127,628,156 원

- 미래가치 = NPV (현재 가치: 1억원) × $(1 + \text{compound interest 복리 연 } 5\%)^n$
  즉, 1억원의 5년 후 미래 가치는 127,628,150원이 되는 것이며, 이 미래 가치의 현재가치는 1억원인 것이다. 복리계산 (compounding)과 할인계산 (discounting)은 역의 관계이다. 복리계산식을 변형하면 현재가치 (NPV)의 할인율 (discount rate)이 결정된다. 「할인을 한다는 것은 미래가치를 현재가치로 환산 하는 것」을 의미한다.

- 미래가치 = 현재 가치 (NPV) × $(1 + \text{compound interest rate})^n$
  ➡ NPV (현재 가치) = 미래가치 / $(1 + \text{compound interest rate})^n$

5년 후 미래 가치가 1억, 복리 연 5%, 복리 연 10% 일 경우, 각각의 현재가치는 얼마인가?

compound rate	NPV(현재가치)
5%	1억원/$(1 + 0.05)^5$ = 1억원/1.2762815625 = 78,352,616원
10%	1억원/$(1 + 0.10)^5$ = 1억원/1.61051 = 62,092,132원

즉, 5년 후에 1억원을 받는다면 현재가치는
- 금리 5%일 경우는 78,352,616원이며,
- 금리 10%일 경우는 62,092,132원이 되는 것이다.

NPV vs. 투자/사업 결정

사업을 하고 신규 투자를 할 때 NPV (현재가치)와 미래가치를 비교하는 것은 반드시 검토하여야 되는 사안이나, 이것에만 전적으로 의존해 사업 추진 여부를 결정하지는 않는다. 왜냐하면 금융기관에 돈을 예치하는 경우를 제외하고는 사업은 진행 과정에서 여러 변수가 있기 때문에 NPV 하나로 사업 결정을 할 수는 없다. 사업의 추진 여부는 여러 가지 변수를 분석하고 「go or not」을 결정하는 것이다.

03
Fiscal Policy(재정정책)과 Monetary Policy(금융정책)

 Fiscal Policy(재정정책) vs Monetary Policy(금융 정책)

정부는 Fiscal Policy(재정정책)와 Monetary Policy(금융정책)로 국가 경제의 안정과 성장을 꾀한다.

 Fiscal Policy(재정정책)

Fiscal policy is the means by which a government adjusts its spending levels and tax rates to monitor and influence a nation's economy. It is the sister strategy to monetary policy through which a central bank influences a nation's money supply.

정부가 경기 관리를 위해 세입/세출을 조절하는 정책, 즉, 정부로 유입되는 세금과 정부에서 유출되는 세금을 조절하여 펼치는 정책이다.

■ **긴축 재정 정책** (Tight Fiscal Policy)
- Reduce inflationary pressure by reducing the growth of aggregate demand (AD*) in the economy.
- Improve government finances (reduce the budget deficit) by increasing tax revenue and reducing government spending.

* AD(aggrefate demand, 총수요)
  총수요는 거시경제학에서 한 경제 내에서 주어진 기간과 가격수준 하에 최종 재화와 서비스에 대한 수요의 총합계이다.

경기 과열 시 조세 증가, 정부 지출 감소를 통해 인플레이션을 억제하고 경기를 안정시키려는 정책이다.

■ **확장 재정 정책**(Expansionary Fiscal Policy)

The two major examples of expansionary fiscal policy are tax cuts and increased government spending. Both of these policies are intended to increase aggregate demand while contributing to deficits or drawing down of budget surpluses. They are typically employed during recessions or amid fears of one to spur a recovery or head off a recession.

경기 침체 시 조세 감소, 정부 지출 확대를 통해 실업률을 감소시켜 경기를 회복시키려는 정책이다.

 ## Monetary Policy(금융 정책)

Monetary policy is the policy adopted by the monetary authority of a country that controls either the interest rate payable on very short-term borrowing or the money supply, often targeting inflation or the interest rate to ensure price stability and general trust in the currency.

각국의 monetary policy는 일반적으로 central bank(중앙은행)에 의해 결정되고 관리된다.

■ 미국은 FED(Federal Reserve System, 연방준비제도)에서 금융정책을 총괄한다.

■ 한국은 BOK(한국은행, Bank of Korea), 일본은 BOJ(Bank of Japan), 유럽은 ECB(European Central Bank)에서 금융정책을 결정, 관리한다.

 ## FED(Federal Reserve System, 연방준비제도)

FED는 미국 특유의 중앙은행 제도로서 1913년에 성립된 연방준비법(Federal Reserve Act)에 의하여 시행된다.

미국 전역을 12개 연방준비구로 나누어 각 지구마다 연방준비은행을 두고, 이들 12개 준비은행에 은행권 발행의 독점권, 가맹은행의 법정지급준비금의 집중 보관, 가맹은행에 대한 어음의 재할인, 공개시장조작 등의 역할을 담당하게 한다.

각 준비 은행은 워싱턴에 있는 연방준비제도이사회(FRB: Federal Reserve Board)에 의하여 운영/통괄되며, 이 이사회는 연방준비제도 전체의 중추기관으로서 국회와 직결된 국가기관이며, 미국 재무성으로부터 독립되어 있다.

FED의 monetary policy(금융 정책)는 commodity price stability(물가 안정)과 money supply control(통화 공급량 조절) 이다.

■ bank rate operation(금리 조절)

경기의 과열/침체를 막기 위해 적정 금리를 조절한다. 즉, 불경기에는 금리를 인하하여 (come down interest rate, lower interest rate) 금융완화(monetary easing)하며, 호경기에는 금리를 인상시켜(raise interest rate) 금융긴축(monetary tightening)하여 경기 과열을 방지한다. 은행 금리가 아닌 FF rate(federal funds rate)가 적용된다.

■ open market operation(공개시장 조작)

금리와 유동성(liquidity) 조절을 목적으로 FED가 금융기관(financial institutes)으로부터 T-bond, T-note, T-bill 등을 매입/매도해 cash(현금) 공급량을 조절한다. FED가 금융기관이 보유하고 있는 T-bond를 매입하면 시중에 cash(현금)이 풀려 유동성이 좋아지며, cash가 많으면 금리가 내려가며, 이는 기업의 투자를 활성화시켜 경기 부양이 된다. 일반적인 이론적인 흐름은 다음과 같으나, 경기부양은 다른 변수들과 맞물려 있어 그리 간단하지 않다.

- FED에서 시중은행이 보유중인 국채 매입 ➡ 시중은행의 현금 증가 ➡ 시장의 유동성 원활 ➡ 금리 인하 ➡ 기업의 투자 활성화 ➡ 경기 부양
- FED에서 보유중인 국채를 시중은행에 매각 ➡ 시중은행에서 국채 매입 ➡ 시중은행의 현금 감소 ➡ 시장의 유동성 감소 ➡ 금리 인상 ➡ 기업의 투자 감소

■ reserve requirement(지급 준비)

시중은행은 예금의 인출에 대비하여 일정 액수의 현금을 각 은행 관할지역의 FED에 예치 의무가 있으며, 이러한 reserve(준비금)을 Federal Fund(FF, 연방 자금) 라고 하며, 미국내 은행간 거래되는 대표적인 단기 금리를 FFR(Federal Fund Rate, 연방 기금 금리)라고

한다. FFR은 FF의 금액을 조절함으로써 조절한다. 모든 경제 원칙은 수요와 공급에 의해 움직인다.

- FF 금리 상승 ➡ 시중 자금량 감소 ➡ 금리 상승
- FF 금리 인하 ➡ 시중 자금량 증가 ➡ 금리 인하

금리(interest rate)와 채권(bond) 가격

금리가 상승하면 채권 가격이 하락하고, 금리가 하락하면 채권가격이 상승한다.

채권이란 채무자에게 돈을 빌려주고, 일정 기간 동안 돈을 빌려주는 대가인 이자와 원금을 상환 받을 수 있음을 나타내는 증권(증서)이다.

Bond(채권)은 issuance(발행)시, maturity(만기일)이 정해져 있다. 만기일에 principal(원금) 과 interest(이자)를 redemption(상환)하여야 한다. Bond 매입자의 risk는 bond issuer(채권발행자)의 default(채무불이행) 가능성 및 금리의 변동성(fluctuation)이다.

※ (주)The Inevitable의 corporate bond 발행

◎ 발행조건
- 회사채 금액: 1억원
- 발행일(issuance date): 2020/1/3
- 만기일(maturity): 2021/1/2
- 표면금리(coupon rate): annual interest rate 5%

◎ 발행조건 설명
이 회사채를 매입하면 만기일(2021/1/2)에 「원금 1억원 + 이자 5백만원 = 1억 5백만원」을 받는 구조로 설계되어 있다. 회사채 매수자의 위험은

- 이 회사가 만기일 이전에 파산하거나, 파산하지 않아도 자금 사정이 좋지 않아 만기일에 상환을 하지 않을 수도 있다.

- 연리 5%로 매입하였으나 추후 자금 시장 상황이 돌변하여 금리가 크게 상승한다면, 예를 들어 5%가 10%가 되거나 하면, 금리 손해가 발생하는 것이다. 즉, 10% 이자를 받을 수 있는 것을 매입시점에 대한 판단 미스로 금리 손해를 볼 수 있다. 물론 반대로 금리가 내려간다면 기회이익을 볼 수도 있다. 그래서 Bond 발행자나 매입자나 향후 금리에 촉각을 세우고 bond의 이자율을 결정하는 것이다.

➡ 금리는 자금의 수요와 공급에 의해 결정된다. 즉, 자금의 수요가 클 것으로 예상되면 금리는 상승하며, 자금의 수요가 작을 것으로 예상되면 금리는 하락한다.

➡ 자금의 수요가 작아진다는 것은 경기가 좋아지지 않는다는 것을 의미한다. 금리는 기간이 길수록 상승하는 것이 일반적이다. 하지만,「장단기 금리의 역전 (Short and long term interest rate reversal)」 즉,「장기 금리가 단기 금리보다 낮다.」 라는 말은 향후 경기가 악화된다는 것을 시사한다.

 ## 미국에서 유통되는 주요 채권의 종류

미국에서 issuance(발행), outstanding(유통)되는 bond(채권)은 발행자(issuer)에 따라 분류된다. 미국 재무부(Department of Treasury)가 발행하는 국채는 상환 기간에 따라,

- Treasury bill: 만기 1년 이내의 단기 채권
- Treasury note: 10년 이내의 장기 채권
- Treasury bond(T-bonds): 10년 이상의 장기 채권
- long bond: 30년 채권

 ## Yield to Maturity(YTM, 채권의 만기 수익률)

Yield to maturity(YTM) is the total return anticipated on a bond if the bond is held until it matures. Yield to maturity is expressed as an annual rate. In other words, it is the internal rate of return(IRR) of an investment in a bond if the investor holds the bond until maturity, with all payments made as scheduled and reinvested at the same rate.

최종수익률이라고도 하며, 채권을 만기까지 보유할 경우 받게 되는 모든 수익이 투자원금에 대하여 1년당 어느 정도의 수익을 창출하는지 보여주는 것이 예상수익률이다. 이 profit(수익)을 1년당 금액으로 환산해 구입가격(principal, 원금)으로 나눈 것을 yield to maturity(만기수익율)이라고 하며, 이것에 의해 채권 투자 여부를 결정한다.

$$YTM = \sqrt[n]{\frac{Face\ value}{Present\ value}} - 1$$

- face value: bond's maturity value or par value(채권의 액면가)
- n = number of years to maturity(만기일까지의 기간)
- present value = bond price of today(채권의 현재가, current price)

 ## 채권의 유통 - 신용 평가

기업의 직접금융 방식인 채권은 발행 후 유통시장에서 매매가 이루어진다. 채권의 유통시장 형성은 채권 발행에 매우 중요하다. 예를 들어, 투자자가 A회사의 채권을 사두었다가, 갑자기 자금이 필요할 경우, 채권을 판매하여 현금화 할 수 있다면, 즉, 채권의 환금성이 좋아 유통시장이 잘 형성되어 있다면, 투자자는 채권 투자에 주저하지 않을 것이다.

➡ 따라서, 채권 발행자의 신용도가 중요하다. 미국의 주요 신용 평가 기관(rating agency)은 S&P, Moody's Investment, Fitch Rating이며, 각사 마다 신용 등급 표시방법이 상이하며, 신용이 좋은 순서대로 명기하면, 다음과 같다. A 이상이 투자 적격 등급이다.

신용평가 회사	신용등급 표시방법
S&P	AAA, AA, A, BBB, BB
Moody's	Aaa. Aa, A, Baa, Ba
Fitch Rating	AAA, AA, A, BBB, BB

Denomination (디노미네이션)

- 채권, 어음 등 유가증권이나 주화, 지폐 등 화폐의 액면가액(face value)을 의미하거나,

- 화폐를 가치 변동 없이 낮은 숫자로 표현하거나 이와 함께 새로운 통화단위로 화폐의 호칭을 변경시키는 것을 말한다. 예를 들어, 1000원을 1원으로, 1,000,000원을 1,000원 으로 변경하는 것을 denomination 이라고 한다.

숫자 앞뒤 통화 / 단위 사용법
숫자 앞에 어떤 통화/단위가 올 때는 단위 뒤에 빈칸 없이 숫자를 붙여 쓰고, 숫자 뒤에 단위가 올 때는 숫자 뒤에 한 칸 띄우는 것이 일반적이다. 단, 숫자 다음에 %가 올 때는 숫자에 바로 붙여 쓴다.
예: US$200, 200 M/T, 70%

※ Related Terms

Term	Meaning
annuity	연금
appropriate discount rate	적정 할인율
asset management	자산 운용
banker's acceptance	은행 인수 어음
bond yield	채권수익율
bondholder	채권보유자
borrower	차용자 ⇔ 1ender 대출자
certificate of deposit(CD)	양도성 예금 증서
collection policy	회수성책
complex interest	복리(compound interest)
compounding	복리계산 continuous compounding: 연속복리계산
contribution margin	공헌 이익
correlation	상관관계
coupon bond	이표채※
coupon rate	표면 금리, 쿠폰레이트
credit analysis	신용분석
credit instrument	신용증권
credit period	신용기간
creditor	채권자 ↔ debtor, 채무자
debt rating	채권 등급 평가
debt ratio	부채 비율
depository receipt(DR)	예탁증권
discount rate	할인율
face value	액면가
finance: 재정, 금융 financial: 재정의, 금융의	• financial intermediary: 금융중개기관 • financial leverage: 재무 레버리지 • financial market: 금융시장 • financial policy: 금융정책 • financial requirements: 금융요구(사항) • financial risk: 재무위험
flat rate	균일 요금, 균일 이자율
forward exchange rate	선물환율
high-yield bond	고수익 채권, 정크본드

Term	Meaning
inter-bank	은행간
interest on interest	이자에 대한 이자
interest subsidy	이자 지원
investment grade bond	투자등급채권
lender, moneylender	빌려주는 사람, 대출자, 대출 기관
lender's market	대출시장
money supply	통화공급량
national debt	국가부채
note	15년 만기 이내의 부담보채권(unsecured* debt)
original-issue-discount debt	할인발행채권
perpetuity	영구연금
premium	프리미엄, 액면가 이상의 할증금
principal	원금
promissory note	약속어음
rating agency	신용평가기구
real interest rate	실질금리
receivable turnover ratio	매출 채권 회전율**
simple interest	단순 이자율, 단리
sinking fund	감채기금***
sovereign credit rating	국가신용등급
sovereign debt	국가부채

* secure는 담보를 잡다, secured bond는 담보가 있는 채권, unsecured bond은 담보가 없는 채권을 의미한다.

** 기업의 활동성을 나타내는 지표 중 하나로, 기업이 외상으로 판매하고 장부에 매출채권으로 인식한 금액을 얼마나 빨리 현금으로 회수하고 있는지를 나타내며, 계산식은 다음과 같다.

$$\cdot\ 매출채권회전율 = \frac{연간\ 매출액중\ 외상으로\ 판매한\ 금액}{연간\ 매출\ 채권\ 금액}$$

*** 채권의 상환자원을 확보하기 위하여 적립하는 자금. 감채기금은 국·공채와 회사채가 있다. 국·공채 상환을 위해 경상수입 중에서 매년 일정액의 자금을 적립하고 관리 운용하여 채권금액 상환 시에 일시에 큰 자금이 필요하지 않도록 기금을 설치하는 것이다.

Chapter II
Securities

American Idioms & MBA English
미국 실용 관용어와 Global 경영·금융·증권·외환·무역 용어

01 미국의 증권시장 및 주요 경제지표

02 주식회사와 주식

  A. 주식회사 일반

  B. 주식

03 CB vs. BW

04 ADR vs. Arbitrage

05 Financial Terms

06 Corporate Analysis

07 M&A Terms

※ Related Terms

미국의 프로 스포츠

01
미국의 증권시장 및 주요 경제지표

 SEC (Securities and Exchange Commission, 증권위원회)

SEC는 미국 증권시장에서 발행/유통되는 증권의 거래를 감시 감독하는 정부 직속 기관으로 미국증권거래위원회라고 한다. SEC가 처음 세워진 것은 1929년 미국 증시 대폭락을 겪은 후인 1934년이다.

SEC의 주요 기능은 증시에 대한 감시 감독으로 상장기업이 공시 의무를 이행하고 있는지, 증권업자들이 관련 법규를 준수하고 있는지를 감시 감독하며, 시세 조종, 허위 사실 유포, 불법 공매도 등을 적발하는 역할을 수행한다. 불법이나 위법 사례를 발견할 경우 직접 규제를 할 수도 있고 검찰이나 경찰에 관련 사건을 조사 의뢰할 수도 있다.

| 뉴욕 증권거래소 황소상 - 활황 장세 기원 |

강세 증권시장은 bull market, bullish market이라고 하며, 약세 증권시장은 bear market, bearish market 이라고 한다.

Investment Bank (IB, 투자은행)

An investment bank (IB) is a financial intermediary that performs a variety of services. Most Investment banks specialize in large and complex financial transactions, such as underwriting, acting as an intermediary between a securities issuer and the investing public, facilitating mergers and other corporate reorganizations and acting as a broker or financial adviser for institutional clients.

미국의 Investment bank는 기본적으로 한국의 증권사들 업무와 한국의 종합무역상사들이 추진하는 자원개발투자등 각종 투자 업무도 하고 있다. 대표적인 investment bank는 미국의 Merrill Lynch, Goldman Sachs 등등이다. Merrill Lynch는 2008년에 BOA (Bank of America)에 피인수 되었으며, 세계에서 가장 큰 투자은행이다.

세계 주요 증권 시장 (Major World Securities Market)

■ 미국

- **NYSE** (New York Stock Exchange)
  Market cap (시가총액)이 세계 최대인 증권 거래소이다. 미국 뉴욕의 Wall Street에 위치한 세계 최대 규모의 증권거래소로 「빅보드 (Big Board)」라는 애칭으로도 유명하다. 나스닥 (NASDAQ), 아멕스 (AMEX)와 함께 미국 3대 증권거래소로 꼽힌다.

- **Nasdaq** (National Association of Securities Dealers Automated Quotations)
  벤처기업들이 상장되어 있는 미국의 주식시장을 말한다. 자본력이 부족한 벤처기업들이 저리로 자금을 조달하는 창구로 활용하고 있다. 벤처기업이기 때문에 투자자들 입장에서는 일반 상장기업들에 비해 자본금이나 경영기법, 그 동안의 실적 등에 있어서 위험성이 있지만 투자가 성공했을 때의 높은 수익을 얻을 수 있다는 이점도 있다. 나스닥은 미국은 물론 전세계 첨단기술 산업체들의 활동기반이 되고 있다. 이와 비슷한 유형으로 일본은 자스닥 (JASDAQ), 한국은 코스닥 (KOSDAQ)이 있다. 이들 시장들은 시장간 동조화 현상을 보이기도 하는데 주로 미국의 나스닥 시장 장세에 나머지 시장들이 동반 변화하는 추세를 보이고 있다.

- **AMEX** (American Stock Exchange)
  ➡ NYSE (뉴욕증권거래소)에 이은 미국 제2위의 증권거래소이다.

- **한국**: KSE (Korea Stock Exchange)
- **일본**: TSE (Tokyo Stock Exchange)
- **중국**: SSE (Shanghai Stock Exchange)
- **영국**: LSE (London Stock Exchange)

미국의 주요 경제 지표 (economic indicator)

■ GDP (gross domestic product, 국내총생산)*

미국 Department of Commerce (상무성)에서 분기별로 발표한다.

> * 한 국가의 국경 내에서 이루어진 모든 생산활동을 GDP (국내총생산) 이라고 한다. 전세계 대부분의 국가가 생활
> 수준/경제성장률을 분석할 때 사용하는 지표이다.

■ Fiscal Year (회계 연도)

세입/세출의 수지상황을 명확히 하고 예산과 관련된 실적을 평가할 회계목적을 위해서 설정된 예산효력의 존속기간으로, 1년을 회계연도단위로 하는 것이 일반적이다. 달력의 어느 일자를 회계연도의 시발점으로 하는가는 나라에 따라 다르다. 예를 들면 한국의 회계연도는 매년 1월 1일에서 시작되어 같은 해 12월 31일에 끝나지만, 미국의 회계연도 는 매년 10월 1일에서 시작되어 익년 9월 30일 까지이다.

■ Employment Statistics (고용 통계)

Department of Labor (노동부)에서 매달 발표

■ ISM (Institute for Supply Management, 공급관리자협회) 지수

ISM 지수는 ISM (미국 공급관리자협회)가 미국내 20개 업종 4백개 이상의 회사를 대상으 로 매달 설문조사를 실시해 산출하는 지수다.

➡ 제조업지수와 비제조업 (서비스업)지수 두 가지로 발표되며,
- 모두 50 이상이면 경기 확장을
- 50 미만이면 경기 수축을 예고한다.

통상적으로 제조업지수가 경기 선행지표로서 더 큰 중요성을 갖는데 이는 이 지수가 주식, 채권, 외환 시장에 큰 영향을 끼치기 때문이다.

■ **CPI** (Consumer Price Index: 소비자 물가 지수)

Ministry of Labor(노동부)에서 매달 발표한다.

소비 생활에 중요한 상품과 용역을 기준연도의 지출 비중을 가중값으로 하여 산출한 평균적인 가격 변동이다. 보통 CPI라고 하며, 도매물가지수(WPI, wholesale price index)와 더불어 물가 변동을 추적하는 중요한 경제지표의 하나이다.

■ **Consumer Confidence: University of Michigan Survey**

미시간 대학 소비자 신뢰 지수는 consumption(소비)와 proportional(비례)한다. 즉, 신뢰지수가 상승하면 소비가 상승하고, 저축은 감소한다.

02
주식회사와 주식

A. 주식회사 일반

 주식회사(Stock company)

a company which is owned and controlled by shareholders.

주식의 발행으로 설립된 회사로써, 모든 주주는 그 주식의 인수가액을 한도로 하는 출자의무를 부담할 뿐, 회사 채무에 아무런 책임도 지지 않으며, 회사 채무는 회사 자체가 책임진다. 그래서 주식회사는 문제 발생시 회사를 파산처리하면 채무 의무의 주체가 소멸*된다.

> * 주식회사는 언제든지 설립/소멸할 수 있는 바, 주식회사와의 거래는 조심하여야 한다. 개인회사는 「회사 = 개인」이므로 개인 재산이 회사 재산인 바, 개인이 끝까지 책임을 지나, 주식회사는 소멸하면 책임을 지는 주체가 없다. 물론, 상장기업인 주식회사는 이미 객관적으로 검증이 되어 신뢰도가 어느 정도 있으나 비상장기업은 그렇지 않다. 한국 사회에서는 개인회사보다는 주식회사에 훨씬 더 신뢰도를 부여하고 있으나, 회사 상황에 따라 판단할 사안이다.

국가에 헌법이 있듯이, 주식회사에는 company charter(정관)이 있다. Company charter(정관)은 주식회사 설립 시 작성하여 등기소에 등록하고, 주식회사는 그 company charter를 준수하여야 한다.

 CEO(대표이사) **vs. Majority Shareholder**(대주주)*

주식회사의 경영권은 대주주가 갖는 것이 아니고 대표이사가 가지며, 대주주는 대표이사를 선임할 수 있는 권한이 있다. 물론 대주주가 대표이사가 될 수도 있다.

➡ 대표이사 단독으로 결정할 수 있는 사안도 있고, 반드시 이사회(Board of Directors) 의결을 거쳐서 결정되는 사안도 있다.

> * 대주주란 기업의 주식을 많이 소유한 주체를 말하며, 가장 지분이 많은 주체를 최대주주라 일컫는다. 영어 표현의 majority shareholder은 equity(지분)을 50% 이상 소유한 최대주주이며, principal shareholder는 지분을 10% 이상 소유한 주요 주주를 의미한다.

주식회사의 주인: who owns corporation?

주식회사의 주인은 주주(shareholder), 즉 그 회사 주식을 소유하고 있는 사람이 주인이다. 주식을 상당량 갖고 있어 회사의 경영권을 좌지우지 하는 대주주(majority shareholder)가 그 회사의 실질적인 지배주주이자 주인인 것이다.

주식회사의 대표이사(CEO: chief executive officer)는 회사를 경영하는 전문인이지 회사의 주인이 아닐 수도 있다. 즉 CEO가 대주주라면 CEO가 회사 오너이지만 그게 아니라면 CEO는 회사 오너가 아닌 것이다. 즉, 소유(ownership)와 경영(management)이 분리되어 있는 것이다.

회사 직책중 주요한 직책의 영어 표현을 몇 가지 예를 들면,
- CEO: chief executive officer, 대표이사
- CFO: chief finance officer, 재무 총책
- CTO: chief technology officer, 기술 총책
- COO: chief operation officer, 회사운영 총책

 ## Agency Cost(대리인 비용)

경영자는 경영에 관한 정보를 주주보다 더 많이 집중적으로 접할 수 있으며, 이를 「knowledge supremacy(정보 우위)」라고 한다. 이때 경영자가 주주의 이익보다는 자기의 이익만을 위해 행동하지 않으리라는 보장이 없다. 이러한 문제를 해결하기 위해 타인(예: outside director, 사외이사)을 내세워 경영자의 경영을 감독하는데 이를 위해 주주측이 부담하는 비용을 「agency cost(대리인 비용)」 이라고 한다.

 ## AGM(annual general meeting, 주주총회)

An annual general meeting(AGM) is a mandatory, yearly gathering of a company's interested shareholders. At an AGM, the directors of the company present an annual report containing information for shareholders about the company's performance and strategy.

주주총회는 주주 전원에 의하여 구성되고 회사의 기본조직과 경영에 관한 중요한 사항을 의결하는 필요적 모임이다. 주주총회는 형식상으로는 주식회사의 최고기관이며, 그 결의는 이사회를 구속하는 것이나, 총회가 결의할 수 있는 사항은 법령 또는 정관에 정하는 바에 한정된다.

Corporate Governance(기업지배구조)

Corporate governance includes the processes through which corporations objectives are set and pursued in the context of the social, regulatory and market environment. These include monitoring the actions, policies, practices, and decisions of corporations, their agents, and affected stockholders.

기업 경영의 통제에 관한 시스템으로 Shareholder(= stockholder, 주주)의 이익을 위해 회사를 적절히 경영하고 있는지 감독/제어하는 구조를 말한다. 기업 경영에 직접·간접적으로 참여하는 주주/경영진/근로자 등의 이해관계를 조정하고 규율하는 제도적 장치와 운영기구를 말한다.

Corporate Responsibility Management(CRM, 사회책임경영)

전통적 기업 경영에서는 경제적 이윤 추구가 최대 화두였다. 사회책임경영(Corporate Responsibility Management) 시대에는 이윤 추구와 동시에 사회적 가치도 함께 지향한다. 경제적 수익성 외에 환경적 건전성 그리고 사회적 책임까지 고려하는 과정에서 기업의 지속적인 성장을 추구한다. 이런 점에서 지속가능경영(Sustainable Management*)과 같은 개념이다.

> * Sustainable management is the intersection of business and sustainability. It is the practice of managing a firm's impact on the three bottom lines — people, planet, and profit — so that all three can prosper in the future.

Decision Tree(의사 결정 나무, 의사결정 트리)

A decision tree is a decision support tool that uses a tree-like graph or model of decisions and their possible consequences, including chance event outcomes, resource costs, and utility. It is one way to display an algorithm that only contains conditional control statements.

의사 결정 트리는 의사 결정 규칙과 그 결과들을 트리 구조로 도식화한 의사 결정 지원 도구의 일종이다. 결정 트리는 운용 과학, 그 중에서도 의사 결정 분석에서 목표에 가장 가까운 결과를 낼 수 있는 전략을 찾기 위해 주로 사용된다.

Diversified Investment (분산투자)*

A diversified investment is a portfolio of various assets that earns the highest return for the least risk. A typical diversified portfolio has a mixture of stocks, fixed income, and commodities. Diversification works because these assets react differently to the same economic event.

> * 분산투자의 반대되는 개념은 집중투자(concentrated investment)로 어느 한 종목을 집중적으로 매입하는 것을 의미한다. 상당한 risk를 수반한다.

영어 속담에 "Don't put all of your eggs in one basket." 라는 말이 있듯이 기업은 분산투자를 함으로써 위험관리를 한다. 금융 상품에 투자를 한다면, bond, stock, foreign exchange 등에 분산 투자한다.

Management Responsibility (경영 책임)

기업 경영의 목표는 profit maximization (이익 극대화) 이다. 회사 자본의 운용과 수익에 대해 충분한 책임을 지는 것을 경영책임이라고 한다.

Sustainable growth: 지속적인 성장, Sustainable Growth Rate (SGR)*: 지속가능성장율

> * The sustainable growth rate (SGR) is the maximum rate of growth that a company or social enterprise can sustain without having to finance growth with additional equity or debt. The SGR involves maximizing sales and revenue growth without increasing financial leverage. Achieving the SGR can help a company prevent being over-leveraged and avoid financial distress.

SGR은 기업의 재무레버리지를 증가시키지 않고, 즉, 부채비율을 일정하게 유지하며, 유상증자를 통한 외부 자금조달 없이 기업이 유지할 수 있는 성장율을 말한다.

- 지속가능 성장율 = $\dfrac{(\text{자기자본에 의한 순이익의 비중} \times \text{내부유보율})}{(1 - \text{자기자본에 의한 순이익의 비중} \times \text{내부 유보율})}$

기업이 유상증자를 하지 않는 이유는
○ 자기자본이 부채에 비해 비싸거나
○ 현재의 주주들은 새로운 주주들이 진입하는 것을 원치 않기 때문이다. 즉, 주식 가치가 희석(dilute)되는 것을 원치 않기 때문이다.

※ General/Ordinary Partnership(합명회사)

합명회사는 2인 이상의 무한책임사원만으로 구성되는 회사로서 전사원이 회사채무에 대하여 직접 연대 무한의 책임을 지며, 원칙적으로 각 사원이 업무집행권과 대표권을 가지는 회사이다. 합명회사는 2인 이상의 사원이 공동으로 정관을 작성하고 설립등기를 함으로써 성립된다.

B. 주식

Stocks are securities that represent an ownership share in a company. For companies, issuing stock is a way to raise money to grow and invest in their business. For investors, stocks are a way to grow their money and outpace inflation over time.

When you own stock in a company, you are called a shareholder because you share in the company's profits.

Public companies sell their stock through a stock market exchange, like the Nasdaq or the New York Stock Exchange. Investors can then buy and sell these shares among themselves through stockbrokers. The stock exchanges track the supply and demand of each company's stock, which directly affects the stock's price.

A stock is an investment. When you purchase a company's stock, you're purchasing a small piece of that company, called a share. Investors purchase stocks in companies which they think will go up in value. If that happens, the company's stock increases in value as well. The stock can then be sold for a profit.

주식(share, stock)이란 사원인 주주가 주식회사에 출자한 일정한 지분 또는 이를 나타내는 증권을 말한다.

주식의 종류

■ **보통주**(common stock, ordinary shares)

Common stock is a form of corporate equity ownership, a type of security. In the event of bankruptcy, common stock investors receive any remaining funds after bondholders, creditors(including employees), and preferred stockholders are paid.

우선주 등과 같은 특별주식에 대립되는 일반적인 주식을 보통주라고 한다.

보통주 주주는 주주총회에서 임원의 선임 및 기타 사항에 대해서 주식의 소유비율만큼 voting right(의결권)*을 행사할 수 있으며, 이익배당을 받을 권리가 있다. 일반적으로 주식이라 할 때는 보통주를 의미한다.

> * voting right(의결권)
>
> 주주가 자신의 의사표시를 통해 주주총회의 공동 의사결정에 지분만큼 참여할 수 있는 권리.

■ 우선주(preferred stock, preference share)

Preferred shareholders have priority over common stockholders when it comes to dividends, which generally yield more than common stock and can be paid monthly or quarterly. But no voting right is given to the preferred shareholders.

보통주보다 이익/이자배당/잔여재산의 분배 등에 있어서 우선적 지위를 부여하나 보통주와는 달리 의결권이 없다. 즉, preferred stock(우선주)는 보통주보다 배당을 더 받으나 의결권이 없어 주주총회에서 의결권 행사가 불가하다. 일반적으로 우선주는 회사설립 또는 증자에 있어 사업의 장래 불투명 또는 부진 등으로 말미암아 보통 방법에 의해서는 자금을 조달하기가 곤란한 경우 발행된다.

■ Common Stock(보통주) vs. Preferred Stock(우선주)

구분	보통주	우선주
voting right(의결권)	Yes	No
dividend(배당)	Yes	Yes (보통주 + α)
해산청산시 권리	Yes	Yes (보통주에 우선)

 자본금(capital stock, equity capital)

Capital stock is the number of common and preferred shares that a company is authorized to issue, according to its corporate charter. The amount received by the corporation when it issued shares of its capital stock is reported in the shareholders' equity section of the balance sheet. Firms can issue more capital stock over time or buy back shares that are currently owned by shareholders.

■ 기업 설립 및 초기 운영을 위한 자금으로 회사의 자본은 발행주식의 액면총액이다. 이는 주식회사가 출자자의 유한책임의 원칙에 따르고 있으므로, 재산적인 기초를 확보하기 위하여 기준이 되는 금액을 정해 놓을 필요가 있기 때문이다.

- 주당 액면가(par value): 5,000원
- 발행 주식 수(shares issued): 10,000 주
- 자본금 = 주당 액면가 x 발행 주식 수
  = 5,000원/주 x 10,000주
  = 5천만원
  ➡ 회사 설립 시 입금된 금액으로 paid-in capital (납입 자본금)이다.

■ capital increase(증자)

회사가 일정액의 자본금을 늘리는 것이다. 증자의 유형에는
- 신주발행이 실질적인 자산의 증가로 연결되는 유상증자
- 실질자산 증가 없이 주식자본만 늘어나는 무상증자로 크게 대별되며,
- 이외에 전환사채 전환이나 주식배당 등이 있다.

■ capital reduction(감자)

자본금을 감액하는 것을 감자라고 한다. 주식회사가 주식 금액이나 주식 수의 감면 등을 통해 자본금을 줄이는 것으로, 증자에 대비되는 개념이다. 일반적으로 기업의 누적 결손으로 인해 자본금이 잠식되었을 경우 이 잠식분을 반영하기 위해 감자가 이뤄지며, 이 밖에 회사 분할이나 합병, 신규 투자자금 유치 등을 위해서도 실시될 수도 있다.

Ex-dividend, Ex-right (배당락, 권리락)

Ex-dividend describes a stock that is trading without the value of the next dividend payment. The 「ex-date」 or 「ex-dividend date」 is the day the stock starts trading without the value of its next dividend payment. Typically, the ex-dividend date for a stock is one business day before the record date, meaning that an investor who buys the stock on its ex-dividend date or later will not be eligible to receive the declared dividend. Rather, the dividend payment is made to whoever owned the stock the day before the ex-dividend date.

주식의 배당을 받기 위해서는 일정 일자에 그 주식을 보유하고 있어야 한다. 주식을 그 일자 전에 보유하거나 그 일자 이후에 보유하면 배당을 받을 수 없다. 주식 거래는 주식을 증권거래소에 예치하고 증권거래소의 전산망으로 거래하는 바, 주식 보유 여부는 증권거래소에서 자동으로 파악된다.

➡ 예를 들어, 12/28일 기준으로 주식을 소유한 주주에게 배당한다고 하면, 28일 기준으로 그 주식을 소유하고 있어야 한다. 결제 소요 기일이 2영업일 이라면 12/27일이 배당락 일자인 바, 새로 주식을 취득해서 28일에 주식소유자가 되려면 26일*까지 주식을 매수하여야 한다.

> * 결제 소요 기간은 국가마다 상이하며. 주식 관할 당국에서 언제든지 조정 가능한 바, 주식 투자 시점에서 결제 소요 기일을 확인할 필요가 있다. 결제 소요 기일이 3일일 경우, 1/5일 주식을 매수하면, 매수 증거금이 일정 % 견제되며 (이 증거금만큼 주식 매수 주문 가능), 1/7일 주식 매수 대금을 전액 결제하고 주식의 소유권이 이전되는 것이다.

➡ 배당락이라는 것은 배당일을 지나면 배당 받을 권리가 없는 상태를 말한다. 배당락전에 100원하는 주식은 배당락이 되면 100원 미만이 된다, 즉 배당금으로 주가가 하락하여 다시 거래된다.

(Forward) Stock Split(주식분할) vs. Reverse Stock Split(주식병합)

A stock split is a corporate action in which a company divides its existing shares into multiple shares to boost the liquidity of the shares. Although the number of shares outstanding increases by a specific multiple, the total dollar value of the shares remains the same compared to pre-split amounts, because the split does not add any real value. The most common split ratios are 2-for-1 or 3-for-1, which means that the stockholder will have two or three shares, respectively, for every share held earlier.

A reverse stock split is a stock split strategy used by companies to eliminate shareholders that hold fewer than a certain number of shares of that company's stock. The reverse split reduces the overall number of shares a shareholder owns, causing some shareholders who hold less than the minimum required by the split to be cashed out. The forward stock split increases the overall number of shares a shareholder owns. A reverse/forward stock split is usually used by companies to cash out shareholders with a less-than-certain amount of shares. This is believed to cut administrative costs by reducing the number of shareholders who require mailed proxies and other documents.

■ 주식분할(Stock Split)은 자본금의 증액 없이 주식액면을 낮추고 주식수를 증가시키는 것을 말한다. 따라서 주식분할을 하여도 자본구성에는 전혀 변동이 없고, 다만 발행주식수만 늘어날 뿐이다.

　➡ 주식분할은 무상증자와 마찬가지로 주식의 시가가 너무 높게 형성되어 유통성이 떨어질 경우, 즉 주식시장에서 거래량이 적을 때 하는 것으로, 주식의 유통성을 높이고 자본조달을 손쉽게 할 수 있다는 장점이 있다.

　➡ 주식투자를 하는 개미들, 즉, 개인투자자들은 주가의 절대 가격이 높으면 그 주식을 사는 것을 꺼린다. 예를 들면, 한 주에 50만원 하는 주식을 한 주 소유하는 것보다는 5만원 하는 주식을 10주 소유하는 것으로 선호한다. 즉, 1주에 50만원 하는 주식을 10:1로 주식 액면분할을 한다면, 50만원 주식 한주는 5만원 주식 10주가 되는 것인 바, 액면분할은 개인투자자의참여를 유인할 수 있다. 실제 증시에서는 개인투자자의 거래가 활발해짐으로 주가는 5만원 이상으로 형성될 수도 있다.

■ 주식병합(Reverse stock split)은 주식분할(forward stock split)과 정반대의 경우로써. 두 개 이상의 주식을 합해서 주식 금액의 단위를 병합 전보다 크게 하는 방법으로, 즉 자본금의 증가나 감소 없이 주식액면을 높이고 유통주식수를 감소시키는 것이다.

　• market cap(market capitalization: 시가 총액)
　　시가 총액은 「현재 주가 × 주식 수 = 시가 총액」인 바, 이는 수시 변동되며, market cap은 M&A의 기본 지표로 산정된다.

　• stock exchange M&A(주식 교환 M&A)
　　주식 교환에 의한 M&A는 현금 유출 없이 자사 주식을 매수 자원으로 활용할 수 있는 것이다.

　• capital gain
　　금융자산을 보유하고 있을 때 가격상승으로 발생한 이익을 말하는 것으로 미실현일 경우에는 평가이익이 되며, 실현되었을 경우에는 매매(차)익이 된다.

Blue Chip(우량주)

오랜 시간동안 안정적인 이익을 창출하고 배당을 지급해온 수익성과 재무구조가 건전한 기업의 주식으로 대형 우량주를 의미한다. 주가 수준에 따라 고가우량주, 중견우량주, 품귀 우량주 등으로 표현한다.

➡ 이 말은 카지노에서 포커게임에 돈 대신 쓰이는 흰색, 빨간색, 파란색, 세 종류의 칩 가운데 가장 가치가 높은 것이 블루칩인 것에서 유래된 표현이다.
➡ 또 미국에서 황소품평회를 할 때 우량등급으로 판정된 소에게 파란 천을 둘러주는 관습에서 비롯됐다는 설도 있다.
➡ 월스트리트에서 강세장을 상징하는 symbol이 bull(황소)*이다. 약세장은 bear(곰)으로 표시한다.
> * bull과 관련된 주요 영어 표현중에 hit/make the bull's eye 라는 표현을 자주 사용한다. 「핵심을 꿰뚫다, 정곡을 찌르다.」의 의미이다. 「변죽을 울리다. 빙 둘러서 말하다」는 「beat around the bush」라고 한다.
> 예문) The president did not beat around the bush. His speech on the new investment hit the bull's eye.

우량주의 기준이 명확히 정해진 것은 아니지만 일반적으로 시가총액이 크고, 성장성/수익성/안정성이 뛰어날 뿐 아니라 각 업종을 대표하는 회사의 주식을 말한다. 미국에선 Apple, AT&T, Microsoft 등이 해당되며, 한국에선 삼성전자, POSCO 등 초우량기업의 주식을 블루칩이라 할 수 있다.

블루칩은 외국인투자자나 국내 기관투자자들이 특히 선호하는 종목으로 대부분 주가도 높다. 시장에 유통되는 주식 수가 많고, 경기가 회복될 때엔 시장지배력을 바탕으로 수익개선 폭이 크기 때문에 기관투자가들의 집중 매수 대상이 되고 있다. 우량주는 대체로 자본금이 크기 때문에 투자 수익율은 높지 않은 경우가 많다. 대형주만큼 크지는 않지만, 상대적으로 우량주이면서 성장성이 높아 투자에 매력적인 주식을 「글래머 주식(glamor stock)」이라고 한다.

Yellow Chip

재무구조 우량주를 블루칩(Blue Chip)이라고 일컫는데 비해 그 보다 한단계 낮은 주식을 부를 마땅한 이름이 없자 한국 증시에서 만들어낸 신조어이다. 재무구조와 수익력이 뛰어난 블루칩에 비해 기업의 펀더멘털이 상대적으로 낮은 중저가 우량주를 지칭하는 용어다.

Delisting(상장폐지, 목록에서 제외하다)

상장증권(listed stock)이 매매대상 유가증권의 적격성을 상실하고 상장자격이 취소되는 것을 말한다.

상장 유가증권 발행회사의 파산 등 경영상 중대사태가 발생해 투자자에게 손실을 보게 하거나 증시의 신뢰를 훼손하게 할 우려가 있는 경우 증권거래소는 증권관리위원회의 승인을 얻어 강제로 해당 증권을 상장폐지 하며, 상장폐지 사유는 사업보고서 미제출, 감사인의 의견거절, 3년 이상 영업정지, 부도발생, 주식분산 미달, 자본잠식 3년 이상 등이 있다.

 Dilution(희석, 희석화)

Stock dilution occurs when a company's action increases the number of outstanding shares and therefore reduces the ownership percentage of existing shareholders. Although it is relatively common for distressed companies to dilute shares, the process has negative implications for a simple reason. A company's shareholders are its owners, and anything that decreases an investor's level of ownership also decreases the value of the investor's holdings.

주식의 가치가 저하되는 것을 말한다. 한 회사의 현재 주식수가 10,000주인데 15,000주로 늘어난다면 주당 가치는 저하되는 것이다. 단순 계산으로 회사의 자산이 100억원이라고 하면, 주식 수 10,000주와 15,000주의 주당 자산 가치는 큰 차이가 있다.

- 100억원/10,000주 = 1,000,000원/주
- 100억원/15,000주 = 666,666원/주 가 된다

이렇게 주당 가치가 떨어지는 것을 diluted 되었다고 한다.

 발행시장(primary market, issue market)

The primary market is where securities are created. It's in this market that firms sell new stocks and bonds to the public for the first time. An initial public offering, or IPO, is an example of a primary market.

기업이나 정부가 자금을 조달할 목적으로 증권을 발행하여 일반투자자들에게 매출하는 시장으로 새로운 증권이 처음으로 발행된다는 의미에서 「제1차 시장」이라고도 한다.

■ 발행시장은 주식발행시장과 채권발행시장으로 나눌 수 있다. 주식발행시장은 일정 요건을 갖춘 기업이 기업을 공개하거나 이미 주식이 증권시장에서 거래되고 있는 기업(상장기업)이 유상증자의 방법을 통하여 자본금을 조달하는 시장을 말한다.

■ 채권발행시장은 발행주체를 기준으로 국공채, 특수채 및 회사채시장으로 크게 나눌 수 있다.

 ## 유통시장 (secondary market, circulation market)

The secondary market is where investors buy and sell securities they already own. It is what most people typically think of as the 「stock market」 though stocks are also sold on the primary market when they are first issued.

이미 발행된 유가증권이 투자자들 사이에서 거래되는 시장. 유통시장은 발행시장에서 발행된 유가증권의 시장성과 유동성을 높여서 언제든지 적정한 가격으로 현금화할 수 있는 기회를 제공한다.

■ 유통시장은 시장조직의 형태에 따라 장내시장(또는 거래소시장)과 장외시장(또는 점두시장)으로 나누어진다. 거래소시장은 유가증권이 거래되는 구체적인 시장으로서 증권거래소 및 선물거래소가 이에 해당되며 유가증권의 공정한 가격형성과 유가증권 유통의 원활화를 도모하는 데 기여하고 있다.

■ 장외시장은 거래소가 아닌 장소에서 유가증권의 매매가 이루어지는 비정규적인 시장으로 거래소시장의 보완적 역할을 수행한다.

 ## Dividend (배당금)

A dividend is the distribution of reward from a portion of the company's earnings and is paid to a class of its shareholders. Dividends are decided and managed by the company's board of directors, though they must be approved by the shareholders through their voting rights.

기업이 일정 기간 영업활동으로 벌어들인 이익 중 일부를 자본금을 투자한 주주들에게 분배하는 것이다. 배당금은 주주에 대한 회사의 이익분배금이다.

■ 배당은 기업이 마음대로 할 수 있는 게 아니다. 한국의 상법은 회사가 가진 순자산액(자산에서 부채를 뺀 금액)에서 자본금과 자본준비금, 이익준비금 등을 뺀 액수 한도 내에서 배당을 할 수 있도록 규정하고 있다. 과도한 배당으로 회사 돈이 외부로 유출되는 것을 방지하기 위한 것이다. 배당은 현금으로도 할 수 있고 주식으로도 할 수 있고 현금과 주식을 혼합해서 할 수도 있다.

■ 현금배당은 현금으로 배당을 주고, 주식배당은 현금에 상당하는 신주를 발행해 배당하는 것이다. 예를 들면, 보유 주식 한 주당 현금 500원을 배당하면 현금 배당이고, 보유 주식 한 주당 신주 0.1주를 배당하면 주식 배당이다. 주식배당은 주주가 가진 주식수(지분율)에 따라 신주가 배분되기 때문에 회사의 소유 지분 비율은 변동 없다.

■ 배당은 연말이나 회계결산일에 맞춰 실시하는게 보통이나 회기 중간에 실시하는 경우도 있다. 회기 말에 실시하는 배당을 기말배당, 회기 중간에 실시하는 배당을 중간배당이라고 한다. 배당을 할지, 한다면 얼마나 할지는 shareholder's meeting(주주총회)에서 결정한다.

■ 주주가 아닌 채권자, 즉, 채권소유자(bondholder)는 배당을 받는 것이 아니고 채권에 대한 이자를 받는다. 즉, 회사가 발행한 bond(채권)이 금리 연 5%라고 하고, 1억원의 bond를 갖고 있으면 연 5백만원 이자(interest)를 받는다. 채권 발행인, 즉 채권 발행회사는 이자 지급시 원천징수(withholding tax)*한다. 즉, 지급하는 이자에 대해 이자소득세(interest income tax)를 차감하고 나머지 금액을 지불한다.

* 소득에는 분리과세 소득과 합산과세 소득이 있다.
　원천징수하여도 매년 5월말에 전년도에 발생된 다른 소득에 합산되어 다시 소득세 산정할 경우도 있다. 이를 합산과세소득이라 한다.
　분리과세소득은 한 번 세금을 납부하면 매년 5월 종합소득세 신고에 합산되지 않는 소득이다. 예를 들면, 서적 출간 시 저자가 받는 인세는 분리 과세 소득이고, 소송 승소시 받는 일부 이익금은 합산과세 소득이다.

PAR Value(액면가)

Par value is the value of a share, bond, etc. when it is made available for sale for the first time.

주권 표면에 명기된 금액으로 주당 5천원, 5백원이 일반적이다. 하지만 최근 들어 1천원, 1백원 등으로 액면가가 분할되는 경우가 많다. 액면이 분할되면 유통주식수가 그만큼 많아지나, 절대 주가가 낮아지기 때문에 개인 투자자의 접근이 쉽다.[*]

> [*] 개인 투자자의 대부분은 심리적으로 주가가 높은 주식보다는 낮은 주식을 많이 보유하는 것을 선호한다. 예를 들면, 5만원짜리 주식 10주(총 50만원)에 비해 1만원짜리 50주(총 50만원)를 보유하는 것은 선호한다. 심리적인 상황이다.

■ 회사 자본금이 1억원이고, 회사 주식의 액면가가 5천원이면, 그 회사 주식 수는?
   자본금 1억원/액면가 5천원 = 20,000 주이다.

■ 주당 시세가 3만원이라면 시가 총액은?
   시가 총액 = 주식 시세 × 주식 수 = 30,000원/주 × 20,000 주 = 600,000,000원

시가총액(aggregate value of listed stock)

시가 총액은 상장주식을 시가로 평가한 것으로 여기에는
- 개별종목의 시가총액
- 주식시장 전체의 시가총액이 있다.

개별종목의 시가총액

개별종목의 시가총액은 그 종목의 「발행주식수 × 현재 주가」로, 그 회사의 규모를 평가할 때 사용된다. 시가총액은 주가 변동과 함께 시시각각 변동된다.

- 발행주식수가 1천만 주인 종목이 현재의 주가가 1만원이라면 시가 총액은 1,000억원이다. 1천만주 × 10,000원/주 = 1,000억원

- 만약, 이 종목의 시가가 2만원이라면, 시가 총액은 2,000억원이 된다.

  1천만주 × 20,000원/주 = 2,000억원

수치상으로는 시가 총액만큼의 자금이 있다면 그 회사 주식을 모두 매수할 수 있다는 것을 의미한다. 그렇지만 실제적으로 주주들의 매수 움직임이 있고, 매수를 하게 되면 주가가 상승하여 회사 주식 매입에 소요되는 자금 소요액은 변동하게 된다. 일반적으로 대주주 지분만 인수하면 M&A(merge and acquisition: 기업 인수 및 합병)이 가능한 경우가 많다. 왜냐하면, 일반 소액 주주들의 대부분은 경영주가 누가 되든 경영권에는 관심과 이해관계가 없으며, 주가 상승으로 시세 차익과 높은 배당을 받는 것이 목적이기 때문이다.

■ 주식시장 전체의 시가총액

주식시장 전체의 시가총액은 증시에 상장돼 있는 모든 종목의 주식을 시가로 평가한 금액으로, 특정일 종가에 모든 상장종목별로 상장 주식수를 곱하여 합산한다. 이는 일정 시점에서의 주식시장 규모를 보여주기 때문에 국제간의 주식시장 규모 비교에 이용된다.

아울러 시가총액은 우리나라의 경제지표로 사용되는 중요 지표 중 하나이다. 예를 들면 개인의 금융자산과 은행예금총액, 보험의 계약고 등과 비교해 시가총액의 신장률이 크다는 것은 주식시장으로 자금 유입이 그만큼 활발하다는 것을 의미한다.

➡ 주식시장 시가 총액 1위는 미국이며 타의 추종을 불허한다.

 Market-to-book Ratio(M/B ratio: 시가 장부가 비율)

보통주의 주당 장부가에 대한 시장가격의 비율로서, 투자자들이 생각하는 회사의 가치를 공인된 회계기준에 따라 회사 가치와 연관시킨 것이다. 이 비율이 낮다면 이는 재무제표상에 나타난 회사의 자산가치가 과대평가되었다는 것이다.

- 시가: 시장에서 현재 거래되는 가격, 예를 들어 1,100원
- 장부가(book value): 회계장부에 기장된 가격, 예를 들어 1,000원
- M/B ratio: 시가/장부가 = 1,100/1,000 = 110%
  - ➡ 장부가보다 시장에서 거래되는 가격이 높다. 이는 재무제표에 있는 자산가치가 실제보다 낮게 계상되어 있는 것을 의미한다.

EPS(earning per share, 주당 순이익)

Earnings per share(EPS) is calculated as a company's profit divided by the outstanding shares of its common stock. The resulting number serves as an indicator of a company's profitability. The higher a company's EPS is, the more profitable it is considered.

주당순이익(EPS)은 기업이 벌어들인 당기순이익을 그 기업이 발행한 총 주식수로 나눈 값이다.

- EPS = 당기순이익/주식수
  ➡ 당기 순이익이 10억원, 주식 수 5만주라면 10억원/5만주 = 20,000원이 EPS(주당순이익)이 된다.
  ➡ 주식의 액면가가 5,000원이라면 액면가 대비 4배(= 20,000원/5,000원)의 순이익을 올리고 있는 것이다.

1주당 이익이 얼마인지를 보여주는 지표로서 EPS가 높을수록 주식의 투자 가치는 높다고 볼 수 있다. EPS가 높다는 것은 그만큼 경영실적이 양호하다는 뜻이며, 배당 여력도 많으므로 주가에 긍정적인 영향을 미친다.

 PER(price earning ratio, 주가수익비율)

The price-to-earnings ratio(P/E ratio) is the ratio for valuing a company that measures its current share price relative to its per-share earnings(EPS). The price-to-earnings ratio is also sometimes known as the price multiple or the earnings multiple.

P/E ratios are used by investors and analysts to determine the relative value of a company's shares in an apples-to-apples comparison.* It can also be used to compare a company against its own historical record or to compare aggregate markets against one another or over time.

*「Comparing apples to apples」means comparing things that can reasonably be compared, while the phrase 「comparing apples to oranges」often is used to represent a comparison that is unreasonable or perhaps impossible.

☞ apples to apples 는 비교 대상이 적절한 것이고, apples to oranges는 그 반대이다.

주가수익비율(Price earning ratio, PER)은 현재 시장에서 매매되는 주식가격을 주당순이익으로 나눈 값을 말한다. PER은 어떤 회사의 주식가치가 얼마나 적정하게 평가 되고 있는지 판단할 수 있는 잣대이다.

- PER = 주가/주당 순이익

주가수익비율 PER은 특정 주식의 주당 시장가를 주당이익으로 나눈 수치로, 주가가 1주당 수익의 몇 배가 되는가를 나타낸다. 어떤 기업의 주식가격이 5만원이라 하고 1주당 수익이 1만원이라면, 5만원/1만원 = 5, 즉, PER는 5가 된다.

➡ 여기에서 PER이 높다는 것은 주당이익에 비해 주식가격이 높다는 것을 의미하고 PER이 낮다는 것은 주당이익에 비해 주식가격이 낮다는 것을 의미한다. 그러므로 PER이 낮은 주식은 앞으로 주식가격이 상승할 가능성이 크고, PER가 높은 주식은 주식 가격이 하락할 가능성이 크다.

➡ 각 산업별로 평균 PER가 있다, 일반적으로 high-tech 업종(성장성 높음)은 PER를 높게 주고, 굴뚝 산업(성장성 낮음)은 PER를 낮게 준다.

BPS (Book-value per Share, 주당 장부/순자산 가치)

Book value of equity per share indicates a firm's net asset value(total assets - total liabilities) on a per-share basis. When a stock is undervalued, it will have a higher book value per share in relation to its current stock price in the market.

기업의 총자산에서 부채를 빼면 기업의 순자산이 남는데, 이 순자산을 발행주식수로 나눈 수치를 말한다.
➡ BPS = (총 자산 - 부채)/발행주식수 = 순자산/발행주식수

기업이 활동을 중단한 뒤 그 자산을 모든 주주들에게 나눠줄 경우 1주당 얼마씩 배분되는가를 나타내는 것으로, BPS가 높을수록 수익성 및 재무건전성이 높아 투자가치가 높은 기업이라 할 수 있다.

PBR (Price Book-value Ratio, 주가 순자산 비율)

The PBR is the market price per share divided by the book value per share. The market price per share is simply the stock price. The book value per share is a firm's assets minus its liabilities, divided by the total number of shares.

주가를 BPS로 나눈 비율을 주가순자산비율(PBR, Price Book-value Ratio)이라 한다. 즉, 주가가 순자산(자본금과 자본잉여금, 이익잉여금의 합계)에 비해 1주당 몇 배로 거래되고 있는지를 측정하는 지표이다.
• PBR= 주가/주당순자산

장부상의 가치로 회사 청산시 주주가 배당받을 수 있는 자산의 가치를 의미한다. 따라서 PBR은 재무내용면에서 주가를 판단하는 척도이다.

➡ PBR이 1이라면 특정 시점의 주가와 기업의 1주당 순자산이 같은 경우이며

➡ PBR 수치가 낮으면 낮을수록 해당기업의 자산가치가 증시에서 저평가되고 있다고 볼 수 있다. 즉, PBR이 1 미만이면 주가가 장부상 순자산 가치(청산가치)에도 못 미친다는 뜻이다.

Block Trading (대량 거래)

A block trade is the sale or purchase of a large number of securities. A block trade involves a significantly large number of equities or bonds being traded at an arranged price between two parties. Block trades are sometimes done outside of the open markets to lessen the impact on the security price.

주식시장에서 일정한 수량 이상의 대량주문을 거래에 혼란 없이 처리하기 위한 매매방법이다. 통상적인 매매거래 방식으로는 적당한 시간 내에 적정한 가격으로 주문을 집행하기가 어렵다고 판단될 때 사용된다. 즉, 시장가격에 영향을 주지 않고 대규모 주식을 사거나 팔 수 있도록 하는 제도이다. 주로 대주주, 기관 투자가 간에 장이 closing 된 후에, 즉, 시간 외 거래 방식으로 발생되며, 개미 투자자와는 상관이 없다.

➡ 예를 들어 하루 평균 거래량이 10만주인 주식을 100만주를 주식시장 개장 시간에 매매를 하려면 거래 가격을 왜곡할 수도 있다. 이럴 경우, 장 마감 후 100만주를 단일가 거래하는 것이다.

Bull market*, Bullish Market (활황 장세, 상승 시장)

A bull market is the condition of a financial market of a group of securities in which prices are rising or are expected to rise. The term 「bull market」 is most often used to refer to the stock market but can be applied to anything that is traded, such as bonds, real estate, currencies and commodities.

 * bear market, bearish market 은 침체 장세, 하락 시장을 의미한다.

황소가 달리는 시장으로 주식시장이 달아오르는 것을 의미한다. 뉴욕 증권거래소 앞에 황소 동상이 있다.

- 미국은 주식 시세 상승을 blue color, 하락을 red color로 표시하나
- 한국은 시세 상승을 red color, 하락을 blue color로 표시한다.
  ➡ 미국이 상승장을 blue로 표시하는 것은 우량주를 blue chip으로 표현하기 때문인 것 같다.

Initial Public Offering (IPO): 기업 (주식) 상장

An initial public offering (IPO) refers to the process of offering shares of a private corporation to the public in a new stock issuance. Public share issuance allows a company to raise capital from investors. The transition from a private to a public company can be an important time for private investors to fully realize gains from their investment as it typically includes share premiums for current private investors. Meanwhile, it also allows public investors to participate in the offering.

기업이 최초로 외부투자자에게 주식을 공개 매도하는 것으로 보통 코스닥이나 나스닥 등 주식시장에 처음 상장 (listing)하는 것을 말한다.

IPO(initial public offering: 기업공개)시 신주 발행가 결정은 기업이 귀속되는 산업군에 속한 상장 회사의 평균 PER(price earning ratio)와 해당 기업의 성장성을 기반으로 하여 institutional investor(기관투자가)의 의견을 기반으로 잠정 가격을 산정한다. 그 잠정 가격을 투자가들에게 제시, 수요 상황을 파악하여 발행가(issuing price)를 결정한다.

 ## Interim Dividend(중간 배당)

An interim dividend is a dividend payment made before a company's annual general meeting(AGM)* and the release of final financial statements. This declared dividend usually accompanies the company's interim financial statements.

> * AGM(annual general meeting, 주주총회)
> An AGM is a mandatory yearly gathering of a company's interested shareholders. At an AGM, the directors of the company present an annual report containing information for shareholders about the company's performance and strategy.

기업은 일반적으로 회계 연도가 종결된 후 사업 실적에 따라 배당을 한다. 하지만, 주주이익 제고 차원에서 회계 연도 기간 중 배당을 할 수도 있으며, 이를 중간 배당이라고 한다.

 ## Liquidating Dividend(청산 배당)

A liquidating dividend is a distribution of cash or other assets to shareholders, with the intent of shutting down the business. This dividend is paid out after all creditor and lender obligations have been settled, so the dividend payout should be one of the last actions taken before the business is closed.

이익잉여금 내에서 이루어지는 현금 및 주식배당과 대비되는 개념이다.

회사가 청산절차에 들어가면 보유한 자산을 모두 현금화하여 채무를 정리하는 절차를 밟는다. 이때 청산 배분되는 자산에 대한 우선순위는

- 채권자
- 우선주 보유 주주
- 보통주 보유 주주 순이다.

채권자들에게 갚아야 할 채무를 모두 정리한 후에 자산이 남아있으면 주주들에게 이를 배분한다. 이 경우 재무실적 악화, 사업 부진 등으로 이익이 거의 발생하지 않는 상황에서 주주들에게 청산배당이 이루어지기 때문에 일반적으로 청산 배당은 미미하다.

Treasury Stock(자사주, 금고주)

Treasury stock is stock repurchased by the issuer and intended for retirement or resale to the public. It represents the difference between the number of shares issued and the number of shares outstanding.

자본시장법*은 상장사가 주가 안정 등을 목적으로 자사의 주식을 매입하는 것을 허락한다. 회사가 그 회사가 발행한 주식을 매입하여 보관하는 것을 자사주라고 한다. 회사가 자사주식을 매입하는 것은 주로 주가 부양을 위한 것이다. 시장에 유통(outstanding)되는 주식 수를 줄여 주가를 부양하는 것이다. 회사가 재무상태가 아주 좋다면 주주이익 차원에서 자사주를 소각(stock retirement) 할 수도 있다.

> * 「자본시장법」은 각 금융시장 사이의 칸막이를 허물어 모든 금융투자회사가 다양한 금융상품을 취급하도록 한 법률이다. 은행 중심의 자금시장과 금융투자 중심의 자본시장 간 균형발전을 도모하기 위해 마련되었다.

회사가 자사 주식을 취득하여 회사 명의로 보유하면, 그 주식은 자사주가 되는 것이며, 자사주는 보통주라도 의결권이 없지만 제3자에 매각하면 의결권이 되살아난다. 자사주가 늘어나면 기존 주주의 의결권 지분율이 높아진다.

- 회사의 총 의결권 주식수 : 10,000주
- 본인 보유 주식 수 및 지분율: 1,000주, 1,000/10,000주 = 10%
- 회사에서 자사주 취득: 1,000 주

- 회사의 총 의결권 주식수 변동 =
  회사의 총 의결권 주식수 - 회사에서 취득한 자사주 =
  　　　　　10,000 주 - 1,000 주 = 9,000주
  ➡ 취득한 자사주는 의결권이 없어진다.

- 본인 지분율: 1,000주/9,000주 = 11.1%
  ➡ 자사주 취득으로 본인 지분율 상승

Underwriting(증권인수업)

Underwriting means the process through which an individual or institution takes on financial risk for a underwriting fee. The risk most typically involves loans, insurance, or investments. The term underwriter originated from the practice of having each risk-taker write their name under the total amount of risk they were willing to accept for a specified premium. Although the mechanics have changed over time, underwriting continues today as a key function in the financial world.

증권시장에서 유가증권의 인수업무를 underwrite 라고 하며, 인수 업무를 주로 하는 기업을 underwriter 라고 한다. 주로 증권회사, 투자은행들이 underwriting 업무를 한다.

예를 들어, 회사가 주식이나 사채를 발행할 때 underwriting 업무 방식이 underwriter의 책임이 어디까지인가에 따라, 몇 가지가 있으나, 일반적인 방식은 회사에서 채권을 발행하고, 인수업자가 투자자에게 판매하고 발행회사로부터 일정 수수료를 받는다. 이때 판매되지 않는 채권은 Underwriter*의 책임으로 처리하는 것이 일반적이나, 계약에 따라 상이할 수도 있다**.

    * Underwriter는 여러 회사로 구성되는데, 그 중 대표 underwriter를 주간사(lead manager)라고 한다. 발행회사는 주간사와 업무 협의하며, 주간사가 간사 회사들과 업무 협의한다.

   ** Impossible is nothing. Unnegotiable is nothing.
     계약은 계약 당사자끼리 협의하기 나름이다.

03
CB vs. BW

기업이 자금조달을 할 때, 기업의 경영권에 영향을 줄 수도 있는 특수한 회사채, 즉 주식과 연계된 corporate bond(회사채)를 발행할 수도 있다. 기업이 이러한 회사채를 발행하는 것은 회사채 판매가 용이하기 때문이다.

이러한 회사채를 활용하여 corporate bondholder(회사채 보유자)가 equity(지분)을 늘릴 수 있어 대주주의 위치를 공격할 수도 있다. CB, BW에 대한 내용을 잘 모르는 engineer owner CEO 들이 곤혹을 치루는 경우가 있는 바, CB, BW에 대한 기본적인 내용을 숙지하고 있어야 하며, corporate bond 관리를 잘하여야 자신도 모르게 회사의 경영권을 상실하는 황당한 경우가 없을 것이다.

대표적인 특수 채권은 CB 와 BW 이다.
- CB(convertible bond, 전환 사채)
- BW(bond with warrant, 신주인수권부 사채)

CB 전환, BW 행사시 지분 변동

(주) Inevitable의 대주주는 45%의 지분을 소유하고 있으며, 2대 주주 A 씨는 현재 33%의 지분을 보유하고 있으나, CB와 BW를 보유 중이다. 2대 주주 A 씨는 「CB 전환 및 BW 행사를 통해 보유 주식수를 늘림으로써 지분율이 33%에서 41%로 상승」하게 되며, 「2대 주주 A 씨의 CB 전환 및 BW 행사로 회사의 전체 주식 수가 증가하게 되어, 대주주의 지분율은 45%에서 39%로 감소」하게 되어, 대주주는 1대 주주의 위치를 상실하게 되며, 2대 주주 A 씨는 새로운 1대 주주로 등극하게 되는 것이다.

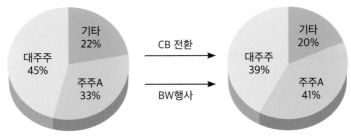

A. CB (convertible bond, 전환사채)

A convertible bond is a type of bond that the holder can convert into a specified number of shares of common stock in the issuing company or cash of equal value. It is a hybrid security with debt- and equity-like features.

CB (convertible bond, 전환사채)는 corporate bond (회사채)의 일종으로, 주식으로 전환할 수 권리가 있는 회사채를 CB 라고 하며, 주식으로 전환하는 가격을 전환가격 (conversion price) 이라고 한다.

CB는 증자와 같은 효과가 있어, 대주주가 모르는 사이에 대주주도 변경될 수 도 있는 바, CB 발행 및 관리에 상당한 주의를 요한다. 다음의 경우를 살펴보자.

■ CB 발행사 개요

- 자본금 5억원, 주식 액면가 5천원, 주식 수 10만주 (= 자본금/액면가 = 5억원/5천원)
- 대주주 지분율 20% (= 대주주 보유 주식 수 2만주)

■ CB 발행 개요

- 발행금액: 3억
- CB 발행 당일 주가: 2만원
- CB 표면 금리: 연 5%
- maturity: 5년 만기, 만기 전 전환 가능
- 전환가 (conversion price): 전환 시점에서 3개월치 주가 평균

■ 3개월치 주가 평균 1만원 시점에서 CB 3억원 모두 주식으로 전환하면 대주주의 위치가 어떻게 될까요?
- CB 보유사의 주식 수 = 3억원 CB/전환가 1만원 = 30,000주

| CB주식 전환 전후 지분 변동 |

항 목	CB 주식 전환전	CB 주식 전환후	비 고
총 주식수	100,000 주	130,000주	CB전환 30,000주
대주주 보유 주식수	20,000 주	20,000 주	
대주주 지분율	20%	15.38%	20,000주/130,000주
CB 보유사의 주식 수	0주	30,000 주	
CB 보유사의 지분율	0%	23.07%	30,000주/130,000주

■ CB는 기업 M&A에 자주 사용되는 수단이다. CB 보유사는 주식을 전혀 보유하지 않았으나,

- CB 전환후 23.07%의 지분을 소유하게 되고,

- 대주주는 CB가 주식으로 전환됨에 따라 자본금이 증액되어 대주주 자신의 주식 수는 변동 없으나 지분율이 20%에서 15.38%로 대폭 감소하게 되어 대주주의 지위를 상실한다.

■ CB가 주식으로 전환이 되면,

- CB 발행사는 갚아야 할 채무가 없어진다.

- 즉, 부채가 없어지고, 증자를 한 것이 되는 것이다.

■ 그럼 CB를 매입한 회사는 언제 주식으로 전환할까? 그건 CB 발행사의 상황에 따라 결정된다.

- 회사의 전망이 좋다면, 즉, 주가 상승이 기대된다면, 주식으로 전환하는 것이 나을 수 있다.

- 그 반대라면, 사채 이자만 받는 것이 나을 것이다.

B. BW (bond with warrant, 신주인수권부 사채)

When you buy a bond with a warrant, the warrant gives you the right to buy a certain number of fixed-price shares of the stock of the company that issues the bond. You are not obligated to purchase the stock, and the price specified on the warrant may be different from the price at which the stock is trading on the day when you buy a bond.

회사채를 발행하는데, 그 회사채에 「일정 기간이 지나면 미리 정해진 가격으로 주식을 매입할 수 있는 권리」, 즉, 「warrant」가 있는 회사채(corporate bond)를 의미한다.

Warrant 보유자가 warrant를 행사하려면,

- Warrant 행사자는 신주 주금을 발행회사에 납입하고
- Warrant가 행사되면, 회사는 신주를 발행하여 warrant 행사자에게 인도하여야 한다.

Warrant는 채권과 분리될 수도 있고, 채권에 붙어 있을 수도 있다.

- 분리형은 채권과 warrant가 독립적으로 움직일 수 있다. 쉽게 말해 bond 한 장, warrant 한 장으로 별도로 되어 있는 것임.
- 비분리형(일체형)은 bond와 warrant가 분리되어 있지 않고 붙어있다. 즉, BW 증서가 한 장으로 되어 있다고 생각하면 된다.

BW 발행기업이 상장기업이라면, 분리형 warrant는 별도로 주식 시장에 상장되어 거래될 수 있다. 물론 bond도 거래된다.

상식적으로 warrant 소지자가 warrant를 행사하는 것은 현재의 주가가 warrant 행사가보다 높을 경우에 한다. 즉, 주식시장에서 만원에 살 수 있는 주식을 만원보다 높은 가격으로 warrant 행사하면서 살 이유가 없는 것이다.

투자자들은 발행기업의 주가가 약정된 매입가를 웃돌면 워런트를 행사해 차익을 얻을 수 있다. 그렇지 않으면 워런트를 포기하면 된다. 채권 부분의 고정금리를 확보하며 주식의 시세차익도 가능한 것이다. 워런트는 만기일이 있어, 그 때까지 행사되지 않으면 소멸된다.

CB(convertible bond)는 채권이, 즉 회사채가 주식으로 전환되니, 주식으로 전환되는 순간 회사채는 소멸된다. 하지만, BW(bond with warrant)는 bond 따로, warrant 따로이므로, warrant가 행사되어 주식이 발행되어도 회사채는 소멸되지 않는 바, BW 발행 회사는 채권에 대한 이자 지급과 원금 상환에 대한 의무가 지속된다. Warrant가 주식으로 행사되어도 BW 발행사는 갚아야 할 채무가 그대로 존속한다. 즉, 부채가 그대로 있고 유상증자를 한 것이 되는 것이다. 다음 경우를 살펴보자.

■ BW 발행사 개요

- 자본금 5억원, 주식 액면가 5천원, 주식 수 10만주(= 자본금/액면가 = 5억원/5천원)
- 대주주 지분율 20%(= 대주주 보유 주식 수 2만주)

■ BW 발행 개요

- 발행금액: 3억
- BW 발행 당일 주가: 2만원
- BW 표면 금리: 연 5%
- maturity: 5년 만기, 만기 전 warrant 행사 가능
- warrant: bond와 분리형, bond 1만원당 warrant 한 개
  BW 발행금액 3억 / 1만원 = 30,000개 (총 warrant 개수)
- warrant 행사가(striking price*): 30,000원

  * 옵션거래시 미리 정해진 권리를 행사할 수 있는 가격을 말한다.

■ 3개월치 주가 평균 1만원 시점에서 warrant 30,000개 모두 주식으로 행사하면 대주주의 위치는?

- BW 보유사의 주식 취득 수 = warrant 30,000개 = 30,000 주
- 당초 대주주 보유 주식 수 = 20,000 주
- 대주주 당초 지분율 = 20%
- 당초 전체 주식 수 = 10만주
- BW 행사*후 전체 주식수 = 당초 전체 주식 수 + BW 보유/행사한 회사의 주식 수
  = 100,000주 + 30,000 주 = 130,000주

  * 행사가를 fixed price로 할 수도 있고, 몇 개월 주가 평균치로 조정할 수도 있다.

- BW를 주식으로 행사한 회사의 지분율 = 30,000주/130,000주 = 약 23.07%
- 대주주 지분율 = 20,000주/130,000주 = 약 15.38%

| BW Warrant 행사후 지분 변동 |

항 목	BW 행사전	BW 행사후	비 고
총 주식수	100,000 주	130,000주	BW 행사 30,000주 신주 발행
대주주 보유 주식수	20,000 주	20,000 주	대주주 보유 주식 수 변동없음
대주주 지분율	20%	15.38%	BW 행사후 20,000/130,000주
BW 보유사의 주식수	0주	30,000 주	
BW 보유사의 지분율	0%	23.07%	30,000주/130,000주

BW 보유사는 주식을 전혀 보유하지 않았으나, warrant 행사후 23.07%의 지분을 소유하게 되고, 대주주는 warrant가 주식으로 행사됨에 따라 대주주 자신의 주식 수는 변동 없으나 자본금이 증액되어 지분율이 20%에서 15.38%로 대폭 감소하게 되어 대주주의 지위를 상실한다. BW는 기업 M&A에 자주 사용되는 수단이다.

04
ADR vs. Arbitrage

 **DR**(Depositary Receipt)

A depositary receipt(DR) is a negotiable certificate issued by a bank representing shares in a foreign company traded on a local stock exchange. The depositary receipt gives investors the opportunity to hold shares in the equity of foreign countries and gives them an alternative to trading on an international market.

주식을 외국에서 직접 발행해 거래할 때는 여러 가지 번거로운 절차를 거쳐야 한다. 이에 이러한 절차를 피하면서도 같은 효과를 내기 위해 원래 주식은 본국에 보관한 채 이를 대신하는 증서를 만들어 외국에서 유통시키는 증권이 DR(depository receipts, 주식예탁증서)이다.

ADR(American Depositary Receipt)

An American depositary receipt(ADR) is a negotiable certificate issued by a U.S. depository bank representing a specified number of shares in a foreign company's stock. The ADR trades on markets in the U.S. as any stock would trade.

미국 시장에서 발행한 DR을 ADR이라 한다. 미국주식예탁증서(ADR)는 미국 회계기준에 맞춰 미국 시장에서 발행되며, 원주의 소유권을 표시하고 있기 때문에 원주 자체를 움직이지 않고서도 미국에서 자유롭게 거래할 수 있다. 이는 미국 투자자들이 외국 기업의 주식에 용이하게 투자할 수 있도록 하고, 미국의 자본시장에 접근하려는 외국기업을 지원하려는 목적으로 1920년대에 처음 거래되기 시작했다.

발행절차는 발행회사가 현지의 예탁기관과 계약을 하고 국내보관기관(증권예탁원)에 주식을 맡기면, 예탁기관은 현지통화(달러)로 표시된 보관영수증을 발행해 일반 주식처럼 유통시장에 내놓게 된다. 즉, 한국의 증권예탁원에 보관된 발행회사 주식을 담보로 확보하고 미국에서 ADR을 발행하여 상장하는 것이다.

주식예탁증서는 발행 시장에 따라 그 명칭이 다르다.
- 미국시장에서 발행: ADR(American depository receipts)
- 유럽시장에서 발행: EDR(European depository receipts)
- 미국/유럽등 복수시장에서 동시에 발행한 경우: GDR(global depository receipts)

Arbitrage(재정거래)

Arbitrage is the simultaneous purchase and sale of an asset to profit from an imbalance in the price. It is a trade that profits by exploiting the price differences of identical or similar financial instruments on different markets or in different forms. Arbitrage exists as a result of market inefficiencies and would therefore not exist if all markets were perfectly efficient.

동일 상품이 지역에 따라 가격이 다를 때 이를 매매하여 차익을 얻으려는 방법을 arbitrage(재정거래)라고 한다.

19세기 투기적인 주식매매에서 사용된 방법으로 낮은 가격에 사서 높은 가격으로 매각하므로 높은 수익을 올리는 것이 일반적이다. 이러한 현상을 이용한 거래를 차익거래(arbitrage trading)라고 하는데, 선물시장에서 선물가격과 현물가격과의 차이를 이용한 무위험 수익거래 기법을 의미한다.

재정거래는 외환거래나 다국적기업에 자주 나타나는 현상으로, 재정거래는 몇 가지로 분류한다.

- **환차익 아비트리지** (exchange arbitrage)
  외환시세의 불균형을 이용해 얻는 환율 거래.

- **금리차익 아비트리지** (interest arbitrage)
  국가마다 다른 금리를 이용해 얻는 금리차익 거래.

- **조세 아비트리지** (tax arbitrage)
  다국적기업은 세금을 많이 내는 국가에서 적게 내는 국가로 이익을 이전하여 세금감면의 효과를 시현.

- **금융시장 아비트리지** (financial market arbitrage)

  자금을 이전하여 외환통제를 피하고 금융자산에 대한 수익률을 올리며 부채비용도 축소.

- **정치적/사회적 규제의 아비트리지**

  가격통제나 노조압력/외환통제 등의 규제가 심한 나라에서 규제가 심하지 않은 나라로 자금을 이전하면 리스크를 줄일 수가 있으며, 이를 정치적/사회적 규제의 아비트리지라고 한다.

예시보기

S사 주식 한 주를 미국 ADR 한 주로 미국 시장에 상장을 시켰다. 즉, 한국에서 S사 주식 한 주를 사면, 미국 주식 시장에서 ADR 한 주를 사는 것과 같다. 어느날 갑자기 한국에서 S사 주식이 1,000원이고, 환율은 $1 =₩1,000 인데, 미국 ADR 가격은 $0.8 이다. 이 경우, 한국 시장에서 주식 1주 매도하고, 미국 시장에서 ADR 1주를 매입하면 S사 주식 보유 주식 수는 변동이 없으며 주당 $0.2 의 차액이 확보되는 것이다. 이것이 재정거래이다.

왜 이런 상황이 발생할까? 한국 시장에서 S사 주식은 매매가 많은 주식이나 미국 주식시장에서 S사 ADR은 거래가 많지 않으며, 한국과 미국은 시차가 있어 가끔 가격 차이가 발생하는 것이다. 하지만, 발 빠른 투자자들이 즉시 arbitrage(재정거래)를 하는 바, 이 가격 차이는 오래 지속되지 않으며 즉시 가격 gap이 메워진다.

05
Financial Terms

 ABS (asset-backed security) 자산 담보부 증권

An asset-backed security (ABS) is a financial security such as a bond or note which is collateralized by a pool of assets such as loans, leases, credit card debt, royalties, or receivables. For investors, asset-backed securities are an alternative to investing in corporate debt.

금융회사나 기업이 보유하고 있는 부동산, 회사채, 대출채권, 외상매출채권 등 각종 자산을 기초자산(underlying assets)으로 발행하는 증권으로 자산에 묶여 있는 현금 흐름을 창출하는 것이 목적이다. 이는 원보유자의 파산위험에 대비, 담보를 안전장치로 갖추고 있으므로, 자산 원보유자가 직접 발행한 채권보다 높은 신용등급으로 평가된다.

➡ 기초자산의 종류에 따라 CBO(채권담보부증권), CLO(대출담보부증권), MBS(주택담보부증권) 등으로 구분된다.

 Black Swan (블랙스완)

an unpredictable or unforeseen event, typically one with extreme consequences.

「도저히 일어날 것 같지 않은 일이 일어나는 것」을 의미한다. 월가 투자전문가가 그의 저서 「검은 백조(The black swan)」를 통해 2008년 금융위기를 촉발한 서브프라임 모기지 사태를 예언하면서 통용되었다.

그는 저서에서 검은 백조의 속성을
• 일반적 기대 영역 바깥에 존재하는 관측 값
　☞ 검은 백조의 존재 가능성을 과거의 경험을 통해 알 수 없기 때문.

- 극심한 충격을 동반
- 존재가 사실로 드러나면 그에 대한 설명과 예견이 가능한 점 등으로 기술하고 있다.

원래는 검은 색깔을 가진 백조를 떠올리기가 쉽지 않은 것처럼 「실제로는 존재하지 않는 어떤 것」 또는 「고정관념과는 전혀 다른 어떤 상상」이라는 은유적 표현으로 사용된 용어였으나, 17세기 한 생태학자가 실제로 호주에 살고 있는 흑조를 발견함으로써 「불가능하다고 인식된 상황이 실제 발생하는 것」이란 의미로 전이되었다.

Capital Gain(자본 이득) vs. Capital Loss(자본 손실)

Capital gain is a rise in the value of a capital asset(investment or real estate) that gives it a higher worth than the purchase price. The gain is not realized until the asset is sold. A capital gain may be short-term(one year or less) or long-term(more than one year) and must be claimed on income taxes.

A capital loss is the loss incurred when a capital asset, such as an investment or real estate, decreases in value. This loss is not realized until the asset is sold for a price that is lower than the original purchase price

각종 자본적 자산의 평가변동에서 발생하는 차익으로 자본적 자산인 토지/공사채/주식 등의 가격상승으로 생기는 차익을 의미한다. 이 가치의 증가는 단순한 평가액의 상승 또는 매각에 의한 차익이다.

➡ 캐피털 게인을 이용한 적극적 경제행위가 투기인데, 그 전형을 주식의 매매, 부동산 투기 등에서 볼 수 있다.
➡ 캐피털 게인과 달리, 이자나 배당에 의한 수입을 income gain이라고 한다.

Cash Cow(캐쉬 카우)

「Cash cow」 means well-established brand, business unit, product, or service, that generates a large, regular, predictable, and positive cash flow. The term 「cash cow」 is a metaphor for a 「dairy cow」 used on farms to produce milk, offering a steady stream of income with little maintenance.

시장점유율이 높아 수익을 지속적으로 가져다 주지만 시장의 성장가능성은 낮은 제품이나 산업을 말한다. 즉, 현재의 수익 창출이라는 측면에서는 안정적이지만, 미래 발전가능성은 높지 않다는 것을 의미한다. 「지속적인 수익 창출원」이라고 한다.

미국 3대 컨설팅 회사인 보스턴컨설팅그룹(BCG)에서 처음 사용한 용어로, 제품의 시장성장률과 시장점유율을 토대로 각 사업의 위치 및 성과를 평가하여 계속 유지할 것인지, 철수할 것인지의 전략적 판단을 내릴 때 사용된다.

캐시 카우로 분류되는 제품이나 산업은 잘 다져진 브랜드 명성을 갖고 있고, 신규투자 자금이 많이 필요 없으며 현금흐름이 좋아 기업의 자금원 역할을 한다.

Debt Capacity(차입능력)

Debt capacity refers to the total amount of debt a business can incur and repay according to the terms of the debt agreement. A business takes on debt for several reasons, such as boosting production or marketing or acquiring new businesses.

기업이 도산을 하지 않는 범위 내에서 가능한 차입능력을 debt capacity 라고 한다. 기업은 생산 또는 마케팅 강화 또는 새로운 비즈니스 획득과 같은 여러 가지 이유로 외부로 자금을 차입하게 된다.

Default Risk(채무불이행 위험)

Default risk is the chance that a company or an individual will be unable to make the required payments on their debt obligation. Lenders and investors are exposed to default risk in virtually all forms of credit extensions. A higher level of risk leads to a higher required return, and in turn, a higher interest rate.

채권의 원리금이 계약대로 지불되지 않을 가능성을 말하는 것으로 채무불이행위험을 평가하기 위해서는 당해 증권의 계약내용과 동시에 발행주체의 채무변제능력을 여러 가지 각도에서 검토하여야 한다. 미국에서 발달한 채권등급평가는 독립된 기관이 채무불이행위험을 평가하여 그 결과를 간단한 등급기호로 나타낸 것이다.

채무불이행위험의 평가에 있어서 전통적으로 가장 중시되어온 지표는 「이자보상비율*」이다.

> * 이자보상비율(interest coverage ratio)
>   버는 돈으로 이자와 세금을 부담할 수 있는 여력이 되는지를 판단하는 지표

Factoring -Account Receivable(A/R: 외상 매출채권)의 매입 사업

Factoring is a financial transaction and a type of debtor finance in which a business sells its accounts receivable(i.e., invoices) to a third party(called a factor) at a discount. A business will sometimes factor its receivable assets to meet its present and immediate cash needs.

매도자(seller)가 구매자(Buyer)에게 물품을 외상으로 판매한 후, 그 외상매출 채권의 현금화를 조속히 할 경우가 있는데, 그러한 외상 매출채권을 인수하여 금융 거래 차익을 확보하는 거래를 팩토링(Factoring)이라고 한다. 이러한 거래는 국제간의 무역에도 사용되는데 이를 international factoring 이라 한다.

미국에서는 팩터링의 역사가 오래되었으며 주요 상거래 방법의 하나이다. 팩토링회사(Factor)가 지속적으로 외상매출채권을 매입하면서 제조업자(상품/용역의 공급자)에게 대금회수, 매출채권관리, 부실채권보호, 금융제공 등의 혜택을 부여하는 서비스를 말한다.
팩터링은 다음과 같이 이루어진다.

■ 기업이 상품 등을 매출하고 받은 외상매출채권이나 어음을 팩터링 회사(신용판매회사)가 사들인다.*

> * 외상매출금(AR: account receivable)을 factoring 회사에 매도하여 현금을 조달하거나, 담보로 하여 자금을 조달하는 방식을 account receivable financing(AR financing) 이라고 한다.
>   ☞ 외상매입금은 AP(account payable) 라고 한다.

■ 팩터링 회사가 채권을 관리하며 회수한다.

■ 사들인 외상매출채권이 부도가 날 경우의 위험부담은 팩터링 회사가 진다. 상품을 매출한 기업으로서는 외상판매 또는 신용판매를 하고도 현금판매와 같은 효과를 얻을 수 있고 채권의 관리/회수에 필요한 인력과 비용을 감축할 수 있는 이점이 있다. 단점은 factoring 회사의 수익만큼 차감된 금액을 받는다는 것이다.

➡ 즉, A/R이 10억이고 만기가 3개월후 라고 가정하면, Factoring 회사에서 이 A/R을 인수할 때는 「3개월에 대한 이자 + A/R 회수에 따른 risk 비용 + factoring 회사의 이익」을 고려하여, A/R 인수 가격을 결정할 것이다.

Financial derivatives(파생금융상품, derivative financial products)

A derivative is a contract between two or more parties whose value is based on an agreed-upon underlying financial asset(like a security) or set of assets(like an index). Common underlying instruments include bonds, commodities, currencies, interest rates, market indexes, and stocks.

외환/예금/채권/주식 등과 같은 기초자산으로부터 파생된 금융상품을 financial derivatives 또는 derivative financial products(파생금융상품) 이라고 하며, 그 본래 취지는 손실위험을 회피하거나 최소화하여 수익을 확보하도록 각 고객의 필요에 맞게 각종 금융상품을 결합한 금융상품이다.

국제통화체제가 변동환율제로 전환되면서 환차손을 피하기 위하여 1972년 미국에서 처음 도입되었으며, 계약의 형태와 거래시장의 특성, 기초자산의 종류 등에 따라 다양한 유형으로 분류된다. 대표적인 파생상품으로는 「선물(future), 옵션(option), 스왑(swap), 선도(forward)」 등이 있는데, 이들 파생상품을 대상으로 하는 선물 옵션, 스왑 선물, 스왑 옵션 등 2차 파생상품이외에도 다양한 상품이 있으며, 시장 규모는 막대하다.

선물(futures), 옵션(option), 스왑(swap)

- 선물에는 주가지수 선물, 환율 예약, 상품 선물 등이 있다.
- 옵션에는 주가 옵션, 금리 옵션, 통화옵션이 있다.
- 스왑에는 통화 스왑, 금리스왑 등이 있다.

■ Futures are similar to a forward contract. The difference is that futures are standardized agreements to buy or sell an asset in the future at an agreed upon price. Therefore, they can be traded on stock exchanges.

The value of the futures depends on the price of the underlying asset. Futures can be used for hedging or speculation. Speculation means buying and selling an asset with the hope of making a profit.

파생상품의 선물이란 futures contract를 의미하며, 특정일에 미리 정한 가격으로 해당 대상을 매입이나 매도하기로 약속하는 계약을 말하며 선물계약을 하려는 이유는 물건의 가격 변동이 심하더라도 약속한 가격으로 거래를 할 수 있어 미래의 가격 변화에 대응할 수 있으므로 위험을 회피할 수 있기 때문이다.

■ There are two types of options. A call option gives the holder the right to purchase an asset at an agreed-upon price on or before a specified date. This agreed-upon price is known as the exercise price. It has to be noted that the holder has the option and can choose to not buy the asset.

A put option gives the holder the right to sell an asset at a specified price. It will make sense for the put option holder to exercise his option only if the exercise price is greater than the market price of the asset. Otherwise, he can sell the asset in the market at a higher price.

옵션이란 미리 정해진 조건에 따라 일정한 기간 내에 상품이나 유가증권 등의 특정자산을 사거나 팔 수 있는 권리를 말하며 이를 매매하는 것을 옵션거래라고 한다. 옵션계약에서 정하는 특정자산을 사거나 팔 수 있는 권리는 옵션을 발행하는 자가 이를 매수하는 자에게 부여하고 옵션소유자는 일정기간 동안 옵션계약에 명시된 사항을 옵션발행자에게 이행토록 요구하거나 또는 요구하지 않아도 되는 조건부청구권을 가지게 된다. 옵션거래는 권리를 행사할 수 있는 기간이 미래에 있기 때문에 광의의 선물거래라고 할 수 있다.

■ A swap is a contract in which two parties exchange their future cash flows for a period of time. The most common type of swap is interest rate swap. In this, parties agree to exchange interest rate payments. And the other is foreign currency swap.

스왑은 두 당사자가 각각 가지고 있는 미래의 현금 흐름을 서로 맞바꾸기로 합의하는 것으로 다양한 형태가 있으며 가장 활발히 거래되는 스왑에는 금리스왑과 외환스왑이 있다.

- 금리스왑은 고정금리와 변동금리를 맞바꾸는 것으로, 정해진 원금에 대하여 3개월 또는 6개월과 같이 미리 정해진 기간에 대한 이자를 한 쪽 당사자는 고정금리로 지급하고 다른 한 쪽은 변동금리로 지급하는 것을 만기까지 계속하기로 하는 계약을 말한다.

- 통화스왑은 한 나라의 통화와 다른 나라의 통화를 맞바꾸는 거래를 말한다.

 ## Margin Call(마진 콜)

A margin call occurs when the value of an investor's margin account(that is, one that contains securities bought with borrowed money) falls below the broker's required amount. A margin call is the broker's demand that an investor deposit additional money or securities so that the account is brought up to the minimum value, known as the maintenance margin.

A margin call usually means that one or more of the securities held in the margin account has decreased in value below a certain point. The investor must either deposit more money in the account or sell some of the assets held in the account.

선물계약의 예치증거금이나 펀드의 투자원금에 손실이 발생할 경우 이를 보전하라는 요구를 말한다. 증거금이 모자랄 경우 증거금의 부족분을 보전하라는 전화(call)를 받는다는 뜻에서 붙여졌다. 투자자들뿐 아니라 돈을 빌려준 금융회사들도 마진 콜을 받을 수 있다.

마진콜이 걸리게 되면 투자자는 신속히 증거금을 채워야 계약이 계속 유지될 수 있다. 수익률이 떨어져 펀드들이 마진 콜을 당할 때는 증거금을 보전해야 시장으로부터 신뢰를 유지할 수 있다. 이 때문에 마진 콜이 발생하면 반드시 디레버리지*(de-leverage) 현상으로 연결된다.

*레버리지(leverage): 부채에 의한 자금조달 ↔ 디레버리지(de-leverage): 부채 축소

이 과정에서 투자자산 회수에 따른 자산가격 하락과 유동성 확보로 인한 유동성 경색현상 이 발생하기도 한다. 마진* 콜에 응하지 못할 경우 거래소는 자동반대매매(청산)를 통해 거 래계약 관계를 종결시킨다. 원래는 선물거래에서 사용되는 용어였으나 펀드 등에도 일반 화되었다.

* ※ Margin(마진)의 다양한 의미
- 상거래/무역 거래: 판매가격과 매출원가와의 차액, 즉 매출 총이익, 이익, 수수료
- 무역 L/C 거래: 보증금
- 증권: 증거금
  주식거래에 있어서 투자자는 보유금액보다 2.5배 많은 금액의 주문이 가능하다. 즉, 본인 구좌에 1백만원이 예 치되어 있으면 2.5백만원 어치의 주식을 매수할 수 있으며, 1백만/2.5백만 = 40%인 바, 증거금율이 40%가 되 는 것이다. 증거금율은 언제든지 증권당국의 정책에 의해 변동될 수 있다.
- 인쇄: 인쇄시 여백

Private Equity Fund(PEF : 사모투자펀드)

50인 이하의 소수 투자자로 펀드 구성하며, 일반 기업부터 법정관리 기업까지 다양한 기업 의 경영권을 인수한 후 기업가치가 상승했을 때, 지분을 매각하여 이익을 시현한다. 일반적 으로 PEF(사모투자펀드)는 투자 자본 차익을 얻는 것이 목적이다.

RP(repurchase agreement, 환매조건부 매매)

A repurchase agreement(repo) is a form of short-term borrowing for dealers in government securities. In the case of a repo, a dealer sells government securities to investors, usually on an overnight basis, and buys them back the following day at a slightly higher price.

유가증권을 매매시 매매당사자 사이에 일방이 상대방에게 유가증권을 일정기간 경과 후 일정가액으로 매수/매도하기로 하고 매매하는 것을 의미한다. 이는 일시적인 자금 사정을 고려한 금융거래이다.

➡ 2019/1/5일 유가증권을 매수한 자가 2019/12/20일 그 증권을 매도 하기로 한다. 즉, 여 유자금을 갖고 있는 사람이 매수하고, 2019년말 경에 자금이 필요하니 그 유가증권을 매도하는 것이다.

➡ 2019/6/30일 유가증권을 매도한 자가 2019/12/20일 그 증권을 되사기로 한다. 유가증권을 매도하는 시점에서는 현금이 필요했으나, 12월이 되면 현금이 필요 없게 되어 그 유가증권을 되사는 것이다.

 Refunding (차환)

The act of replacing an old loan or other debt with a new one.

이미 발행된 채권을 상환하기 위해 새로 채권을 발행하는 것을 refunding (차환) 이라고 한다. 10년 미만인 단기채권은 상환기간이 되면 채권을 새로 발행하여 상환기간을 연장하는 것이 보통이다. 그러나 만기가 도래하기 전에도 몇 가지 이유로 차환이 이루어지는 경우가 있으며, 그 중 대표적인 사유가 금융비용 절감이다.

예를 들어, 2018년 9월에 10년 상환으로 100억원을 annual interest (연리) 5%로 차입했다. 2019년 10월에 시중 자금 사정이 풍부해져 금리가 인하되어 연리 4% 차입이 가능해졌다, 이 경우, 100억원을 신규 차입하여 기존 100억원을 상환한다. 이를 차환 (refunding) 이라고 한다. 부채는 그대로 남아 있으나 금융비용이 annual interest 1%만큼 감소한다.

 Striking Price (행사가격)

In finance, the strike price (or exercise price) of an option is the fixed price at which the owner of the option can buy (in the case of a call), or sell (in the case of a put), the underlying security or commodity.

• option (call or put)을 실행할 수 있는 가격
  ➡ call option은 얼마에 살 수 있는 권리.
  ➡ put option은 얼마에 팔 수 있는 권리.

option은 maturity date (만기일)이 있으며 만기일이 지나면 권리가 소멸된다. 예를 들어, call option 만기일이 2019/8/31일이면 이 때 까지 행사하지 않으면 그 권리는 없어진다.

A라는 회사에 100억을 대출하고 이자를 받는다. 그런데 이 회사가 현재 개발 중인 제품이 나오면 회사가 아주 좋아질 것 같다. 이런 경우, 대출 조건으로 call option을 요구할 수도 있다. 즉, 언제까지 주식을 주당 얼마로 살 수 있는 권리를 가질 수 있다. Put option은 반대의 개념이다. 즉, 언제까지 얼마로 팔 수 있는 권리이다.

CD (certificate of deposit)

양도성예금증서. 일종의 정기예금증서로 양도가 가능하여 유동성이 높은 상품으로, 은행의 주요 자금조달 수단의 하나이다.

CP(commercial paper, 기업어음)

기업어음은 기업이 상거래와 관계없이 단기자금을 조달하기 위하여 자기신용을 바탕으로 발행하는 만기 1년 이내인 융통어음(accommodation bill)을 말한다. 반면, 기업이 상거래에 따른 대금결제를 위해 발행하는 어음을 상업어음(trade bill)이라 하며, 상업어음은 반드시 물품의 상거래를 수반하기 때문에 진성어음(commercial bill)이라고도 한다. 예를 들면, 대기업이 협력업체로부터 물품을 납품받고 물품대금을 지불하기 위해 발행하는 어음이 진성어음이다.

MMDA (money market deposit account)

시장금리부 수시입출금식 예금. 입출금이 자유로우면서도 시장금리를 지급하는 은행예금의 한 상품이다.

MMF (money market fund)

단기금융펀드. 투자신탁회사의 금융상품으로, 투신사가 고객의 돈을 모아 단기금융상품에 투자해서 얻은 수익을 돌려주는 실적배당형 상품으로 환매(인출)가 자유롭다.

Money Trus (금전신탁)

은행이 고객의 금전을 예탁받아 이를 운용하되, 일정 기간 후에 원금과 수익을 고객에게 지급하는 것이다.

 ## Financial Bond (금융채권)

은행, 증권사, 투자금융회사 등 금융기관이 발행하는 채권을 말한다.

- 한국은행이 발행하는 통화안정증권
- 주택은행이 발행하는 주택채권
- 외환은행이 발행하는 외국환금융채권, 중소기업은행이 발행하는 중소기업금융채권, 산업은행이 발행하는 산업금융채권 등등.

 ## 표지어음 (cover bill)

금융기관이 기업이 발행한 어음을 사들인 뒤 이를 근거로 별도의 자체 어음을 발행해 일반 투자자에게 판매하는 어음이다.

06
Corporate Analysis (기업분석)

Corporate analysis is the process of reviewing key aspects of a company to determine its strengths and weaknesses. Investors and industry analysts review corporations to determine if they provide solid growth opportunities to outside investors.

 ## Cash Flow Management (현금흐름경영)

Cash flow management is summarized as the process of monitoring, analyzing, and optimizing the 「net amount of cash receipts minus cash expenses」. Net cash flow is an important measure of financial health for any business.

현금흐름을 중시하는 경영을 현금흐름경영이라고 한다. 현금흐름경영의 기본은 현금유입과 유출로 경영을 평가하는 것이다. 「영업현금흐름」은 돈을 버는 것이고, 「투자현금흐름」, 「재무현금흐름」은 돈을 쓰는 것이다.

 ## Discounted Cash Flow (DCF: 현금흐름 할인법)

기업에게 들어올 미래 현금흐름을 산출하여 이를 적절한 할인율을 이용하여 현재가치로 환산한 것이 바로 기업의 가치라는 것이다.

➡ $DCF = CF_1/(1+r) + CF_2/(1+r)^2 + CF_3/(1+r)^3 + ...$
   CF: cash flow, r: 할인율

 ## Discount Rate (할인율)

돈의 가치는 시간의 흐름에 따라 인플레이션 등에 의해 변화되는데, 할인율이란 미래의 가치를 현재의 가치와 같게 하는 비율이다. 이에 반해 수익률은 현재가치에 대해 발생하는 미래가치의 비율을 말한다. 그러므로 통상 이자율이 올라가면 나중에 더 많은 수익을 얻기 때문에 수익률이 높아지며, 미래가치를 현재가치와 일치시키는 비율도 높아지기 때문에 할인율도 상승하게 된다.

➡ 채권수익률은 대표적인 할인율 개념이다. 채권가격은 채권수익률과 inversely proportional (반비례) 관계에 있다.
  - 채권수익률이 높아진다면 채권을 상환해서 받을 현금의 현재가치가 떨어진 것이며, 따라서 현재의 채권가격이 떨어진다.
  - 채권수익률이 낮아진다면 앞으로 받을 현금의 현재가치가 높아진 것이므로 채권가격은 올라가게 된다.

Earning Shock vs. Earning Surprise

통상적으로 earning shock(어닝쇼크)는 예상보다 저조한 실적을 가리킨다. 이와는 반대로 어닝시즌에 발표된 기업의 실적이 예상치를 훌쩍 뛰어넘는 경우를 earning surprise(어닝 서프라이즈)라고 한다.

주식시장에서 「어닝(earning)」은 기업의 실적을 뜻하며, 분기 또는 반기별로 기업들이 집중적으로 그동안의 영업 실적을 발표하는 시기를 「어닝 시즌(earning season)」이라 한다.

시장에서 예상했던 것보다 실적이 낮게 발표되면 기업이 좋은 실적을 발표해도 주가는 떨어지지만, 예상했던 것보다 실적이 좋으면 기업의 실적이 저조하더라도 주가는 오르기도 한다.

Earnings Quality(이익의 질)

이익의 질은 회계적인 측면에서는 기업이 창출하는 이익의 질을 평가하는 것은 미래의 이익을 예측하고 기업가치를 평가하는 데 중요한 의미를 가진다. 이익의 질이 높을수록 경영성과의 지속성과 예측가능성이 높아진다.

현실적인 비즈니스 측면에서 「이익의 질」은 주로 회사의 기술력과 자생력을 의미한다. 즉, 고객사의 입장에서 그 회사가 꼭 필요한 존재인지 아닌지가 이익의 질 판단 기준이 된다.

예를 들어, A사는 국내 굴지의 S사의 부품 공급업체인데, A사 아니더라도 S사는 부품 조달이 가능하다. S사가 A사에 오더를 주는 이유는 A사 오너와의 관계라든가 어떤 특수한 관계에 인한 것이지, A사가 꼭 필요해서, 즉, 이 회사 아니면 해결 방법이 없어 오더를 주는 것이 아니다. 이런 경우는 『이익의 질』이 좋지 않은 것이다. 즉, 지금 이익을 남길지라도 S사 입장이 변경되면 A사는 오더 수주 자체가 흔들릴 수도 있어 이익을 남기기 어려운 구조이다.

Free Cash Flow(FCF, 잉여현금흐름)

기업이 사업으로 벌어들인 돈 중 세금과 영업비용, 설비투자액 등을 제외하고 남은 현금을 의미한다. 철저히 현금 유입과 유출만 따져 돈이 회사에 얼마 남았는지 설명해주는 개념이다. 투자와 연구개발 등 일상적인 기업 활동을 제외하고 기업이 쓸 수 있는 돈이다. 회계에서는 영업활동현금흐름과 투자활동현금흐름을 합한 것과 같다.

• 잉여현금흐름 = 당기순이익 + 감가상각비 - 고정자산증가분 - 순운전자본증가본

잉여현금흐름은 배당금 또는 기업의 저축, 인수합병, 자사주 매입 용도로 사용할 수 있다. 그러나 잉여현금흐름이 적자로 전환하면 해당 기업은 외부에서 자금을 조달해야 한다.

Hidden Champion(히든 챔피언)

A hidden champion is a company, which belongs to the top three in its global market or is number 1 on its continent, has less than US$5 billion in revenue, and is little known to the general public.

대중에게는 잘 알려지지 않았으나, 세계시장 경쟁력을 보유한 중소기업 (small-and-medium-sized companies)을 가리키는 말이다. 즉 히든 챔피언은 혁신을 바탕으로 기술력 및 품질 측면에서 특화된 제품을 생산, 판매하는 기업을 의미한다.
☞ Hidden champion들은 이익의 질이 좋은 회사들이다.

히든 챔피언이라는 용어는 독일 경영학자 헤르만 지몬의 저서 「히든 챔피언(Hidden Champions of the 21st Century)」에서 유래한다. 지몬은 「규모는 작지만 고도로 특화되어 세계시장을 주도하는 독일 기업들」을 설명하면서, 인지도는 낮지만 관련 분야에서 시장점유율 세계 3위에 속하는 매출액 50억 달러 이하인 기업들을 히든챔피언이라고 규정했다.

Investor Relations (IR, 기업설명회)

Investor relations (IR) is a strategic management responsibility that is capable of integrating finance, communication, marketing and securities law compliance to enable the most effective two-way communication between a company, the financial community, and other constituencies, which ultimately contributes to a company's securities achieving fair valuation.

투자자가 합당한 판단을 내릴 수 있도록 회사의 객관적인 정보를 투자자들에게 알리는 기업 설명회를 IR 이라고 한다. IR 자료/보고서는 주식시장에서 기업의 우량성을 확보해 나가기 위해서 투자자들만을 대상으로 기업의 경영활동 및 각종 정보를 제공하고자 할 때 작성하는 자료/보고서이다. 주식 시장에 등록된 회사에서 회사의 가치를 높이는 활동으로 활용한다.

 ROE (return on equity, 주주 자본 이익률, 자기 자본 이익률)

Return on equity (ROE) is a measure of financial performance calculated by dividing net income by shareholders' equity. ROE is considered a measure of how effectively management is using a company's assets to create profits.

기업의 자기자본에 대한 기간이익의 비율
• ROE (%) = 당기순이익/자기자본 x 100

기업의 이익창출능력으로 경영자가 기업에 투자된 자본을 사용하여 이익을 얼마나 창출하는지를 보여주는 지표이다. 산출방식은 기업의 당기순이익을 자기자본으로 나눈 뒤 100을 곱한 수치이다. 예를 들어, 자기자본이익률이 10%라면 주주가 연초에 1,000원을 투자, 연말에 100원의 이익을 시현하였다는 뜻이다.

기간이익으로는 경상이익, 세전순이익, 세후순이익 등이 이용되며, 자기자본은 기초와 기말의 순자산액의 단순평균을 이용하는 경우가 많은데 이는 기간 중에 증자 (stock increase), 감자 (reduction of capital, stock decrease)가 있을 경우 평균잔고를 대략적으로 추정하기 위한 것이다. 기간 중에 증자/감자가 없었다면 기초잔고를 이용하여도 된다.

자기자본이익률이 높은 기업은 자본을 효율적으로 사용하여, 즉 자본 효율(capital efficiency)이 높아, 이익을 많이 내는 기업으로 주가도 높게 형성되는 바, ROE는 중요한 투자지표로 활용된다.

- 투자자의 입장에서 보면, 자기자본이익률이 시중금리보다 높아야 투자자금 조달에 발생되는 비용을 넘어서는 순이익을 시현할 수 있으므로 기업에 투자하는 것이 의미가 있다.
- 자기자본이익률이 시중금리보다 낮으면 투자자금을 은행에 예금하는 것이 더 낫기 때문이다.

 ## ROI (Return on Investment, 투자수익률)

A profitability measure which evaluates the performance of a business by dividing net profit by net worth. ROI is the most common profitability ratio. There are several ways to determine ROI, but the most frequently used method is to divide net profit by total assets.

투자수익률의 약칭으로서 투자대상 사업의 투자액에 대한 기대이익의 정도를 표시하는 지표로써 가장 많이 사용된다.
- ROI = net profit/total asset

수익률 측정의 목적에 따라
- 순 현재 가치(net present value)
- 내부 투자수익률(internal rate of return)
- 비용과 수익의 비(benefit cost ratio) 등으로 표시된다.

또한 투자의 기간과 수익이 발생할 것으로 기대되는 전 기간을 고려하여 그 비용/예상수익의 흐름은 투자 여부를 결정하는 현재를 기준으로,

- 현재 가격으로 환산하여 현재 가격의 비용과 수익을 비교하거나,
- 혹은 비용과 수익의 현재가격을 동등하게 하는 discount rate(할인율)을 추정하는 방식으로 크게 분류할 수 있다.

기업의 객관적인 가치 평가

기업의 객관적인 가치 평가는 매우 중요하다. 특히, 기업이 상장을 하거나 상장이 되어 있을 때는 주가에 큰 영향을 끼치는 바, 더욱 더 중요하다. 기업가치 측정에는 여러가지 방법과 관련 지표들이 활용된다.

■ 시가총액(market cap) 분석

주식 시장에서 주가 총액으로 기업 가치 책정. 즉,

「주가(market price) x 주식 수(number of stocks issued) = 시가 총액(market cap)」

■ 무형자산(intangible asset) 평가 분석

기업이 보유하고 있는 brand의 가치, corporate image(기업이미지),
corporate reputation(기업 평판), patent(특허), goodwill(영업권) 등의 무형자산 평가.

■ 재무분석(financial analysis, analysis of financial statements)

재무제표분석, 경영분석이라고 하며, 기업의 재무상태 및 경영성과를 재무제표를 분석적 방법에 의하여 판단, 인식하는 방법을 말한다. 즉, 대차대조표, 손익계산서 등의 재무제표나 기타 회계자료에 표시된 숫자를 분석, 검토 및 비교하거나 재무 비율로 기업의 재무상태 및 경영성과를 과학적으로 측정하는 기법이다.

■ 비용접근법(cost approach)

현재의 회사 평가를 객관적으로 판단할 때 자주 사용되나, 이 방법으로 미래의 수익성을 평가하기는 어렵다.

■ 소득접근법(income approach, discounted cash flow)

사업의 미래를 감안하여 계산

■ 유사기업 주가 비교(market price, market approach)

동종업종에 속한 경쟁 회사의 주가를 비교하여 기업의 가치 평가
➡ ROA(return on assets: 총자산 순이익율)
➡ ROE(return on equity: 자기자본 이익률)
➡ EPS, PER
➡ BPS, PBR

■ **Payout Ratio**(배당성향, Dividend Coverage Ratio)

주주에게 배당금으로 지급되는 수익의 비율로서 회사가 내는 수익중, 얼마를 배당금으로 나눠주고 있는지 보여주는 지표로서 회사의 중요 재무지표중의 하나이다.

- 배당성향(%) = $\dfrac{\text{현금배당금}}{\text{당기순이익}} \times 100$

➡ 당기순이익 10억원중 1억원이 배당금으로 지급되었다면
    배당성향은 1억원/10억원 × 100 = 10%가 된다.

■ **IRR**(internal rate of return, 내부수익률)

IRR(내부수익률)은 투자로 지출되는 현금의 현재가치와 그 투자로 유입되는 미래 현금 유입금액의 현재가치가 동일하게 되는 수익률을 의미한다. 즉, 「현재 현금 투자금액 = 미래 현금 유입금액의 현재가치」를 만드는 수익률이 IRR(내부수익률) 이다.

■ **DOE** (dividend on equity ratio, 주주자본배당률)

주주에게 dividend(배당금)이 얼마나 되는지를 나타내는 지수이다.
- DOE = 총 배당액/주주자본 × 100 = 배당성향 × ROE × 100 (%)

07
M&A Terms

 M&A (merger and acquisition: 기업 합병 및 인수)

Mergers & acquisitions refer to the management, financing, and strategy involved with buying, selling, and combining companies.

세상에서 가장 큰 사업은 회사를 사고 파는 것이라고 한다. 주식회사를 매수하려면 그 회사 주식을 매수하면 된다. 즉, 그 회사의 경영을 좌지우지할 수 있는 지분(equity)를 확보하면 되는 것이다. 이 M&A를 잘 활용하면 아주 적은 돈으로 우량 기업을 인수 및 합병 할 수도 있다.

예를 들어, A 회사의 발행 주식 수는 100주이다. 최대 51주를 확보한다면 A회사의 주인이 될 수 있다. 51주를 소유할 필요도 없다. 대주주가 될 수 있는 우호지분만 확보할 수 있다면, 몇 주 확보하지 않아도 회사의 주인이 될 수가 있다. 이런 판단은 그 회사의 주주 현황*을 파악한 후, 그 이상만 확보하면 되는 것이다.

　* 회사 사업 보고서에 명기되어 있는 대주주 지분은「owner 소유 주식 %, owner 우호 지분 %, owner와 우호 지분 합계」이나, 이는 공개적으로 나타나 있는 상황이고, 어떤 특수 관계에 의한 지분 소유자가 숨어있을 수도 있다.

 Crown Jewel (크라운 주얼)

Crown jewel means the most important or valuable part of something, especially the product or part of a company, etc., that makes the most money.

M&A(merger & acquisition, 합병 및 인수) 용어로 피인수회사의 유무형 소유물중 가장 매력적인 부문을 의미한다. 일반적으로 M&A의 주요 목적은 크라운 주얼의 획득에 있으므로 표적이 되는 기업은 스스로 이를 매각하여 매력 없는 기업이 됨으로써 M&A에 대항하기도 한다.

Due Diligence(DD, 기업실사, 사전실사)

DD means reasonable steps taken by a person in order to satisfy a legal requirement, especially in buying or selling something. DD is a comprehensive appraisal of a business undertaken by a prospective buyer, especially to establish its assets and liabilities and evaluate its commercial potential.

ABC 기업을 매수하고 싶다. 그 기업의 주인이 기업의 현황을 설명하고 가격을 제시한다. 가격은 OK이나, 그 기업에 대한 설명 내용을 검증 해봐야 할 것이다. 이렇게 해당 기업의 현황을 실제 확인/검증하는 것을 「due diligence」 라고 한다.

Due diligence의 사전적 의미는 어떠한 사업에 있어 의사결정 이전에 적절한 주의를 다하고 계획을 수립하여 수행하여야 하는 주체의 책임이라고 할 수 있다. 즉 소정의 절차에 따라 행하는 조사/검증/확인 행위라고 할 수 있다.

기업실사(due diligence)란 인수, 합병 거래나 기업의 주식, 사채 등 유가증권 발행 거래에 앞서 기업의 경영상태, 자산상태, 재무적, 영업적 활동 등 전반적인 상황에 대하여 조사/검증/확인하는 활동을 의미한다.

그 주된 목적은,

■ 대상기업의 경영, 자산, 부채, 재무, 영업, 고객관계 등 일체의 상태를 조사하여 인수, 합병의 대상을 명확하게 이해함으로써, 매수인이 대상기업의 가치를 산정, 평가하여 적정한 인수가격을 정할 수 있도록 하고,

■ 법률적 위험은 최소화하고 경제적 효과는 극대화할 수 있는 거래구조를 설정할 수 있게 하며,

■ 인수, 합병 거래에서 발생할 수 있는 제반 사업적, 법률적 위험을 사전에 평가하고 이에 대한 대책을 수립할 수 있도록 하고,

■ 인수 완결 이후 대상회사의 효과적인 통합작업을 준비할 수 있도록 하기 위한 목적 등으로 이루어진다.

보통 매수인은 기업실사를 통하여 얻어진 정보를 기초로 하여 인수, 합병 이후에 발생할 수 있는 우발채무(contingent liabilities) 가능성을 확인하여 이를 인수가격에 반영하고, 본계약 체결 시 매도인에게 요구할 구체적인 진술과 보증 항목, 공개목록 항목을 정리하게 된다. 기업실사는 매수인이 법무법인, 회계법인, 컨설팅법인 등 각 자문사를 선임하여 이루어진다.

Due diligence는
- 법무법인이 담당하는 법률실사: Legal Due Diligence(LDD)
- 회계법인이 담당하는 회계실사: Finance Due Diligence(FDD)
- 세무실사: Tax Due Diligence(TDD)
- 컨설팅법인 담당 컨설팅실사: Consulting Due Diligence(CDD)

등으로 구분되며 법률실사와 회계실사는 통상적으로 진행되고, 거래 규모에 따라 세무실사, 컨설팅실사까지 진행할 수도 있다.

한마디로, 상대방이 말한 내용의 사실 여부를 분야별로 검증/확인하는 하는 것이다. 예를 들어, 인수 협상 당시 부채가 100억원 이하라고 설명 들었으나, 인수 후 실질적인 부채가 100억원을 초과하는 것으로 판명되면 문제가 발생되니 사전에, 즉 인수 자금을 지급하기 전에 검증하는 것이다.

Golden Parachute(황금낙하산)

A golden parachute is an agreement between a company and an employee (usually upper executive) specifying that the employee will receive certain significant benefits if employment is terminated. The benefits may include severance pay, cash bonuses, stock options, or other benefits.

Golden parachute(황금낙하산)은 적대적 M&A를 방어하는 대표적인 전략으로 미국 월가에서 만들었다. 최고경영자 고용계약 시, 「해임할 때 거액의 퇴직금 지급, 주식매입권 부여, 잔여임기 동안의 상여금 지급」 등을 준다는 내용을 명시해 제3자의 기업인수비용을 높이는 것을 말한다.

■ 장점은 기존 경영진의 동의 없는 경영권 탈취를 저지하는 데 효과적으로 사용될 수 있음.

■ 단점은 적대적 M&A의 위험이 없는 평상시에도 임원을 해임하기가 어렵게 되어 무능한 경영진에게 과도한 혜택을 부여하는 비효율성을 초래할 수도 있다.

Leveraged Buyout (LBO, 차입 매수)

A leveraged buyout (LBO) is a financial transaction in which a company is purchased with a combination of equity and debt, such that the company's cash flow is the collateral used to secure and repay the borrowed money. The term LBO is usually employed when a financial sponsor acquires a company.

기업매수를 위한 자금조달방법의 하나로서 매수할 기업의 자산을 담보로 금융기관으로부터 매수자금을 조달하는 것으로 적은 자기자본으로 매수를 실행할 수 있다. TOB(take-over bid, 주식공개매수)와는 달리 LBO는 매수회사와 피매수회사의 관계가 우호적이고 피매수회사의 경영자 등이 매수측에 가담하기도 한다.

LBO는 거액의 차입을 수반하기 때문에 기업매수후 자기자본비율이 낮아져 신용리스크가 급격히 커진다는 단점이 있다. 이 때문에 LBO의 주요 자금조달수단인 정크본드는 발행수익률이 높으며, 금융기관의 LBO 대출금리도 프라임레이트를 상회하는 고금리가 적용되는 것이 일반적이다. 이는 기업 입장에선 주가나 배당을 고려치 않고 비수익 사업부문의 매각이 가능, 과감한 경영을 할 수 있는 장점이 있다. 반대로 매수될 듯한 기업의 경영자가 LBO를 사용, 자사주를 모아 매수를 피하는 방법이 있다.

Poison Pill (포이즌 필)

A poison pill is a form of defense tactic utilized by a target company to prevent or discourage attempts of a hostile takeover by an acquirer. As the name 「poison pill」 indicates, this tactic is analogous to something that is difficult to swallow or accept. A company targeted for such a takeover uses the poison pill strategy to make its shares unfavorable to the acquiring firm or individual. Poison pills significantly raise the cost of acquisitions and create big disincentives to deter such attempts completely.

적대적 기업 인수 합병(M&A)에 대한 방어전략의 일종으로 매수시도가 시작될 경우 매수비용을 높게 만들어 매수자의 시도를 단념시키려는 각종 수단을 총칭하는 말이다. 가령 적대적인 세력이 인수작전을 펼 때 인수 대상 기업에서는 임직원의 임금을 대폭 올려 기업비용이 크게 늘어나게 하거나 신주발행이나 신주인수권 발행을 통해 기업인수 비용을 높이고 인수 세력이 주식을 매집하더라도 지분 비율을 낮출 수 있다.

그러나 인수대상 기업에서도 이에 따른 위험부담을 안아야하기 때문에 「poison pill」, 즉 「독약」이라 불리게 되는 것이다. 한편 적대적 인수세력에 대한 방어도구로 활용되었던 「poison pill」은 이제 기업의 몸값을 올리기 위한 협상 카드로 변화하고 있다. 특히 경기하락으로 주가가 대폭 떨어진 기술업체들의 경영진들은 경영권 방어를 위해 몸부림치는 대신 「poison pill」을 활용, 높은 값에 기업을 파는 전략을 구사하고 있다.

 ## Shark Repellent (샤크 리펠런트)

Shark repellent is a slang term for any one of a number of measures taken by a company to fend off an unwanted or hostile takeover attempt. In many cases, a company will make special amendments to its charter or bylaws that become active only when a takeover attempt is announced or presented to shareholders with the goal of making the takeover less attractive or profitable to the acquisitive firm. It is also known as a "porcupine provision."

기업 탈취를 예방하기 위한 전술의 일종이다. 예를 들어 회사 정관을 변경하거나 합병승인의 의결을 위해서는 75% 이상의 찬성이 필요하다는 조항을 삽입하거나 이사의 선임을 한번에 행하지 않고 1년에 몇 명씩 선임한다는 등의 규정을 마련하는 것을 말한다.

 ## TOB (takeover bid, 주식 공개 매수)

A takeover bid is a type of corporate action in which an acquiring company makes an offer to the target company's shareholders to buy the target company's shares to gain control of the business. Takeover bids can either be friendly or hostile.

주식의 공개매수는 기업인수·합병(M&A)에 의한 형태로서 회사의 지배권 획득 또는 유지·강화를 목적으로(예외적으로 상장 폐지를 목적으로 하는 경우도 있음) 주식의 매수희망자가 매수기간/가격/수량 등을 공개적으로 제시하고, 유가증권시장 밖에서 불특정다수의 주주로부터 주식을 매수하는 방법을 말한다.

이러한 주식의 공개매수는 일반적으로 대상기업의 의사와는 무관하게 이루어지는 적대적 M&A의 일종으로, 공개매수절차가 진행되는 동안 매수희망기업과 대상기업 또는 대주주 사이에 지분확보 및 경영권방어를 둘러싸고 치열한 경쟁양상을 보이기도 한다. 미국에서는 인수자측이 대상기업에 방어할 시간을 주지 않기 위해 공휴일인 토요일 저녁 황금시간대 TV를 통해 공개매수를 선언하는 경우가 많다. 이것을 「토요일 밤의 기습(Saturday Night Special)」이라 부르기도 한다.

인수 대상이 되는 기업의 주식 중에서 의결권이 부여된 주식의 일부나 전체를 공개적으로 매입함으로써 경영권을 획득하여 인수합병을 이루는 것으로, 「텐더 오퍼(tender offer)」라고도 한다. 기존 대주주나 경영진 모르게 비밀스럽게 주식을 매입하는 기업사냥의 폐해를 막기 위해 도입된 제도로 매수기업에서는 일정 동안 어느 정도 이상의 주식을 일정한 가격으로 매입하겠다는 것을 공개해야 한다.

Valuation(기업가치평가)

Business valuation is a process and a set of procedures used to estimate the economic value of an owner's interest in a business. Valuation is used by financial market participants to determine the price they are willing to pay or receive to effect a sale of a business.

M&A 대상 회사의 주식, 채권, 부동산, 기계설비, 영업부문, 무형자산 등의 가치를 평가하여 수치로 계량화하는 작업.

White Knight (백기사)

A white knight is a hostile takeover defense whereby a friendly individual or company that acquires a corporation at fair consideration that is on the verge of being taken over by an unfriendly bidder or acquirer, who is known as the black knight.

기업들간 적대적 인수/합병(M&A)가 진행되는 경우, 현 경영진의 경영권 방어에 우호적인 주주를 「white knight(백기사)」라고 부른다. 적대적인 공개매수를 당하는 매수대상기업을 구해준다는 의미에서 화이트 나이트(백기사)라는 명칭이 붙게 되었으며 반대로 적대적인 공개매수를 취하는 측을 「black knight(흑기사)」 또는 「corporate raider(기업 탈취자)」 라고 한다.

Winner's Curse (승자의 저주)

The winner's curse is a tendency for the winning bid in an auction to exceed the intrinsic value or true worth of an item. Because of incomplete information, emotions or any other number of subjective factors regarding the item being auctioned can influence bidders and give them a difficult time determining the item's true intrinsic value. As a result, the largest overestimation of an item's value ends up winning the auction.

쉽게 말해, 가치보다 높은 가격을 지불하고 인수한 상황을 의미한다. 경쟁에서 이겼음에도 불구, 이기기 위해 지나치게 큰 비용을 치러, 결국은 손해를 입거나 위험에 빠지는 경우를 의미한다. 예를 들면, 경매에서 최종입찰자가 실제의 가치보다 많은 돈을 주고 대상물을 구입하게 되거나 낙찰에 필요한 가격보다 높은 가격으로 구입하게 되는 것을 뜻한다. 기업을 인수할 때, 산업의 변화를 인식하지 못해 사양산업 업체를 가치 보다 훨씬 높은 가격으로 인수하여, 몇 년 후 부메랑을 맞는 경우도 있다.

※ Related Terms

Term	Meaning
accumulation of capital	자본축적
acquisition	• 인수 • vertical acquisition : 제품 구성에 있어 다른 분야 간의 회사 M&A • horizontal acquisition: 제품 구성에 있어 동일 분야간의 회사 M&A
after-hours trading	시간외 거래
arbitrage pricing theory	재정 가격 결정 이론
auction market	경매 시장
average daily sales	일평균 매출액 = 연 매출액/365일
black Friday	주식시장이 폭락한 금요일 화요일에 폭락하면 black Tuesday
bond	채권 bond market: 채권 시장 bond price: 채권 가격
brokerage account	증권 계좌, 위탁매매 계정
brokerage commission	위탁수수료
cash-out	현금지불, 현금매상
cross shareholding*	상호주식보유
cumulative dividend	누적 배당
day trader	일일거래자 ☞ 선물시장 시장메이커 중의 하나로 자기의 계산으로 소위 당일거래를 행하는 자를 말한다. 각각 변화하는 가격의 추이를 보면서 빈번히 매매를 행하고, 포 지션을 다음날로 미루는 일이 없다.
de factor	사실상의
decliner	하락종목, 하락주 ↔ gainer 상승주
debt	차입금 long-term debt: 장기차입금 short-term debt: 단기차입금
debenture	무담보 채권, 사채
equity	• equity investment: 주식 투자 • equity market: 주식 시장 • equity trading: 주식 매매

* Cross holding is a situation in which a publicly traded corporation owns stock of another publicly traded company. So, technically, listed corporations own securities issued by other listed corporations.

Term	Meaning
exchangeable bond	교환사채
fair market value	공정 시장 가치
financial distress	재정난
future value	미래가치, future worth 라고도 한다.
gainer	상승세 종목, 상승 종목 ↔ decliner 하락 종목
general cash offer	일반공모
holding period	보유기간 holding period return 보유기간 수익
interim dividend	중간 배당
improper trading	부당 거래
instrument	법적 서류, 증서
interest rate risk	금리 위험
investment	• investment activity: 투자 활동 • investment advisor: 투자자문사 • investment opportunity: 투자 기회 • investment bank: 투자 은행
ledger cash	원장 현금 (장부 현금: 기업의 장부에 기장된 현금잔고)
leveraged equity	레버리지드 에쿼티
line of credit, credit line	신용한도, 한도대출
liquidation	청산
long-held share	장기보유주
market	• market liquidity: 시장 유동성 • market risk: 시장 위험 • marketability: 시장성 • market value: 시장 가격 • market psychology: 시장 심리 • market timing: 시장 타이밍(매매를 반복하는 방법) • market manipulation: 시장 조작 • buyer's market: 매수자 우위 시장. 즉, 매도세보 다 매수세가 약한 상황. 　　　　　 반대는 seller's market 매도자 우위 시장
maturity date	만기일
minority shareholder	소액 주주
minimum trading lot	최저 거래 수량
merger	합병
morning close	전장 종가 morning trade: 전장 거래
new stock	신주

Term	Meaning
odd lot	단주
operating cash flow	영업활동 현금 흐름
opportunity cost	기회 비용, 기회 손실
ordinary share	보통주(common share)
outstanding share	발행/유통 주식
overseas investor	해외투자가
over-the-counter market (OTC market)	비상장주식의 매매거래를 위해 한국금융투자협회가 「자본시장과 금융투자업에 관한 법률」에 따라 개설 운영하는 장외시장을 뜻한다.
panic selling	투매
post-bubble low	버블 붕괴후 최저가
preemption	선매, 선매권 preemptive right: 신주인수권
pre-market trading	시간 전 거래, 시간외 거래
present value	현재 가치 ↔ future value (미래 가치)
price control	가격 통제
prospectus	사업 설명서
proxy	대리인, 위임권, 대용물
rapid fluctuation	급등락
residual value	잔존가치
sales contract	매매계약 conditional sales contract: 조건부매매계약
securities fraud	증권 사기
securities transaction	증권 거래
sell order	매도 주문 ↔ buy order 매수 주문 selling pressure 매도 압력
share allotment	주식할당 • shareholder activism: 주주행동주의 • shareholder activist: 주주행동주의자 • share issuance: 주식 발행 • shareholder's meeting: 주주총회
sharp loss	급락
short-run operating activity	단기영업활동 short run 단기 ↔ long run 장기
short sale	공매도
standby underwriting	스탠바이 인수, 잔액 인수 ☞ 팔리지 않은 증권을 underwriter(증권인수업자)가 전액 인수

Term	Meaning
standard deviation	표준편차
sticker price	표시가격
stock listing	주식 상장 • stock market flotation 주식 공개 • stock certificate 주권 • stockholder's book 주주장부 • stock investment 주식 투자 • stock market 주식 시장 • unlisted stock 비상장주 • stock split 주식 분할
striking price	행사가격
subscription price	응모가격
sunk cost	매몰비용 ☞ 다시 되돌릴 수 없는 비용. 집행한 후에 발생하는 비용 중 회수할 수 없는 비용을 말하며 함몰비용이라고도 한다. 일단 지출하고 나면 회수할 수 없는 기업의 광고비용이나 R&D 비용 등이 이에 속한다
swap rate	스왑 거래시 매입가와 매도가의 이율 차이
syndicate	신디케이트
take over bid(TBO)	공개 매수
target	• target cash balance: 목표현금잔고 • target firm: 매수 대상 기업 • target payout ratio: 목표배당률
technical insolvency	기술적 지급 불능
tender offer	주식 공개 매수
trading*	• trading day: 거래일 • trading hour: 거래 시간 • trading volume: 거래량
transaction motive	거래동기
treasury stock	자사주, 금고주
treasury bill(t-bill)	미국 재무부 단기 증권
treasury bond/note	미국 재무부 채권
volatility	주가변동성
warrant	신주 인수권
weighted average	가중 평균
wholly owned subsidiary	완전 종속회사

* trading: 무역이라는 의미외 유가증권 거래 라는 의미도 많이 사용된다.

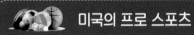 미국의 프로 스포츠

미국의 스포츠 시장 규모는 세계 최대이다. 프로 스포츠 리그 NFL, NHL, NBA, MLB는 역동적인 컨텐츠를 끊임없이 창출하며, 사람들은 인종, 국적을 넘어 열광한다.

2020년 Super Bowl의 광고 단가는 30초당 약 65억 원으로 알려졌으며, 약 1억 명 이상의 미국인이 시청했다. 별들의 경쟁을 현장에서 관람하기 위해 많은 사람들이 방문한다. 가격변동제가 적용된 티켓은 소비자에게 다양한 선택지를 제공하고 또 다른 즐거움을 준다.

리그의 CEO격인 Commissioner와 구단주들이 제도 변경, 미디어 계약 체결, 신기술 등을 어떻게 관리하고 리그 차원의 사건·사고에 대응하는지 알아보는 것도 또 다른 재미가 될 수 있다.

	NFL	NHL	NBA	MLB
팀 수	32	31	30	30
시즌	9월 - 2월	10월 - 6월	10월 - 6월	3월 - 10월
19-20 우승팀	Kansas city Chiefs	St. Louis Blues	Toronto Raptors	Washington Nationals
리그 구분	AFC (North, East, South, West) NFC (North, East, South, West)	Eastern (Atlantic, Metropolitan) Western (Central, Pacific)	Eastern Western	American (East, Central, West), National (East, Central, West)
Commissioner	Roger Goodell	Gary Bettman	Adam Silver	Rob Manfred

* 주) 2020년 기준

Chapter Ⅲ
Accounting

American Idioms & MBA English
미국 실용 관용어와 Global 경영·금융·증권·외환·무역 용어

01 GAAP

02 Accounting Terms

03 Financial statement(재무제표)

    A. Income statement

    B. Balance Sheet

    C. Statement of Cash Flow

04 Income Statement(손익계산서)의 의미와 서식

05 Balance Sheet(대차대조표)의 의미와 서식

06 EBIT, EBITDA

07 Retained Earnings

08 주요 재무 비율

※ Related Terms

01
GAAP (generally accepted accounting principles, 일반적으로 인정된 회계 규칙)

GAAP (generally accepted accounting principles) is a collection of commonly-followed accounting rules and standards for financial reporting. GAAP specifications include definitions of concepts and principles, as well as industry-specific rules. The purpose of GAAP is to ensure that financial reporting is transparent and consistent from one organization to another.

GAAP는 일반적으로 인정된 회계원칙 (Generally Accepted Accounting Principles) 이다. 회계 규정으로 구체적인 회계 실무 지침, 또는 실무로부터 발전되어 광범위하게 인정되는 회계 기준을 의미한다.

미국 증권위원회는 모든 상장된 회사는 GAAP (Generally Accepted Accounting Principles)을 따르도록 요구하고 있어 모든 상장회사는 발생주의를 사용하여 재무제표를 작성해야 한다.

회계거래를 표현하는 방법은 크게 현금주의 (Cash Basis)와 발생주의 (Accrual Basis)가 있다.

현금주의 (Cash Basis)

Cash Basis (현금주의)는 현금수령과 현금지급이 발생할 때 그 내용을 장부에 기입하는 방법이다. 현금주의 회계방법에서는 현금을 받았을 때 수익을 인식하고 현금을 지불하였을 때 비용을 인식한다.

➡ 현금주의 회계는 약속어음이나 미래에 현금이나 서비스를 받을 것을 기대할 경우, 예를 들어 미수금이나 미지급금에 대하여 인식하지 않는다.

➡ 현금주의 회계에서는 재고자산이 없다. 수익을 위하여 물건이나 재료를 구입했을 때 현금이 지불되었으면 직접비용으로 계산된다.

➡ 현금주의는 간단하고 비용이 적게 드는 장점이 있으나, 미수금이나 미지급금을 인식하지 않기 때문에 손익을 정확히 계산하는데 쉽지 않다.

발생주의 (Accrual Basis)

회계기준은 수익은 수익이 발생하였을 때 (earned) 인식하고, 비용은 비용이 발생하였을 때 (incurred) 인식한다. 수익, 비용의 발생 시점과 실제 현금의 흐름 사이의 차이를 기록하는데 이를 기록하기 위해서는 추가적인 계정이 만들어져야 한다.

➡ 물품을 판매하고 현금을 받기 전에 수익이 인식되어지면 외상 매출금 (Accounts Receivable)과 같이 미수 수익계정 (Accrued Revenue Account)에 기록된다. 물품대금을 받은 후에 수익이 인식이 되면 외상매출금이 없어지고 현금이 입금 처리된다.

➡ 물품을 매입하고 물품대금을 추후 지불하기로 하면 외상매입금 (Accounts Payable)과 같이 발생비용계정에 기록된다. 현금이 지불되고 난후 비용이 인식되면 외상매입금은 사라지며, 현금이 출금된다.

02
Accounting Terms(회계용어)

 **자산(Asset)**

Something valuable that an entity owns, benefits from, or has use of, in generating income.

경제적/재산적 가치가 있는 것을 asset (자산)이라고 한다. 자산은
- 유동자산(current asset): 1년 이내에 현금화되는 자산
- 비유동자산(non-current asset): 현금화에 1년 이상 소요되는 자산으로 대별된다.

➡ Current asset (유동자산)은 「현금 및 현금성 자산(3개월 이내 현금화 가능 자산)」, 단기금융 자산, 매출채권, 재고 자산*, 기타유동자산으로 분류된다.
  * Inventories (재고 자산)은 상품, 제품, 반제품, 재공품, 원재료등을 의미한다.

➡ Non-current asset (비유동자산)은 유형자산(토지, 건물, 비품 등), 무형자산(영업권, 광업권, 산업재산권 등), 투자자산(관계기업 투자, 부동산 투자 등), 기타비유동성자산으로 분류된다.

부채(Liabilities)

Liabilities are what you owe other parties.

남에게 빌린 돈으로 대차대조표의 대변(credit)에 계상된다.
➡ 차변은 debit이라고 하며,
➡ 어떤 수익이나 경비가 발생하여 회계상 기록하는 것을 기장(bookkeeping) 한다고 한다.

- **financial liabilities(금융부채)**
  금융자산(financial asset)의 반대 개념으로 거래 상대방에게 현금등 금융자산을 부채로 교환하기로 한 계약 의무

■ **provision**(충당 부채)

확정된 것은 아니지만 부채가 될 것으로 신뢰성 있게 추정되는 금액

자본(Capital)

Money and possessions, especially a large amount of money used for producing more wealth or for starting a new business.

재화와 용역의 생산에 사용되는 자산을 자본이라 한다. 회계분야에서는 자본을 자산/부채와 대조되는 개념으로, 기업의 총자산 가치액에서 총부채액을 차감한 잔액으로 자본금과 잉여금을 의미한다.

➡ capital (자본) = capital stock (자본금) + retained earnings (잉여금)

자본금(Capital Stock, Equity Stock)*

Capital stock is the number of shares that a company is authorized to issue, according to its corporate charter.

자본금은 사업 밑천을 의미한다. 회사의 소유자 또는 소유자라고 생각되는 자가 회사 설립을 위해 회사에 투자한 금액으로 납입자본금 (paid-in capital)이라고도 한다.

* capital adjustment (자본조정): 자본금, 자본잉여금에 속하지 않는 임시적인 자본 항목

자본잠식(Impaired Capital, Impairment of Capital)

A company has impaired capital when the aggregate amount of its capital is less than the par value of its shares outstanding.

회사의 누적 적자폭이 커져서 잉여금이 바닥나고 납입자본금 (paid-in capital)까지 잠식되기 시작한 상태를 말한다.

■ 자본잠식률(%) = (자본금 - 자본총계*)/자본금 × 100 = 잠식된 자본/자본금 × 100
  * 자본총계 = 자본금 + 이익잉여금 + 자본초과금 + 기타 자본항목

➡ Case 1: 자본총계 자체는 마이너스가 아니나, 자본총계가 자본금보다 작으면 자본 부분
          잠식
➡ Case 2: 자본총계 자체가 마이너스이면 자본 완전 잠식

(Unit: US$)

항목	Case 1	Case 2
자본금	1,000	1,000
자본잉여금	500	500
이익잉여금(결손금)	(1,100)	(1,700)
자본총계	400	(200)
자본잠식률	자본 부분 잠식	자본 완전 잠식

 ## 직접원가(direct cost) vs. 간접원가(indirect cost)

특정 제품의 제조 또는 판매와 직접적으로 관련된 원가를 direct cost(직접원가라)하며, 특정제품과 더불어 다른 제품에도 공통으로 관련된 원가를 indirect cost(간접원가)라고 한다.

 ## 손익분기점(break-even point)

In accounting, the break-even point refers to the revenues necessary to cover a company's total amount of fixed and variable expenses during a specified period of time.

손익이 0이 되는 시점. 원가(cost), 생산량(volume)을 바탕으로 이익(profit)을 산출한다는 관점에서 CVP(cost-volume-profit) 분석이라고 칭하기도 한다.
➡ break-even chart = CVP chart
➡ 손익분기점 매출액 = 고정비 / (1 - 변동비/매출액)

감가상각 (depreciation, amortization, depletion)

Depreciation is to allocate the cost of a tangible or physical asset over its useful life or life expectancy. Depreciation represents how much of an asset's value has been used up.

건물, 기계, 설비 등 고정자산은 내용연수, 즉 사용 가능하다고 합리적으로 인정하는 연수가 있다. 기업의 수익활동에 계속 사용되는 결과, 시일의 경과에 따라 그 자본가치가 점점 소모되므로 그 소모되는 가치는 그에 해당하는 부분만큼 매 영업 연도의 비용으로 계산하여야 한다. 이와 같이 고정자산에 투하된 자본가치를 유지하고 이것을 일정한 유효기간 내에 회수하는 회계절차를 「감가상각」이라 한다. 이 같은 감가상각을 위해 적립 충당하는 자금을 「감가상각충당금」이라 한다.

■ 감가상각에는 정액법(fixed installment method = straight line method, 직선법)과 정률법 (fixed percentage method)이 있다.

➡ 정액법은 매년 동일한 금액을 감가상각하는 것이다. 즉, 1억짜리 기계를 내용연수를 5년으로 하면, 1억/5년 = 2천만원/년 으로 매년 2천만원씩 감가상각하는 것이다. 2000/1/1일 기계를 1억에 구입했으면, 2001/1/1의 기계 잔존가격은 8천만원이 되는 것이다.

➡ 정율법은 잔존 가격에 일정 비율을 곱하여 산정하며, 따라서. 첫해년도의 감가상각금액이 가장 크다. 일정비율은 다음과 같이 계산한다.

$$r = 1 - \sqrt[n]{\frac{S}{C}}$$, s: 잔존가치, c: 취득원가, n: 내용연수

■ 미국에서는 감가상각이라는 단어로 depreciation, amortization, depletion을 사용하며,
➡ depreciation은 tangible asset(유형자산)의 감가상각
➡ amortization은 intangible asset(무형자산)의 감가상각
➡ depletion은 천연자원의 감가상각에 사용된다.

• service life(useful life, 내용연수)
자산의 사용 가능 기간

- residual value (잔존가치)
  내용연수 만료까지의 남은 가치. 예를 들어, 10억원짜리 자산을 정액법으로 5년 감가상
  각한다면 2년 지난 후 잔존가치는?
  10억 - (10억/5년 × 2년) = 6억이다.

 제품 판매 및 재고 관련 용어

- FIFO (first-in, first-out, 선입선출법)
  먼저 매입한 제품이 먼저 판매되는 것으로 가정

- LIFO (last-in, first-out, 후입선출법)
  나중에 매입한 제품이 먼저 판매되는 것으로 가정

- weighted average method (가중평균법)
  기초재고자산과 당기에 매입한 재고자산의 원가를 가중 평균하여 단위 원가 결정

- aging schedule (연령/연한 분석표)
  오래된 순서로 만든 표. 예를 들어, AR (account receivable, 외상매출금)을 발생된 일자별로
  정리하는 것. 오래될수록 위험이 증가하는 것이 일반적이다.

- trial balance (시산표)
  기중에 발생한 모든 거래를 기초잔액에 반영하여 모든 계정과목과 금액을 하나로 만든
  표로 원장부기의 계산이 틀림이 없는지를 검증하기 위한 것이다.

- trend analysis (추세분석)
  일정기간동안 재무제표 자료의 변화 추세를 분석하는 방법

03
Financial Statement(재무제표)

Financial statements show the business activities and the financial performance of a company. Financial statements are audited by government agencies, accounting firms, and so on for accuracy, tax, financing, or investing purposes. The below are major financial statements.

재무제표는 회사의 비즈니스 활동 및 재무성과를 보여주며, 회계의 정확성, 세금, 자금 조달 또는 투자 목적을 위해 정부 기관, 회계회사 등이 재무제표를 감사(audit)한다. 주요 재무제표는 다음과 같다. 적어도 income statement 와 balance sheet는 이해할 수 있어야 한다.

- Income statement(손익계산서)
- Balance sheet(대차대조표)
- Cash flow statement(현금흐름표)

 A. 손익계산서 (Income statement, Profit & Loss Statement)

An income statement is a financial statement that provides a clear record of the profits arising from an activity over a particular period of time and the revenues* and expenses which caused them. Once expenses are subtracted from revenues, the statement produces a company's net income.

  * 매출: sales, sales revenue, revenue 등으로 표시한다.

손익계산서는 일정기간 동안 기업이 어떤 활동을 통하여 발생된 이익과 그 이익을 발생하게 한 수익과 비용을 알기 쉽게 기록한 재무제표를 말한다. 매출에서 비용을 차감하면 회사의 순이익이 산출된다.

B. 대차대조표 (Balance Sheet)

The balance sheet provides an overview of assets, liabilities, and stockholders' equity as a snapshot at a particular point in time. In other words, the balance sheet illustrates the net worth of any business.

대차대조표란 일정 시점에 기업이 보유하고 있는 자산 상태, 부채, 주주 지분 내역을 보여주는 재산목록표를 말한다. 다른 말로 하면, 대차대조표는 사업의 순가치를 설명하는 것이다.

기업의 자산은 자기자본과 타인자본(부채)으로 구성되어 있으며, 이러한 자산을 취득 또는 보유하기 위하여 조달한 자금이 자기자금인지, 남으로부터 빌린 타인자본인지를 일정한 형식으로 표시한 것이 대차대조표다.

C. 현금흐름표 (Statement of Cash Flow, Cash Flow Statement)

In financial accounting, statement of cash flows, is a financial statement that shows how changes in balance sheet accounts and income affect cash and cash equivalents, and breaks the analysis down to operating, investing, and financing activities.

재무 회계에서 현금 흐름표는 대차 대조표 계정과 수입의 변화가 현금 및 현금성 자산에 미치는 영향을 보여주는 재무 제표로, 수입과 지출을 크게 영업활동, 재무활동, 투자활동으로 구분한다. 쉽게 말하자면, 현금 자체의 흐름을 나타낸 것으로 생각하면 된다.

04
Income Statement(손익계산서)의 의미와 서식

■ 매출(sales)은 기업의 영업 활동으로 상품 등의 판매 또는 용역의 제공으로 실현된 영업 수익 금액을 말한다.

■ 매출원가(cost of sales)란 영업 수익을 시현하기 위해 투입된 비용을 의미한다. 예를 들어 TV를 생산하기 위해 투입된 부품의 매입에 지출된 금액이 매출원가에 포함된다.

■ 매출(sales)에서 매출원가(cost of sales)를 차감한 것을 매출총이익(gross profit)이라고 한다.

■ 판매관리비(Selling and General Administrative Expenses, S&GA)는 판관비라고도 하며, 제품, 상품의 판매활동과 기업의 관리활동에서 발생하는 비용을 의미한다. 즉, 급여, 복리후생비, 광고비, 접대비등 매출원가에 속하지 않는 모든 영업비용을 지칭한다.

■ 매출총이익(gross profit)에서 판관비(S&GA, Selling and General Administrative Expenses)를 차감한 것이 영업이익(operating income)이다.

■ 기업은 영업 활동이외의 이익을 시현할 수 있다. 예를 들어, 은행에 예금을 예치해서 받는 이자는 영업외이익(non-operating income)이다. 반대로, 은행에서 대출을 일으켜 대출금에 대한 이자를 지불한다면 그 이자를 영업외비용(non-operating expense)이라고 한다.
→ current income(경상이익) = 영업이익 + 영업외 이익 - 영업외 비용

■ 기업들의 일상적 경영행위가 아닌 사유로 이익을 시현할 경우 특별이익(extraordinary gains), 반대의 경우를 특별손실(extraordinary gains)이라고 한다. 예를 들어, 부동산을 1억원에 취득했는데, 2년있다 3억원에 매각하였다면, 2억원(= 3억 - 1억)이 특별이익이다.

■ 경상이익 (current income)에 특별이익 (extraordinary gains)을 더하고 특별손실 (extraordinary loss)을 차감하면 당기순이익 (income before tax)가 된다. 이 당기순이익에서 법인세 (corporate tax)를 차감하면 세후순이익 (income after tax)가 된다.

➡ income before tax (당기순이익)

= current income (경상이익) + extraordinary gains (특별이익) - extraordinary loss (특별손실)

| Income Statement(손익계산서) |

수식	항목	영문 표기
	매출액	Sales, Revenue, Gross Sales, Sales Revenue
-	매출원가	Cost of Sales
	매출총이익	Gross Profit
-	판매관리비	Selling and General Administrative Expenses (= S&GA)
	영업이익	Operating Income
+	영업외이익	Non-operating Income
	영업외비용	Non-operating Expense
	경상이익	Current Income, Ordinary Income
+	특별이익	Special Gains, Extraordinary gains
-	특별손실	Special Losses, Extraordinary gains
	(세전) 당기순이익	Income before tax
-	법인세	Corporate Tax
	(세후) 당기순이익	Income after tax

※ 손익계산서 작성 방법

ABC 회사의 2018년 매출액은 100억원, 매출원가는 80억원, 판매관리비는 5억원, 영업외이익은 2억원, 영업외비용은 1억원, 특별이익은 3억원, 특별손실은 2억원이며, 법인세율은 22% 이다. ABC 회사는 납부하여야 되는 법인세 금액은 얼마인가?

➡ 손익계산서 식에 대입하면, 세전당기순이익이 17억원인 바, 납부할 법인세는 17억원 × 22% = 3억 74백만원이다.

(단위: 백만원)

수식	Item	금액	항목
	Sales	10,000	매출액
-	Cost of Sales	8,000	매출원가
	Sales Profit	2,000	매출총이익
-	S&GA	500	판매관리비
	Operating Income	1,500	영업이익
+	Non-operating Income	200	영업외이익
-	Non-operating Expense	100	영업외비용
	Current Income, Ordinary Income	1,600	경상이익
+	Special Gains, Extraordinary gains	300	특별이익
-	Special Losses, Extraordinary gains	200	특별손실
	Income before tax	1,700	(세전) 당기순이익
-	Corporate Tax	374	법인세*
	Income after tax	1,326	(세후) 당기순이익

* 법인세율을 22%로 가정
  • 법인세= 세전 당기순이익×법인세율

■ 손익계산서 예

제 50 기 2018.01.01 부터 2018.12.31 까지
제 49 기 2017.01.01 부터 2017.12.31 까지
제 48 기 2016.01.01 부터 2016.12.31 까지

(단위: 백만원)

	제 50 기	제 49 기	제 48 기
수익(매출액)	170,381,870	161,915,007	133,947,204
매출원가	101,666,506	101,399,657	97,290,644
매출총이익	68,715,364	60,515,350	36,656,560
판매비와관리비	25,015,913	25,658,259	23,009,124
영업이익(손실)	43,699,451	34,857,091	13,647,436
기타수익	972,145	2,767,967	2,185,600
기타비용	504,562	1,065,014	1,289,594
금융수익	3,737,494	4,075,602	5,803,751
금융비용	3,505,673	4,102,094	5,622,119
법인세비용차감전순이익(손실)	44,398,855	36,533,552	14,725,074
법인세비용	11,583,728	7,732,715	3,145,325
계속영업이익(손실)	32,815,127	28,800,837	11,579,749
당기순이익(손실)	32,815,127	28,800,837	11,579,749
주당이익			
기본주당이익(손실) (원)	4,830	4,178	1,632
희석주당이익(손실) (원)	4,830	4,178	1,632

05
Balance Sheet(대차대조표)의 의미와 서식

Balance Sheet(대차대조표)란 특정 시점의 재무 상태를 나타내는 회계보고서로, 기업이 특정 시점에서 회사를 설립/운영하기 위하여 주주들은 얼마를 투자하였으며, 회사는 자금을 어디서 얼마나 조달하여 어떻게 투자하였고 회사가 갚아야 할 부채는 얼마이며, 부채상환을 위하여 현금으로 조달할 수 있는 자산은 충분한지, 투자 후 얼마의 이익을 냈는지 등의 정보를 보여준다. 즉, 다음 사항을 보여주는 재무제표이다.

- 기업의 총자산 규모
- 기업의 안정성
- 기업의 재무구조 건전성
- 기업의 유동성

■ 기업의 재무구조 평가는 2가지 지표가 대표적으로 사용된다.
  - debt ratio(부채비율) = 부채(타인자본)/자본(자기자본) × 100
  - current ratio(유동비율) = 유동자산/유동부채 × 100
    ➡ 단기채무 지급에 충당 할 수 있는 유동자산의 비율

■ 기업의 수익률 계산
  - 자기자본 이익률(ROE) = 당기순이익/자기자본
  - 총자산 이익률(ROA) = 당기순이익/총자산

 대차대조표의 구성

대차대조표는 일정 시점의 재무 상태를 나타내는 보고서로서 기업이 특정시점 기준으로 자금을 어디에서 얼마나 조달하여 어떻게 투자하였는가를 보여준다. 「자산＝부채＋자본」이라는 회계의 기본 형식을 갖고 있으며, 「총자산(자산총계)의 합계」는 항상 「총부채(부채총계)와 총자본(자본총계)의 합계액」과 정확하게 일치한다.

➡ 대차대조표는 차변(debit)과 대변(credit)으로 구성되어 있으며
➡ Debit(차변)에 명기되는 자산은 자금이 어떻게 사용되고 얼마나 남아 있는지를 보여주며
➡ Credit(대변)에 명기되는 부채와 자본항목은 자금의 조달 방법을 보여준다.

자산 (asset)

자산이란 재산과 비슷한 개념이다. 즉, 개인의 재산이 현금, 예금, 주식, 자동차, 토지, 집 등과 같은 각종 유형, 무형의 법적 권리와 물건을 의미한다면, 기업의 자산이란 해당 기업이 소유하고 있는 각종 유형/무형의 법적권리와 물건을 의미한다.

기업의 자산은 대차대조표를 작성하는 시점을 기준으로 1년 이내에 현금화가 가능한지 여부에 따라 current asset(유동자산)과 non-current asset(비유동자산)으로 구분된다.

■ 유동자산(current asset, liquid asset)

1년 이내에 현금화가 가능한 asset(자산)으로 현금/유가증권/매출채권과 같은 Quick asset(당좌자산)과 제조/판매용 Inventories(재고자산) 등

- Quick ratio(당좌비율, acid test ratio)
  = *Quick asset(당좌자산)/current liabilities(유동부채) × 100*
  ☞ 유동자산이 장기간 판매되지 않을 수도 있기 때문에 즉시 현금화 가능한 당좌자산 비율로 기업의 단기 채무 능력을 보여준다. 산성 시험비율(acid test ratio)이라고도 한다.

■ 비유동자산(non-current asset)

1년 이후에 현금화가 가능한 자산으로 장기투자자산, 토지, 건물과 같은 유형자산, 기업이 소유하고 있는 무형자산 등

- 투자자산: 기업이 투자 목적으로 보유하는 자산으로 투자유가증권 및 시설투자에 의해 생긴 건물, 기계, 토지, 정기예금, 금전신탁 등을 의미
- 유형자산: 영업 용도의 유형의 자산, 토지, 건물, 선박 등
- 무형자산: 법률상의 특허권이나 영업권 같은 형태가 없는 무형의 자산. 지상권, 상표권, 상호권 등

부채 (liabilities)

기업이 타인으로부터 빌려서 조달한 자금을 부채라고 한다. 즉, 부채란 기업이 현재 또는 미래에 기업의 자산을 통하여 타인에게 지급해야 하는 채무를 말한다. 부채 역시 결산일로부터 1년 이내에 상환해야 하는가의 여부에 따라 유동부채와 고정부채로 구분된다.

■ 유동부채(current liabilities)
1년 이내에 상환해야 하는 외상매입금, 단기차입금, 만기가 1년 미만으로 남은 장기부채 등

■ 고정부채(fixed liabilities)
1년 이후에 상환하는 장기차입금 등의 부채

자본 (capital)

주주가 회사에 투자함으로써 조달된 자금을 자본이라고 한다. 그리고 과거 기업의 활동에 따라 벌어들인 이익 중 배당 등으로 사외에 유출되지 않고 내부에 축적된 잉여금도 자본에 포함된다. 기업이 소유하고 있는 총 자산에서 총부채를 제외하면 자본이 되며, 자본은 순자산 또는 자기자본이라고도 한다. 경영분석에서 자주 사용되는 총자본은 부채와 자본을 합한 금액, 즉 총자산을 말한다. 기업의 부채비율은 부채를 자기자본에 대비하여 계산한 비율이다.

■ 자본금(capital stocks)
소유주나 주주들이 기업에 투자한 원금

■ 자본잉여금(capital surplus) vs. 이익잉여금(retained earnings)
- 자본잉여금은 자본거래에 의해 발생한 잉여금으로 주식발행 초과금*, 합병차익, 감자차익, 기타 자본잉여금 등

  * 주식발행 초과금(premium on common stock, paid-in capital in excess of par value)은 주식의 발행가액이 액면가액을 초과할 경우, 그 초과액으로 자본잉여금에 속한다. 즉 액면가 500원 주식을 1만원으로 발행, 판매한다면 주당 9,500원의 주식발행초과금이 창출되는 것이다.
    - 주식발행 초과금 = 발행가 - 액면가

- 이익잉여금은 영업활동에 의해 발생한 이익 중 배당하지 않고 내부에 유보한 잉여금으로 이익준비금, 기타 법정 적립금, 임의적립금, 차기이월 이익잉여금 등

| Balance Sheet - 대차대조표 |

항목	영문	비고
자산	assets	
유동자산	current assets	
현금 및 현금성 자산	cash and cash equivalents	
단기금융상품	short term investments	
매출채권	marketable securities	시장 매매 가능한 유가증권
미수금	accounts receivables	
선급금	pre-payments	
선급비용	pre-paid expense	
재고자산	inventories	
기타유동자산	other current assets	
비유동 자산	non-current assets	
유형자산	tangible assets	
무형자산	intangible assets	
장기선급비용	long-term investments	
자산총계	Total assets	
부채	Liabilities	
유동부채	Current Liabilities	
매입채무	account payable	
단기차입금	short-term debt	
미지급금	notes payable	
선수금	advance payment	
예수금	deposit	
미지급 비용	accrued expense	이미 제공받은 용역에 대한 비용을 미지급한 것
미지급 법인세	deferred income tax	
유동성 장기부채	long-term debt	
충당부채	provisions, estimated liabilities	지출의 시기 또는 금액이 불확실한 부채
기타유동부채	other current liabilities	
비유동부채	Non-current Liabilities	
사채	corporate bond	
장기미지급금	long-term payable	
장기충당부채	long-term provisions	
기타유동부채	other current liabilities	
부채총계	Total Liabilities	
자본	capital	
자본금	capital stocks	
우선주 자본금	preferred stock	
보통주 자본금	common stock	
주식발행초과금	capital surplus	
이익잉여금	retained earnings	
기타자본항목	other equity	
자본총계	total equity	
자본과 부채 총계	Total liabilities & shareholder's equity	

■ 대차대조표 예

제 50기: 2018. 12. 31일 현재
제 49기: 2017. 12. 31일 현재
제 48기: 2016. 12. 31일 현재

(단위: 백만원)

	제 50 기	제 49 기	제 48 기
자산			
유동자산	80,039,455	70,155,189	69,981,128
현금및현금성자산	2,607,957	2,763,768	3,778,371
단기금융상품	34,113,871	25,510,064	30,170,656
매출채권	24,933,267	27,881,777	23,514,012
미수금	1,515,079	2,201,402	2,319,782
선급금	807,262	1,097,598	814,300
선급비용	2,230,628	2,281,179	2,375,520
재고자산	12,440,951	7,837,144	5,981,634
기타유동자산	1,390,440	582,257	1,026,853
비유동자산	140,087,880	128,086,171	104,821,831
장기매도가능금융자산		973,353	913,989
종속/관계기업 및 공동기업 투자	55,959,745	55,671,759	48,743,079
유형자산	70,602,493	62,816,961	47,228,830
무형자산	2,901,476	2,827,035	2,891,844
장기선급비용	4,108,410	3,031,327	3,507,399
순확정급여자산	562,356	811,210	557,091
이연법인세자산	654,456	586,161	110,239
기타비유동자산	3,086,988	1,368,365	869,360
자산총계	219,021,357	198,241,360	174,802,959
부채			
유동부채	43,145,053	44,495,084	34,076,122
매입채무	7,315,631	6,398,629	6,162,650
단기차입금	10,353,873	12,229,701	9,061,167
미지급금	8,385,752	9,598,654	7,635,740
선수금	214,615	214,007	200,445
예수금	572,702	500,740	389,528
미지급비용	6,129,837	6,657,674	6,284,646
미지급법인세	7,925,887	6,565,781	2,055,829
유동성장기부채	5,440	5,201	5,854
충당부채	2,135,314	2,273,688	2,221,717
기타유동부채	106,002	51,009	58,546
비유동부채	2,888,179	2,176,501	3,180,075
사채	43,516	46,808	58,542
장기미지급금	2,472,416	1,750,379	2,808,460
장기충당부채	372,247	379,324	313,037
부채총계	46,033,232	46,671,585	37,256,197
자본			
자본금	897,514	897,514	897,514
우선주자본금	119,467	119,467	119,467
보통주자본금	778,047	778,047	778,047
주식발행초과금	4,403,893	4,403,893	4,403,893
이익잉여금	166,555,532	150,928,724	140,747,574
기타자본항목	1,131,186	(4,660,356)	(8,502,219)
자본총계	172,988,125	151,569,775	137,546,762
자본과 부채 총계	219,021,357	198,241,360	174,802,959

06
EBIT, EBITDA

■ EBIT는 earning before income tax의 약자로서 「이자 및 법인세 차감전 순이익」이며,

■ EBITDA는 earning before interest, tax, depreciation, amortization 의 약자로 기업이 영업활동으로 벌어들인 현금창출 능력을 나타내는 지표이다.

➡ EBITDA = 「이자 및 법인세 차감전 순이익 + 감가상각비 + 무형자산 상각비」

➡ EBITDA는 이자비용과 세금을 이익에서 차감하기 전인 바, 자기자본(owner's capital)과 타인자본(borrowed capital)에 대한 기업의 실질이익창출을 포함하며, 현금지출이 없는 비용인 감가상각비와 기타 상각비를 비용에서 제외함으로 기업이 영업활동을 통해 벌어들이는 현금창출 능력을 보여준다.

➡ 따라서 EBITDA는 수익성을 나타내는 지표로, 기업의 실제 가치를 평가하는 중요한 지표로 활용된다.

➡ 또한 각국은 법인세율과 세제에 차이가 있는 바, EBITDA는 순이익이 상이하게 계산되는 이러한 요인을 제거한 후, 기업의 수익창출 능력을 비교할 수 있는 지표로 널리 활용된다.

07
Retained Earnings(잉여금)

Retained Earnings은 대차대조표의 「이익잉여금과 자본잉여금을 합한 것」으로 잉여금으로 번역된다.

- 이익잉여금은 기업이 벌어들인 이익에서 배당 등을 하고 남은 금액
- 자본잉여금은 주식발행초과금등 자본거래에서 생긴 차익.

하지만, Retained Earnings을 사내유보금으로 번역하기도 하여, 이 말은 회계에 문외한인 분들에게 상당한 오해를 유발하기도 한다. 마치 한국말 그대로 받아들이면 「사내 금고에 현금을 쌓아둔 것」 같은 큰 오해를 유발하기도 하나, 이는 완전히 잘못된 이해이다.

즉, 사내유보금은 회계상 개념일 뿐, 기업이 회사 금고에 '쌓아둔 현금'이 아니다. 사내유보금, 즉, 잉여금의 상당 부분은 이미 투자 등 경영 활동에 사용되고 있어, 실제적인 현금 잔고는 그렇지 않으나, 회계상 장부에서의 잉여금 계산에 불과하다. 즉, 장부상의 금액이 현금으로 남아 있는 것이 아니다.

- 유보율(reserve ratio) = (이익잉여금+자본잉여금) / 납입자본금 × 100

  ➡ 납입자본금 1억, 이익잉여금 10억, 자본 잉여금 5억 일 경우
  유보율은 (10억 + 5억) / 1억 × 100 = 1,500%이다.
  일반인은 이 회사에 자본금의 15배나 되는 현금이 유보되어 있는 것으로 간주할 수도 있으나, 실제로는 그렇지 않다. 이 잉여금의 상당 부분은 이미 재투자되어 있는 상황이 일반적이다.

  ➡ 한편, 주주에 대한 배당금, 임원 상여금, 세금 등의 지불을 사외유출이라고 한다.

08
주요 재무 비율

■ 여러 가지 재무비율이 있지만 ROA(return on assets, 총자산 이익률) 과 ROE(return on equity, 자기자본 이익률)가 대표적인 지표로 해당 기업의 재무/영업 상황을 상당히 파악할 수 있다.

➡ ROA는 「기업의 자산 대비 이익이 어느 정도」 인지를 보여주는 지표, 즉, 기업이 보유하고 있는 총자산으로 수익을 얼마나 시현하는지를 보여주는 수익성 지표이자 경영진의 능력을 보여주는 지표이다.

➡ ROE는 「기업에 투입된 자기자본대비 이익이 어느 정도」 인지를 보여주는 지표, 즉, 기업의 총자산에서 부채를 제외한 자기자본으로만 수익이 얼마나 창출되는지를 보여주는 경영지표이다.

➡ 총자산 = 자기자본 + 부채
　 Total Asset = Shareholder's equity + Liabilities
　 이 식의 의미는 만약 부채가 전혀 없다면, ROA = ROE가 된다.

각종 지표 계산

ABC 회사의 Total asset은 $100, Liabilities $50, Shareholder's equity $50, net profit $10 일 경우, ROA와 ROE는 얼마인가?

- ROA = net profit/total asset = $10/$100* = 10%
- ROE = net profit/shareholder's equity = $10/$50 = 20%

　 * 미국으로 가정하고 $로 명기하였으나, 정식으로는 US$ 또는 USD로 명기하여야 한다. $라고 하면, 미국, 캐나다, 호주, 홍콩 등등이 있어 확실하지 않다. 그리고 통화 표시와 숫자 사이에 빈 칸을 주어서는 안되며, 반드시 붙여서 명기하여야 한다. 즉, US$10, ¥200 등등으로 명기한다.

■ ROA, ROE, 이 두가지 지표를 동시에 봐야 하는 이유는, 기업은 부채를 갖고 있으며, 「자산 = 부채 + 자기자본」 인 바, 「자산을 늘리는 방법은 부채를 늘리거나 자기자본을 늘리면 가능하다.」 따라서, 부채를 늘려 자산을 증가시켜 얻는 이익과 순수 자기자본으로 얻는 이익은 차이가 있다.

➡ 만약 ROA(return on assets, 총자산 이익률)가 산업 평균보다 높으며, 부채비율이 회사의 존속에 부담을 주는 수준이 아니라면, 높은 ROE(return on equity, 자기자본 이익률)는 경영진들이 자기자본을 효율적으로 사용하여 수익을 창출하고 있는 것으로 간주할 수 있으며,

➡ 반대로 ROA가 산업 평균보다 낮고, 회사가 부채비율이 높다면, 높은 ROA는 투자자에게 회사의 수익에 대한 오해를 야기할 수도 있다.

재무 비율	의미
• 총자산 순이익률* = 순이익/총자산 × 100 ROA(return on asset) = net profit/total asset x 100	회사의 총자산으로 얻는 순이익이 얼마인지를 보여주는 지표
• 자기자본 순이익률 = 순이익/자가자본 × 100 ROE(return on equity) = net profit/owner's capital x 100	회사의 자기자본(= 총자산 - 부채) 으로 얻는 순이익이 얼마인지를 보여주는 지표
• 매출액 총이익률 = 매출총이익/매출액 × 100 gross profit to sales = gross profit/sales x 100	매출액대비 매출 이익이 얼마인지 보여주는 지표 ➡ 매출액 총이익율이 높다는 것은 매출액에서 매출원가의 비중이 낮은 것임.
• 매출액 영업이익률 = 영업이익/매출액 × 100 operating income to sales = gross profit/sales x 100	매출액대비 영업 이익이 얼마인지 보여주는 지표
• 매출액 순이익률 = 순이익/매출액 × 100 net profit to sales = net profit/sales x 100	매출액대비 순이익이 얼마인지 보여주는 지표 ➡ 매출액 순이익율이 높다는 것은 회사가 기술력/판매력 이 있으며, 경영효율화가 큰 기업을 의미한다.

* 순이익 대신 영업이익을 대입하면 「총자산 영업이익률」 순이익 대신 경상이익을 대입하면 「총자산 경상이익률」 이 된다.

※ Related Terms

Term	Meaning
accounts receivable turnover	매출 채권 회전율
advance commitment	선행약정
appraisal right	주식 매수 청구권
balloon payment	만기 일시 상환
beta(β) coefficient*	베타 계수
call	• call option: 콜 옵션, 매수 옵션 • call premium: 콜 프리미엄 • call price of a bond: 채권 콜 가격
collateral	담보
diversifiable risk **	분산 가능 위험
equity beta	자본 베타
floating-rate bond	금리변동부 사채
growth stock portofolio	성장주 포트폴리오
inside information	내부정보
insider stock trading	내부자 거래
internal financing	내부 금융
inventory loan	재고자산 담보대출
inventory turnover	재고자산회전율 ***
liberalization of the capital market	자본의 자유화
margin buying	신용매수
margin trade/trading	증거금 거래
market portfolio	시장포트폴리오

* 개별증권 또는 포트폴리오의 수익이 전체 증권시장 움직임에 대해 얼마나 민감하게 반응해 변동하는 지를 보여주는 수치이다. 종합지수가 1% 변할 때 개별주가지수가 몇 % 변하는가를 나타낸다. 즉 베타계수가 1인 종목의 주가는 종합주가 지수와 거의 동일한 움직임을 보이고 1보다 큰 것은 시장수익률의 변동보다 더 민감하게 반응한다는 것이다.

** Diversifiable risk is the simple risk which is specific to a particular security or sector so its impact on a diversified portfolio is limited. An example of a diversifiable risk is the risk that a particular company will lose market share. The diversifiable risk is the risk that can be "washed out" by diversification and the non-diversifiable risk is the risk which cannot be diversified. Risk of an investment asset(bond, real estate, share/stock, etc.) that cannot be reduced or eliminated by adding that asset to a diversified investment portfolio. Market or systemic risks are non-diversifiable risks.

*** 회사가 당기 중에 몇 번이나 재고자산을 매입/생산하여 판매한지를 보여주는 지표

Term	Meaning
market price	시장가격
modified capitalism	수정자본주의
Monte Carlo simulation *	몬테카를로 시뮬레이션: 가능성있는 시나리오를 제시하는 시뮬레이션
multiple rate of return	복합수익률
non-cash item	비현금 항목
operating lease	운용리스
private sector	민간부문
real estate investment trust	부동산 투자신탁(REIT)
retail investor	개인투자자(individual investor) ↔ 기관투자가(institutional investor)
sale and lease-back	세일 앤 리스백, 매각후 리스
seniority	서열, 지급순위
separation principle	분리원칙
shelf life	보전 기관, 제품의 수명
shelf registration **	일괄 신고, 일괄 등록
side effect	부작용
soft landing	경기연착륙
standstill agreement ***	정지협정
stock plunge	주가의 급락
value portfolio	밸류 포트폴리오
venture capital	벤처 캐피탈

* 몬테카를로 방법은 난수를 이용하여 함수의 값을 확률적으로 계산하는 알고리즘으로 수학이나 물리학 등에 자주 사용된다.

** 증권의 등록/신고는 공모를 할 때 마다 하여야 하나. 등록 소요 비용과 SEC(미국 증권위원회) 승인 기간을 고려시, 급변하는 증권시장에 효율적으로 대응하기 어려울 수 도 있는 바, 기업이 일정 요건 충족시 일정 제한 아래 미리 최초에 등록한 일괄 등록 서류에 기반하여 등록하고 그 후 간단한 공시만으로 공모를 할 수 있도록 하는 SEC 규정이다.

*** A standstill agreement is a contract which contains provisions that govern how a bidder of a company can purchase, dispose of, or vote stock of the target company. A standstill agreement can effectively stall or stop the process of a hostile takeover if the parties cannot negotiate a friendly deal.

정지 계약은 회사의 입찰자가 대상 회사의 주식을 구매, 처분 또는 투표 할 수 있는 방법을 규정하는 조항을 포함하는 계약이다. 당사자들이 우호적인 거래를 협상할 수 없는 경우, 정지 계약은 적대적 기업인수자의 인수 절차를 효과적으로 정지중단시킬 수 있다.

Chapter IV
Foreign Exchange

American Idioms & MBA English
미국 실용 관용어와 Global 경영·금융·증권·외환·무역 용어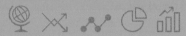

01 환율의 종류

02 기축통화 와 통화스왑

03 환율조작국

04 대체송금방식

05 참고사항

※ Related Terms

01
환율의 종류

외환(foreign exchange) 이라는 것은 국가의 화폐* 가치를 교환하는 것이다. 한국 ₩를 US$와 교환할 때, ₩와 US$의 가치가 교환 비율을 결정하는 것이며, 이것이 foreign exchange rate(환율) 이다. 외화는 은행 이나 환전소에서 사고 팔 수 있다.

> * 환율 표시의 기준이 되는 화폐를 기준통화(base currency), 기준통화와 교환되는 다른 통화를 상대통화(counter currency) 라고 한다. 미국 돈을 기준으로 한국 돈을 애기하면 base currency가 US$이고 counter currency는 원화(₩)가 되는 것이다.

 ## Foreign Exchange Rate(환율)의 종류

■ TT middle rate(매매기준율)
고객을 상대로 한 외국환 거래에 적용되는 기준 환율
➡ TT: telegraphic transfer

■ TTS (TT selling rate, 전신환 매도율, offer rate)
은행에서 외환을 매도 시 적용되는 환율, Selling의 주체가 은행이다,

■ TTB (TT buying rate, 전신환 매입율, bid rate)
은행에서 외환 매입 시 적용되는 환율, Buying의 주체가 은행이다,

- 은행의 수익은 TTS - TTB 가 되며, 이를 spread 라고 한다.
  TT middle rate(매매기준율) US$1 = ₩1,216.30
  TTS(TT selling rate, 전신환 매도율) US$1 = ₩1,227.90
  TTB(TT buying rate, 전신환 매입율) US$1 = ₩1,204.70

- 은행의 외환 매매 수익(spread) =
  TTS(US$1 = ₩1,227.90) - TTB(US$1 = ₩1,204.70) = ₩23.2/$
  즉, US$1를 매매 시 ₩23.2의 이익을 시현한다.

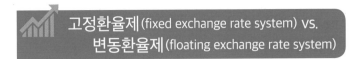

고정환율제(fixed exchange rate system) vs. 변동환율제(floating exchange rate system)

A fixed exchange rate system is a regime applied by a government or central bank ties the country's currency official exchange rate to another country's currency or the price of gold. The purpose of a fixed exchange rate system is to keep a currency's value within a narrow band.

A floating exchange rate is a regime where the currency price of a nation is set by the forex market based on supply and demand relative to other currencies. This is in contrast to a fixed exchange rate, in which the government entirely or predominantly determines the rate.

Fixed exchange rate system(고정환율제)는 환율을 고정시켜 놓은 것으로 대외 상황이 변동되어도 환율이 변동되는 것은 아니다. Floating exchange rate(변동환율제)는 대외 상황에 따라 환율이 수시 변동 되는 환율 제도이다. 전 세계 선진국의 대부분과 한국은 floating exchange rate system(변동환율제)를 적용하고 있다.

평가절하(depreciation, devaluation) vs. 평가절상(appreciation, revaluation)

Currency devaluation is a deliberate downward adjustment of the value of a country's currency against another currency. Devaluation is a tool used by monetary authorities to improve the country's trade balance by boosting exports at moments when the trade deficit may become a problem for the economy.

Currency appreciation is an increase in the value of one currency in relation to another currency. Currencies appreciate against each other for a variety of reasons, including government policy, interest rates, trade balances and business cycles.

평가절하(depreciation*, devaluation)는 자국 통화가치가 외국 통화에 대한 가치가 하락하는 것을 의미한다. 즉, 자국 통화 약세(weakening)을 의미한다.

   * depreciation은 회계 분야에서는 감가상각의 의미로 사용된다.

RMB6 = US$1 의 의미는 RMB6과 US$1의 가치가 같다는 것이다. 그런데, RMB7 = US$1 이 되면 RMB7과 US$1의 가치가 같게 되는 것이다.

즉, RMB 6개로 US$ 한 개를 살 수 있었는데, 이제는 7개를 주어야 한 개를 살 수있다.

➡ RMB가 US$ 대비 depreciate 되는 것이고 weaken 되는 것이다.

➡ 반대로, US$ 입장에서는 appreciate(평가절상)되는 것이고, strengthen 되는 것이다.

평가절상(appreciation, revaluation)는 자국 통화가치가 외국 통화에 대한 가치가 상승하는 것을 의미한다. 즉, 자국 통화 강세(strengthening)을 의미한다.

RMB6 = US$1 의 의미는 RMB 6개와 US$1 개의 가치가 같다는 것이다. 근데 RMB5 = US$1이 되면 RMB 5개와 US$ 1개의 가치가 같다는 것이다. 즉, RMB가 $대비 appreciate 되는 것이고 strengthen 되는 것이다.

 ## 적정 환율(optimum exchange rate)

「적정환율」이란 말 그대로 그 나라의 경제상황에 적합한 환율 수준을 말한다. 여기서 말하는 경제상황에서는 외환수급과 수출, 외국인투자는 물론 금리와 물가수준 등이 모두 포함된다. 환율은 기본적으로 외환시장에서 외화의 수요와 공급, 즉 수급에 의해 결정되며, 공급이 수요보다 많으면 환율이 하락하고 수요가 공급보다 많으면 상승한다.

➡ 환율이 하락하면, 예를 들어, US$1=₩1,000에서 US$1=₩1,200으로 변동되면 수출 상품의 가격경쟁력이 향상되어 대외경쟁력이 강화된다.

➡ 하지만, 수입물가가 상승하여 물가상승이 되어 가계에 악영향을 준다. 예를 들어, 100% 수입하면 원유 가격이 급등하게 되는 것이다. 이는 바로 서민생활에 큰 타격을 준다.

➡ 또한, 환율 하락은 외국인투자를 둔화시키는 부작용을 낳기도 한다.
US$1=₩1,000에서 한국 증시에 US$0.1 bil* 투자하고 나서, 1년후 투자금을 유출 하려고 하는데, 환율이 US$1=₩1,200이 되었다면 US$ 환산 금액이 원 투자금의 83.33% 금액으로 16.67%의 환차손이 발생되는 것이다.

* billion은 미국에서 10억이고 유럽 일부 국가에서는 1억인 바, billion을 사용시 billion이 얼마인지 상대국과 짚고 넘어가는 것이 추후 논쟁의 소지가 없다.

- US$1=₩1,000일 때 US$0.1 bil(= 1억$) 투자
- US$1=₩1,200 일 때 환전, 1억$/₩1,200 = US$83,333,333
- 1억$ - US$83,333,333 = US$16,666,667

(☞ 환율 변동으로 인한 투자금 원금 손실)

적정환율 상정 시 고려할 또 다른 문제는 환율변화의 속도이다. 예를 들어 하락속도가 지나치게 빠르면 기업/개인/정부 등 각 경제주체의 대응에 어려움이 발생한다. 만일 어떤 기업이 달러당 1,100원을 기준으로 1억달러어치 물품을 수출하기로 했는데 환율이 상승해 1,000원이 되면 원화로 환산한 수출금액이 100억원 줄어들게 된다. 즉, 계약 당시에 비해 환율 변동으로 인해 100억원이 사라지게 되는 것이다. 물론 반대의 경우가 된다면, 즉, 환율이 1,100원에 1,200원이 된다면 100억원의 추가 이익이 확보되는 것이다.

Plaza Accord (플라자 합의) - 환율 vs. 수출경쟁력

Plaza Accord (플라자 합의)는 1985년 9월 미국, 영국, 독일, 프랑스, 일본 각국의 재무장관과 중앙은행 총재들이 미국 뉴욕 플라자호텔에서 미국의 달러화 강세를 완화할 목적으로 맺은 합의이며, 주요내용은 일본의 엔화와 독일의 마르크화의 통화가치 상승을 유도하고, 이 조치가 통하지 않을 경우, 각국 정부의 외환시장 개입을 통해서 조정한다는 것이었다.

이로 인해 일본 ¥화는 US$대비 큰 폭으로 평가절상(= 통화가치 상승)되기 시작하였으며, 이로 인해 일본업체의 수출 경쟁력은 약화되고, 일본업체와 경쟁관계의 있는 한국업체 (자동자, 전기전자 등등)의 대외 수출 경쟁력 제고에 큰 도움이 되어, 한국업체의 전세계 시장점유율은 큰 폭으로 확대되기 시작하였다. 이처럼 환율은 대외경쟁력을 좌우하는 아주 중요한 요소이다.

02
기축통화와 통화스왑

기축통화(key currency)

A key currency* refers to a type of money which is stable, does not fluctuate much, and provides the foundation for exchange rates for international transactions. Because of their global use, key currencies tend to set the value of other currencies

국제간의 결제나 거래에서 기본이 되는 통화. 한마디로 어디에 가도 받아 주는, 세계에서 유통되는 통화라고 간주하면 된다. US$, 일본¥, Euro 정도이다. 기축통화국의 요건은

- 환율 수준이 높고 안정되어야 하며
- 세계의 무역에 차지하는 비율이 상당하고
- 자국의 financial market이 발달되어 있어야 한다.

하지만, 기축통화 형성은 실제 투자자들의 심리적인 요인, 즉, 각국 화폐에 대한 신뢰에 의해 결정된다. 경제규모와 화폐에 대한 신뢰는 상관관계가 없다. 예를 들어, 중국의 경제규모는 미국에 근접하지만, 중국화폐를 기축통화로 인정하는 국가는 전세계에 거의 없다고 간주하면 된다. 이는 실제 전세계 중앙은행들이 보유하고 있는 화폐 비중에서 입증된다.

| 2018년 2Q 각국 중앙은행 보유 외화보유액의 통화별 구성 비율(%) |

미국 $	유로 ** €	일본 ¥	영국 £	캐나다 $	중국 RMB	호주 $	기타	합계
62,25	20.26	5.0	4.5	1.9	1.8	1.7	2.59	100

** 유로화 사용국은 벨기에, 프랑스, 독일, 이탈리아, 룩셈부르크, 네덜란드, 아일랜드, 그리스, 포르투갈, 스페인, 핀란드, 오스트리아, 슬로베니아, 몰타, 키프로스, 슬로바키아, 에스토니아, 라트비아, 리투아니아 등 2018년 현재 19개국에서 유통되고 있다.

* 출처: 김정호의 경제 TV (https://www.youtube.com/watch?v=aSpI6w9RlFs)

각국 중앙은행 보유 외화보유액의 통화별 구성(2018. 2Q)

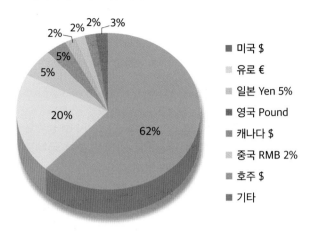

- 미국 $
- 유로 €
- 일본 Yen 5%
- 영국 Pound
- 캐나다 $
- 중국 RMB 2%
- 호주 $
- 기타

| 각국 경제 규모 |

(Unit: US$ trillion, %)

국가	미국	중국	일본	미국/중국/일본 삼국 소계	미중일 삼국 제외 전체	합계
GNP	19.37	12.24	4.87	36.41	42.86	79.34
비중	24.40	15.40	6.13	45.93	54.07	100

주) 세계 3대 경제 대국(미국, 중국, 일본)의 경제 규모는 전세계 경제 규모의 46%임.

경제 규모

미국 24%
$19.37 trillion

기타 54%
$42.86 trillion

중국 16%
$12.24 trillion

일본 6%
$4.87 trillion

통화 스왑 (currency swap)

A currency swap is an agreement in which two parties exchange the principal amount of a loan and the interest in one currency for the principal and interest in another currency. At the inception of the swap, the equivalent principal amounts are exchanged at the spot rate.

Currency swap은 통화를 교환(swap)한다는 뜻으로, 서로 다른 통화를 미리 약정된 환율에 따라 일정한 시점에 상호 교환하는 외환거래이다. 기업은 물론 국가도 환율과 금리 변동에 따른 위험을 헤지하거나 외화 유동성 확충을 위해 사용한다.

예를 들어, 한국과 일본 간에 통화스왑 계약을 체결한다면 한·일 양국은 필요할 때 자국 통화를 상대방 중앙은행에 맡기고 그에 상응하는 외화를 빌려와 사용할 수 있다. 기축통화국인 아닌 국가들이 아주 유용하게 활용할 수 있는 외환보유고 관리 기법이다.

달러 인덱스(Dollar Index)

The U.S. Dollar Index is an index (or measure) of the value of the United States dollar relative to a basket of foreign currencies, often referred to as a basket of U.S. trade partners' currencies.

달러 인덱스는 달러를 주요 6개국 통화에 가중치를 연동시켜 숫자로 표시하는 것이다. 6개국 통화 가중치는 다음과 같다.

국가	유로 €	일본 ¥	영국 £	캐나다 $	스웨든 Kr	스위스 Fr
비중(%)	57.6	13.6	11.9	9.1	4.2	3.6

➡ 100을 초과하면 US$의 강세를 의미하며
➡ 100 미만이면 US$의 약세를 의미한다.

03
환율조작국
(Currency Manipulator, Currency Manipulating Country)

「Currency manipulator」 is a designation applied by United States government authorities to the countries that engage in a certain degree of currency intervention, a monetary policy in which a central bank buys or sells foreign currency in exchange for domestic currency.

Currency manipulator(환율조작국)이란 자국의 수출을 늘리고 자국 제품의 가격경쟁력을 확보하기 위해 정부가 인위적으로 외환시장에 개입해 환율을 조작하는 국가를 말한다.

미국은 공정무역 거래 차원에서 매년 4월과 10월 경제 및 환율정책 보고서를 통해 환율 조작국을 발표한다. 환율조작국을 「심층분석 대상국」이라고도 하며 지정요건은 2019년 현재 다음과 같으나 언제든지 변경될 수 있다.

- 지난 1년 동안 200억 달러(약 24조 원)를 초과하는 대미 무역 흑자
- 국내총생산(GDP) 대비 3%를 초과하는 경상흑자
- 지속적이고 일방적인 외환시장 개입(GDP의 2%를 초과하는 외환을 12개월 중 8개월 이상 순 매수) 등 3개 요건에 모두 해당하면 환율조작국으로 지정되며, 이중 두 가지 요건에 해당 할 경우는 환율관찰대상국(monitoring list, currency watch list)으로 분류된다.

■ 환율조작국으로 지정되면
  - 미국기업 투자 시 금융지원 금지
  - 미 연방정부 조달시장(procurement market) 진입 금지
  - 국제통화기금(IMF)을 통한 환율 압박
  - 무역협정과 연계 등의 제재가 따르며,

■ 환율관찰대상국으로 분류되면 미국 재무부의 모니터링 대상이 된다.

환율조작국 관련 AP 통신 기사

US labels China a currency manipulator.
미국, 중국을 「환율 조작국」으로 전격 지정

The U.S. Treasury Department labeled China a currency manipulator Monday after Beijing pushed down the value of its yuan in a dramatic escalation of the trade conflict between the world's two biggest economies.
☞ 무역갈등을 고조시키면서 위안화 가치를 떨어뜨리자

The decision, which came hours after President Donald Trump accused China of unfairly devaluing its currency, marks a reversal for Treasury. In May, it had declined to sanction China for manipulating its currency.
☞ 자국 통화를 부당하게 평가절하하다

The U.S. had not put China on the currency blacklist since 1994. The designation could pave the way for more U.S. sanctions against China.

Earlier Monday, China had allowed its currency to weaken to an 11-year low, a move that gives its exporters a price edge in world markets and eases some of the damage from U.S. tariffs on Chinese products.
☞ 자국 통화가 11년 만에 최저 수준으로 하락하는 것을 허용

Trump had gone on Twitter to denounce China's move as "currency manipulation."
He added, "This is a major violation which will greatly weaken China over time."

In a statement, Treasury said it would work with the International Monetary Fund "to eliminate the unfair competitive advantage created by China's latest actions."

For more than a year, the U.S. and China have been locked in a trade war over allegations that Beijing steals trade secrets and pressures foreign companies to hand over technology.
(AP)

04
대체송금방식(ARS, alternative remittance system, 환치기)

Alternative remittance systems are financial services, traditionally operating outside the conventional financial sector, where value or funds are moved from one geographic location to another.

ARS에 대한 관세청의 설명

음성적 방식을 통한 해외송금방법. 공식적인 금융시스템 밖에서 비공식적인 자금 송금자를 통해 음성적으로 해외송금을 하는 것으로, 일명 hawala라고 일컬음.

➡ Hawala는 송금시 돈이 오가는 것이 아니라 개인 간 팩스와 e-메일을 이용, 현지에서 교환·결제하는 이슬람계 환전 및 송금소를 통칭하는 이름.

일종의 '환치기'로, 송금기록을 남기지 않는데다 금융당국의 규제도 받지 않아 마약 밀매와 돈세탁등에 악용되고 있음. 이는 수수료 지불과 이중 환율 적용을 피해 거래비용을 줄이는 이점이 있지만, 금융시스템을 취약하게 하고 테러자금 조달 통로로 남용될 가능성이 있음.

통화가 다른 두 나라에 각각의 계좌를 만든 뒤 한 국가의 계좌에 돈을 넣고 다른 국가에 만들어 놓은 계좌에서 그 나라의 화폐로 지급받는 불법 외환거래 수법을 환치기라고 한다.

탈세와 돈세탁용 자금거래의 온상인 조세피난처와 함께 자금을 해외로 유출하는 방법가운데 가장 많이 쓰이는 불법 외환거래 수법이다. 통화가 서로 다른 두 나라, 예를 들어 A국과 B국이 있다고 가정하자. 어떤 사람이 A국과 B국에 각각의 계좌를 만든 다음, B국에서 돈을 쓰고자 할 경우 A국에서 A국의 화폐로 계좌에 넣고, 이를 B국 계좌에서 A국의 화폐가 아닌 B국 화폐로 인출하면 환율에 따른 차익이 발생한다.

환치기를 이용하면 외국환은행을 거치지 않고 서로 돈을 주고받을 수 있다. 외국환거래법에 규정된 송금의 목적을 알릴 필요도 없고, 정상적으로 환전할 경우 지불하는 환수수료도 부담하지 않는다. 또 정상적으로 외환을 송금하지 않고 외환을 송금하는 효과가 있기 때문에 세계 각국에서는 국부의 유출로 간주해 법으로 금지하고 있다.

그러나 돈세탁, 환율을 이용한 환투기, 마약, 밀수, 해외도박 등을 목적으로 불법자금을 해외로 빼돌리려는 사람들은 손쉽게 돈을 유통할 수 있다는 점 때문에 환치기를 이용하기도 한다. 한 사람이 돈을 입금하면, 중개인이 상대국의 화폐로 출금한 뒤 일정액의 수수료를 받고 찾은 돈을 건네주는 형식을 취한다. 한국인이 외국 도박장에서 돈을 빌릴 때 환치기로 외화 밀반출하다 적발된 경우도 있다.

마카오에서 도박중인 한국인 A씨가 US$100,000 이 필요하여, 불법환치기를 할 경우, 절차는 다음과 같다.

- A씨는 한국에 개설된 원화 구좌에서 환치기상 원화 구좌로 US$100,000 에 해당하는 원화 금액을 송금한다.
- 환치기상은 원화를 받은 후, 마카오에서 한국인 A씨에게 직접 US$를 현금으로 주거나, A씨의 마카오 구좌로 US$를 송금하여 준다.

  ➡ 이러한 거래는 위법한 거래인 바, 절대 하여서는 안된다. 관련 처벌 규정도 엄격하다.

05
참고사항

 SWIFT Code

SWIFT는 society for worldwide inter-bank financial telecommunication의 약자로 은행의 우편번호(zip code) 역할을 한다. 외국소재 은행으로 송금 시 그 은행의 swift code를 명기하여야 신속히 그 은행으로 이체된다. 마찬가지로, 외국으로부터 돈을 받으려면 거래 은행의 SWIFT code를 통보해주어야 신속히 받을 수 있다.

각 은행의 SWIFT code는 다음과 같다.

- 신한은행: SHBKKRSE
- 국민은행: CZNBKRSE
- 우리은행: HVBKKRSEXXX
- 외환하나은행: KOEXKRSE

Big Mac Theory vs. PPP(purchasing power parity)

PPP는 purchasing power parity의 약자로서 국가간의 exchange rate를 결정하는 주요 요소 중의 하나이다. 같은 상품이라도 국가 간의 가격 차이가 있어, 이를 환율 결정 요소로 간주하는 것이다. 이 방법은 각국의 세금이 상이하여 100% 맞다고는 할 수 없으나, 어느 정도의 비교 가이드 라인을 제공한다.

Big Mac Theory는 McDonald's가 전세계적으로 같은 품질의 햄버거를 동일가에 제공하는 것을 전제로 한다. 미국에서 햄버거 가격이 US$2 이고, 동일 햄버거의 한국 가격이 ₩2,000이라고 한다면, US$1 = ₩1,000 이 적정 환율이 된다는 것이다. 그런데. 국민 소득 수준이 비슷한 국가라면 맥도날드 햄버거 가격 비교는 상당한 신뢰성이 확보되나, 소득 수준 차이가 많은 나라의 경우라면 맥도날드 지수는 신빙성이 떨어진다.

LOP(law of one price, 일물일가의 법칙)

효율적인 시장에서 모든 개별적인 상품은 하나의 고정적인 가격을 지녀야 한다는 내용의 법칙이다. 한 상품에 부여된 가격이 자유 무역을 가능케 하고 세계적으로도 동일한 가격에 동일한 상품이 거래될 수 있기 때문이다. 따라서 이는 동일한 상품 시장일 경우 가격이 동일하게 정해진다는 것을 뜻한다.

본능적으로 이 법칙은 공급자는 최대한 비싸게, 소비자는 최대한 싸게 사려는 심리에 기인한다. 따라서 특정 상품이 비싸다면 그 상품은 시장에서 밀려나게 될 것이므로 공급자의 가격이 낮춰져 가격점이 생겨날 것이라는 것을 의미한다. 일물일가의 법칙은 구매력평가설(PPP)*의 근간이 된다.

> * 구매력평가설(PPP, theory of purchasing power parity)
>   국가간의 통화의 교환비율은 장기적으로는 각국 통화의 상대적 구매력을 반영한 수준으로 결정된다는 설.

 ## Price Mechanism(가격 메카니즘, 가격 기구)

Price mechanism은 시장이 가격을 통해 자동적으로 수급을 조절하고 자원을 배분하는 가격 메카니즘 기능을 의미한다.

수요가 공급을 초과하면 가격이 상승하고, 가격이 상승하면 수요가 감소하여 공급이 증가하며, 공급이 수요를 초과하면 가격이 하락되고, 가격이 하락되면 다시 수요가 공급을 초과하는 등 가격에 의해 시장이 지속적으로 균형을 맞춰가는 것을 이른다.

소비와 생산에 있어서 개인에게 선택의 자유를 최대로 보장하는 방식으로 소비자가 경제문제에 대한 궁극적인 결정권자가 되며, 자원을 효율적으로 배분할 수가 있고, 자유경쟁을 통해 경제력을 분산시키는 장점을 지닌다.

 ## Two-tiered Price (이중 가격제)

동일상품 또는 서비스에 대해 거래자나 장소에 따라 두 가격을 유지하는 제도이다. 일반적으로 다음 세가지 경우에 이중가격제가 적용된다.

- 공익사업기관이 공공목적을 달성하기 위해 공급 요금, 예를 들면, 전기요금, 철도요금, 우편요금 등을 수요자에 따라 가격차별을 두는 경우
- 독점적 기업이 동일상품에 대해 국내 독점시장에서는 비싼 가격을, 해외경쟁시장에서는 싼값을 적용하는 경우
- 농민보호를 위해 정부기관 또는 협동조합 등이 비싼 가격으로 양곡을 사들여 소비자보호를 위해 싼 가격으로 파는 이중곡가제(double rice price)

※ Related Terms

Term	Meaning
capital goods	자본재
cross rate *	미국 달러화가 아닌 통화간의 환율을 구하는 것
euro	• euro bond: 유로본드 • euro currency: 유로 커런시 • euro dollar: 유로 달라
foreign bond	외국채, 외채
foreign exchange market	외국환시장
money market	단기 금융시장
nominal interest rate	명목이자율
RPPP (relative purchasing power parity)	상대적 구매력 평가
Samurai bond **	일본이 발행하는 채권
spot exchange rate	현물 환율
spot trade	현물환 거래
spread underwriting	스프레드 인수
Yen-denominated bond	엔표시채권
Yuan-denominated bond	중국 인민 위안 표시 채권

 * 국제금융시장에서 모든 통화는 미국 달러화와의 교환비율로 환율이 표시됨. 이를 이용하여 미국 달러화가 아닌 통화간의 환율을 구하는 것이 Cross Rate임
    즉, USD/KRW, USD/JPY를 이용하여 KRW/JPY를 구하는 것이 Cross Rate임
    USD1=KRW1,200, USD1=JPY108, KRW1,200/JPY108 = KRW11.11/JPY1
 ** Samurai bond는 일본의 채권시장에서 외국의 정부나 기업이 발행하는 엔화 표시 채권이다. 미국에서 채권시장에서 발행되는 US$ 표시 채권은 Yankee bond, 영국에서 발행되는 본드는 Bulldog bond 라고 한다. 이 세 가지 채권이 국제금융시장의 대표적인 채권이다.

Chapter V
Trade

American Idioms & MBA English
미국 실용 관용어와 Global 경영·금융·증권·외환·무역 용어

01 무역 절차 및 조건

02 결제 방법

03 선적 절차 및 B/L

04 수출입 가격 vs. 환율

05 Claim vs. Force Majeure

06 Commodities

07 입찰과 입찰 보증금

🏛 유치산업보호론, 관세, SKD, CKD

01
무역 절차 및 조건

무역은 국가간에 물품을 대상으로 이루어지는 국제 상거래를 의미한다.

 무역 상품 거래의 일반적인 절차

offer → bid → agreement → order → production → shipment / delivery → receipt of order → payment의 과정이 일반적이다.

➡ 하지만, 시장 상황에 따라, 즉, buyer's market이냐 seller's market 이냐에 따라, 이 일련의 과정은 순서가 바뀔 수도 있다. 즉, bid가 offer보다 먼저 일 경우도 있으며, 발주와 동시에 결제될 수도 있다.

■ Offer

공급자가 발행하는 것으로 어떤 품목을 얼마의 가격으로 어떤 결제조건으로 언제 공급할 수 있다는 확약서이다. Offer에는 유효 기일이 명기되는 바, 이 유효 기일이 지나면 offer 내용은 유효하지 않다. Offer는 발행자의 법적 책임이 있다.

■ Bid

Bid는 매수자가 발행하는 것으로 어떤 품목을 얼마의 가격으로 어떤 결제 조건으로 언제까지 공급받는 조건으로 구매하겠다는 확약서이다. Bid에는 유효 기일이 명기되는 바, 이 유효 기일이 지나면 Bid의 내용은 유효하지 않다.

공급 업체의 가격을 좀 더 인하시키고 싶거나(☞ 공급업체에 발주서를 주지 않으면서 가격 네고를 하는 것과 이 가격이면 구매하겠다는 의지를 확실한 표명한 다음 네고 하는 것은 공급업체의 입장에서는 큰 차이가 있다. 왜냐하면, 일단 Bid를 수취하면, Bid 가격 밑으로는 가격이 더 이상 내려가지 않을 것이고, 주문 확보 여부는 전적으로 공급업체의 결정이기 때문이다), 시장 상황이 seller's market일 경우 물품을 확실히 확보하기 위해 발행한다.

Bid는 bid 발행자의 법적 책임이 있다. 즉, 공급자가 Bid의 유효 기일 내 공급 확약을 하면 bid 내용대로 구매하여야 한다.

■ PO (Purchase Order, 구매주문서, 발주서)

PO는 매도자와 매수자간에 모든 사항이 합의되어 매수자가 발행하는 것으로 매도자의 생산/선적의 근거가 된다. 무역 거래에 있어 PO를 반드시 발행하여야 되는 것은 아니다. 그냥 Offer/Bid에 accept (offer/bid 내용 수락) 한다는 내용을 명기하여 그것을 근거로 생산/선적/통관/수취의 절차를 밟을 수도 있다.

■ LOI (letter of intent, 구매의향서)

구매의향서는 단지 이런 조건으로 이런 상품을 얼마나 사고 싶다는 의향을 통보하는 것이지, 어떤 확정된 order나 계약을 의미하는 것이 아니다. 구매 의향서는 법적인 구속력이 없다. 따라서 회사에서 구매 진의와는 상관없이 시장 상황 조사 차원에서 남발할 가능성도 배제 하지 못하는 바, 상황에 따라 구매의향서에 대한 진의를 파악하는 것이 필요하다.

■ MOU (memorandum of understanding, 양해각서)

구매 의향서와 마찬가지로 법적인 구속력이 없다. 하지만 양사간의 협의가 있고 긍정적인 방향으로 전개될 경우 체결되는 바, 계약으로 성사될 가능성이 클 수도 있고, 계약되지 않고 무산될 수도 있다. 따라서, 양해각서를 체결하였다고 계약이 체결된 것으로 오해하여서는 안된다.

무역은 물품을 매매하는 거래인 바, 배달의 사안이 있다. 어디까지 배달해주고 그 비용은 누가 부담하며, 혹시나 있을지 모르는 배달 도중 사고는 누가 책임지는가 등에 대해 매도자와 매수자간에 사전 합의하여야 하며, 이에 따라 물품의 가격이 조정 확정된다.

예를 들어, 한국 인천 공장에서 Los Angeles* 한인타운에 소재하는 빌딩에 20 feet container 한 대 물량의 상품을 배달하여야 한다면, 운송 경로는 「인천공장 → 부산항 → LA항 → 한인타운에 소재하는 빌딩」 이 될 것이며, 각각 그 경로에 대한 비용과 책임 소재가 따른다. 즉, 어디까지 배달할 것인가에 따라 상품의 가격은 변동된다. 이러한 배달지를 명기한 국제간의 상거래 규칙이 Incoterms 인 바, 무역 거래는 Incoterms 의 규정을 따른다.

* Los Angeles는 스페인어로 the angels 라는 의미이다.

Incoterms(International Commercial Terms, 인코텀즈)

국제상업회의소(International Chamber of Commerce)가 중심이 되어 국제적 무역 거래 통일 규칙으로 일정기간 조사된 거래관습에 따라 1936년 처음 제정되었다. 그 후 약 10년 주기로 개정하고 있다.

Incoterms는 기본적으로 물건을 어디서 인도하고 어디까지 운송해주고 각자의 책임 한계가 어디까지인지 정리해놓은 것이다. 실제 무역 거래에서 일반적으로 자주 쓰이는 조건은 EXW, FOB, CRF, DAP 정도이다.

■ E 조건: 출발지 인도 조건
- EXW(Ex-works, Ex-factory): 공장인도조건

■ F 조건: 운송비 미지급 인도조건
- FCA(free carrier): 운송인인도조건
- FAS(free alongside ship): 선측인도조건
- FOB(free on board): 본선인도조건

■ C 조건: 운송비 지급 인도조건
- CFR(cost & freight): 운임포함조건
- CIF(cost, insurance, freight): 운임 보험료 포함인도
- CPT(carriage paid to): 운송비 지급 인도조건
- CIP(carriage and insurance paid to): 운송비 보험료 지급 인도 조건

■ D 조건: 도착지 인도조건
- DAT(delivered at terminal): 도착터미널 인도조건
- DAP(delivered at place): 도착장소 인도조건
- DDP(delivered duty paid): 관세지급 인도조건
- 복합운송조건: EXW, FCA, CPT, CIP, DAT, DAP, DDP
- 해상운송조건: FAS, FOB, CFR, CIF

Incoterms의 각 거래 조건별 책임 한계를 도표로 표시하면 다음과 같다.

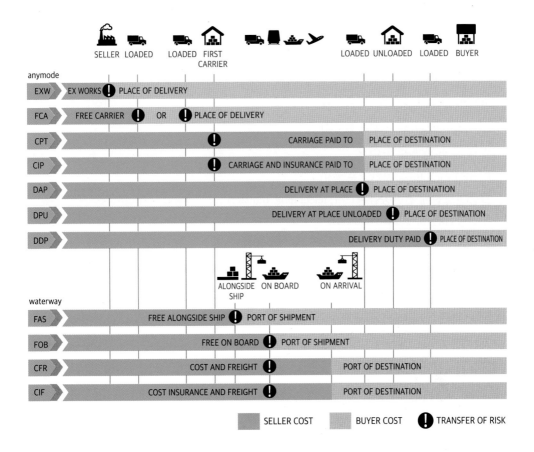

INCOTERMS® 2020

출처: https://internationalcommercialterms.guru/#incoterms-2020

02
결제 방법

 ## Terms of Payment (결제조건)

■ 선지급 (Advance payment, payment in advance)

- CWO (cash with order: 주문시 현금 지급)
  물품의 주문과 동시에 현금 지급

- CIA (cash in advance: 현금 선지급)
  물품 인도 전에 현금 지급

- Remittance Base (사전 송금 방식)
  물품인도전에 전신송금환 (T/T, telegraphic transfer)
  우편송금환 (M/T, mail transfer)
  송금 수표 (M/O, money order) 등에 의하여 송금

- Red Clause L/C (전대신용장): 신용장 수령과 동시에 대금결제

■ 동시지급 (concurrent payment)

- COD (cash on delivery: 현품 인도 지급)
  물품인도와 동시에 현금 지급

- CAD (cash against document: 서류 상환 지급)
  서류 인도와 동시에 현금 지급, cash on shipment (선적 지급)이라고도 함

- D/P (document against payment, 지급인도조건)
  수출업자가 발행한 화환어음 (draft, bill of exchange)이 추심 (collection)되어 은행이 이를
  수입업자에게 제시함과 동시에 대금이 지급되면 서류 인도.

- At sight L/C (일람 출급 신용장)
  수출업자에 의해 발행된 화환어음 (draft, bill of exchange)이 지급인인 발행은행 (opening
  bank, issuing bank)에 제시됨과 동시에 대금 지급

환어음(bill of exchange)의 만기(maturity)

어음이 지급되는 일자를 의미하며, 어음에 기재한다. 지급 기일(date of maturity, due date)이라고 한다.

- 환어음은 어음의 만기일에 따라 at sight bill(일람 출급환어음)과 usance bill(기한부 어음)으로 구분되며,
- 기한부 어음은 after sight bill(일람후 정기출급환어음), after date bill(발행 일자후 정기 출급 환어음), fixed date bill(확정일 출급 환어음)으로 구분된다.

 ## Escrow Account(기탁 계정)

An escrow account is an account where funds are held in trust whilst two or more parties complete a transaction. This means that a trusted third party will secure the funds in a trust account. The funds will be disbursed to the party after they have fulfilled the escrow agreement.

금융거래에서 account 명의자는 account 금액의 소유자이나, 「일정한 조건이 충족되는 경우에만 현금 인출이 가능하도록 인출 가능 조건을 설정」하는 기탁계정으로 국제간 거래에서 여러 분야에서 유용하게 사용되고 있다.

➡ 이 경우, 은행에 예치하는 기간 동안 이자가 발생한다. 일반적으로 account 명의자가 이자의 수혜자이나, 계약 시 반드시 확실히 하여야 뒤탈이 없다. 즉, 원금은 찾지 못하지만 이자는 찾을 수 있게 계약서에 명기하여야 이자 인출에 지장이 없다.

무역 거래에서는 주로 구상무역(compensation trade)*에서 사용된다. 예를 들면, A국이 B국으로부터 상품을 구입하면서 B국의 은행구좌에 물품대금을 입금하나, B국은 그 물품대금을 A국으로부터 물품 수입시 수입 대금 결제에만 인출 사용 가능하도록 한다. 즉, 수출물품 대금을 은행 기탁 구좌로 수취하였으나, 기탁 구좌 개설시 설정된 「예금 인출 용도」 이외에는 예금 인출이 불가한 L/C(letter of credit**, 신용장)를 escrow credit(기탁신용장)이라고 한다.

* compensation trade(구상무역)는 counter trade(연계무역)의 일종이며, counter trade에는 compensation trade(구상무역), barter trade(물물교환), counter purchase(대응구매), buy back(제품 환매)등이 있다.
** 신용장 개설: open an L/C, open a letter of credit

Letter of Credit (신용장)

A letter of credit is a letter from a bank guaranteeing that a buyer's payment to a seller will be received on time and for the correct amount. In the event that the buyer is unable to make a payment on the purchase, the bank will be required to cover the full or remaining amount of the purchase.

■ UCP(uniform Customs and Practise for Documentary Credits: 신용장 통일규칙)은 ICC(International Chamber of Commerce: 국제상업회의소)가 화환신용장의 형식, 용어, 해석의 기준과 신용장 업무의 취급 절차 등을 규정한 국제규범이다.

■ 상거래에 많이 사용되는 L/C는 지급 만기일을 기준으로 sight credit(일람출급신용장)과 usance credit(기한부 신용장)으로 대별된다.

○ sight credit은 신용장에 의한 일람출급환어음(sight draft) 및/또는 서류가 지급인 (drawee)에게 제시되는 즉시 지급이 이루어지는 신용장을 말한다.

○ usance credit(또는 term credit)은 신용장에 의한 기한부 어음(usance draft) 및/또는 서류가 지급인(drawee)에게 제시된 후 일정기간이 경과되는 경우(만기일)에 지급이 이루어지는 신용장을 말한다.

○ usance credit은 어음의 지급 기일에 따라 다음과 같이 분류된다.
  • XX days after sight: 제시된 일자로부터 며칠 후 전부 지급
  • at XX days after date of draft (B/L):
    ➡ 환어음이나 B/L 일자 며칠 후에 일괄 지급
  • fixed date credit; credit payable on a fixed date:
    ➡ 확정된 일자에 지급

○ Usance credit은 신용공여(이자부담)의 주체가 누군가에 따라, Seller's usance와 Banker's usance로 구분된다.
  • Seller's usance(Shipper's usance, trade usance)는 이자 부담의 주체가 매도인(seller), 즉, 이자를 매도인이 부담하는 것이며
  • Banker's usance는 이자 부담의 주체가 어음인수 은행(accepting bank)인 신용장을 의미하는데, 해외은행이 인수할 수도 있고 수입지의 국내은행이 부담할 수도

있다. 해외은행이 인수하면 overseas banker's usance이고 국내은행이 인수하면 domestic banker's usance라고 한다.

■ 타인 양도 허용 여부에 따라, transferable credit(양도 가능 신용장)과 non-transferable credit(양도불능신용장)으로 구분된다. 일반적으로 non-transferable credit이 많이 사용된다.

특수 신용장

특수신용장에는 revolving L/C(회전신용장), standby credit(보증신용장), advance payment credit(전대 신용장), compensation trade L/C(구상무역신용장), escrow L/C(기탁신용장)등이 있다.

■ revolving L/C(회전신용장)는 self-continuing L/C 라고도 하며 신용장금액이 자동적으로 갱신되어 반복적으로 사용할 수 있는 신용장을 의미한다.

  ○ 예를 들어, 동일 품목을 매달 동일 수량 선적 시, revolving L/C를 개설하면 매번 L/C 개설에 소요되는 비용 절감이 되고, 시간 절감이 될 것이다.

  ○ L/C는 결국, L/C 개설은행이 수입자를 대신하여 대금결제를 책임지는 것인 바, 수입자는 L/C를 개설하기 위해 은행에 담보 제공이 필요하고 L/C 개설비용을 은행에 지불하여야 한다.

  ○ 또한, 은행 업무에는 red tape*이 작지 않은 바, 시간 절감이 가능하다.

  * excessive bureaucracy or adherence to rules and formalities, especially in public business.
    예문) Cutting red tape is a precondition to induce foreign investment.
      외국인 투자 유치를 위해서는 쓸데없는 형식 절차를 없애야 한다.

■ Stand-by L/C(보증신용장)은 무역거래에 사용되는 L/C가 아니라 현지대출은행의 대출에 대한 채무 보증으로 발행되는 것으로서 선적 서류를 필요로 하지 않는 clean credit의 일종이다.

■ Advance payment credit(red clause credit, packing credit, anticipatory credit, 전대 신용장) 은 발행은행이 수익자인 사출업자에게 수출대금의 선지급을 허용한다는 신용장. 선지급 허용 문구가 red color로 되어 있어 red clause L/C라고도 하는 것이다.

■ Compensation Trade L/C(구상무역 신용장)은 물물교환에 사용되는 L/C로써, back to back L/C(동시 발행 신용장), Tomas L/C(토마스 신용장), escrow L/C(기탁 신용장) 이 있다.

※ 신용장의 거래 과정

신용장거래의 메카니즘을 살펴보면 다음과 같다.

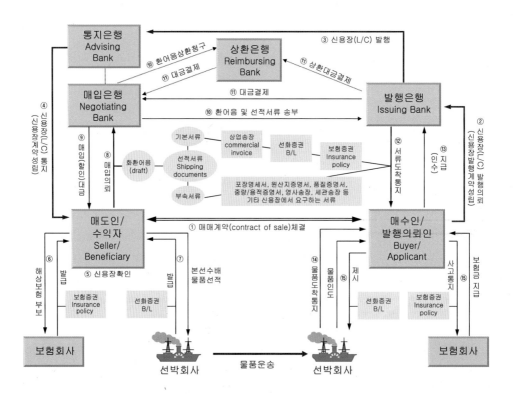

출처: 무역실무, 전순환 저, 한올출판사 (2012년 개정판)

① 수출업자와 수입업자는 대금결제방법으로서 신용장에 의하여 대금지급이 이루어지도록 물품매매계약을 체결한다.

② 수입업자는 자신의 거래은행(발행은행)으로 하여금 수출업자를 신용장의 수익자로 하여 신용장을 발행해 줄 것을 의뢰한다.

③ 발행은행은 신용장을 발행하여 통지은행에 송부한다. 즉, 발행을 의뢰받은 수입업자의 거래은행(발행은행)은 수입업자(발행의뢰인)의 지시에 따라 수익자 앞으로 신용장을 발행한다.

④ 통지은행은 서명감(signature books) 또는 테스트키(test codes)를 사용하여 신용장의 외관상의 진정성(certification)을 확인한 후에 수출업자(수익자)에게 통지한다.

⑤ 신용장을 수취한 수출업자는 신용장이 매매계약조건과 일치하는지, 신용장에 명시된 서류를 제시할 수 있는지, 신용장조건이 이행될 수 있는지의 여부를 확인한다.

⑥ 수출업자는 물품을 선적하고 신용장에서 요구된 모든 서류(상업송장, 운송서류(예: 선화증권), 보험서류(예: 보험증권) 등)를 수집하여야 한다. 우선, 수출업자는 보험회사에 보험을 부보하고 보험증권을 발급받는다.

⑦ 수출업자는 운송인(선박회사)에 선적의뢰후 물품을 인도하고 선화증권을 발급받는다.

⑧ 수출업자는 신용장에서 제시하도록 요구된 모든 선적서류를 화환어음에 첨부하여 통상적으로 통지은행에 제시하고 화환어음의 매입을 의뢰한다.

⑨ 통지은행은 수출업자에 의하여 제시된 서류가 신용장조건과 일치하는지의 여부를 심사한 후 신용장조건과 일치하는 경우에는 수출업자의 화환어음을 매입하고 수출업자에게 매입대금을 지급한다.

⑩ 매입은행은 매입한 환어음과 선적서류를 신용장의 지시에 따라 통상적으로 발행은행에 송부하여 대금지급을 요청한다. 경우에 따라서는 상환은행(reimbursing bank)에게 화환어음의 상환을 청구하고, 서류는 발행은행에 송부하도록 하는 지시가 있는 경우에는 이에 따른다.

⑪ 발행은행은 제시된 서류가 신용장조건과 일치하는지의 여부를 심사하고, 일치하는 경우에는 대금을 지급한다.

⑫ 발행은행은 매입은행으로부터 도착된 환어음과 선적서류를 수입업자에게 통지한다.

⑬ 수입업자는 발행은행으로부터 제시된 환어음이 일람출급환어음(sight bill)인 경우에는 발행은행에 그 환어음의 대금을 지급하고, 기한부환어음(usance bill)인 경우에는 그

환어음을 인수한 후에, 발행은행으로부터 선적서류를 인도받는다. 만일 일람출급환어음의 경우에 수입업자가 발행은행에 대금을 지급하지 않고 선적서류를 먼저 인도받고자 한다면, 수입업자는 수입화물대도(trust receipt; T/R)를 발행은행에 제공하고 선적서류를 인도받을 수 있다.

⑭ 운송인(선박회사)는 물품이 도착한 경우 수입업자에게 물품도착사실을 통지한다.

⑮ 수입업자는 운송인에게 선화증권을 제시하고 물품을 수령한다. 만일 물품은 이미 도착하였으나 선적서류가 도착하지 않아 선화증권을 제시할 수 없는 경우에는, 수입업자는 발행은행으로부터 수입화물선취보증서(letter of guarantee; L/G)를 발급받아 운송인에게 제시하고 물품을 수령할 수 있다. 수입업자는 물품을 수령하는 경우에는 그 물품이 계약과 일치하는지의 여부를 검사하고 물품이 매매계약과 불일치한 경우에는 수출업자에게 클레임을 제기한다.

한편, 물품이 운송중에 멸실 또는 손상된 경우에는 수입업자는 보험회사에 보험사고의 통지와 함께 보험증권을 제시하고 보험회사로부터 보험금을 지급받는다.

tip

HS Code (harmonized system code)

HS code는 각종 품목 분류를 통일하여 무역 증진 목적으로 제정한 국제적인 통일품목 분류체계로서, 기본 6단위 숫자 코드를 국가별 필요에 의해 10 단위로 세분화한 관세·통계 통합 품목 분류표이다. 따라서, 수출입 대상 품목의 HS code를 먼저 확인하여, 수출입에 대한 주의사항 및 해당 관세를 사전 파악한 후, 그 품목의 수출입을 결정하여야 시행착오가 없을 것이다. 품목별 HS code 및 수출입 관련 내용은 관세청 site(https://unipass.customs.go.kr/clip/index.do)에서 확인 가능하다.

03
선적절차 및 B/L

 **선적 방법**

■ 분할 여부에 따라

항 목	내 용
single shipment(전량 선적)	한 번에 전량 선적
partial shipment(분할 선적)	매도인(seller)가 2회 이상으로 분할하여 선적, 선적 수량은 seller's option이 일반적이나, 항상 합의하여 결정한다.
installment shipment(할부 선적)	분할 회수, 수량, 선적 시기등을 정하여 선적

■ 환적(transshipment) 여부에 따라

- 환적(transshipment) 또는
- 직항 선적(direct shipment)로 구분
➡ 인천에서 미국 Boston으로 선적 시 「인천 - New York(by Asiana) -Boston(by Delta)」
  이면, 즉, New York에서 비행기를 바꿔 Boston으로 선적한다면 New York에서 환
  적하는 것이며, 「인천 - Boston」이면 직항 선적인 것이다.

선적 지연 및 선적일의 증명

○ 선적지연(late shipment)
  매도인이 계약 기간내 선적을 이행하지 않는 것

○ 선적일(date of shipment)
  실제로 on-board되는 일자가 아니고 선적 서류 발행일, 즉, 선하증권 B/L, bill of
  lading) 일자를 선적일로 간주한다. 일반적으로 화물이 on-board 되는 일자로 B/L을 발
  행하나 선사와 화주가 합의하면 B/L 일자를 다르게 할 수 도 있다.

화물의 선박 적하(lading) 절차

○ S/R(shipping request: 선적요청서)

송화인(매도인, 수출자)이 선사에 화물을 선적해달라는 요청서

○ S/O(shipping order: 선적지시서)

선사가 선박에 화물을 실으라는 지시서

○ B/L(bill of lading: 선하증권)

선사가 송화인에게 발행하며, 어떤 품목을 받아, 모 선박에 선적되어 어떤 일정으로 목적지항에 도착할 것이라는 화물 수취증이다. 도착지에서 물품을 찾으려면 이 B/L이 있어야 한다. B/L을 제시하면 물품을 인도 받을 수 있는 바, B/L은 유가증권이다.

○ M/R(mate's receipt: 본선수취증)

선박에 화물이 실제로 실리면 선장이 화물이 선박에 실렸다고 발행하는 증명서이다.

☞ 본선에 실렸다는 입증하는 서류이다. B/L상에는 물품에 명기되어 있으나, M/R에는 표시되지 않는 경우도 있다. 이 상황은 선사에서 물품을 받았으나 선박에 적하시 실수하여 적하되지 않은 것으로 추정할 수 있다.

 FCL vs. LCL

화물이 화물량에 따라 선박에 선적되어 목적지항에서 하주에게 전달되는 방법은 FCL과 LCL로 대별된다.

○ FCL(full container load)

컨테이너 하나를 사용할 만한 물량인 container 화물은 container에 물품 적재 후, 그 container를 container yard(CY)로 이동, CY에서 며칠 적치된 후, 선박에 container 그대로 적하된다.

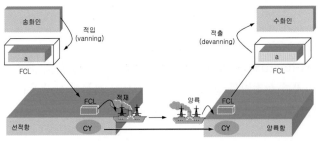

출처: 무역실무, 전순환 저, 한올출판사(제 2개정판 2012년 판 개정 2쇄)

○ LCL(less than container load)

화물이 많지 않아, 컨테이너의 일부 공간만 필요한 화물은 container freight station(CFS)에 입고시켜 다른 화물과 혼재되어 container에 적재 된 후 선박에 적하된다. 여러 건의 LCL 화물이 한 container에 혼재(consolidation)되는 바, 이 과정에서 화물이 누락될 가능성을 배제하지 못한다.

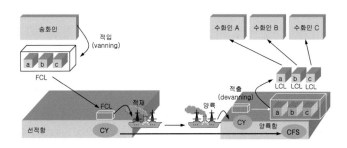

출처: 무역실무, 전순환 저, 한올출판사(제 2개정판 2012년 판 개정 2쇄)

Bill of Lading(B/L, 선하증권)

A bill of lading(sometimes abbreviated as B/L or BoL) is a document issued by a carrier(or its agent) to acknowledge receipt of cargo for shipment. Although the term historically related only to carriage by sea, a bill of lading may today be used for any type of carriage of goods; in case of airshipment, an AWB(air waybill) is issued for the receipt of cargo for airshipment.

B/L is one of crucial documents used in international trade to ensure that exporters receive payment and importers receive the merchandise.

B/L(선하증권)은 선사가 화주로부터 물품을 인수하였다는 증명서이며, 유가증권이다. B/L 에는 화주가 명기되며, 화주가 B/L을 선사에 제시하여야 물품을 인도한다.

☞ 유가증권(securities)는 단어 그대로 재산 가치가 있는 증권이다. 일반적으로 재산적인 권리를 표시한 증서로서 화폐, 상품증권, 어음, 수표, 주식, 채권, 화물등 가격이 있는 물품에 대해 청구할 수 있는 권리가 표시된 증서, 즉 상법상의 재산권을 표시하는 증서를 의미한다.

■ Surrender B/L (반납 선화증권)

Surrender B/L(반납 선화증권)이란 수출자가 화물에 대한 권리를 포기한 B/L을 말한다. 수화인이 도착항에서 화물을 신속하게 인수할 수 있도록 송화인이 선적항에서 Original B/L을 선박회사에 반납하는 것을 의미한다. 이는 주로 물품대금을 T/T로 먼저 받거나 아니면 믿을 수 있는 관계의 거래처와 거래 시에 사용된다.

수출입 업무에서 B/L의 전달 경로는, 선사(운송업자)가 B/L을 발행, B/L을 수출업자에게 건네주고, 수출업자가 B/L을 받아 수입업자에게 보낸다. 이를 위해서는 당연히 일정 기간이 소요되기 때문에, 화물이 서류보다 먼저 수입국에 도착하는 경우가 종종 발생한다.

예를 들어, 중국 Qingdao에서 화물 선적 시 24시간이면 인천항에 도착한다. 그런데 중국 수출업자가 한국 수입업자에게 B/L을 화물과 별도로 송부한다면 3일정도 소요되는 바, B/L이 화물보다 늦게 도착하여 통관이 지연된다. 이를 방지하고자 Surrender B/L(반납 선화증권)을 사용한다.

만약 미국/유럽에서 한국에 해상운송 한다면 30일정도 소요되는 바, Original B/L을 화물과 별도로 송부시 수입업자가 화물보다 B/L을 훨씬 먼저 수취하게 됨으로 surrender B/L을 사용할 일은 없다.

■ Stale B/L

글자그대로 해석하면 '서류제시기간이 경과한 선하증권' 정도로 해석한다. 선하증권은 유가증권으로 쉽게 말하면 돈의 가치가 있는 것인데 이 선하증권이 21일을 경과하면 비록 선하증권이 유가증권이라 하더라도 은행이 이러한 선적서류를 가지고 매입을 의뢰한 seller에게 지급을 거절할 수 있다는 것이다.

수출업체는 수출대금을 조속 현금화하기 위해서 은행에 선적서류 등을 가지고 은행에 매입을 의뢰하게 되는데 이를 nego라고 한다. Nego는 negotiation의 줄임말로 은행이 환어음과 함께 선적서류를 '매입'한다는 뜻이다. 서류 제시기간인 21일이 지난 B/L은 한물간 B/L이기 때문에 신용장 통일 규칙에 의거 은행이 매입을 거절 할 수 있다.
그러면 수출업체는 nego은행을 통해서는 수출대금을 받을 수 없게 되어 나중에 buyer가 대금을 송금하여야만 대금을 받을 수 있는, 즉, 은행이 담보를 하지 못하는 위험한 거래가 될 수밖에 없다. 이를 통상적으로 추심(collection)이라 하는데 계약서 방식의 거래인 D/A, D/P 거래로 은행의 지급보증이 없는 당사자 간의 거래에서 사용된다. Buyer는 이러한 선적서류 인수 및 대금지급을 거절할 수 있다. 이것을 통상 buyer가 unpaid 쳤다는 표현을 쓴다. 이것은 시장상황이 좋지 않아 buyer가 가격 인하를 하기위해 이용되기도 하는데 이를 market claim이라고 한다. 악질적인 buyer를 만났을 경우 심각한 상황을 초래할 수도 있다.

그래서 수출업체는 L/C상에 "Stale B/L is acceptable"이란 문구를 넣어 은행이 한물간 선적서류를 매입할 수 있도록 안정장치를 마련한다. 그러면 왜 수출업체는 한물간 B/L을 가지고 있는 것일까? 빨리 nego해서 수출대금을 받으면 좋을 것인데. 가장 큰 이유는 간단히 말해 수입업체가 수출업체의 제품을 확인한 후에 L/C를 open하겠다는 것이다.

그러면 어떤 경우에 이러한 상황이 발생할 수 있을까? 본지사간의 거래, 밀어내기 수출 내지는 시장상황에 발 빠르게 대처하기 위해서 미리 선적을 하는 경우도 있을 것이다. BWT(Bonded Warehouse Transaction:보세창고 인도 수출)이라는 것도 있다. 수입업체가 한번에 L/C를 open할 여력은 되지 않으나 시장상황이나 수출 실적 확보 차원에서 밀어내기 수출이 필요한 경우, 우선 수입지 창고에 넣어놓고 필요할 양만큼 L/C를 열든지 payment를 하든지 하여 제품을 가져가는 방식이다. 물론 수출업체는 risk를 감수해야 하지만 시장을 잘 예측하면 발 빠르게 대응해서 이익 시현 기회도 있을 것이다.

📈 복합운송(multimodal transport)

Multimodal transport(also known as combined transport) is the transportation of goods under a single contract, but performed with at least two different modes of transport; the carrier is liable (in a legal sense) for the entire carriage, even though it is performed by several different modes of transport.

특정 화물이 하나의 운송 계약하에 서로 다른 2종류 이상의 운송 수단(선박, 철도, 항공기, 트럭등)에 의해 운송 구간을 결합하여, 일련의 운송 서비스를 제공하는 방법이다. 예를 들어 완도 전복 양식장에서 서울 소재 아파트까지 전복을 운송시, 완도에서 육지까지 배로 가고, 육지에서 서울역까지 기차로 가고, 서울역에서 서울 아파트로 차로 운송하는데 하나의 운송계약으로 처리한다. 이것이 국제무역에 적용되면 국제복합운송(international multimodal transport)이 되는 것이다.

※ Bill of Lading 견본

① Shipper/Exporter EUN SUNG CORPORATION 1410-3, SHINRIM-DONG, KWANAK-KU, SEOUL, KOREA	⑩ B/L No. PCSLBOL103960122

PEGASUS CONTAINER SERVICE

② Consignee TO ORDER	**DAE WOO SHIPPING CO., LTD** Received by the Carier from the Shipper in apparent good order and condition unless otherwise indicated herein the Goods, or the container(s) or package(s) said to contain the cargo herein mentioned, to be carried subject to all terms and conditions provided for on the face and back of this Bill of Lading by the vessel named herein or any substitute at the Carrier's option and/or other means of transport, from the place of receipt or the port of loading to the port of discharge or the place of delivery shown herein and there to be delivered unto order of assigns. If required by the Carrier, this Bill of Lading duly endorsed must be surrendered in exchange for the Goods or delivery order. In accepting this bill of Lading, the Merchant (as defined by Article 1 on the back hereof) agrees to be bound by all the stipulations, exceptions, terms and conditions on the face and back hereof, whether written, typed, stamped or printed, as fully as if signed by the Merchant, any local custom or privilege to the contrary notwithstanding, and agrees that all agreements or freight engagements for and in connection with the carriage of the Goods are superseded by this Bill of Lading.

③ Notify Party SHIGEMATSU CO., LTD. 1-2-8, HIGASHI-NAKAHAMA JYOTO-KU, OSAKA, JAPAN	

④ Pre-carriage by	⑦ Place of Receipt BUSAN CFS

⑤ Ocean Vessel MINT QUICK	⑧ Voyage No 602E	⑪ Flag KOREA	⑬ Place of Delivery OSAKA CFS

⑥ Port of Loading BUSAN, KOREA	⑨ Port of Discharge OSAKA JAPAN	⑫ Final Destination

⑭ Container No.	⑮ Seal No. Marks & Nos.	⑯ No. of Containers or Pkgs	⑰ Description of Goods	⑱ Gross Weight	⑲ Measu-rement
FRONT & BACK S.T(IN DIA) OSAKA ITEM NO : Q'TY : 12 IN BOX C/T NO : 107-146 MAKE IN KOREA BOTH SIDE USE NO HOOKS SIDE UP HANDLE WITH CARE DO NOT STEP ON		40 CTNS SAID TO CONTAIN; 5,760PCS (480DOZ) OF HAT L/C NO. : 03-21-02690 FREIGHT COLLECT SAY ; FORTY (40) CARTONS ONLY.	788,00KGS 14,085CBM		

⑳ Tatal Number of Containers or Packages(in words)

㉑ Freight & Charges	㉒ Revenue Tons		㉓ Rate	㉔ Per	㉕ Prepaid	㉖ Collect
O/FREIGHT	14,085	CBM	24,75			USD 348,60
C.A.F.	29,60	(%)	348,60			USD 103,18
C.F.S.	14,085	CBM	4,500		WON 63,382	
C.F.S.	14,085	CBM	3,800,00			JYE 53,523,00
C.H.C.	14,085	CBM	3,500		WON 49,297	
C.H.C.	14,085	CBM	600,00			JYE 8,451,00
					USD TOTAL :	451,78

㉗ Freight Prepaid at	㉙ Freight Payable at DESTINATION	㉛ Place of Issue SEOUL, KOREA
㉘ Total Prepaid	㉚ No. of Original B/L THREE(3)	㉜ Date of Issue JAN. 22, 1996

㉝ Date Laden on Board the Vessel JAN. 22, 1996 ㉞ By	㉟ DAE WOO SHIPPING CO., LTD.

출처: 무역실무, 전순환 저, 한올출판사((제 2개정판 2012년 판 개정 2쇄)

04
수출입 가격 vs. 환율

 환율의 중요성 - 관세(duty) **vs. 환율**(exchange rate)

2019년 미국의 중국 제품 관세 부과는 중국 제품의 미국내 시장 경쟁력을 약화시키고 있다.

예를 들어, 중국업체가 환율 RMB6 = US$1 일 때, US$1,000의 AA 물품을 1만개 수출한다면, 중국업체가 수출 후 받는 중국 돈은
RFM6/$1 x $1,000/개 x 10,000개 = RMB60 Mil 이다.

이 당시 미국의 관세율은 20%라고 가정한다면 미국 도착 AA 물품 금액 US$1,000은 단순 계산으로 US$1,200 이 된다. 즉, 미국 국민은 중국산 AA 물품을 US$1,200에 구입한다.

그런데, 만약 관세율이 20%에서 40%로 인상된다면 AA물품은 US$1,400으로 가격 인상이 되니, 미국에서 판매가 저하될 것이다.

그럼 US$1,200으로 미국 가격이 형성되게 하려면 어떻게 해야 할까?
대표적인 방법은 「관세만큼 수출 가격을 인하」 하거나 「환율을 조정」하는 것으로 상세 내역은 다음과 같다.

■ 중국업체가 수출가를 인하하는 방법이 있다. 즉, 현재 $1,000으로 수출하는 것을 가격 인하하여, 인하된 가격에 인상된 관세 적용 시 미국 현지 가격을 $1,200으로 만드는 것이다.

    ○ 미국 현지가 $1,200 = 수출가 × 1.4 (관세율 40%)
      ☞ 수출가 = $1,200/1.4 = $857
      ➡ 즉, 중국업체가 수출 가격을 $857로 인하하면 상승된 관세율을 offset(상쇄, 상계)할 수 있다. 하지만, 이 방법은 중국기업의 상품 이익이 저하되고 기업의 재무 상태를 악화시킨다.

■ 중국업체의 가격을 유지하면서 미국의 인상된 관세율에 대응하는 방법이 있다. 그것이 바로「환율 조정」이다,

O 중국기업이 수출 후 물품대금을 $를 받아 RMB로 교환한다. 중국에서의 화폐 유통은 RMB로 하기 때문이다.

➡ RMB6 = $1 일때 단가 $1,000 물품을 수출해서 받는 물품대금 RMB6,000

➡ RMB가 평가절하되어 RMB6/$ 가 RMB7/$이 된다면, 즉, 중국 돈의 가치가 저하된다면, 단가 $1,000 물품을 수출해서 받는 물품대금이 RMB7,000 이 되는 것이다.

➡ 미국이 관세율을 20%에서 40%로 인상해도 환율을 조정한다면 중국 업체가 받는 위원화(RMB)는 동일하게 만들 수 있다. 상기의 예를 적용한다면,

• 단가 $1,000 x RMB6/$ = $857 x RMB ?/$
• RMB ? = (단가 $1,000 x RMB6/$)/$857 ≒ RMB7/$
• $1,000 x RMB6/$ = RMB6,000 ⇔ $857 x RMB7/$ ≒ RMB6,000

즉, 미국의 관세 인상으로 인해 중국기업의 수출 가격을 $1,000에서 $857으로 인하했지만 중국업체에서 받는 중국 돈(RMB)는 동일하다.

☞ 이리하면 중국 업체의 이익을 보전할 수 있으나, 문제는 RMB가 평가절하되면 중국 내수 물가가 올라가서 국민 생활이 어려워진다.

 Asset Parking (자산 이동)

에셋 파킹은 대 자본을 가진 신흥 개도국이나 정치, 경제, 안보 등의 위험이 내제된 국가의 대 부호들이 자신들의 자금을 본인의 국가가 아닌 다른 국가로 이동하는 현상이다. 이는 곧「자산을 안보가 좋은 다른 나라에 주차한다.」라는 개념이다.

에셋 파킹의 무서운 점은 세계 각 국의 부자들이 비교적 안정적인 재산 가치를 갖는 부동산에 투자하려는 심리를 동반하기 때문이다. 이로 인해 주택을 마련할 수 있는 자금이 적은 중산층 이하의 국민들은 주택을 마련하는 것이 어려워질 수 있다.

05
Claim vs. Force Majeure

Claim (클레임)

무역거래에서 매도자와 매수자가 합의한 대로 이행되지 않으면 무역 클레임이 제기(lodge a claim) 될 수 있다. 클레임은 종류가 다양하다,

- Quality
  defective quality(품질 불량), different quality(품질 상이), inferior quality(저질 품질), different quality mixed(다른 물품 혼재), deterioration(변질), discoloration(변색) 등

- Quantity
  short shipment(선적 수량 부족), short landing(양륙부족), diminution(수량감소), short weight(중량부족)

- Packing
  incomplete packing(포장불완전), insufficient packing(포장불충분), wrong/inferior packing(포장불량)

- Shipment
  delayed shipment(선적지연), non-delivery(선적 불이행)

- Payment
  delayed payment(결제 지연), non-payment(미지급)

Force Majeure (Act of God, 불가항력)

Force majeure means an event or incident which was unforeseeable at the time of execution of the contract and prevents one or both parties with no fault from fulfilling their obligations under the contract.

Force majeure is a common clause in contracts that essentially frees both parties from liability or obligation when an extraordinary event or circumstance beyond the control of the parties. Its examples are war, strike, riot, crime, or an event such as hurricane, flooding, earthquake, volcanic eruption, etc.

In practice, most force majeure clauses do not excuse a party's non-performance entirely but only suspends it for the duration of the force majeure.

전쟁이나 천재지변 등 계약당사자의 의도와는 관계없이 통제할 수 없는 사유로 인해 계약을 이행할 수 없거나 지연될 때 계약당사자의 책임을 면하게 되는 것을 말함. 이처럼 불가항력으로 인해 계약을 이행하지 못했거나 지연시켰을 경우 면책이 가능하나, 계약을 이행하지 못한 경우 입증의 의무가 있다. 물론, 최근의 일본 원전 사고처럼 누구나 다 아는 사고/사건일 경우는 그렇지 않으나, 예를 들어 일부 지역의 정전이 며칠간 지속되어 선적 지연이 되는 것 등은 입증의 의무가 있다.

Market Claim(마켓 클레임)

한마디로, 「시장 탓하는 claim, 즉 계약 당사자와 상관없는 상황을 핑계삼아 제기하는 클레임」을 말한다.

최근의 ABS* 가격이 ton당 $1,000이 지속되어, $1,000로 1,000 tons을 발주하였다. 그런데 갑자기 ton 당 가격이 $900으로 급락하였다. 당연히 매수인이 감내하여야 하는 가격 급락이나 그 급락으로 인한 손실을 부당한 방법으로 만회하고자 할 수도 있다.

   * plastic resin의 일종이다. Plastic resin은 석유에서 추출하여 만들며, ABS, PE, PP 등등이 있다.

매수인이 상품시가의 하락 등으로 입는 경제적인 손실을 만회하기 위해 제기하는 부당한 클레임을 market claim 이라고 한다. 화물의 손실이 매수인에게 거의 손해를 입히지 않는 정도이거나, 그 손상이 경미하여 평소 같으면 클레임이 되지 않을 정도의 작은 과실을 트집 잡아 가격인하 또는 계약의 해지나 배상요구 등을 강요한다.

상품의 시장상황이 급변할 경우, 마켓 클레임이 발생될 가능성을 배제할 수 없는 바, 계약 조건을 준수하는 거래처를 확보, 상호 신뢰의 바탕하에 장기적인 거래를 하는 것이 중요하다.

06
Commodities

Commodities products(기초 원자재 상품)은 financial products(금융 상품)과 비교되는 말로 일반 상품 거래와는 약간 상이하게 거래된다.

○ crude oil(원유)
○ non-ferrous metals(비철금속)
○ precious metal(귀금속 - gold, silver 등)
○ agricultural products(농산물) 등을 의미한다.

이 commodities는 general products(일반 상품)과는 달리 상품이 차별화가 크지 않다. 즉, 상품이 일반화되어 있어, 다른 상품과의 차별성, 차별화(differentiation)를 추구하지 않는다. 전세계 자원은 한정되어 있어, 공급원이 한정되어 있는 바, 자원시장 확보를 위한 경합이 치열하다. 전세계 상품 시장은 미국 회사들이 석권하고 있다.

➡ world commodities market의 major player는 Glencore(https://www.glencore.com), Cargill(https://www.cargill.com) 등이 있다.
➡ 상품 전체로는 Glencore(formerly Marc Rich)가 전세계 1위이며, 곡물 분야에서는 Cargill이 전세계 1위이다.

 ## Contango vs. Backwardation

Contango 와 Backwardation은 상품 가격이 시간이 흐름에 따라 어떻게 변동되는지를 설명하는 용어이다.

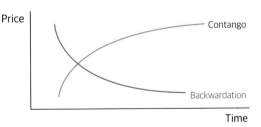

콘탱고 (contango): 선물 가격 > 현물 가격

Contango is a situation where the futures price of a commodity is higher than the spot price. Contango usually occurs when an asset price is expected to rise over time. This results in an upward sloping forward curve.

선물가격이 현물가격보다 높거나 결제 월이 멀수록 선물가격이 높아지는 현상을 콘탱고라 한다.

통상 선물거래 가격에는 만기까지 소요되는 현물의 보유비용 즉, 이자, 창고료, 보험료 등의 비용이 추가적으로 포함되기 때문에 선물가격이 현물 가격에 비해 높은 것이 일반적이다. 마찬가지의 논리로 선물시장에서 결제월이 먼 선물가격은 결제월이 가까운 선물가격보다 높다. 이런 상태의 시장에서는 통상 수요가 공급을 초과하는데, 이런 점에서 콘탱고 상태를 흔히 「정상시장」 이라고 부른다.

 백워데이션 (backwardation): 선물 가격 < 현물 가격

Backwardation is when the current price of an underlying asset is higher than prices trading in the futures market. Backwardation can occur as a result of a higher demand for an asset currently than the contracts maturing in the future through the futures market.

일시적으로 공급물량이 부족해지거나 계절적인 수요가 있어 수요와 공급이 불균형 상태일 때는 콘탱고와 반대 상황, 즉 선물가격이 현물가격보다 낮아지는 현상이 발생할 수도 있다. 이를 백워데이션(backwardation)이라고 한다. 공급이 수요를 초과하는 상태가 되는데, 이를 「역조시장」 이라고 한다.

예를 들어, 금 선물 가격은 계절적인 수요는 없지만 창고보관 비용부담이 커서 만기가 먼 선물계약일수록 가격이 높아질 수밖에 없어 전형적인 콘탱고를 보인다.

그러나 여름철 난방유처럼 공급이 수요보다 많은 경우에는 선물가격이 낮아지고 때로는 현물가격보다 낮아질 수도 있어 백워데이션을 나타낼 수 있다. 백워데이션이 발생했다면 선물거래 분석 시 수급의 변동이 될 만한 이슈가 발생된다는 것이다.

gold, silver*는 어디서 산출되는가?

* 원소 기호로는 gold(Au), silver(Ag), copper(Cu) 로 표기한다. 금/은/동은 전자부품에 많이 사용되며, 금속의 conductivity(도전성, 전도성)는 금〉은〉동의 순서로 좋다. 백금은 platinum(Pt) 이라고 하며 디젤자동차 엔진 촉매제 와 보석으로 사용된다. White gold는 백금과는 성분이 약간 상이하며 보석으로 사용되며, 백금이라 칭하지 않고 white gold 라고 부른다.

금은 gold mine(금광산), 은은 silver mine(은광산)에서도 산출되지만 Copper concentrate (동광석)에서 주로 추출한다.

Copper concentrate(동광석)에는 gold와 silver가 상당히 함유되어 있다. 광석은 purity(순수물)과 impurities(불순물)이 혼합되어 있는데 광석 가격은 이 purity가 몇 %인지에 따라 결정된다. 즉, copper concentrate의 가격은 copper 함유량도 중요하지만, gold, silver 함유량에 의해 크게 좌우된다.

그럼 copper concentrate에 gold가 몇 % 함유되어 있는지 어떻게 알까? copper concentrate를 공급하는 copper concentrate mine에서는 gold 함유량이 높게 책정하는 것이 유리하고, copper concentrate를 구입하여 copper, silver, gold를 추출하는 smelter(제련소)의 입장에서는 gold 함유량을 낮게 책정하는 것이 유리하다.

그런데, mine에서 copper concentrate를 10,000 ton을 smelter에게 선적한다. Smelter에서 10,000 톤을 받아 refine(정제) 하여 gold, silver, copper 등을 완전히 추출하기 전에는 정확한 함유량을 알 방법이 없다. 그래서 다음과 같은 방법으로 함유량을 결정한다.

- mine은 mine 나름대로 concentrate에서 random sampling 하여 함유량 분석 연구소 (LAB)에 분석 의뢰한다. 이 LAB은 mine에 우호적인 LAB 이다.

- smelter는 동일 concentrate에서 random sampling 하여 분석 연구소(LAB)에 분석 의뢰한다. 이 LAB은 smelter에 우호적인 LAB 이다.

- mine과 smelter가 사용하기로 합의한 LAB이 concentrate에서 random sampling 하여 umpire LAB에 분석 의뢰한다.

- mine과 smelter의 직원이 face-to-face meeting을 한다. 각 사의 LAB에서 분석한 금속 함유량 분석 보고서를 맞교환 한다. 그 분석 보고서에 각 금속 함유량이 일치하지 않는다. 일치하지 않으면 copper concentrate의 가격이 확정될 수가 없다.

Metal	Mine contents(%) – A	Smelter contents(%) – B	Difference(C= A-B)
gold	2.6518	2.6512	0.0006
silver	12.9874	12.1298	0.8576
copper	22.3849	21.2345	1.1504
SiO2	18.9789	17.9860	0.9929
Others(impurities)	42.9910	45.9985	-3.0075

상기 분석표를 보면 mine의 purity(순도)가 상대적으로 높다는 것이고, smelter는 상대적으로 낮다는 것이다. Concentrate 가격은 Purity content에 proportional(비례) 한다.

모든 일에는 비용이 발생된다. LAB에 분서 의뢰하면 공짜를 분석 해주는 것이 아니다. 위의 함유량 비교표를 보면 gold*는 큰 차이가 없으나, silver와 copper**는 함유량 차이가 크다.

> * Gold와 Copper 가격 추이를 보면 세계정세와 경제를 어느 정도는 예측 가능하다. 일반적으로,
> • 세계정세가 불안하면 안전자산인 금 가격이 상승한다.
> • 은 가격은 금 가격에 어느 정도 비례하여 움직인다.
> • 세계경제가 호전되기 시작하면 copper, zinc등 산업용 원자재 값이 상승한다.
> ** 핸드폰에 investing.com 앱을 깔면 주식, 원자재, 외환, 채권 등의 시세를 상시 파악 가능하다.

만약 mine과 smelter가 합의하여 함유량을 mine과 smelter 분석치의 중간 값으로 하기로 한다면, umpire LAB에 분석 의뢰할 필요 없으나, 서로 자기 주장만 한다면, umpire LAB에 성분 분석 의뢰하여, 그 분석치대로 가격을 결정한다. 이 경우, umpire LAB의 분석 비용은 LAB의 분석치와 차이가 큰 쪽이 지불하는 것이 일반적이다.

예를 들어, umpire LAB의 silver 함유량이 12.7874로 나왔다면, smelter의 분석치(12.1298)보다는 mine 분석치(12.9874)가 umpire LAB 분석치에 더 가까운 것인 바, smelter가 umpire LAB 비용을 부담하여야 한다. 물론, 이 비용 부담은 조정할 수 있다. 예를 들어, mine과 smelter가 협의하여 진쪽이 70%, 이긴 쪽이 30% 부담할 수도 있다. 세상에 네고 못하는 것은 없다. 합의하기 나름이다.

Metal	Mine contents(%)	LAB contents	Smelter contents(%)
silver	12.9874	12.7874	12.1298

• mine contents - umpire LAB contents = 12.9874 - 12.7874 = 0.2
• smelter contents - umpire LAB contents = 12.1298 - 12.7874 = -0.6576

07
입찰과 입찰 보증금

Global trading의 한 방법으로 입찰 BIZ를 추진 가능하다. 입찰은 입찰 공고서에 공시된 대로 참여하면 된다. 입찰 BIZ 관련 주요 용어는 다음과 같다.

 PQ(pre-qualification)

입찰에 참여하기 위해서는 일정 조건을 갖춘 업체만 참여할 자격이 주어진다. 이를 PQ라고 한다. 예를 들면, 자본금 얼마 이상, 전년도 공사 실적 얼마 이상 등등

 입찰 보증금(Bond)의 종류

• bid bond(B-bond): 입찰 보증(모든 입찰 참가자들이 입찰 신청 시 제출)

• performance bond(P-Bond): 이행 보증(계약조건에 따라 수주자의 의무를 다 하도록 하기 위해 계약 체결 시에 계약 내용을 이행하겠다는 보증을 하는 증서: 낙찰자만 해당)

• advance payment bond(AP-bond): 선수금 환급 보증(해외건설공사나 수출 등과 관련해 수주자나 수출자의 잘못으로 계약이 취소되어 이들이 기 수령한 선수금을 발주자나 수입자에게 환급하여야 하는 경우, 금융기관이 연대하여 선수금의 환급을 보장한다는 내용의보증서)

예를 들어, 100억 규모의 공사 입찰에 A, B, C 3개사가 입찰 신청하였다. A, B. C 모두 입찰 참가 시 B-bond를 제출하여야 입찰 자격이 주어진다. 입찰에서 A사가 낙찰 받았다. A사는 P-bond를 제시하고 공사를 계약, 수주한다. A사는 발주 업체로부터 선수금을 받기 위해 AP-bond를 공사 발주업체에 제시하고 공사 선수금을 받는다. 공사 발주업체는 자사를 보호하기 위해 이러한 각종 bond를 받을 수밖에 없다.

Turnkey vs. Semi-turnkey

공장 건설 입찰의 경우, turnkey, semi-turnkey의 방식이 있다.

- Turnkey는 (건설·플랜트 수출 계약 등에서) 완성품 인도(턴키) 방식을 말함. 영어 단어의 뜻을 보면 key를 turn 한다. 즉 모든 것을 만든 후 key만 꽂아 돌리면 공장이 가동되는 것을 의미한다.

- Semi-turnkey는 핵심적인 것들만 만든 다음 넘겨주는 것을 의미한다. 각 방법은 장점 단점이 있는 바, 상황에 맞는 방법으로 추진한다.

 유치산업보호론, 관세, SKD, CKD

유치산업보호론은 「공업화가 낙후된 국가는 유치산업(infant industry)을 보호하여 공업 발전을 이룬 후에 자유무역으로 전환하는 것이 바람직하다」는 무역주의 이론이다.

CKD (complete knock-down)은 부품이 완전 해체된 상태를 의미하며 SKD (semi knock-down)은 부품이 일부 조립된 상태를 의미한다. 예를들어, TV의 PCB에 부품이 조립되어 있는 PCB assembly를 수입하면 SKD이고, 조립되지 않은 상태의 부품을 수입하면 CKD이다.

TV공장이 없는 A국이 자국 시장에 TV를 공급하는 방법은 「TV완제품을 수입하거나, 또는 TV부품을 수입하여 A국에서 조립하는 방법이 있으며」 자국 산업 육성 차원에서 완제품과 부품에 대한 관세를 차등 적용하여, 즉, 완제품에 대해서는 고율의 관세를 부과함으로써 완제품 수입/유통을 지양하고, 부품에는 저율의 관세를 부과하여 외국업체의 A국내 공장 설립 및 기술이전을 유도한다. 완제품/SKD/CKD 수입의 경우를 비교하면 일반적으로 다음과 같다.

항목	완제품 수입	SKD 수입	CKD 수입
관세	가장 높음	완제품보다는 낮고 CKD보다는 높음	가장 낮음
조립	조립 불요	일부 부품은 조립된 상태로 수입되는 바, A국에서 부분적으로 조립하여 TV 완제품 제조	모든 부품을 조립하여 TV 완제품 제조
고용	고용효과 미미	반조립 공장 설립으로 고용 촉진 효과	완전 조립 공장 설립으로 고용 촉진 효과 극대화
기술이전	없음	단순 조립 기술 이전	상당한 기술 이전

Chapter VI
American Idioms

American Idioms & MBA English
미국 실용 관용어와 Global 경영·금융·증권·외환·무역 용어

🎙️ 미국 실생활 관용어

🎙️ 회사 생활 영어

🎙️ 일상의 쉬운 단어로 표현되는 관용어

🎙️ 상황의 핵심을 찌르는 사자성어 관용어

American Idioms

a breath of fresh air
청량제 같은 사람, 신선한 공기

- Tom's joining our Department was a breath of fresh air.

  탐이 우리 부서에 합류한 것은 청량제였다.

a bull in a china shop
(민감한 상황에서) 거칠게 구는 사람, 세련되지 못한 사람

- This issue is not simple but very complex and delicate. If you attack it like a bull in a china shop, most of them are likely to alienate you.

  이 문제는 단순하지 않고 매우 복잡하고 미묘합니다. 무턱대고 행동하다가는 그들 대부분이 당신과 멀어지게 될 것입니다.

  ● *like a bull in a china shop* 고삐 풀린 망아지 마냥

a little bird told me
누가 어디서 그러던데, 어디서 들었는데

- How was the apple pie for dessert yesterday? How do you know what I tried yesterday? A little bird told me.

  어제 애플파이는 디저트로 어떠했나요? 내가 어제 뭘 먹었는지 어떻게 아나요? 어디서 들었어요.

about-face,　　　about-turn
(계획/입장 등의) 180도 전환, 돌변, (군대) 뒤로 돌아

- Considering the reactions we got from the poll, we need to do an about-face with the new tax bill.

  여론 조사에서 얻은 반응을 고려할 때, 우리는 새로운 세금 법안에 대한 입장을 바꿀 필요가 있다.

absence makes the heart grow fonder
떨어져 있으면 더 애틋해진다.

- Ever since Susan's boyfriend was transferred to Chicago Branch, she could not stop thinking about him. Absence makes the heart grow fonder.

수잔의 남자 친구가 시카고 지점으로 전근된 후, 그녀는 그에 대한 생각을 멈출 수 없었다. 떨어져 있으면 더 애틋해진다.

ace a test
시험을 아주 잘 보다, 최고 점수를 받다.

- Tom aced the math test even though he didn't study for it yesterday.

  탐은 어제 수학시험 공부를 하지 않았지만 시험을 잘 치렀다.

ace out
이기다, 운이 좋다, 간신히 벗어나다

- Tom aced out John to win the championship.

  탐은 존을 제치고 우승을 하였습니다.

act out
실연하다, 연출하다, 거행하다, 행동으로 표시하다, 말썽을 피우다, 나대다

- Act your request out, if your situation does not allow you to say it.

  말로 요청하기 어려우면 행동으로 하세요.

agree to disagree
의견이 다르다는 것을 인정하다, 입장이 다르다는 것을 인정하다

- I know we're never going to agree on the merits of the investment. So let's agree to disagree, shall we?

  투자 장점에 대한 우리 생각은 동일하지 않을 것으로 이해합니다. 그냥 서로 생각 차이를 인정하는 것이 어떠한지요?

all at sea
망망대해에, 어쩔 줄 몰라, 당황하여

- This was a big success for the political party which was all at sea when it was formed two years ago.

  이것은 2년 전에 결성되어 어쩔 줄 몰라 하던 정당에게는 큰 성공이었습니다.

all bark no bite
입만 살아 있다, 큰 소리만 친다, 위협적으로 보이지만 위험하지 않은 사람

- Tom talks big about how much money he'll make someday, but he's all bark and no bite.

  탐은 나중에 굉장히 많은 돈을 벌거라고 큰 소리 치는데 입만 살아 있다.

  ◐ *A barking dog seldom bites.* 짖는 개는 물지 않는다.

  ◐ *talk big* 허풍떨다, 큰소리치다

all eyes on
뚫어지게 쳐다보고 있는, 열심히 지켜보는, 시선이 집중되는, 주의 깊은

- All eyes are on George State to see how recounting goes on regarding the presidential election.

  대통령 선거와 관련, 모든 시선은 조지아 주에 집중되고 있다.

all set
시작 준비 완료

- Are you ready to leave for the airport? Yes, we are all set.

  공항 갈 준비되었나요? 예이.

all systems go
준비 완료

- After final test proved OK, it was all systems go for mass production.

  최종 테스트가 OK 되어 양산 준비가 완료되었다.

ambulance chaser
개인 상해 전문 변호사, 구급차를 쫓아다니는 변호사

- Don't hire him for the trade claim; he is just an ambulance chaser.

  무역 클레임 건으로는 그를 고용하지 마라. 그는 개인 상해 전문 변호사이다.

an arm and a leg
큰돈

- It costs an arm and a leg to get a decent apartment in Manhattan.

  맨해튼에서 그럴듯한 아파트를 구매하려면 큰돈이 든다.

ants in one's pants
불안, 초조, 안절부절

- He seems to have ants in his pants today. I wonder what is wrong with him.

  그는 오늘 안절부절 하는 것 같다. 뭐가 문제인지.

anybody's guess
아무도 짐작 못할 일, 예측할 수 없는 것

- Who will become the next president of Korea is anybody's guess.

  누가 차기 한국 대통령이 될지는 아무도 짐작 못할 일입니다.

apple of one's eye

눈에 넣어도 아프지 않을 만큼 귀여운 것, 아주 귀중한 것

- Tom is the apple of my mother's eye.

  탐은 내 어머니에게 아주 귀중한 사람이다.

apportion out

분배하다, 할당하다, 나누어주다

- He apportioned out the math test among all those in the classroom.

  그는 교실에 있는 모든 사람들에게 수학 시험지를 나누어 주었습니다.

around the clock,   the clock around

하루 24시간 내내

- The factory manager has decided to run production line around the clock in order to satisfy the avalanche of orders.

  쇄도하는 오더를 충족하기 위해 공장장은 생산라인을 하루 24시간 내내 가동하기로 결정하였다.

as American as apple pie,   as American as apple pie and baseball

가장 미국스럽게, 가장 미국스러운

- Coca Cola and iPhone are as American as apple pie and baseball.

  코카콜라와 아이폰은 가장 미국을 잘 보여주고 있다.

ask for the moon,   cry for the moon

아주 어려운 것을 희망하다, 불가능한 것을 원하다

- Tom asks his dad to buy a car within this month. He's asking for the moon.

  탐은 아빠에게 이번 달에 차를 사달라고 한다. 그는 불가능 한 것을 원하고 있다.

asleep at the switch,   asleep at the wheel

임무를 소홀히 하여, 방심하여, 태만하게

- The guard at the supermarket was asleep at the switch when the robbers broke in.

  강도들이 들이닥쳤을 때, 슈퍼마켓 경비원은 태만하게 있었다.

  ◉ 기차가 교체되는 시점에 철길 변경 스위치를 눌러야 하나 자고 있는 것을 비유

at a crossroads,   at the crossroads

(중요한) 기로에 서 있는, 갈림길에 서있는

- The headhunter's job offer made him stand at a crossroads in his career. He has to decide by next Friday whether he stays in his current job, waiting for promotion, or he accepts the post at a start-up.

  헤드헌터의 일자리 제의로 인해 그는 중요한 기로에 서게 되었습니다. 그는 승진을 기다리며 현재 직장에 머무를지, 아니면 신생 기업에서 제안한 자리를 수락할지 다음 금요일까지 결정해야 합니다.

at a snail's pace

달팽이 같은 속도로, 느릿느릿, 아주 느린 속도로

- The traffic was so heavy and we were driving at a snail's pace for three hours.

  교통량이 너무 많아서 우리는 3시간 동안 아주 느린 속도로 운전하고 있었다.

at cross purposes

(서로의) 뜻이 엇갈려, 의도가 달라, 목적이 엇갈려, 반대되어

- Your project will not be successful if you continue to talk at cross purposes with your teammates.

  팀원들과 뜻이 엇갈리면 프로젝트는 성공할 수 없을 것이다.

at the drop of a hat

즉시, 지체하지 않고

- I hate to speak in public, but I'll start a presentation at the drop of a hat if any business chance comes up.

  나는 대중 앞에서 말하는 것을 주저하지만 사업 기회가 주어진다면 주저 없이 프레젠테이션 할 것이다.

at the end of the day

결국은, 결론적으로, 종말에는, 결국 가장 중요한 것은

- At the end of the day, the company will have to realize that it would be better to supply the part at $10, as our order quantity suffices to run its production line for several months.

  그 회사는 우리의 오더 수량이면 생산 라인을 몇 달 동안 가동하기에 충분하므로 부품을 $10에 공급하는 것이 낫다는 것을 결국에는 인지할 것이다.

  ▶ 제조업이 중시하는 사안중 하나가 장기간의 안정적인 공장 가동인 바, 수개월동안 공장 라인을 가동할 수 있는 오더를 수주할 수 있다면 가격에서 다소 양보할 수 있다. Buyer는 이러한 사실을 십이분 활용하여 가격 협상을 꾀하고 있는 것으로 추정된다.

at the tip of one's tongue,   on the tip of one's tongue

말이 혀끝에 빙빙 맴돌다

- The guy's name is at the tip of my tongue.

  그의 이름이 혀끝에 맴도네.

AWOL (absent without leave)

무단결근, (군인) 무단이탈

- The sergeant went AWOL, and we haven't seen him since.

  하사는 무단이탈하였으며, 나는 그 이후로 그를 보지 못했다.

ax to grind

사욕, 딴 속셈

- The land classification surveys should be carried out by an agency which has no ax to grind.

  토지 분류 조사는 사욕이 없는 기관에서 수행하여야 한다.

American Idioms

back the wrong horse

엉뚱한 데 돈을 걸다, 이기지 못할 사람을 지지하다, 말을 잘못 고르다

• Politicians who backed the wrong horse in the election are now trying to curry favor with the president-elect.

선거에서 후보를 잘 선택하지 못한 정치인들은 이제 대통령 당선자의 환심을 사려고 노력하고 있습니다.

   ◉ *curry favor with*   환심 사다

back to the salt mines

(휴가/휴식 후에) 일로 되돌아가다, (방학 후에) 학업으로 되돌아가다

• It's one thirty, and lunch time is over. Back to the salt mines.

1시 30분이네. 점심시간 끝나네. 다시 일하러 가자.

   ◉ 소금광산의 노예에 빗댄 표현

backhanded compliment,   left-handed compliment

마음에 없는 칭찬, 빈정대는 칭찬, 냉소적인 칭찬, 돌려 까기

• He told me that my presentation was excellent, which I thought was a backhanded compliment.

그는 내 프레젠테이션이 훌륭하다고 했으나, 나는 빈정대는 칭찬이라고 생각했습니다.

backlash

역풍, 반발

• An influx of refugees to our country might cause a backlash against immigration.

난민이 우리나라로 유입되면 이민에 대한 반발을 일으킬 수 있습니다.

   ◉ *stir up a backlash, provoke a backlash*   역풍을 불러일으키다, 반발을 부르다

backseat driver

계속 참견하는 사람, 잔소리꾼

• Although Susan was able to complete the project on her own, Tom couldn't stop himself from being a backseat driver and telling her what to do.

수잔은 혼자서 프로젝트를 완수 할 능력이 있었지만 탐은 수잔이 어떻게 해야 될지 계속 참견했다.

backtalk, backchat

말대꾸, 무례한 말대답

- It is not good to backtalk to your boss.

  보스에게 말대꾸하는 것은 좋지 않다.

backfire

역효과를 낳다, 부메랑이 되다, 폭발음을 내다, 역화를 일으키다

- His plot backfired on him. I was afraid that my plan would backfire on me.

  그의 음모는 그에게 역효과를 냈다. 내 계획이 나에게 부메랑이 될 까 두려웠다.

bad seed

씨알머리, 사람의 종자

- Tom is a bad seed which can't belong to our family.

  탐은 우리 가족에게 속할 수없는 씨알머리입니다.

bad trip

무서운 환각 체험, 악몽 같은 체험, 불쾌한 체험

- How was your TOEFL exam? It was too difficult. It was a bad trip.

  TOEFL 시험은 어땠습니까? 너무 어려웠습니다. 악몽이었습니다.

badmouth

욕하다, 비방하다

- It is not good to badmouth others behind their backs.

  남이 없는 곳에서 비방하는 것은 좋은 일이 아니다.

  ▶ *bad mouth* 욕, 중상, 비방

baker's dozen, a long dozen, a devil's dozen, a printer's dozen

숫자 13 (덤으로 한 개 더 주는 것을 의미)

- The lucky guy can get 13 PCS at the price of 12 PCS, as the shop gives every 10th customer a baker's dozen.

  10번째 고객마다 덤으로 하나씩 더 주는 바, 운이 있으면 12개의 가격으로 13개를 살 수 있다.

  ▶ 원래 dozen은 12란 뜻인데, 왜 baker의 dozen은 13이란 뜻을 갖게 되었는지? 빵을 만들어 파는 사람이 같은 가격에 적은 양의 빵을 속여서 팔면 도끼로 손목을 자르는 형벌이 시 행되어, 이런 형벌을 받지 않기 위해, 만약의 경우에 대비하여 빵집에서는 dozen(12개)에서 1개를 추가하여, 무조건 dozen을 달라고 하면 13개를 준 것에서 비롯되었다.

ball is in one's court
차례이다, 결정 사안이다

- I filled out the application and supplied all the information that the company asked for. So now the ball's in its court and all that I can do is wait.

  신청서를 작성하고 회사에서 요청한 모든 정보를 제공했습니다. 이제 공은 회사로 넘어갔고 제가 할 수 있는 일은 기다리는 것뿐입니다.

banana republic
바나나 공화국, 해외 원조로 살아가는 가난한 나라, 정치/경제적으로 뒤떨어진 나라

- The new government made the rich country a banana republic because of the failure of economic policy.

  신정부는 경제정책의 실패로 잘사는 나라를 바나나 공화국으로 만들었다.

band-aid
임시 처방, 미봉책

- To keep borrowing money from IMF is only a band-aid against our economic problems. We have to find out the solution to the underlying problems ahead of us.

  IMF에서 계속 돈을 빌리는 것은 우리 경제 문제에 대한 미봉책일 뿐입니다. 우리는 우리 앞에 놓인 근본적인 문제의 해결책을 모색해야 합니다.

  ⊙ 임시 처방, 미봉책 *stopgap, temporary measure, makeshift*

bang-up
멋진, 훌륭한

- He did a bang-up job this season.

  그는 이번 시즌에 훌륭한 역할을 했다.

bank on
의지하다, 의존하다, 기대다

- You can bank on Tom to get the job done if you want to do it quickly.

  그 일을 빨리 해야 할 때 탐에게 의존할 수 있습니다.

bar none
예외 없이, 모두

- This is the best coconut ice cream I've ever tasted, bar none.

  이것은 내가 맛본 최고의 코코넛 아이스크림입니다.

barge in

불쑥 들어오다, 말하는데 끼어들다

- Suddenly one tall man barged in to the house. Sorry to barge in, but I have something urgent to say right away.

  갑자기 키가 큰 한 남자가 집으로 들어왔다. 끼어들어 미안하지만 지금 당장 말해 야 되는 급한 일이 있어요.

bark up the wrong tree

헛다리를 짚다, 잘못 짚다

- If the policeman thinks that the serial killer is tall and fat, he is barking up the wrong tree; he is short and thin.

  만약 경관이 연쇄 살인범이 키가 크고 뚱뚱하다고 생각하면 헛다리를 짚고 있습니다. 그 연쇄 살인범은 키가 작고 호리 호리합니다.

  ◑ 잘못 짚다 *guess wrong, make a wrong guess*

basket case

전쟁으로 팔다리가 잘린 사람, 구제불능, 무능력자, 경제가 마비된 국가

- The country was a basket case, with mounting debt and collapsing manufacturing companies.

  그 국가는 부채가 증가하고 제조업체들은 무너지면서 경제가 마비되었습니다.

  ◑ *basket-case* 무력한, 기능이 마비된

bats in one's belfry,   bats in the belfry

괴팍스러운, 괴짜인, 정신이 이상한

- He must really have bats in his belfry if he insists that the price of real estate should keep going up.

  부동산 가격이 계속 올라갈 것이라고 주장한다면 정신이 이상한 것이 틀림없다.

battle of nerves,   war of nerves

신경전

- It is somewhat difficult to draw out their real intentions from their propaganda tactics during the war of nerves between ruling party and opposition party.

  여당과 야당의 신경전중 선전 전술에서 진정한 의도를 끌어내는 것은 다소 어렵습 니다.

batting average

(야구) 타율, (일반상황) 성공률

- Tom has a great batting average with his heart transplant operation.

  탐은 심장이식수술 성공률이 높다.

be a drag

지겨운 사람, 짜증나는 사람, 지겨운 것, 짜증나는 것

* Tom is a drag; I don't want to meet him.

   탐은 만나면 짜증난다. 만나고 싶지 않아.

be a goner

(살리거나 구할) 가망이 없는 사람, 수명이 다한 제품

* This old car is a goner. I have to buy a new one.

   이 오래된 차는 수명이 다했다. 새 차를 사야겠다.

be a sucker for

비이상적으로 좋아하다, 지나치게 빠져있다, 쉽게 빠져들다

* Tom is a sucker for computer games. I've always been a sucker for him as he has a six pack.

   탐은 컴퓨터 게임에 빠져있습니다. 그는 식스팩 복근을 갖고 있기 때문에 항상 그를 좋아하고 있습니다.

be above board

공명정대한

* If he says that everything is above board, then you can rest assured that everything is done in an honest, open way, and nothing is hidden.

   만약 그가 모든 것이 공명정대하다고 말한다면, 모든 것이 정직하고 공개적으로 이루어지며 숨기는 것은 아무것도 없다고 안심해도 됩니다.

   ◐ 포커를 할 때, 카드가 *board* 위에 있으면 속일 수가 없다는 상황에서 유래된 표현

be into something

관심이 많다, 좋아하다

* My son is into several sports recently, and really wants to take basketball lessons.

   제 아들은 최근에 여러 스포츠에 관심이 있으며, 농구 레슨을 받고 싶어 합니다.

be on the warpath

전쟁에 직면해 있다, 싸우려 하고 있다, 몹시 화내고 있다, 싸울 듯 한 자세이다

* I'd run away from the office if I were you; the director has been on the warpath since he found out Susan lost the 10-year account.

   내가 당신이라면 사무실에서 도망 쳤을 것입니다. 수잔이 10년이나 된 거래처를 잃은 것을 알게 된 이후로 이사는 몹시 화내고 있습니다.

beach bunny

비치버니, 해변에서 비키니를 입고 몸매를 뽐내고 다니는 매혹적인 여자

- Susan is a beach bunny. I never saw her swimming.

  수잔은 비치버니입니다. 나는 그녀가 수영하는 것을 본 적이 없습니다.

bear the brunt

(가장 힘든 부분을) 정면으로 맞서다, 견디다, 참다, 부담하다

- We all lost money when the new business collapsed, but I bore the brunt of it because my investment was the most.

  신사업이 무너졌을 때 우리 모두는 돈을 잃었지만, 나는 투자액이 가장 커서 누구 보다도 힘들었다.

bear watching

(사람이) 유망하다, (사물이) 위험하다, 주의 관찰을 요하다

- The 15-year-old tennis player will bear watching. This is a very serious disease, and it will bear watching for further developments.

  15세의 테니스 선수는 유망합니다. 이것은 매우 심각한 질병이며 앞으로의 진행 상 황을 지켜봐야 합니다.

beat a path to one's door

집의 문턱이 닳도록 드나들다, 쇄도하다, 몰려가다

- I have developed a new, unique product; I expect everyone to beat a path to my door soon.

  나는 새롭고 독특한 제품을 개발했습니다. 모두가 곧 나에게 몰려 올 것으로 기대 한다.

beat a retreat,   carry out a retreat,   make a retreat

퇴각하다, 적에게 등을 보이다, 후퇴하다, 서둘러 가버리다

- He beat a hasty retreat when he saw his ex-girlfriend at the party.

  그는 파티에서 전 여자 친구를 보자 서둘러 파티장을 나왔습니다.

beat into one's head

반복해서 가르치다, 주입하다

- Tom tried beating the math formular into the students' heads before the statewide exam, but he was worried whether they were getting it or not.

  탐은 주 전체 시험 전에 학생들의 머리에 수학 공식을 주입시키려고 노력했지만 그들이 그것을 받아들였는지 몰라서 걱정했습니다.

  ○ *statewide election*   주 전체 선거

beat someone at one's own game

그가 택한 분야에서 능가하다, 본인이 강하다고 생각하는 분야에서 이기다

- The president keeps saying his policy is the will of the people, but if an accurate poll can be gotten, we can beat him at his own game.

  대통령은 자신의 정책이 국민의 의지라고 계속 말하지만 정확한 여론 조사가 가능하다면 국민의 의지가 아니라는 것을 입증할 수 있다.

beat one's brains out,   beat one's brains

골똘히 생각하다, 최선을 다하다, 온 힘을 쏟다

- You don't have to beat your brains out cooking many dishes for those people; they'll never appreciate it.

  당신은 그들을 위해 많은 요리를 요리하려고 골똘히 생각할 필요가 없습니다. 그들은 결코 감사하지 않을 것입니다.

beat one's gums,   bat one's gums,   slap one's gums

장황하게 지껄이다, 허튼소리를 늘어놓다, 쓸데없이 지껄여대다

- Mom was angry at the messy room and beat her gums about her children.

  엄마는 지저분한 방에서 화를 내고 자기 아이들에 대해 쓸데없이 지껄였다.

beat one's head against a (brick) wall

무리한 일을 시도하다, 불가능한 일을 노력하다, 헛된 노력을 하다

- Many of the people are never expected to agree on this point, so it's no use beating your head against a wall trying to convince everyone.

  이 사안에 동의하지 않을 것으로 예상되는 사람들이 많은 바, 모든 사람을 설득하려고 노력하는 무리수는 두지 마세요.

  ◉ *bang/bash/run   one's head against a (brick) wall/post*

beat the bushes,   beat the brush

이리저리 찾아다니다, 열심히 찾아다니다

- I've been out beating the bushes for new customers all day. I never thought securing new customers would be so difficult.

  나는 하루 종일 새로운 고객을 찾기 위해 이리저리 다니고 있습니다. 신규 고객 확 보가 이렇게 어려울 거라고는 생각도 못했습니다.

  ◉ *beat around the bushes* 변죽 울리다

beat the drum,   bang the drum

열렬히 지지하다, 성원하다

- Stop beating the drum for that candidate; he is simply not qualified for the mayor.

  그 후보자를 지지하는 것을 멈추세요. 그는 시장 자격이 전혀 없습니다.

beat the rap

벌을 면하다, 벌을 안 받고 달아나다, 면탈하다

- He beat the rap and got free even though the detective secured the strong evidence against him.

  형사가 그에 대한 강력한 증거를 확보했음에도 불구하고 그는 벌 받지 않고 풀려났 습니다.

beat/knock/blow/rot the socks off someone

큰 영향을 미치다, 타격을 주다, 기겁하게 하다

- The final score was 20-1. Our team really beat the socks off that team.

  최종 점수는 20대 1. 우리 팀이 그 팀을 대파했다.

beat one to (the punch),   beat one to (the draw)

선수를 치다, 기선을 잡다

- The Americans were planning to send a rocket into the space but the Russians beat them to it. I was going to suggest the idea to the executive director yesterday, but much to my misfortune, one of my colleagues beat me to the punch.

  미국인들은 우주로 로켓을 보낼 계획이었으나 러시아인들은 선수를 쳤습니다. 어제 이사에게 그 아이디어를 제안하려고 했지만 운 없게도 동료 중 한 명이 선수를 쳤습니다.

beauty sleep

(건강과 아름다움을 위한) 충분한 수면

- Many ladies take a beauty sleep every day.

  매일 충분한 수면을 취하는 여성들이 많습니다.

bed of nails

엄청난 고난의 처지, 수난의 국면, 바늘방석.

- The members are constantly arguing about the project, so spending time with them may be just a bed of nails.

  그 멤버들은 프로젝트에 대해 끝도 없는 논쟁을 벌이기 때문에 그들과 시간을 보내는 것은 그저 바늘방석에 앉아 있는 것 일 수 있습니다.

bed of roses,   bowl of cherries

안락한 생활, 근심 걱정 없는 생활

- I passed the exam last week. Life is just a bowl of cherries these days.

  지난주에 시험에 합격해서 요즘은 인생에 걱정이 없다.

beef up
강화하다, 보강하다

- You are required to beef up your market analysis report with more descriptions of what you saw.

  당신이 본 것에 대한 설명을 좀 더 추가해서 시장 분석 보고서를 보완하세요.

beg the question
질문을 하게 만들다, (확실치 않은 사실을) 단정 짓다

- Making a trip to Positano this summer is a great idea, but it begs the question of how we can afford it.

  이번 여름에 뽀씨따노를 여행하는 것은 좋은 생각이지만, 그 비용을 어떻게 마련할 수 있을지요.

  ● *Positano* 이태리 아말피 해안에 있는 절경의 마을

beg off
(하기로 한 일을) 못하겠다고 하다, 뒤꽁무니 빼다

- I begged the dinner party off yesterday because I felt sick.

  어제 저녁 파티에 가기로 한 것을 몸이 아파서 취소했다.

belly up
손을 들게 되다, 도산하다, 망하다

- The new business went belly up after only three months.

  신규 사업은 3개월 밖에 버티지 못했다.

below the belt
비겁한, 부당한

- Don't hit below the belt when you apply for the company.

  그 회사 지원할 때 부당한 행위를 하지 마라.

  ● 권투 경기에서 규칙을 어기고 상대 선수의 벨트 아래를 공격하는 행위에서 유래

bent on
열중하고 있는, 여념이 없는, 결심하고 있는, 작정을 하고 달려드는

- I'm bent on getting a scholarship this semester, so I've been studying all week.

  이번 학기에 장학금을 받고 싶어서 일주일 내내 공부했습니다.

bet on the wrong horse
잘못된 선택을 하다, 그릇된 판단을 하다

- I think that Tom bet on the wrong horse by investing all of his money in the new business.

  나는 탐이 자신의 모든 돈을 새로운 사업에 투자한 것은 잘못된 판단이라고 생각한다.

better half
배우자 (일반적으로 남자가 아내를 지칭)

- This is my better half, Susan.

  내 아내 수잔입니다.

between two fires,   between a rock and a hard place
between the devil and the deep blue sea,   in a dilemma
양면으로 협공당해, 진퇴유곡, 진퇴양난

- Trying to please both the company and his wife puts him between the devil and the deep blue sea.

  회사와 아내 둘 다 기쁘게 하려고 애쓰는 것은 그로서는 진퇴양난이다.

beyond one's depth,   out of one's depth
키가 닿지 않는 곳에, 이해가 미치지 못하는, 능력이 되지 않는, 역량이 미치지 않는

- He's beyond his depth with ten members reporting to him; he had no such big supervisory experience before. I asked Susan to evaluate this project because it's somewhat out of his depth.

  그는 10명의 직원으로부터 보고 받기에는 역량이 모자랐습니다. 그는 이전에 감독 경험을 그렇게 크게 한 적은 없었습니다. 나는 그가 능력이 부족한 것 같아 수잔에게 이 프로젝트를 평가 해달라고 요청했습니다.

bide one's time
때를 기다리다, 기회를 기다리다

- He is still jobless. He has been biding his time.

  그는 아직 직업이 없다. 때를 기다리고 있다.

big daddy
가장 큰 사람, 가장 중요한 사람, 가장 중요한 것, 창시자, 보스, 연방정부

- Dr. Shiva Ayyaduraiis a big daddy in email systems.

  시바 박사는 이메일 시스템의 창시자입니다.

big fish in a small pond,   big frog in a small pond
(작은 조직의) 중요 인물, 우물 안 개구리

- His self-righteous, unprofessional management style showed that he was used to being a big fish in a small pond. None of the company, which he joined last month, would accept that kind of attitude.

  그의 독선적이고 비전문적인 경영 스타일은 그가 우물 안 개구리로 익숙해 졌음을 보여주었습니다. 그가 지난 달 조인한 회사는 그런 태도를 받아들이는 직원이 없을 것 입니다.

  ◉ 독선적인 *self-justified, opinionated, sanctimonious, sententious*

big shot,   big gun,   big cheese,   big wheel,   big wig
중요 인사, 거물

- Don't forget to dress up for party tomorrow. The big shots are coming.

  내일 파티 때 갖추어 입는 것을 잊지 마세요. 거물들이 오니.

big time
매우 즐거운 시간, 대성공, 대규모로, 대단히

- I had a big time at the party yesterday.

  어제 파티에서 아주 즐거운 시간을 보냈습니다.

big-time operator
큰일을 하려는 사람, 큰 수완가, 거물, 학업이 우수한 학생

- The fact that Tom has successfully raised US$10 mil fund made him a big-time operator.

  탐은 천만 불 펀드 모집에 성공하여 대단한 수완가임이 입증되었다.

bird has flown
(죄수나 찾는 사람이) 도망가 버렸다, 새가 새장에서 날아갔다

- When the policeman returned to the jail, he discovered that the bird had flown already.

  경찰이 감옥으로 돌아 왔을 때 그는 죄수가 이미 도망간 것을 알게 되었습니다.

bird in the hand is worth two in the bush
손 안에 든 새 한 마리가 숲 속에 있는 두 마리보다 낫다

- If the offer on your hand is the only one at the moment, why don't you take it? A bird in the hand is worth two in the bush.

  당신이 갖고 있는 오퍼가 현재 유일한 것이라면, 받아들이는 것이 어떠한지요? 손 안에 든 새 한 마리가 숲 속에 있는 두 마리보다 낫습니다.

  ◉ *Better a sparrow in the hand than a pigeon on the roof.*

birds of a different feather

다른 유형의 사람들

- Tom's behavior is quite different. He is a bird of different feather.

    탐의 행동은 상당히 다릅니다. 그는 다른 유형입니다.

    ◐ *bird of a feather*   같은 유형의 사람, 같은 무리, 패거리

birds of a feather flock together

유유상종

- Don't make friends with bad guys. People think that birds of a feather flock together.

    나쁜 놈들을 친구로 사귀지 마십시오. 사람들은 유유상종이라고 생각합니다.

    ◐ *Let beggars match with beggars.*
    Like draws like.   *Like attracts like.*   *Kind calls to kind.*

birthday suit

나체, 알몸

- Tom is swimming in his birthday suit.

    탐이 알몸으로 수영하고 있다.

bite off more than one can chew

능력 이상의 일을 하다, 분에 넘치는 일을 하다, 욕심 부리다

- I think that he can't finish the work by tomorrow. He has bitten off more than he can chew.

    그는 내일까지 그 일을 마무리하지 못할 것이다. 그는 너무 욕심 부렸다.

bite the bullet

이를 악물고 하다, 고통을 참고 하다, 힘들지만 받아들이다

- Getting your car repaired may have you ripped off, but all you can do is bite the bullet and pay up, if you are not able to fix it.

    차를 수리하는 것은 바가지를 쓸 수도 있지만 본인이 직접 고칠 수 없다면 당신은 그냥 수리비용을 받아들일 수 밖에 없습니다.

bite the dust

헛물을 켜다, 실패하다, 패배하다, 죽다, 고장으로 작동하지 않다, 망가지다

- My car finally bit the bust. It's not working at all.

    차가 결국은 고장 났군요. 전혀 작동하지 않습니다.

bite the hand that feeds someone
은혜를 원수로 갚다, 주인을 물다, 배은망덕하다

- In politics, be careful about biting the hand that feeds you, because your benefactors can quickly crush your political life.

  정치에서 배은망덕하지 않도록 하세요. 당신의 후원자들이 당신의 정치 생명을 빠르게 무너뜨릴 수 있습니다.

bitter pill
쓴 알약, 싫은 일, 쓰라린 사실

- Losing market share to a new company was a bitter pill to swallow.

  신생 회사에게 시장 점유율을 잃는 것은 쓰라린 일이었습니다.

black sheep
골치 덩어리, 말썽꾼

- Tom is a black sheep in our family; he spends money like water.

  탐은 우리 집안의 골치 덩어리이다. 돈을 물 쓰듯이 쓴다.

blaze a trail
개척하다, 창시하다, 새로운 길을 열다

- Tom blazed a trail in the study of African plants.

  탐은 아프리카 식물 연구의 선도자이다.

  ○ 선구자, 선도자 *trailblazer, pioneer, pathfinder, first penguin*

blessing in disguise
오히려 잘된 일, 전화위복, 뜻밖의 이득, 생각지 못한 좋은 결과

- I was suddenly fired for no particular reason last week. I received an offer for a new job yesterday; it pays more, and I can start working from next week. Losing job was a blessing in disguise.

  저는 지난주에 특별한 이유 없이 갑자기 해고당했습니다. 어제 새 직장에 대한 제의를 받았는데 월급이 더 많고, 다음 주부터 직장에 나갈 수 있습니다. 실직은 오히려 잘된 일이었습니다.

  ○ *Bad luck often brings good luck.*   *A misfortune turns into a blessing.*
  Tomorrow is another day.   *Every cloud has a silver lining*

blind alley
막다른 골목, (괜찮아 보이지만) 가망이 없는 일, 효과 없는 일, 성과 없는 일

- Tom did not take the work as he thought it was a blind alley.

  탐은 그 일이 효과가 없다고 생각해서 맡지 않았습니다.

blind date
서로 모르는 남녀의 데이트, 소개팅

- Tom arranged for me to go on a blind date with a handsome guy from his office.

  탐은 잘 생긴 직장 동료와 소개팅을 시켜 주었다.

blind leading the blind
장님이 장님 안내 하는 꼴

- It has become a case of the blind leading the blind.

  장님이 장님을 안내하는 경우가 되었다.

  ⊙ 지식/경험이 별로 없는 사람이 같은 입장의 사람에게 충고/조언하는 상황

blind spot
사각지대, 맹점, 약점

- Tom could not see the truck, because it was in his blind spot.

  트럭이 사각지대에 있어 탐이 볼 수 없었다.

blindside
상대방이 못 보는 쪽에서 공격하다, 기습하다

- The COVID-19 blindsided a lot of employees at the big group companies who had previously taken for granted their relatively high income.

  COVID-19는 이전에 상대적으로 높은 수입을 당연하게 여겼던 대기업의 많은 직원 에게 기습적으로 타격을 입혔다.

blot on the landscape
경관을 해치는 것, 경치를 훼손하는 건물

- The power station is both a blot on the landscape and a smear on the environment.

  발전소는 경관을 해칠 뿐만 아니라 환경도 훼손한다.

  ⊙ *a blot on one's character* 인격의 오점   *a blot on one's record* 경력의 오점

blow a fuse, blow a gasket, blow one's top, blow one's stack
가슴 벅차게 하다, 분통이 터지다, 분통을 터뜨리다

- Don't blow a fuse; it's just a small scratch on the old car.

  분통 터뜨리지 마세요. 낡은 차에 작은 흠집이 난 것뿐입니다.

blow one's mind
몹시 흥분하다, 흥분시키다, 가슴 벅차게 하다, 흥분하여 어쩔 줄 모르게 하다

- BTS concert blows my mind.

  방탄소년단 콘서트는 나를 가슴 벅차게 한다.

blow one's own horn,　　toot one's own horn
제자랑 하다, 자화자찬하다, 허풍떨다

- Those who are able to do things well at the company don't have to blow their horns, as their abilities are noticed by their boss.

  회사에서 일을 잘할 수 있는 사람은 자신의 능력을 상사가 지켜보기 때문에 자화 자찬할 필요가 없습니다.

blow one's top,　　blow one's lid,　　blow one's stack
노발대발하다, 뚜껑이 열리다, 몹시 화내다, 불끈하다

- Mom blew her top when she saw that I messed up the living room.

  엄마는 내가 거실을 엉망으로 만든 것을 보고 엄청 화를 냈다.

blow the lid off,　　lift the lid off,　　take the lid off
폭로하다, 공중 앞에 드러내다

- The company's stock price plummeted after Tom blew the lid off the CEO's embezzlement and sex scandal.

  탐이 대표이사의 횡령과 성추문을 폭로한 후 회사의 주가는 폭락했다.

blow the whistle on
밀고하다, 일러바치다

- The mayor blew the whistle on the secret of one-armed bandit at the casino.

  시장은 카지노 슬롯머신의 비밀을 밀고했다.

  ◐ *one-armed bandit:* 카지노에 있는 *slot machine*

boil down
졸아들다, 졸이다, 압축시키다, 단축시키다

- Tom boiled the story down to quarter of the original length.

  탐은 이야기를 원래 길이의 1/4로 축약했습니다.

bonehead
멍청이

- He is a bonehead. No wonder that he flunks all of his courses at university.

  그는 멍청이다. 그가 대학의 모든 과정을 낙제하는 것은 놀랄 일이 아니다.

  ◐ *bonehead play* (야구 등의) 실책

boggle the mind
상상도 할 수 없다, 이해할 수 없다
- What boggles my mind is why the serial killer did not kill Susan in the movie.

  내 생각으로 이해할 수 없는 것은 영화에서 연쇄살인범이 수잔을 죽이지 않은 이유 입니다.

bone of contention
논란거리, 시빗거리, 다툼거리, 논란의 소지
- The bone of contention was pay and working time both.

  논란거리는 임금과 근무 시간 둘 다였다.

bone to pick,   crow to pick
따질 거리
- I have a bone to pick with you.

  따질 것이 있다.

bone up
벼락공부하다, 들이파다, 열심히 공부하다
- Make sure to bone up on the key points before the meeting.

  회의 전에 핵심 사항을 확실히 파악하세요.

born with a silver spoon in one's mouth
복을 타고 태어나다, 부잣집에 태어나다, 은수저로 태어나다
- He is not so eager to get a job as much as I am, because he is born with a silver spoon in his mouth.

  그는 은수저로 태어나서 나만큼 취직을 갈망하지 않는다.

boss someone around
이래라 저래라 지시하다, 쥐고 흔들다
- If you keep bossing him around, the days of your relationship with him are surely numbered.

  당신이 그를 계속 쥐고 흔든다면 당신과 그의 관계는 오래 가지 않을 것이다.

botch up
망치다, 형편없게 만들다
- He botched up his math exam.

  그는 수학 시험을 망쳤다.

  ○ *botch-up*   서툴게 고침, 형편없는 솜씨

both sides of the aisle

초당적인, 양당 모두

- The new bill was supported on both sides of the aisle.

  새로운 법안은 여당 야당 모두 지지하였습니다.

bottle up

억누르다, 봉쇄하다, 숨기다, 일시 보류하다

- Never bottle up your problem if any. Be frank with me always.

  문제가 있다면 절대 숨기지 마세요. 항상 허심탄회하게 말하세요.

bottom drop out,　　bottom fall out

최저점을 뚫고 내려가다, 바닥이 더 내려가다

- Analysts warn that recent changes in the oil market may result in the bottom dropping out of the stock market.

  애널리스트들은 최근 석유 시장의 변화로 주식 시장의 바닥이 더 내려갈 수 있다고 경고합니다.

bottom out

바닥에 도달하다, (시세가) 바닥을 치다, 바닥을 치고 다시 상승세를 타다

- All my problems seem to be bottoming out. I don't think they can get much worse.

  내 모든 문제는 최악에 도달한 것 같습니다. 더 나빠질 수 있다고 생각하지 않습니다.

bowl of cherries

즐거운 인생, 신나는 인생, 쉬운 인생

- I got a promotion last week and joined parties for three days in a row. Life is just a bowl of cherries these days!

  나는 지난주에 승진했고 3일 연속 파티에 참가했다. 요즘은 인생이 즐겁고 신난다.

brain trust

전문 위원회, 전문 고문단, 두뇌 위원회

- Tom's brain trust is gathering this weekend to plan strategy for the presidential election.

  탐의 고문단은 이번 주말 대선 전략을 계획하기 위해 모입니다.

  ○ *brain-trust*　전문 위원으로 일하다, 고문으로 일하다

branch out

(신사업을) 시작하다, (신규 분야로) 진출하다, 가지가 나오다, 기로에 들어서다.

* I have decided to branch out into some new businesses. Business was terrific last year, so I decided to branch out.

  저는 몇 가지 새로운 사업에 진출하기로 결정했습니다. 작년에 사업이 아주 잘되어 사업 영역을 확장하기로 결정했습니다.

brazen it out

뻔뻔하게 행동하다, 얼굴에 철판을 깔다, 시치미 떼다, 뱃심 좋게 밀고 나가다

* The determined politicians usually brazen out the political crisis. I can't believe that the government would brazen out such a terrible scandal. Instead of admitting that her scandal was true, she brazened it out.

  단호한 정치인들은 대개 정치적 위기를 뻔뻔스럽게 돌파합니다. 나는 정부가 그런 끔찍한 스캔들을 시치미 뗀다는 것을 믿을 수 없습니다. 그녀는 스캔들이 사실이라고 인정하지 않고 뻔뻔하게 행동했습니다.

  ○ *brazenly* 철면피같이, 뻔뻔스럽게

  I don't know how he can lie to the public so brazenly.

bread and butter

주요 소득원, 밥벌이 수단

* I'm a novelist, but being a tennis tutor on weekends is my bread and butter at the moment.

  나는 소설가이지만 현재 주 소득원은 주말에 테니스 가르치는 것이다.

bread-and-butter letter

(환대에 대한) 답례장, 감사장

* Now that you're back from your stay with grandmother in New York, be sure to write her a bread-and-butter letter. To convey timely thanks is important to imprint your good image. Right after I got back from the global sales meeting, I took two days to write bread-and-butter letters to all the people whom I met.

  이제 뉴욕 할머니 집에서 돌아 왔으니 감사의 편지를 꼭 써주세요. 적절한 때 감사를 전하는 것은 좋은 이미지 각인에 중요합니다. 글로벌 세일즈 미팅에서 돌아온 직 후, 회의에서 만난 모든 사람들에게 감사 편지를 쓰는 데 이틀이 걸렸다.

break-even

손익분기점, 수입액이 지출액과 맞먹는, 이익도 손해도 없는, 본전치기

* It is fortunate that we have reached the break-even point this year.

  올해 손익분기점을 달성한 것은 다행입니다.

break ground

공사를 시작하다, 착공하다

- The company broke ground for its 110-storied building yesterday.

  그 회사는 어제 110층 건물을 착공했습니다.

break new ground,   break fresh ground

신기원을 이루다, 신기원을 열다, 신천지를 개척하다, 새로운 사실을 발견하다

- The company has really broken new ground with its new, unique product; I've never seen anything like that.

  그 회사는 새롭고 독특한 제품으로 신천지를 개척하였습니다. 그런 제품은 처음 봅니다.

breathe down one's neck

바로 뒤에서 보고 있다, 감시하다

- Many creditors were breathing down his neck.

  많은 채권자들이 그를 감시하고 있었습니다.

breathe one's last

죽다

- The wounded soldier breathed his last yesterday; he received the medal of honor.

  부상당한 병사는 어제 마지막 숨을 거두었다. 그는 명예훈장을 받았습니다.

  ◐ *medal of honor*
    전투에서 생명을 내걸고 혁혁한 무공을 세운 영웅에게 국회명의로 수여하는 미국의 국가 최고 훈장

bring down the house

만장의 갈채를 받다, 관중으로부터 박수갈채를 받다

- The president made an encouraging, touching speech which brought down the house.

  대통령은 고무적이고 감동적인 연설을 하여 만장의 갈채를 받았다.

bring home the bacon

생활비를 벌다, 밥벌이를 하다, 성공하다

- My wife brought home the bacon, while I took care of the kids.

  아내는 생활비를 벌고, 나는 아이들을 돌보았다.

bring home to

뼈저리게 느끼게 하다

- When I saw the damage that had been caused by drunken driver, it really brought home to me the evil of drinking while driving.

  음주 운전의 피해를 보았을 때, 음주 운전의 해악을 뼈저리게 느끼게 되었다.

bring into line

일렬로 세우다, 정렬시키다, 일치시키다, 동조시키다, 협력하게 하다

• You may have some good business ideas, but you'll never get anywhere in this business if you don't bring your actions into line with your boss's future plan.

좋은 사업 아이디어가 있을 수 있지만, 보스의 미래 계획에 동조하지 않으면 이 사 업에서 일익을 담당할 수 없습니다.

bring off

성공하다, 완수하다, 해내다

• It's miraculous that we brought the presentation off; we only finished financing scheme right before walking into the presentation room.

우리가 프레젠테이션을 해낸 것은 기적입니다. 우리는 프레젠테이션 룸에 들어가기 직전에서야 겨우 자금 조달 계획을 마무리했습니다.

bring the house down

모든 사람들이 포복절도하게 만들다, 환호성을 지르게 만들다, 만장의 갈채를 받다

• The opera company had just one rehearsal and so the director was very nervous, but the opera brought the house down.

오페라단이 리허설을 딱 한 번 하였기 때문에 감독이 매우 긴장했지만 오페라는 만장의 갈채를 받았다.

brown bagger

기혼 남자, 도시락을 싸오는 사람

• Tom became a brown beggar after marriage.

탐은 결혼 후 도시락을 싸온다.

brush up,   brush up on

(한동안 안 쓰던 기술을) 빨리 되살리다, 되찾다

• I need to brush up on my Spanish which I studied ten years ago.

10년 전에 공부한 스페인어를 다시 공부해야 합니다.

bug in one's ear,   flea in one's ear

듣기 싫은 소리, 따끔하게 비꼬는 말, 힌트, 비밀 정보

• The production manager wasn't listening to me, so I asked my boss to put a bug in his ear about the importance of satisfying the date of shipment.

생산 관리자가 내 말을 듣지 않았기 때문에 나는 상사에게 선적 일자의 중요성에 대해 확실히 인지시켜 달라고 요청했습니다.

build castles in Spain,   build castles in the air/sky

허황된 꿈을 품다, 허황된 계획을 세우다, 공중누각을 세우다

- In order to generate sales, you are required to stop building castles in Spain and to start calling the potential customers.

  매출을 창출하려면 허황된 꿈을 멈추고 잠재 고객에게 전화를 거는 것이 필요하다.

build up

건물로 둘러싸다, 쌓아 올리다, 확립하다, 증강하다, 단련하다

- You had better slow down when you drive in the area which is built up.

  건물 밀집 지역에서 운전할 때는 속도를 줄이는 것이 좋습니다.

build up to

점점 커지다, 많아지다, 증가하다, 대비하다, 발전하다

- The heated argument at the Congress is building up to something unpleasant.

  의회에서의 열띤 논쟁은 뭔가 불쾌한 상황으로 점점 진행되고 있습니다.

bullshit artist

협잡예술가, 구라쟁이, 뺑쟁이

- Tom is a bullshit artist. Naturally he becomes so influential in the political circles.

  탐은 협잡꾼입니다. 그가 정치계에서 매우 영향력이 있게 된 것은 당연합니다.

burn one's bridges,   burn one's boats

배수의 진을 치다, 번복할 수 없는 결정을 하다, 돌이킬 수 없는 행동을 하다

- I didn't sell my house in Boston because I didn't know how long I would work there. I didn't want to burn all my bridges.

  보스턴에서 얼마나 오래 일할지 몰랐기 때문에 집을 팔지 않았습니다. 배수의 진을 치고 싶지 않았습니다.

burn one's fingers

손을 데다 손해보다, (참견하다) 혼나다, 피해보다

- During the bullish stock market, countless people invested in the junk bonds, and most of them ended up burning their fingers badly. Quite differently from institutional investors, none of individual investors realize how cautious they should be in buying securities until they burn their fingers.

  주식 시장이 활황일 때 수많은 사람들이 정크 본드에 투자했고 대부분의 사람들은 큰 손해를 보았습니다. 기관 투자자와는 달리, 개인 투자자들은 손해를 봐야 비로소 증권을 매입할 때 얼마나 신중해야 하는지 알게 됩니다.

burn the candle at both ends

몹시 지치다, 정력을 낭비하다, 돈을 낭비하다

- No wonder Tom is ill. He has been burning the candle at both ends every day. In the day he worked hard at the office, and in the night he joined parties.

  탐이 아픈 것이 놀라운 일은 아닙니다. 그는 매일 지쳐가고 있습니다. 낮에는 사무실에서 열심히 일했고 밤에는 파티에 참석했습니다.

burn the midnight oil

밤늦게까지 공부하다, 밤을 새다

- He has a big exam tomorrow. I expect him to burn the midnight oil. He needs to do well on the exam to study in Boston.

  그는 내일 큰 시험이 있습니다. 나는 그가 밤 새워 공부할 것으로 기대합니다. 그는 보스턴에서 공부하려면 그 시험에서 좋은 점수를 받을 필요가 있습니다.

bury the hatchet

무기를 거두다, 화해하다

- Let's stop arguing and bury the hatchet.

  말다툼 그만하고 화해하자.

busy work

바쁘기만 하고 별로 쓸모없는 일, 잡무

- I actually wanted to learn more about shop management, but the shop manager just gave me busy work to do.

  사실 매장 경영에 대해 더 알고 싶었지만 매장 매니저가 쓸데없는 잡무만 주었다.

butter up

아부하여 환심을 사다, 아첨하다

- He tried to butter up his boss in the hope that he could get more fringe benefits.

  그는 더 많은 부가 혜택을 받을 수 있기를 바라면서 그의 상사의 환심을 사려고 노력했습니다.

  ● *fringe benefit*　(고용주가 고용인에게 임금 이외에 주는) 부가 혜택

butterflies in one's stomach

걱정을 하다, 마음이 편치 않다, 안절부절못하다

- I always get butterflies in my stomach before a job interview.

  나는 면접 전에 항상 마음이 편치 않다.

buy for a song
아주 싸게 사다

• Nobody wanted it, so I could buy it up for a song.
  아무도 원하지 않았기 때문에 싸게 살 수 있었다.

buzzword
유행어, 특정 분야의 전문용어, 거창한 뜻처럼 들리지만 별 뜻 없는 단어

• Fund fraud is a buzzword in recent news.
  펀드 사기는 최근 뉴스의 유행어입니다.

by a long shot
결코, 절대로, 확신히, 큰 차이로

• Tom was the best player in the race, by a long shot.
  탐은 확실히 레이스에서 최고의 선수였습니다.

  ● *not by a long shot* 결코 아니다 (*absolutely not, not at all*)

by and large
대체로, 전반적으로

• The weather was good this summer by and large.
  대체로 이번 여름 날씨는 좋았다.

by choice
원해서, 자진해서

• Tom helped his mom by choice.
  탐은 자진해서 엄마를 도왔습니다.

  ● *not by choice but by necessity* 자유 의지가 아니라 필요에 의해서

by ear
악보를 안 보고, 악보 없이

• He played the piano by ear.
  그는 악보 없이 피아노를 연주했다.

by fits and starts,   by fits and jerks
간헐적으로, 오락가락, 가끔씩, 때때로 생각난 듯이, 발작적으로

• It would be very difficult to enter Ivy League if you study by fits and starts.
  가끔씩 공부한다면 아이비리그에 입학하는 것은 매우 어려울 것입니다.

by the piece
일의 분량에 따라, 일정한 분량으로, 일의 분량에 따라, 낱개로

- He bought a box full of water melons, and sold them by the piece.
  그는 수박 한 박스를 사서 낱개로 팔았습니다.

by the same token
같은 이유로, 마찬가지로

- The penalty for failure will be high. By the same token, the rewards for success will be awesome.
  실패의 대가는 높을 것이며 마찬가지로 성공에 대한 보상도 엄청날 것이다.

by the skin of one's teeth
가까스로, 간신히

- Tom passed the math exam by the skin of his teeth.
  탐은 간신히 수학시험을 통과했다.

by the sweat of one's brow
이마에 땀을 흘리며, 열심히 일하여

- Tom cultivated this big aloe farm by the sweat of his brow.
  탐은 열심히 일하여 이토록 큰 알로에 농장을 경작했습니다.

by word of mouth
구전으로, 입에서 입으로

- The scandal got around by word of mouth.
  스캔들은 입소문으로 퍼져 나갔다.

by turns
차례로, 교대로, 번갈아

- They took the wheel by turns on the drive to New York from Los Angeles.
  그들은 운전을 번갈아 하면서 로스앤젤레스에서 뉴욕으로 갔다.

  ○ *take the wheel* 핸들을 잡다, 운전하다, 지배권을 장악하다

B.Y.O (bring your own)

음식 각자 지참, 파티 호스트가 먹을 음식을 준비하지 않으니 각자 먹을 것을 준비

* Tom went to the garden party; it was BYO.

    탐은 가든파티에 갔다. 음식 각자 지참 파티였다.

    ▶ 미국에서 *potluck party* 라는 표현도 사용하는데, 이는 각자 음식을 하나씩 준비해서 파티에 참석, 파티 참가자들이 *share* 하는 것을 의미한다.

B.Y.O.B. (bring your own bottle/booze/beer)

주류 각자 지참, 파티에서 술을 준비하지 않으니 각자 마실 술은 각자 준비

* Would like to join the party tomorrow? It's BYOB.

    내일 파티에 오실래요? 주류 각자 지참입니다.

    ▶ 각자의 술 취향이 다양하여, 음식은 준비하되 마실 술은 각자 준비하라는 피티도 있다. 초대장에 *B.Y.O.B.* 로 되어 있으면 각자 마실 술은 각자가 준비해서 파티에 가야한다.

American Idioms

call a spade a spade
자기 생각을 그대로 말하다, 숨김없이 말하다, 삽을 삽이라 하다

- It seems that we are just avoiding the delicate issue. Let's call a spade a spade.

  민감한 사안을 피하고 있는 것 같습니다. 각 자의 생각을 숨김없이 말하지요.

call in question,   call in doubt
논박하다, 이의를 제기하다, 의문을 품다, 의심하다

- I considered Tom for the promotion next month, but his latest test result called that thought into question.

  다음 달에 탐을 승진시킬 것을 고려했지만 최근 테스트 결과로 그 생각에 의문이 생겼습니다.

call it a night
(파티등 밤의 일을) 끝내다, 활동을 중지하다

- She looked very tired at the party yesterday, and so I called it a night.

  어제 파티에서 그녀가 피곤해 보여서, 내가 파티를 끝냈다.

  ◉ *call it a day*   일을 끝내다

call it quits
그만두다, 서로 공평해졌다고 말하다, 빚 청산하다, 관계를 종식하다

- Thank you for your paying me back; now we can call it quits. By the way, I'm so sad to hear that Susan and Tom called it quits.

  빌린 돈 돌려 주셔서 감사합니다. 이제는 채무관계가 없습니다. 그건 그렇고, 수잔과 탐이 헤어졌다는 소식을 들으니 너무 슬픕니다.

call names
욕하다, 험담하다

- I don't know Susan at all. I wonder why she has been calling me names to other people.

  나는 수잔을 전혀 모른다. 왜 그녀가 다른 사람들에게 내 욕을 하고 있는지 궁금하다.

call off

취소하다, 철회하다, 포기하다

- The soccer game was called off because of sudden snow.

  갑작스런 눈 때문에 축구 경기가 취소되었습니다.

call one's bluff

주장하는 것을 입증하라고 하다, 허풍떠는 것을 실행 요청하다

- He insisted that he could swim faster than she, but when I called his bluff, he suddenly said he's got a charley horse in the leg.

  그가 그녀보다 더 빨리 헤엄 칠 수 있다고 우겨서 내가 그의 허풍을 입증하라고 하자 그는 갑자기 다리에 쥐가 났다고 말했다.

call on the carpet

꾸중을 하다, 야단치다

- When my team lost the $10 mil customer, the director called me on the carpet. One more error like this is likely to make the board of directors call me on the carpet.

  우리 팀이 일천만 달러의 고객을 잃었을 때 이사가 나를 질책하였습니다. 이와 같은 실수를 한 번 더 하면, 이사회에 불려가 질책 받을 수 있습니다.

  ▶ 야단 맞는 사람이 양탄자가 깔린 상사의 방으로 호출되어 힐책 당한다는 의미

call the dogs off

쫓지 못하게 하다, 추적 못하게 하다, 휴식하다, 긴장을 풀다

- Tell the sheriff to call off the dogs. The robber was arrested.

  보안관에게 추적 그만 하라고 하세요. 강도는 체포되었습니다.

call the roll

출석을 부르다, 점호를 하다

- I haven't called the roll yet, but it looks like several kids are absent from school because of COVID-19.

  아직 출석 명부를 부르지 않았지만 코로나 19로 인해 여러 아이들이 결석 한 것 같습니다.

call the shots

명령하다, 지배하다, 지휘하다, 결정권을 갖고 있다

- His staff members have to do what he says because he is the CEO. He can call all the shots.

  그가 대표이사이기 때문에 직원은 그가 말하는 대로 해야 합니다. 그는 모든 결정권을 갖고 있습니다.

call to account

책임을 추궁하다, 해명을 요구하다

- The factory manager called the production manager to account after massive defective products came up.

  불량 제품이 대량으로 발생하자 공장장은 생산과장에게 책임을 추궁했다.

call to arms

군대에 소집하다, 군대를 동원하다

- Millions of Americans were called to arms to fight for America during World War II.

  수백만 명의 미국인이 제 2차 세계대전 중 미국을 위해 군대에 동원되었다.

call to mind

생각해내다, 상기하다, 기억해내다

- Your story calls to mind my trip to Monte Carlo ten years back.

  당신의 이야기는 10년 전의 몬테카를로 여행을 떠올리게 합니다.

call-up

소집, 징집, (경기 출전을 위해) 부름, (하위 리그에서) 차출된 선수

- With so many veterans injured, their roster has a lot of call-ups right now, so it's no surprise Tom's got a chance of playing at the playoff. But he was very upset to receive a call-up paper yesterday.

  부상을 입은 노련한 선수들이 많은 탓에 현재 선수 차출이 많아져서 탐이 결승전에 출전할 기회를 잡았다는 것은 놀라운 일이 아닙니다. 그러나 그는 어제 군대 소집 영장을 받고 매우 당황했습니다.

  ◐ *call-up paper*　소집 영장

cancel out,　　balance out

서로 상쇄하다, 서로 균형을 맞추다

- Today's gain in the stock's price canceled out yesterday's decline. We made landmark progress last year, but the delays this year have canceled it out.

  오늘 주가 상승은 어제의 하락을 상쇄했습니다. 우리는 작년에 획기적인 발전을 이루었지만 올해의 부진으로 인해 상쇄되었습니다.

canned laughter

(효과음으로서) 녹음된 웃음소리

- What you hear in the jungle is canned laughter.

  당신이 정글에서 듣는 것은 녹음된 웃음소리입니다.

canned music

레코드음악, 테이프 음악 ↔ live music (라이브 뮤직)

- Let's go to BTS concert. I am sick and tired of this canned music.

  방탄소년단 콘서트에 가요. 레코드음악이 이제는 신물이 나요.

can't see the forest for the trees,   can't see the wood for the trees

나무를 보고 숲을 못보다, 작은 일에 구애되어 큰일을 놓치다

- The marketing director became so involved in the wording of his marketing report that he couldn't see the forest for the trees; he did not realize that the new president likes succinct report.

  마케팅 이사는 마케팅 보고서의 문구에 너무 몰두한 나머지 상세한 내용에만 집중해 전반적인 내용을 파악할 수 없었다. 그는 새로 온 사장이 간단명료한 보고서를 좋아 한다는 것을 깨닫지 못했다.

can't make bricks without straw

필요한 재료도 없이 일을 하려고 들다, 헛수고하다, 짚 없이는 벽돌을 만들 수 없다

- I planned to give Susan a big birthday party, but, because of COVID-19, none of the people I invited were able to come. I could not make bricks without straw.

  수잔을 위해 생일 파티를 크게 하려고 했는데, 코로나19 때문에 초대한 사람들이 한 명도 올 수 없었다. 짚이 없어 벽돌을 만들 수 없었다.

  ◗ 초대한 사람들이 오지 않아 파티를 크게 해줄 수 없었다는 것임.

cards are stacked against something/someone

상황이 불리하다

- The cards are stacked against our election. The people are strongly against our campaign for tax increase.

  선거는 불리합니다. 국민들이 우리의 세금 인상 캠페인에 극렬히 반대합니다.

  ◗ *cards are stacked in favor of someone/something*   상황이 유리하다

card up one's sleeve

비책이 있다, 비장의 수단을 갖고 있다, 비장의 무기를 갖고 있다

- Tom always has a card in his sleeve. So don't worry about his plan. If his 1st plan fails, he will try another right away.

  탐은 항상 비책이 갖고 있습니다. 그러니 그의 계획에 대해 걱정하지 마십시오. 첫 번째 계획이 실패하면 즉시 다른 계획을 시도할 것입니다.

carrot and stick

당근과 채찍, 회유와 위협, 보수와 벌

- Judging from the announcement that the hostages are to be released, I guess that Washington's new carrot-and-stick policy may already have brought results.

  인질이 석방 될 것이라는 발표를 보면 워싱턴의 새로운 당근과 채찍 정책이 이미 주효한 것 같습니다.

carry a torch,　　carry the torch

횃불을 들다, 절대적으로 숭배하다. 짝사랑하다

- I've carried a torch for her since junior high school, but I've never been able to convey my feeling to her. Much to my sorrow, she is to get married with Tom next week.

  나는 중학교 때부터 그녀를 좋아했지만 그녀에게 내 감정을 전할 수 없었습니다. 정말 슬프게도, 그녀는 다음 주에 탐과 결혼할 예정입니다.

carry coals to Newcastle

쓸데없는 짓을 하다, 헛수고하다, 충분히 있는 것을 갖다 주다

- Tom is so rich that he doesn't need money any more. To give him a gift certificate of $100 is like carrying coals to Newcastle.

  탐은 더 이상의 돈이 필요하지 않을 정도의 부자이다. 그에게 100 달러의 상품권을 주는 것은 쓸데없는 짓이다.

  ▶ *Newcastle* 지역은 1500년대부터 석탄 광산의 집결지인 바, 여기에 석탄을 가져다 주는 것은 남아도는 것을 갖다 주는 무의미한 일이었다.

carry the ball

책임을 지다, 짐을 지다

- Tom is the right guy who can carry the ball in developing COVID-19 vaccine.

  탐은 COVID-19 백신 개발을 책임질 수 있는 적임자입니다.

  ▶ 미식축구에서 공을 들고 조금이라도 더 전진할 수 있는 상황을 의미하는 표현

carry the day,　　win the day

승리하다, 이기다, 성공하다

- The ruling party carried the day at general election in spite of fund scandal.

  여당은 펀드 스캔들에도 불구하고 총선에서 승리하였다.

carry weight

영향력을 갖다, 의미를 갖다, 중요성을 갖다

- Our product idea does not carry much weight with the product road map of our customer.

  우리의 제품 아이디어는 우리 고객의 제품 로드맵에 별 영향력이 없다.

carrying charge

월부 할증금, 운송비, 유지비, 보관비

- Tom bought a car for $2,000 a month for ten months plus a carrying charge of $200.

  탐은 차를 구입하였으며, 구입 조건은 10개월 할부, 월 할부금 $2,000, 월부할증 금 $200이다.

cart before the horse

본말 전도, 비논리적인 일

- Let's find out first what the problem is before we try to solve it. Let's not put the cart before the horse.

  문제를 해결 노력하기 전에 먼저 문제가 무엇인지 알아봅시다. 본말이 전도되어서는 안 되니.

  ◑ 말이 마차를 끌려면 마차가 말 뒤에 있어야 하는데, 말 앞에 마차를 두면 그 마차가 움직일 수 있을지?

case in point

유례, 좋은 예, 딱 들어맞는 사례, 적절한 사례

- Many of the students are from the Asian countries. SH is a case in point; he is from Korea.

  많은 학생들이 아시아 국가에서 왔습니다. SH가 적절한 사례입니다. 그는 한국에서 왔습니다.

case the joint

미리 잘 살피다

- First of all you have to case the joint to check where things were originally located.

  우선 무엇보다도, 물건이 원래 있던 곳을 알아보기 위해 잘 살펴보아야 합니다.

cash cow

캐시 카우, 현금줄, 현금 창출원, 고수익 사업, 효자 상품

- The 3D printer company, whose stock Tom bought 10 years ago, has become a big cash cow. Now its value is 20 times higher than its buying price.

  탐이 10년 전에 주식을 인수 한 3D 프린터 회사는 현금줄이 되었습니다. 이제 그 가치는 구매 가격보다 20 배 높습니다.

cash in

현금으로 바꾸다, 청산하다

- Tom cashed in his chips at the casino and went up to his room.

  탐은 카지노에서 칩을 현금으로 바꾸고 방으로 올라갔습니다.

cash in on

(돈을) 벌다, 이용하다, 편승하다, 돈을 걸다

- This would be a good year for semiconductor stocks; you can cash in on it if you can get timely corporate info.

  올해는 반도체 주식에 좋은 해가 될 것입니다. 적시에 기업 정보를 얻을 수 있다면 돈을 벌 수 있을 것입니다.

cast light upon,   shed light upon,   throw light upon

조명하다, 밝히다, 알려주다

- This market analysis report casts light upon the way how we should reshuffle our organization in order to cope with the rapidly changing market situation world-wide.

  이 시장 분석 보고서는 전 세계적으로 급변하는 시장 상황에 대처하기 위해 조직을 어떻게 재구성하여야 되는지 알려주고 있습니다.

cast (one's) pearls before swine

돼지 목에 진주, 개발에 편자, 가치 있는 것을 무의미한 것으로 만들어 버리다

- To serve them French cuisine is like casting pearls before swine.

  그들에게 프랑스 요리를 제공하는 것은 돼지 목에 진주를 걸어주는 것과 같습니다.

cast the first stone

맨 먼저 비난하다, 성급한 판단을 내리다

- He who is without sin among you, let him cast the first stone at her.

  너희들 중 죄 없는 사람이 먼저 돌을 던져라.

catch-22

(모순된 규칙/상황에) 꼭 묶여 어찌할 수 없는 상태, 딜레마, 곤경, 궁지에 빠진

- This is a catch-22 situation; we can't get employees without funding, but we can't get funding without the employees in the first place.

  이것은 캐치-22 상황입니다. 자금이 없으면 직원을 채용할 수 없고, 직원이 없으면 애초에 자금을 지원 받을 수 없습니다.

  ◉ 1961년에 발간된 *Joseph Heller*의 반전 소설 제목 「*Catch-22*」에서 유래

catch off balance,   catch napping

허를 찌르다, 당혹케 하다, 빈틈을 노리다, 놀라게 하다

- We didn't expect the thieves to catch us off balance as we had many security guards. They caught us napping on the eve of Christmas.

  우리는 경비원이 많기 때문에 도둑들이 우리의 허를 찌른다고는 생각하지 않았습니다. 그들은 크리스마스 전날 우리의 빈틈을 노렸습니다.

catch off guard

의표를 찌르다, 허를 찌르다, 소홀한 틈을 타서 잡다

• FBI caught the suspect off guard, and got his confession.

　　FBI는 용의자가 방심할 때 체포하여, 자백을 받아 냈습니다.

catch on

이해하다, 배우다, 유행하다, 인기를 얻다

• Thank you for explaining the concept of a new product. I think I'm catching on now. I hope our new product will catch on with youngsters.

　　신제품의 개념을 설명 해주셔서 감사합니다. 이제 이해가 되네요. 우리의 신제품이 젊은이들에게 인기가 있기를 바랍니다.

catch one flat-footed

남을 놀라게 하다, 불시에 습격하다

• FBI caught the thieves flat-footed.

　　FBI는 도둑들을 불시에 습격했다.

catch one's breath

헐떡이다, 숨을 고르다, 숨을 돌리다, 마음을 죄다, 한숨 돌리다

• We caught our breath over coffee after we finish making our business plan.

　　우리는 사업 계획 작성을 끝낸 후 커피를 마시면서 숨을 돌리고 있었다.

catch one's eye

눈길을 끌다, 눈길을 모으다

• Susan in new dress caught the eyes of the students.

　　새 드레스를 입은 수잔이 학생들의 눈길을 사로잡았습니다.

catch red-handed

현행범으로 잡다

• Tom was caught red-handed at the jewelry shop.

　　탐은 보석 가게에서 현행범으로 잡혔습니다.

catch sight of,　　get sight of

찾아내다, 흘끗 보다, 언뜻 보다

• I caught sight of the suspect just for a second, so I couldn't describe his appearance to the police at all.

　　용의자를 잠시 언뜻 보아서 경찰에게 그의 모습을 전혀 설명 할 수 없었습니다.

catch up
만회하다, 따라잡다, 보충하다
- Leave for the airport right away. I'll catch up with you shortly.

  공항으로 출발하세요. 곧 따라갈게.

catch with one's pants down
못된 짓 하는 것을 잡다, 허를 찌르다, 기습하다
- The drug smugglers were caught with their pants down, right when they were making the exchange.

  마약 밀수업자들이 거래를 할 때 기습으로 잡혔습니다.

caught short
부족하다, 모자라다, 필요한 것이 없다, 돈이 없다
- I was caught short for the school excursion, so I had to borrow money from my friend.

  수학여행 갈 돈이 부족해서 친구에게 돈을 빌려야 했습니다.

chain letter
연쇄 편지, 행운의 편지, 수신자에게 편지를 많은 사람에게 보내라고 종용하는 편지
- No surprise most chain letters die out quickly.

  행운의 연쇄 편지가 대부분 빨리 소멸되는 것은 놀라운 일이 아니다.

chance it
운에 맡기다, 도박을 하다
- If I were you, I wouldn't chance it.

  내가 너라면 운에 의존하지는 않을 것이네.

chance of a snowball in hell,　　chance of a fart in a windstorm
가능성이 전혀 없다
- There's not a snowball's chance in hell that I can finish the report by the deadline, as I have to work every night to feed my family.

  가족의 생계를 위해 매일 밤 일을 해야 되기 때문에 마감일까지 보고서를 끝낼 수 있는 가능성은 전혀 없다.

change hands
주인이 바뀌다
- The company has changed hands several times, but the chance can't be ruled out that it goes into bankruptcy sooner or later.

  회사는 여러 번 주인이 바뀌었지만 조만간 파산 할 가능성을 배제할 수 없습니 다.

change horses in the middle of stream, change horses in midstream

진행 중에 수장을 변경하다, 진행 도중 기조를 변경하다

• The minister has been at the helm for years even though his policy made the price of real estate keep skyrocketing. I guess the president might have thought that it would not be a good idea to change horses in the middle of the stream.

장관의 정책으로 부동산 가격이 계속 치솟았음에도 불구하고 장관은 수년간 실권을 잡고 있습니다. 대통령은 정책 추진 중에 수장을 변경하는 것이 좋지 않다고 생각한 것 같습니다.

change of heart

심경의 변화, 회심, 개종

• Susan had a change of heart and broke up with Tom.

수잔은 심경의 변화를 일으켜 탐과 헤어졌습니다.

change of life,   menopause

완경기, 갱년기, 폐경기

• Woman usually undergo a change of life over fifty. It's a big wonder 58-year-old Susan asked for a day off by the reason of time of the month.

여성은 보통 50세 이상이 되면 완경기가 됩니다. 58세의 수잔이 생리통을 이유로 휴가를 하루 신청한 것은 놀라운 일입니다.

   ◐ *time of the month*　월경

change of pace

기분전환, 활동의 변경

• Going to the beach after school will be a change of pace.

방과 후 해변에 가는 것은 기분전환이 될 것입니다.

change one's tune

태도를 바꾸다, 논조를 바꾸다, 어조를 바꾸다

• The newspaper has changed its tune after many election irregularities were found at ballot-counting.

그 신문은 개표 과정에서 많은 선거 비리가 발견 된 후 기사 논조를 바꾸었습니다.

channel off

다른 목적에 돌리다, 유출되다, 물길 따위를 다른 쪽으로 돌리다

• The neighboring country's sudden attack channeled off most of the resources of our country.

이웃 국가의 갑작스런 공격으로 국가의 대부분의 자원이 유출되었습니다.

charmed life
아주 행복한 생활, 즐거운 생활, 불사신
- Susan encountered car accidents three times, but she had a charmed life.

  수잔은 교통사고를 세 번이나 당했지만 그래도 행복하게 잘 살고 있다.

  ◑ *bear/lead/have　a charmed life*　불사신이다, 운 좋게 사고를 면하다

cheapskate
구두쇠
- None of the ladies like to have a date with him, as he is a cheapskate.

  그가 구두쇠라서 그와 데이트하기를 원하는 여자는 아무도 없다.

check off
대조 표시를 하다, 기입 표시를 하다
- The teacher checked off each child as he gets off the school bus.

  교사는 스쿨버스에서 내릴 때 어린이를 일일이 확인했습니다.

check up
대조하다, 진위를 확인하다, 조사하다, 건강 진단을 하다
- Can you check up on the machine and tell me if it's still running?

  기계를 확인하고 아직 작동 중인지 알려줄 수 있습니까?

  ◑ *check-up*　대조, 검사, 시험, 신체검사

  　　　　My annual physical checkup is due next week.

cheesecake
매혹적인 여자, 매혹적인 여자의 다리나 가슴 보여주기
- Who's the cheesecake in that low-cut dress?

  가슴선이 깊이 파인 옷을 입은 저 매혹적인 여자는 누구인지?

  ◑ *beefcake*　근육질 남자, 육체미가 좋은 남자

chicken-brained
닭대가리 지능을 가진, 어리석은, 편협한, 속이 좁은
- I wonder how such a pretty girl is seduced by a chicken-brained guy like Tom?

  어떻게 저렇게 예쁜 여자가 탐같이 속 좁은 사람에게 넘어가는지 의아하다.

chicken out
겁을 먹고 그만두다, 꽁무니를 빼다

• Come on! Don't chicken out! Let's challenge it.

꽁무니를 빼지 말고 도전해보자.

chickens come home to roost
누워서 침 뱉기, 자업자득, 사필귀정, 당연한 귀결

• The company has not been conducting strict quality control recently. Its sales amount of last year dropped a lot. Now its chickens come home to roost.

이 회사는 최근 품질 관리를 엄격히 하지 않고 있다. 작년 매출액이 많이 떨어졌다. 당연한 귀결이다.

child's play,   a piece of cake,   as easy as pie,   a cinch,   a breeze
아주 쉬운 일, 하찮은 일, 식은 죽 먹기

• The game that we played this weekend was child's play. I am looking forward to something more challenging.

이번 주말에 우리가 한 게임은 아주 쉬웠습니다. 좀 더 도전적인 것을 기대하고 있습니다.

○ *like shooting fish in a barrel* 식은 죽 먹기 (통속 물고기를 죽이는 것처럼 쉬운 일)

chip off the old block
(부모와) 판박이

• Tom plays the piano well as his daddy did. He is a chip off the old block.

탐은 아버지처럼 피아노를 잘 친다. 그는 아빠와 판박이다.

chip on one's shoulder
시비조, 적대적 성향, 불만, 불만의 씨, 울화, 울화의 원인

• He always has a chip on his shoulder.

그는 매사가 시비조이다. 그는 매사에 불만이다.

circle the wagons
(서부시대에 인디언 습격에 대비) 포장마차로 원진을 만들다, 방어 태세를 단단히 하다

• I'm not questioning your plan, so don't circle the wagons. I just want some more detailed information.

당신 계획을 의심하지 않으니, 보호막 치지 마라. 단지 좀 더 상세한 정보를 원할 뿐이다.

clean bill of health
건강증명서, 적격증명서

- Tom had a physical check-up last December and was given a clean bill of health.

  탐은 지난 12월 건강 검진을 받고 건강증명서를 받았습니다.

clean break

완전한 단절, 딱 그만 둠, 깨끗이 손 떼기, 깔끔한 골절

- Tom made a clean break with his old girlfriend before marriage with Susan.

  탐은 수잔과 결혼하기 전에 예전 여자 친구와 완전히 단절했다.

clean out

일소하다, 깨끗이 치우다, 말끔히 씻어내다

- The sudden demand for masks cleaned out the stores.

  마스크에 대한 갑작스런 수요로 매장의 마스크가 바닥났습니다.

clean slate

깨끗한 경력, 흠잡을 데 없는 경력, 백지

- Only Tom had a clean slate among applicants, and so he was employed.

  지원자중 오직 탐만이 흠잡을 데 없는 경력을 갖고 있어서 고용되었습니다.

cliff dweller

(도시의) 고층 아파트에 사는 사람, 고층 주택 거주자, 암굴 거주자

- Tom moved up to 50th floor of the apartment; he has become a cliff dweller.

  탐은 아파트 50층으로 이사했습니다. 그는 고층 아파트 거주자가 되었습니다.

cliff-hanger

서스펜스 드라마나 영화, 마지막까지 알 수 없는 시합, 손에 땀을 쥐게 하는 상황

- This presidential election looks like a cliff-hanger, and it is too early to call who's won until all the votes are counted. Nail-biter election is down to the wire

  이번 대선은 손에 땀을 쥐게 하는 상황이며 모든 표가 집계 될 때까지 누가 이겼을 지 호명하기는 너무 이르다. 최후의 순간까지 선거 결과가 조마조마하다.

  ◐ *nail-biter* 조마조마하게 하는 이야기/영화/경기/시합

close call,   close shave

구사일생, 위기일발

- It was a close call when the bus suddenly came near us from the left corner.

  왼쪽 코너에서 버스가 갑자기 나온 것은 위기일발이었다.

close finish,　　　tight finish

아슬아슬하게 승부가 난

* The presidential election of 2020 was a close finish.

  2020년 대선은 아슬아슬하게 끝났다.

close-knit,　　　closely knit

긴밀히 맺어진, 굳게 단결된, 끈적끈적한, 가깝게 지내는

* Tom's family members help and support each other. They are closely knit.

  탐의 가족은 서로 돕고 지원합니다. 그들은 가깝게 잘 지냅니다.

close the door,　　　bar the door,　　　shut the door

향하는 길을 막다, 가능성을 없애다

* The president's firm decision closed the door to any new investment in the developing countries.

  대통령의 확고한 결정으로 개발도상국에 대한 신규 투자의 길은 막혔습니다.

close to home

정곡을 찌르는, 아픈 데를 찌르는

* His remarks about me were embarrassingly close to home.

  나에 대한 그의 말이 나의 아픈 곳을 정확히 찌르고 있어 당황스러웠다.

closed book

끝난 일, 결정된 일, 확정된 일, 까닭을 알 수 없는 일, 명확하지 않은 일

* The man's childhood life is a closed book.

  그 남자의 어린 시절 삶은 명확하지 않습니다.

closed shop

클로즈드 숍(노동조합원만을 고용하는 사업장)

* The new owner of our company is strongly against closed shop policy.

  우리 회사의 새로운 오너는 노동조합원만을 고용하는 것을 강력히 반대합니다.

  ◗ *open shop*은 기업의 종업원이 그 회사에 결성돼 있는 노동조합에 대한 가입 여부를 자유 의사로 결정할 수 있는 제도이다. 노동자가 노동조합의 조합원이라야 고용자가 채용할 수 있는 *closed shop*의 반대 개념.

  ◗ *union shop*은 고용자가 채용 시 노동조합원 여부를 따지지 않으나 일단 채용되면 반드시 노동조합에 가입해야 하는 *open shop*과 *closed shop*의 절충형.

closed-door

비공개의, 막후의, 비밀의, 밀실의

- The two parties had a closed-door meeting.

    그 두 정당은 밀실 미팅을 가졌다.

clown around,   clown about

익살을 부리다, 익살을 떨다, 촐랑거리다, 어리광 부리다, 어릿광대짓을 하다

- Stop clowning around and get serious if you want to start your own business.

    본인의 사업을 시작하려면 어릿광대짓을 그만두고 진지해지십시오.

coast is clear

들킬 위험이 없다, 붙잡힐 위험이 없다, 진행해도 된다

- I don't see the security guard. Let's go ahead. The coast is clear.

    안전 요원이 보이지 않습니다. 이제 시작하지요. 들킬 위험이 없어요.

cock-and-bull story

황당무계한 이야기, 터무니없는 이야기, 어리석게 꾸며낸 이야기

- The suspect's insistence is a cock-and-bull story.

    용의자의 주장은 황당무계한 이야기입니다.

cockeyed

비뚤어진, 삐딱한, 비실용적인, 비현실적인, 술 취한, 도취된

- Tom was too cockeyed to remember his address when we met him.

    우리가 탐을 만났을 때 탐은 주소를 기억 못할 정도로 취해 있었다.

coffin nail

담배

- Tom hasn't had a coffin nail over two years since stomach operation.

    탐은 위 수술 후 2년 동안 담배를 피운 적이 없었습니다.

cold cash,   hard cash

현금, 현찰

- There is a famous bakery in Boston which receives only cold cash.

    보스턴에는 현금만 받는 유명한 빵집이 있다.

cold shoulder
무시, 냉대
- She seems to think you distributed the bad rumor about her. That's why she's been giving you the cold shoulder recently.

  그녀는 당신이 그녀에 대한 나쁜 소문을 퍼뜨렸다고 생각하는 것 같습니다. 최근에 그녀가 당신에게 냉담한 이유입니다.

cold snap
갑자기 닥쳐온 추위, 일시적 한파
- The cold snap killed the flowers in the balcony.

  갑자기 닥쳐온 추위로 발코니에 있는 꽃들이 다 죽었다.

come back to earth,   come down to earth
현실로 돌아오다, 제정신이 들다
- Those newlyweds are likely to think that marriage is utterly blissful, but they'll come back to earth quickly.

  그 신혼부부는 결혼이 지극히 행복할 것이라고 생각하기 싶지만 곧 현실을 직시하게 될 것이다.

come by
얻다, 구하다, 잠깐 들르다
- Money easily come by is often easily spent.

  쉽게 생긴 돈은 종종 쉽게 나간다.

come full circle
(여러 가지 변화를 거쳐) 제 자리로 되돌아오다, 원점으로 돌아오다
- My business plan has come full circle after heated discussion

  열띤 토론 끝에 내 사업 계획이 다시 원점으로 돌아왔습니다.

come hell or high water
무슨 일이 일어나든, 어떤 일이 생기든
- He said that he should fly to Boston, come hell or high water.

  그는 무슨 일이 생기든 보스턴으로 날아가야 한다고 했다.

come in for
받다, 대상이 되다
- He came in for a small fortune when his mom died. But his behavior came in for lots of criticism.

그는 엄마가 죽었을 때 작은 재산을 받았다. 하지만 그의 행동은 많은 비난의 대상이 되었다.

come out
나오다, 출간되다, 사교계에 나가다
- In general girls come out in society when they reach the age of about eighteen.

  일반적으로 소녀들은 약 18세가 되면 사교계로 나옵니다.

come out in the open
공공연하게 알려지다, 널리 알려지다, 진상이 드러나다, 있는 그대로 드러나다
- Sooner or later, her divorcement will have to come out in the open.

  조만간 그녀의 이혼은 공공연하게 알려질 것입니다.

come to a dead end
막다른 곳에 이르다, 교착상태에 빠지다
- To increase our production line came to a dead end, as the company suddenly changed its position on the investment.

  회사가 갑자기 투자 입장 변경을 하면서 생산 라인 증설은 교착 상태에 빠졌다.

come to a head
곪아서 터질 듯하다, (기회가) 무르익다, 정점에 이르다
- The issues that you're trying to ignore in today's social life will come to a head eventually, so you might as well deal with them at the earliest possible convenience. Tensions in our country have come to a head following the fund fraud.

  오늘날의 사회생활에서 무시하려는 문제는 결국은 곪아서 터질 것이므로 가능한 한 빨리 처리하는 것이 좋습니다. 펀드 사기로 인해 우리나라의 긴장이 정점에 이르고 있습니다.

come to terms,   come to an agreement
합의에 이르다, 합의를 보다
- I've tried, but I just can't come to terms with Susan, Purchasing Manager at the company. She's totally out of control.

  노력했지만 회사의 구매과장인 수잔과 합의를 볼 수 없습니다. 그녀는 완전히 통제 불능입니다.

come to the point,   get to the point
요점에 들어가다, 핵심을 찌르다
- He has been talking a long time. I wish he would come to the point right away, otherwise we may miss the boat.

  그는 오랫동안 이야기하고 있습니다. 그가 즉시 요점을 찔러 주기를 바랍니다. 그렇지 않으면 기회를 놓칠 수도 있습니다.

come to think of it
그러고 보니, 생각하건대

- Come to think of it, I left my passport at the hotel room.

  생각해보니 여권을 호텔 방에 두고 왔어요.

come up smelling like a rose,　　　come up smelling like roses
어려웠던 상황이 잘 풀리다, 꼬였던 상황이 해결되다, 생각지도 않은 행운이 오다

- Surprisingly he came up smelling like a rose when the results of the bribe investigation were announced last week.

  지난 주 뇌물 조사 결과가 발표되자 그가 꼬였던 상황에서 벗어난 것은 놀라운 일이다.

comings and goings
오고감, 드나듦, 일, 행동, 행태, 활동

- If you want to exactly know about the comings and goings at the shopping mall, talk to Susan and her friends who are mall rats.

  쇼핑몰 이용 고객의 행태를 정확히 알고 싶다면 쇼핑몰에서 돌아다니는 수잔과 친구들에게 이야기 하십시오.

common ground
공통점, 공통되는 기반

- Susan and Nancy don't get along with each other as they share no common ground.

  수잔과 낸시는 공통점을 공유하지 않기 때문에 서로 잘 어울리지 않습니다.

common touch
붙임성, 대중 친화력, 서민성, 대중의 인기를 얻는 자질/재능

- Voters like a politician who has the common touch.

  유권자들은 대중 친화력이 있는 정치인을 좋아한다.

compare notes
의견이나 정보를 교환하다

- Tom and Susan want to compare notes about the recipe.

  탐과 수잔은 조리법에 대한 의견을 교환하고 싶어 한다.

con artist
사기꾼, 거짓말쟁이

- She is a great con artist who sells real estate on the moon.

  그녀는 달에 있는 부동산을 매각할 정도로 위대한 사기꾼입니다.

confidence game

신용사기, 사기

- Don't trust Tom; he's notorious for playing confidence games with acquaintances.

  탐을 믿지 마십시오. 그는 지인들에게 신용사기를 치는 것으로 악명이 높습니다.

conversation piece

이야깃거리, 화젯거리, 풍속화

- The gorgeous party has become a conversation piece.

  그 호화로운 파티는 화젯거리가 되었다.

  ○ *talk of town* 장안의 화제

cook one's goose

산통을 깨다, 희망/명성/계획 따위를 망쳐놓다

- The politician realized that his goose was cooked when the major newspapers printed the fund fraud story.

  주요 신문이 펀드 사기 기사를 게재했을 때 정치인은 계획이 망쳐진 것을 깨달았습니다.

cook the books

장부를 조작하다.

- The company cooked the books by manipulating financial data to inflate a company's revenue, deflate expenses, and pump up profit.

  회사는 재무 데이터를 조작하여 회사의 매출을 늘리고, 비용을 줄이며, 수익을 늘리는 방식으로 장부를 조작하였습니다.

cool, calm, and collected

매우 침착하게, 냉정하게, 태연자약하게

- Tom did very well in his TV appearances. He stayed cool, calm, and collected at the several questions.

  탐은 TV 출연에서 매우 잘했습니다. 그는 몇 가지 질문에 대해 차분하게 답변 하였습니다.

cool customer,   cool card,   cool fish,   cool hand

뻔뻔한 사람, 침착한 사람, 어떤 상황에서도 당황하지 않는 사람

- He never gets excited; he is a cool customer.

  그는 절대로 흥분하지 않는다. 그는 침착한 사람이다.

cool one's heels

오래 기다리다, 기다리다 못해 지치다

- The driver was left to cool his heels outside while his boss went into the restaurant for a meeting.

  보스는 미팅을 위해 식당에 머무르는 동안 운전사는 밖에서 오래 기다렸다.

copycat

모방하는 사람, 흉내쟁이

- At the market you can buy copycat versions of luxury items.

  시장에서 사치품의 모방 제품을 구입할 수 있습니다.

cork up

막다, 입을 다물다

- There's still some wine in the bottle, so should we cork it up for later? By the way, don't you remember last night at the bar? You were really corked up. Please cork up your mouth.

  병에 아직 와인이 남아 있는데 나중에 마시기 위해 코르크 마개로 닫아 둘까요? 그건 그렇고, 어젯밤 바에서의 일 기억나지 않나요? 정말 취했었어요. 입 다무세요.

  ○ *corked up*   취한

couch potato

하루 종일 TV만 보는 사람, TV광

- Tom has become such a couch potato that we can't persuade him to play tennis together.

  탐은 TV 광이 되어서 같이 테니스 치자고 설득할 방법이 없습니다.

couldn't care less

신경 쓸 필요도 없다, 조금도 개의치 않다

- I couldn't care less if I fail my exams; I don't want to go to college. By the way, I hear that you're going out with my ex-boyfriend. Good. I couldn't care less what you are doing.

  시험에 불합격해도 상관없어요. 나는 대학 갈 생각이 없어요. 그건 그렇고, 당신이 내 전 남자 친구와 데이트 중이라고 들었습니다. 잘 되었군요. 뭘 하든 나는 개의치 않아요.

count one's chickens before they are hatched

떡 줄 놈은 생각도 않는데 김칫국부터 마시다

- How are you sure of winning the tender? Please don't count your chickens before they are hatched.

입찰 낙찰 받는다고 어떻게 자신하나요? 김칫국부터 마시지 마세요.

count out

(활동에서) 빼다, 제외시키다, 하나씩 세다

- If I have to share the party cost, please count me out. I will not join the party. I am still jobless.

  파티비용을 분담해야 한다면 나는 빼주세요. 나는 파티에 참석하지 않을 것입니다. 나는 아직 실업자입니다.

count to ten

10까지 세어 마음을 진정시키다, 신중히 대처하다

- Before you tell her what you think of her, count to ten.

  그녀에 대해 어떻게 생각하는지 말하기 전에 10까지 세십시오.

cover ground,   cover the ground

가다, 답파하다, 여행하다, 진척되다, 걸치다, 논하다

- It requires a lot of work, but I'm sure that she will cover the ground well.

  많은 작업이 필요하지만 그녀가 잘 진행시킬 것으로 확신합니다.

cover one's tracks,   cover up one's tracks

행방을 감추다, 종적을 감추다, 자취를 감추다

- The hounds may possibly track us across rivers, so I wonder whether covering our tracks will work or not.

  사냥개는 강을 가로 질러 우리를 추적 할 수 있으므로 우리의 종적을 감추는 것이 효과가 있을지 궁금합니다.

cover the waterfront

충분히 논의하다, 충분히 협의하다

- The TV talk show really covered the waterfront. By the time the show ended, I came to know much more than I wanted to know.

  TV 토크쇼는 정말 충분한 논의가 되었습니다. 쇼가 끝날 무렵, 저는 제가 알고 싶었던 것보다 훨씬 더 많이 알게 되었습니다.

cover up

숨기다, 은폐하다, 옷을 더 입다

- The governor is trying to cover up the election fraud.

  주지사는 선거 사기를 은폐하려고 노력하고 있습니다.

  ○ *cover-up* 은폐

cowboy

카우보이, 악덕업자, 난폭한 운전자, 도로의 무법자

- Tom is a cowboy on the highway; he will be arrested some day.

  탐은 고속도로의 무법자입니다. 그는 언젠가 체포 될 것입니다.

crash course

집중 훈련, 특강, 집중 강좌

- I will arrange for you to get a crash course in answering the phones before the secretary goes on vacation.

  비서가 휴가를 떠나기 전에 당신이 전화 응대법에 대한 집중 훈련를 받을 수 있도록 조치하겠습니다.

crash the gate

불청객으로 가다, 표 없이 들어가다, 무료입장하다

- Five girls tried to crash the gate at the club, and we let all of them in.

  다섯 명의 소녀가 표 없이 우리 클럽을 입장하려했고, 우리는 모두 들여보냈다.

crazy like a fox

여우처럼 아주 빈틈없는

- Our boss is crazy like a fox. His reckless, daredevil schemes always sound like they'll bankrupt us, but they invariably generate a huge profit in the long run.

  우리 상사는 여우처럼 빈틈이 없다. 그의 무모하고 저돌적인 계획은 항상 우리를 파산시키는 것처럼 들리지만 장기적으로는 항상 엄청난 이익을 창출합니다.

credibility gap

언행 불일치, 신빙성의 결여, 불신감, 단절

- The politician suffered a credibility gap regarding his claims about the economy's improvement because getting a job was still hard.

  취업이 여전히 힘들기 때문에 그 정치인의 경제 개선에 대한 주장은 신빙성이 결여되었다.

crocodile tears

거짓눈물

- The minister's crocodile tears show the government's involvement with the massacre of the country people.

  장관의 거짓 눈물은 정부가 그 나라 국민의 대량 학살에 관여하고 있음을 보여주고 있습니다.

crop up
불쑥 나타나다, 발생하다

- Problems cropped up almost every day.

  거의 매일 문제가 발생되었다.

cross a bridge before someone comes to it
지레 걱정하다, 어떤 일이 일어나기 전부터 걱정하다

- What if I fail to get a job again? The company hasn't called you yet either way; there is no sense in crossing that bridge before you come to it.

  이번에도 직장을 못 구하면 어쩌지요? 회사로부터 아직 합격 불합격 여부를 통보받지 않았는데 미리부터 걱정하는 것은 쓸데없는 일이지요.

cross a bridge when someone comes to it
일이 닥쳐서 생각하다, 코앞에 닥쳐야 행동하다, 문제에 직면해서 문제를 다루다

- What will you do if you fail in this exam? I'll cross the bridge when I come to it.

  이번 시험에 떨어지면 어떻게 할래요? 실제 그리 되면 그때 생각하려 합니다.

cross one's fingers
행운을 빌다, 기도하다

- I will keep my fingers crossed when you take the entrance exam.

  입학시험 치를 때 행운을 빌게요.

cross one's heart,   cross one's heart and hope to die
(거짓말이 아님을) 맹세하다, 가슴에 십자를 긋다

- I won't tell any of the other persons about that rumor. I promise, cross my heart.

  그 소문에 대해 다른 사람들에게 말하지 않을 것이다. 맹세한다.

cross one's mind,   pass through one's mind
(생각이) 문득 떠오르다, 생각나다

- Many terrible fears passed through my mind, when my son did not receive my call.

  아들이 전화를 받지 않자 끔찍한 두려움이 밀려왔다.

cross one's path
만나다

- No surprise that I crossed Tom's path at fifth avenue in Manhattan.

  맨해튼 5번가에서 탐을 만난 것은 놀라운 일이 아니다.

cross swords

논쟁하다

* Never cross swords with your teacher.

    선생님과 논쟁하지 마라.

crumble to dust,   crumble into dust

수포로 돌아가다, 바스러져 가루가 되다

* Democratic Party's ongoing impeachment effort against now-former President Donald Trump is likely to crumble into dust.

    현재는 전직 대통령인 트럼프에 대한 민주당의 지속적인 탄핵 노력은 수포로 돌아 갈지도 모른다.

crux of the matter,   heart of the matter

문제의 핵심

* In the development of this product, the transmission speed represents the crux of the matter.

    이 제품 개발에 있어, 문제의 핵심은 전송 속도이다.

cry for,   cry out for

소리치다, 구하다, 간청하다, 필요로 하다

* The people are crying for the judge of justice.

    국민들은 정의로운 판사를 원하고 있다.

cry over spilled milk,   cry over spilt milk

엎질러진 물, 이미 끝난 일을 한탄하다, 과거의 행위를 후회하다

* Never cry over spilt milk; you can't change the past. Try to change the future.

    엎질러진 물이니 잊어버리세요. 과거를 바꿀 수 없습니다. 미래를 바꾸려 노력하세요.

crystal ball

(점칠 때 사용하는) 수정 구슬

* My crystal ball tells me that you will be able to get married with Susan.

    내 수정 구슬은 당신이 수잔과 결혼 할 수 있다고 말해줍니다.

cry wolf

도와 달라고 소란을 피우다

* I'm sure there's no real crisis. Tom is always crying wolf as he wants all of us to pay attention to him.

진짜 애로 사항은 없다고 확신합니다. 탐은 항상 도와 달라고 소리치는데 그러는 것은 우리 모두가 자기에게 관심을 가져주기를 바라기 때문입니다.

● *Fable of Aesop*(이솝 우화) 「*The Wolf and the Shepherd*」(늑대와 양치기)
도움이 꼭 필요하지도 않으면서 소란을 자주 피워, 정작 도움이 필요할 때는 사람들이 믿지 않게 되어 도움을 받지 못하는 것을 의미함.

culture vulture

문화인, 문화광 (음악/미술/연예/문학 등 각종 문화에 큰 관심이 있는 사람)

- She is a culture vulture; she spends most of her salary to go to museums, operas, and movie theaters.

  그녀는 문화광입니다. 그녀는 월급의 대부분을 박물관, 오페라, 영화관 관람에 씁니다.

cup of tea,　　　dish of tea

기호에 맞는 사람, 기호에 맞는 것

- Opera is not my cup of tea.

  오페라는 내 취향이 아니다.

curiosity kills the cat

호기심이 지나치면 위험하다, 알면 다쳐, 지나친 호기심은 금물

- When a newcomer started asking too many questions about the company income statement, they warned him that curiosity killed the cat.

  신입사원이 회사 손익계산서에 대해 많은 질문을 하기 시작했을 때 그들은 지나친 호기심은 금물이라고 경고하였다.

curl one's hair

머리를 곱슬곱슬하게 하다, 소스라치게 놀라게 하다

- The movie of Haunted House curled my hair; I could not sleep for a few days.

  영화 Haunted House는 나를 소스라치게 놀라게 했다. 나는 며칠 동안 잠을 잘 수가 없었다.

curry favor

아첨하다, 비위를 맞추다

- Tom tried to curry favor with Susan by telling her that she was the most beautiful lady he has ever seen in his lifetime.

  탐은 수잔에게 자신이 평생 본 사람 중 가장 아름다운 여성이라고 말하면서 비위를 맞추려고 노력했습니다.

cushion the blow,   soften the blow

충격을 완화시키다, 부담을 덜다

- He's lost his job, but his bank deposit will cushion the blow for the time being.

  그는 직장을 잃었지만 보유중인 은행 예금 덕분에 실직의 충격은 당분간 완화될 것 입니다.

cut a class

수업에 결석하다

- If you keep cutting classes, you will get an F and flunk this course.

  수업에 계속 결석하면 이 과목에서 F 학점을 받아 낙제할 것이다.

cut a deal,   strike a deal,   crack a deal

(오랜 협상 끝에) 합의하다, 계약하다, 거래하다

- If you come down your part price just a little more, I'm confident that we can cut a deal with the buyer. It took three months for the factory workers to hammer out an agreement with the management.

  부품 가격을 조금만 더 내리면 구매자와의 거래를 성사시킬 수 있다고 확신합니다. 공장 노동자들이 경영진과의 합의를 이끌어 내는데 3개월이 걸렸다.

  ◑ *hammer out*   머리를 짜서 생각해 내다, (문제를) 타결하다, 고심해서 일치를 보다

cut a figure

모습이다, 인상을 주다, 이채를 띠다, 두각을 나타내다

- In her brand new dress, she cut a fine figure.

  새 드레스를 입은 그녀가 빛나 보였습니다.

cut across

가로 질러가다, 지름길로 가다, 영향을 미치다, 해당되다

- If we cut across the field to the big street, it'll save time.

  들판을 가로 질러 큰 거리로 가면 시간이 절약됩니다.

cut-and-dried,   cut-and-dry

미리 준비되어 있는, 결정되어 있는, 무미건조한, 신선함이 없는

- His marketing strategy is cut-and-dried.

  그의 마케팅 전략은 진부하다.

cut back

감축하다, 삭감하다, 줄이다

- The company cut back production because of decreasing orders. As a result, it cut salaries back this year.

회사는 주문 감소로 인해 생산을 줄였습니다. 그 결과, 올해 급여가 삭감되었습니다.

 ▶ *cutback*   감축, 삭감

cut two ways,   cut both ways

두 가지 상반된 효과/결과가 있다, 장단점이 있다

* Getting rich cuts both ways; the benefits do not always outweigh the disadvantages.

   부자가 되는 것에는 장단점이 있습니다. 부자의 장점이 단점을 항상 능가하는 것은 아닙니다.

cut corners

절차와 원칙을 무시하다, 대충 후딱 해치우다, 얼렁뚱땅하다

* I know that many companies are trying to cut corners in this slow economy. But please don't cut corners on this project if you really want to make money.

   불경기 속에서는 사업을 대충 운영하는 회사가 많다는 것을 알고 있습니다. 하지 만, 진짜 돈 벌고 싶다면 이 프로젝트를 대충 하지는 마세요.

cut down to size

과대 과장 평가된 것을 본래의 크기로 줄이다, 콧대를 꺾다, 코를 납작하게 만들다

* We need to cut the committee down to size before they continue their overreach and abuse of power. I want to cut the chairman down to size.

   우리는 그들이 도를 넘어서고 권력 남용을 계속하기 전에 위원회 규모를 줄여야 합니다. 의장의 코를 납작하게 만들고 싶습니다.

cut in

새치기하다, 끼어들다, 남의 말에 끼어들다, 가로채다, 작동되다

* While we were watching the opera, the MC cut in to tell who won the presidential election. When returning home, Tom cut in suddenly on the highway, and it caused an accident.

   오페라를 보는 동안 사회자가 끼어들어 누가 대통령선거에서 이겼는지 알려주었다. 집에 돌아 올 때 탐이 고속도로에서 갑자기 끼어들어 사고가 발생했다.

 ▶ *MC (master of ceremonies)*   진행자, 사회자
   cut-in   (영화에서 연결된 장면 사이에 들어간) 삽입 장면, 컷인

cut into

(이익이나 가치를) 줄이다, 끼어들다, 참견하다, 칼로 자르다

* The labor union made the company raise wages, which cut into the profits by 30%.

   노동조합은 회사로 하여금 임금을 인상하게 했고, 이로 인해 회사의 이익이 30% 줄어들었습니다.

cut it close

(시간 따위를) 절약하다, 시간이 겨우 되다, 시간이 빠듯하게

- The train leaves in five minutes. You really cut it close this time. I was so irritated.

  기차는 5분 후에 출발합니다. 이번에는 정말 시간이 빠듯하네요. 너무 초조했어요.

cut loose

풀어 놓다, 관계를 끊다, 시작하다, 거리낌 없이 이야기하다, 폭음하다

- Susan left home and cut loose from her mom's control.

  수잔은 집을 떠나 엄마의 통제에서 벗어났습니다.

cut off

자르다, 잘라 내다, 차단하다, 가로막다, 통화를 중단시키다, 상속에서 배제하다

- We were told that the water would be cut off if we don't pay for the bill by tomorrow.

  우리는 내일까지 요금을 지불하지 않으면 단수 될 것이라고 들었습니다.

cut/bite off one's nose to spite one's face

혹 떼러 갔다 혹 붙여 오다, 홧김에 남을 해치려다가 자기가 다치다, 누워서 침 뱉기

- You can refuse to talk to your assistant manager if you like, but you're just cutting off your nose to spite your face if you do so.

  당신이 원한다면 부팀장 하고 얘기하지 않을 수도 있으나, 만약 그렇게 한다면 당신이 더 당할 수 있다.

cut rate

할인가격, 특가

- Winter clothes are on sale at the outlet stores for cut rate. When you buy cut-rate products, be sure to check the quality first.

  아웃렛 매장에서 겨울옷을 특가로 판매하고 있습니다. 특가 제품을 구매할 때는 먼저 품질을 확인하십시오.

  ⊙ *cut-rate* 특가의, 싸게 파는, 할인의

cutting edge

최첨단, 활력소

- Silicon Valley is on the cutting edge of the global computer industry.

  실리콘 밸리는 글로벌 컴퓨터 산업의 최첨단에 있습니다.

  ⊙ *cutting-edge* 최첨단의, 칼날의

cut short

갑자기 끝내다, (말을) 가로막다, 삭감하다

- They had to cut short their conversation as more guests arrived.

  더 많은 손님이 도착함에 따라 그들은 대화를 중단해야 했습니다.

cut the mustard

요구하는 것만큼 좋다, 기대에 부응하다

- The company's quality control cuts the mustard as our long-term vendor.

  그 회사의 품질 관리는 우리의 장기 공급 업체로서의 기대에 부응합니다.

cut-throat

경쟁이 치열한, 먹느냐 먹히느냐의

- Almost all the companies have been facing cut-throat competition all over the world. The corporate sustainability is one of the important factors to decide stock price.

  거의 모든 회사가 전 세계적으로 치열한 경쟁에 직면 해 있습니다. 기업의 지속 가능성은 주가를 결정하는 중요한 요소 중 하나이다.

  ● *cut-throat business/market/world*

cut to pieces

조각조각으로 자르다, 난도질하다, 혹평하다, 분쇄하다, 괴멸시키다

- Tom began cutting his sister's picture to pieces with scissors.

  탐은 여동생의 사진을 가위로 난도질을 했습니다.

cut to the bone

최대한 줄이다, 최대한 깎다, 더 이상 줄일 것이 없다

- After daddy became jobless because of COVID-19, our living expenses had to be cut to the bone.

  아빠가 COVID-19로 실직한 후에 우리의 생활비를 최대한 줄여야 했다.

cut to the chase,   get to the point,   get down to the nitty-gritty

바로 본론으로 들어가다, 돌려 말하지 마라

- Never beat around the bush at the presentation. Just cut to the chase.

  프레젠테이션 할 때 둘러대지 말고 바로 본론으로 들어가라.

cut to the quick

깊은 상처를 주다, 골수에 사무치게 하다, 모질게 하다

- Tom's hurtful remark cut Susan to the quick.

  탐의 모진 말은 수잔에게 깊은 상처를 주었다.

American Idioms

dance to another tune,   change one's tune
갑자기 태도/입장/의견을 바꾸다, 표변하다
- He danced to another tune when the president decided to invest in that business.

  그는 사장이 그 사업에 투자하기로 결정하자 입장을 바꿨다.

dare someone to do something
감히 하게 하다
- Mom dared Susan to argue with her teacher at school.

  엄마는 수잔이 학교에서 감히 선생님과 언쟁을 하게 했다.

date rape
데이트 상대에게 당하는 강간, 성폭행
- Susan claimed that her first meeting with Tom ended in a date rape.

  수잔은 탐과의 첫 만남 때 데이트 강간을 당했다고 주장했습니다.

  ❍ *daterape*   데이트 상대를 강간하다, 성폭행하다

day in and day out,   day in,   day out
연일, 매일 계속해서
- He plays basketball day in and day out.

  그는 매일 농구를 한다.

  ❍ *week in and week out*   매주   *month in and month out*   매월
  year in and year out   매년

day in court
법정 출두일, 변론할 기회, 발언 기회
- She wanted to get her day in court at the soonest possible.

  그녀는 가능한 빨리 변론 기회를 갖고 싶어 했다.

day of reckoning

심판의 날, 대가를 치르게 되는 날, 계산일, 청산일

- Now here is your chance; today is your day of reckoning.

  이제 드디어 기회가 왔습니다. 오늘이 당신 심판 날입니다.

days are numbered

오래 가지 못하다, 오래 살지 못하다

- If the general manger can't win the tender this time, his days are numbered at the company.

  부장이 이번 입찰에 낙찰 받지 못하면, 회사 오래 다니지 못할 것이다.

deadbeat

빚을 떼어먹으려는 사람/회사, 백수, 사회의 낙오자, 자녀 양육비를 대지 않는 아비

- He has been a deadbeat for months.

  수개월째 백수이다.

dead center

부동 중심, 정확한 중심, 사점

- The arrow hit the target dead center.

  화살은 타깃의 중심을 적중했다.

dead duck

이미 끝장난 일, 실패할 것이 뻔한 일, 그르칠 것이 뻔한 일

- The new project had become a dead duck because of COVID-19.

  신규 프로젝트는 COVID-19로 끝장나 버렸다.

dead end

막다른 길, 막다른 지경, 진전이 없는 교착 상태

- Price negotiation has reached a dead end as there still exists a big gap.

  가격 협상은 여전히 큰 격차가 있기 때문에 교착 상태에 빠졌다.

dead letter

배송 불가 우편물, 배달 불능 우편물, 사문 (효력이 상실된 법률이나 협정)

- Big cities have a dead letter office.

  대도시에는 배송 불가 우편물 사무소가 있다.

dead loss

순손실, 완전 결손, 쓸모가 없는 사람/물건, 전혀 가치가 없는 것/일

- Our investment in the new business idea proved a dead loss.

    새로운 사업 아이디어에 대한 우리의 투자는 전혀 가치가 없는 것으로 판명 났다.

dead on one's feet

주저앉을 정도로 지쳐서, 녹초가 되어 있다, 기진맥진한 채 서 있다

- The soldiers are dead on their feet after they march all night.

    군인들은 밤새 행군 한 후 녹초가 되었습니다.

deadpan

진지한 표정의, 무표정한, 무표정하게, 진지하게

- He received the news of his son's death deadpan.

    그는 아들의 죽음에 대한 소식을 무표정하게 받았습니다.

dead ringer

아주 닮은 사람

- Tom is a dead ringer for his daddy.

    탐은 아버지를 쏙 빼 닮았다.

deal breaker

협상이나 관계를 깨는 요인

- So you want to consider a man, who makes a lot of money, as your husband. What if he doesn't make any money? It's not a deal breaker but it would help if he makes lots of money.

    그래서 당신은 돈 잘 버는 남자를 신랑감으로 고려하는 군요. 만약 돈을 못 벌면 어떡하죠? 돈을 못 번다고 고려 대상이 되지 않는 것은 아니지만, 돈을 잘 벌면 도움이 되지요.

dead to the world

세상모르고 잠든, 푹 잠든

- He is still dead to the world at 11 o'clock in the morning.

    그는 아침 11시 인데도 여전히 세상모르고 자고 있다.

deep water

심층수, 심해, 원해, 위험, 곤란

- He found himself in deep water because two senators betrayed him.

    두 명의 상원 의원이 배신했기 때문에 그는 자신이 위험에 처한 것을 알게 되었습니다.

devil-may-care,   care-free,   happy-go-lucky

천하태평, 될 대로 되라, 앞일을 걱정하지 않는

- Tom always has devil-may-care attitude at a poker game.

  탐은 포커 게임을 항상 될 대로 되라는 태도로 한다.

diamond in the rough

미가공 다이아몬드, 세련미는 없으나 뛰어난 재질의 사람

- His singing voice is romantic, but he needs to change his gestures; he's a diamond in the rough,

  그의 목소리는 낭만적이지만 제스처는 다듬어야 한다. 그는 아직 미가공 다이아몬드입니다.

die is cast,   cross/pass the Rubicon

주사위는 던져졌다, 돌이킬 수 없는 결정을 하다, 단호한 조처를 하다

- Now that the board of directors has announced my resignation, the die is cast. I think I crossed the Rubicon when I decided to assume the position of CEO at that start-up. It would be a huge pay cut to go back to my old job; there would be no turning back.

  이사회에서 내 사임을 발표한 바, 주사위는 던져졌다. 스타트업의 대표이사직을 맡기로 했을 때, 이미 돌이킬 수 없는 상황이 되었다고 생각한다. 예전 직업으로 돌아 간다면 급여가 대폭 삭감될 것이다. 뒤집히는 일은 없다.

  ▶ 이태리 시저(Casesar)가 루비콘 강을 건너면서 한 말이 「The die is cast.」이다. 본래 로마제국 당시 장군 및 군사들이 전쟁 파견나간 뒤 로마로 돌아오는 길에 루비콘강을 건널 때 로마에 충성한다는 서약의 뜻으로 항상 무장을 해제하고 강을 건널 수 있었다. 하지만, 시저는 정적을 제거하기 위해 무장을 한 채로 루비콘 강을 건넜다. 이는 곧 로마에 대한 반역적인 행동이었다. 이 때부터 돌이킬 수 없는 결정을 하거나 돌아올 수 없는 길을 갈 때 「주사위는 던져졌다」 「루비콘강을 건넜다」 등의 표현을 사용하기 시작했다.

die on the vine,   wither on the vine

계획 단계에서 끝나다, 미완으로 끝나다, 좌절되다, 열매를 맺지 못하고 죽다

- Unfortunately the new project died on the vine.

  신규 프로젝트가 좌절된 것은 안타까운 일이다.

dig one's own grave

자기 무덤을 파다, 자멸하다

- By providing cutting-edge technology to other countries, we may be digging our own grave.

  다른 나라에 첨단 기술을 제공함으로써 우리는 우리 자신의 무덤을 파고 있을 수 있습니다.

dig up dirt

추문을 캐내다, 부정적인 정보를 찾으려고 하다

- Newspaper reporters even go through trash cans digging up dirt on politicians and celebrities.

  신문 기자들은 심지어 정치인과 연예인에 대한 추문을 캐기 위해 쓰레기통을 뒤지 기도 한다.

dine out,   eat out

외식하다

- I am tired of cooking every evening. Let's dine out.

  나는 매일 저녁 요리 준비에 지쳤다. 외식합시다.

  ○ *dine-out industry*   외식산업

dirty old man

더러운 늙은이 (섹스에 관심이 많거나 젊은이에게 흑심을 품는 나이 많은 남자)

- Stay away from Tom; he is a dirty old man.

  탐을 가까이 하지 마라. 더러운 늙은이니.

dish out

(식사 때 음식을) 담아 주다, (많은 사람에게 또는 많은 양을) 주다

- Mama dished out the shrimps to several persons.

  엄마는 여러 사람에게 새우를 담아 주었다.

do away with

그만두다, 죽이다, 처분하다, 폐지하다

- Because of sluggish economy, the company had to do away with free lunches for employees in order to cut down expense.

  경기 침체 때문에 회사는 비용을 절감하기 위해 직원들에게 제공하던 무상 급식을 폐지하였습니다.

do someone out of something

속여 빼앗다, 쫓아 내다

- Tom did Susan out of her life savings. And furthermore he did her out of the company.

  탐은 수잔을 속여 그녀가 평생 모은 저축을 빼앗았다. 심지어 수잔을 회사에서 쫓아내기까지 했습니다.

do some fancy footwork,   do some fast footwork

교묘한 전략을 펴다, 현란한 발놀림을 하다

- The governor did some fancy footwork to keep from getting blamed for the new bill.

주지사는 새로운 법안에 대한 비난을 받지 않기 위해 교묘한 전략을 펼쳤다.

> ● *fancy footwork* (축구 선수 등의) 기묘한 발놀림

do you read me?
이해되나요?

- Never play basketball in the night, as it's noisy. Do you read me?

  밤에 시끄러우니 농구하지 마세요. 알겠지요?

doctor up
치료하다, 손질하다, 수선하다, 조작하다

- I cut my finger chopping steaks and had to get doctored up.

  스테이크를 자르다 손가락을 베어 치료를 받아야 했다.

dodge the bullet
최악의 상황을 간신히 면하다, 가까스로 피하다

- I really dodged the bullet when my exam was postponed to next Friday, as I had no time to study this week.

  이번 주에 공부할 시간이 없었기 때문에 시험이 다음 주 금요일로 연기되었을 때 나는 정말로 최악의 상황은 간신히 면했습니다.

dodge the issue,   dodge the question
교묘히 비켜나려 노력하다, 질문을 회피하다

- The candidate dodged the question when the reporter asked for his opinion on the fund fraud of the ruling party. The politicians always try to sidestep the unfavorable question.

  기자가 후보자에게 여당의 펀드사기에 대한 의견을 묻자, 질문을 회피했습니다. 정치인들은 항상 불리한 질문은 회피하려고 한다.

  > ● 회피하다 *sidestep, hedge, evade*

doesn't add up to a can of beans
가치가 없는

- Your business idea is fresh, but the severe competition in surrounding industry shows that it doesn't add up to a can of beans.

  사업 아이디어는 신선하지만 주변 산업에서의 경쟁이 치열한 것으로 미루어 볼 때 가치가 없습니다.

  > ● *a hill of beans* 가치 없는 것

dog days
삼복, 한여름

- The dog days are upon us. Let's go swimming this Saturday.

    한여름이 코앞이네, 이번 토요일에 수영하러 가자.

dog-and-pony show
겉만 요란한 선전, 시시한 구경거리

- To draw attention of the citizen to the company's new line of products, the Marketing Department took its dog-and-pony show on the road.

    회사의 새로운 제품 라인에 시민들의 관심을 끌기 위해 마케팅 부서는 도로에서 겉만 요란한 선전을 하였습니다.

dog-eat-dog
먹느냐 먹히느냐, 치열하게 다투는, 인정사정없는, 골육상쟁, 치열한 경쟁

- In the present dog-eat-dog business environment, there is only intense competition where there is no one who thinks of others.

    오늘날의 냉혹한 사업 환경에서는 타인을 생각하는 사람이 없는 치열한 경쟁만 있습니다.

doggy bag,   doggie bag
(식당에서) 남은 음식을 싸 가는 봉지

- May I have a doggy bag on this?

    이것 좀 포장해 주실래요?

dog in the manger
심술쟁이, 저 갖기는 싫고 남 주기는 아까워하는 사람

- Tom acted like a dog in the manger. He refused to give his sister the calculator she needed to complete her school assignment.

    탐은 심술쟁이처럼 행동했습니다. 그는 여동생이 학교 과제를 마치는데 필요 한 계산기를 주지 않았습니다.

dog one's footsteps
(불행/고통/재난/악명 등이) 사람에게 붙어 다니다

- Bad luck seems to have dogged our footsteps from when we moved in this old house.

    우리가 이 낡은 집으로 이사했을 때부터 불운이 우리에게 붙어 다니는 것 같다.

dog one's step
미행하다

- Tom was dogging her step.

    탐이 그녀를 미행하고 있었다.

dog-tired
지쳐 죽을 지경인, 기진맥진한
- Tom was dog-tired after playing tennis two hours.

  2시간 테니스 하고 나서 기진맥진했다.

don't shoot the messenger,   don't kill the messenger
엉뚱한 사람한테 화풀이 하지 마라
- He is just relaying important news to you. Please don't shoot the messenger.

  그는 단지 중요한 소식을 전달할 뿐입니다. 그에게 화풀이 하지 마세요.

do-or-die,   sink or swim,   stand or fall
이판사판, 죽기 살기로, 결사항전의
- Our team won the game thanks to a do-or-die spirit of last five minutes.

  마지막 5분 동안 죽기 살기의 정신으로 싸워 승리하였다.

double-cross
배반/배신하다, 져 주겠다고 약속해 놓고 이기다, 배반, 배신, 이중 교잡
- The lawyer double-crossed the company by copying its idea secretly instead of fulfilling his responsibility to apply for the patent.

  변호사는 특허 신청에 대한 책임을 이행하지 않고 아이디어를 몰래 복사하여 회사를 배신하였습니다.

double duty
두 가지 기능, 두 가지 임무
- Under this scheme, the Marketing Department has double duty to perform.

  이 계획에 따라 마케팅 부서는 수행할 의무가 두 가지 있습니다.

double-talk
남을 어리벙벙하게 하는 허튼소리, 앞뒤가 안 맞는 이야기, 애매모호한 말, 횡설수설
- The politician dodged the question with double-talk.

  그 정치인은 횡설수설하면서 질문을 회피했다.

down and out
빈털터리인, 노숙자 신세인, 패할 것이 분명한
- They became down and out after gambling in Las Vegas.

  그들은 라스베이거스에서 도박을 한 후 빈털터리가 되었습니다.

  ● *down-and-out*   노숙자, 빈털터리

down the drain
수포로 돌아가, 허비된, 훨씬 더 나빠진
- Our plan to play tennis went down the drain when it rained.

  테니스를 치겠다는 우리의 계획은 비가 오자 수포로 돌아갔습니다.

down the hatch
건배
- It's your birthday. Down the hatch.

  생일이네. 건배.

  ◐ 건배 *cheers, bottoms up, toast*

down the line
길 저쪽에, 길 앞쪽에, 시내 중심지에, 철저하게, 완전히, 방침에 따라서, 노선 따라
- The city hall is down the line three blocks.

  시청은 세 블록 저쪽에 있습니다.

down the road
장래에, 앞으로
- A few years down the road you will realize why college life is important.

  몇 년 후에는 대학 생활이 중요한 이유를 알게 될 것입니다.

down to the last detail
마지막 사소한 것 하나까지, 빈틈없이
- Tom planned the garden party very carefully, down to the last detail.

  탐은 사소한 것 하나까지 매우 신중하게 가든파티를 계획했습니다.

down to the wire
시간에 쫓기는, 최후까지, 끝까지, 자금이 바닥나
- I can't join today's party. I am really down to the wire.

  오늘 파티에 참여할 수 없습니다. 나는 정말로 돈이 바닥이네요.

down-to-earth
현실적인, 실제적인, 세상 물정에 밝은
- He is a down-to-earth salesman, not trying to square the circle.

  불가능한 일은 시도하지 않는 현실적인 세일즈맨이다.

downtime

(기계/컴퓨터 등이) 작동하지 않는 시간, 한가한 시간, 휴식 시간

- We had a busy weekend with customers so I want to have some downtime tomorrow.

  고객 응대로 바쁜 주말을 보냈기 때문에 내일은 쉬려고 한다.

drain the swamp

제거하다, 박멸하다. 정치권의 부정부패를 뿌리 뽑다, 오물 청소를 하다

- "Drain the swamp" was a signature promise of Donald Trump's first campaign. He would uproot corruption from Washington and install a government serving ordinary Americans, not the special interests.

  "정치권 부정부패 척결"은 도널드 트럼프의 첫 번째 캠페인의 상징적인 약속이었습니다. 그는 워싱턴의 부패를 뿌리 뽑고 특정 집단이 아닌 일반 미국인을 섬기는 정부를 출범시키려 했다.

  ◑ 2016년 미국 대선 캠페인 중 미국 정가의 적폐를 청산하겠다는 트럼프의 선거 공약

drive a (hard) bargain

유리한 조건으로 거래하다, 값을 (심하게) 깎다, 흥정을 하다

- No salesman wants to visit the company, as it's got the reputation of driving a hard bargain.

  그 회사는 가격 흥정이 너무 힘들다는 평판이 있어, 그 회사를 방문하고 싶어 하는 세일즈맨은 하나도 없다.

draw a blank

아무 성과를 얻지 못하다, 어떤 결과를 도출하지 못하다, 기억해내지 못하다

- He looked familiar but I completely drew a blank on his name. So, I ransacked my high school albums for him, but I could not draw a blank.

  그는 낯은 익은데, 이름이 전혀 생각나지 않네요. 그래서 고등학교 앨범을 샅샅이 뒤졌으나 성과가 없었습니다.

draw back

물러나다, 뒷걸음질을 치다, 하지 않기로 하다

- The toddler drew back from the dog when it barked at him.

  그 아이는 개가 짖자 뒷걸음질 쳤다.

  ◑ *drawback* 결점, 문제점

draw fire

포화의 표적이 되다, 비난의 표적이 되다, (적의) 사격을 유인하다

- The bribe scandal of politician is likely to draw fire.

  정치인의 뇌물 스캔들은 비난의 표적이 되기 쉽다.

draw the line at

선을 긋다, 차별을 두다, 한도를 정하다, 거부하다

* This is where I draw the line, and you shall be fired if you don't follow me.

    내가 받아 줄 수 있는 것은 여기까지다. 나를 따르지 않으면 해고 될 것이네.

draw up

만들다, 작성하다, 다가와서 서다

* Please draw up a concrete plan for the annual activities of the committee.

    위원회의 연간 활동을 위한 구체적인 계획을 세워주세요.

drawing card

인기 연예인/강사, 인기 프로, 인기 품목, 이목을 끄는 광고, (야구) 멋진 시합

* Tom was definitely the drawing card for the cybercrime conference this year.

    탐은 올해 사이버 범죄 콘퍼런스의 확실한 인기 강사였습니다.

drink like a fish

술을 엄청 먹다, 술고래이다, 말술이다, 두주불사, 술에 중독되다

* The new general manager drinks like a fish.

    새로 온 부장은 술고래이다.

drink up

잔을 비우다

* I drank up the draft beer.

    생맥주 잔을 비웠다.

drive a bargain,   drive a hard bargain

흥정을 하다, 심하게 값을 깎다, 유리한 조건으로 거래하다, 좋은 조건으로 계약하다

* Tom is good at driving a hard bargain, so I expect him to buy the car at a good price.

    탐은 흥정을 잘 합니다. 그래서 그가 좋은 가격에 차를 살 것으로 기대합니다.

drive home

핵심을 찌르다, 잘 인식시키다, 못을 때려 박다, 차로 집까지 태워다주다

* The TV news always drives home the presence of danger in our city. Can you drive me home after the meeting?

    TV 뉴스는 우리 도시에 위험이 있음을 늘 정확히 알려줍니다. 회의 후에 집으로 데려다 줄 수 있나요?

drive someone ape/bananas/crazy/mad/nuts

화나게 하다, 열 받게 하다

- He drives me bananas.

  그는 나를 화나게 한다.

drop a bombshell

폭탄선언을 하다, 폭탄 발언을 하다, 폭탄을 투하하다

- Tom dropped a bombshell when he told his parents that he would get married with a widow with three children.

  탐은 부모님에게 세 자녀를 둔 과부와 결혼 할 것이라고 폭탄선언을 했습니다.

drop/blow/lose/snap/shoot/throw one's cookies

토하다

- If you feel like you're going to drop your cookies, don't play on the carpet. I didn't shoot my cookies even though I drank a lot yesterday.

  토할 것 같으면 카펫 위에서 놀지 마세요. 어제 엄청 마셨지만 토하지 않았다.

dropout

중퇴자, 낙오자

- He finds it difficult to get a job as he is a high school dropout.

  그는 고등학교 중퇴자라 직업을 구하는 것이 쉽지 않다.

Dutch treat

각자 부담하는 회식, 자기 몫은 자기가 지불하는 사교법

- It's nice of you to ask me out to dinner. Can we make it a Dutch treat?

  같이 저녁 하자고 해서 감사합니다. 각자 계산하지요.

  ◑ *go Dutch, chip in, pitch in*으로도 말한다.

dwell on

곱씹다, 깊이 생각하다, 숙고하다, 자세히 설명하다, 강조하다, 꾸물거리다

- Tom has been dwelling upon the mistakes that he made a long time ago. I dare to think that dwelling on his mistakes doesn't help at all.

  탐은 오래 전에 자신이 저지른 실수에 대해 곱씹고 있습니다. 실수에 집착하는 것은 전혀 도움이 되지 않는다고 감히 생각합니다.

dyed-in-the-wool

(사상 따위가) 철저한, 골수의, (직조 전에) 실을 물들인

- Tom is a dyed-in-the-wool Conservative Republican.

  탐은 골수 공화당원이다.

American Idioms

each and every

한 사람도 빠짐없이, 모두 다

- The teacher wants each and every student to come to school by seven o'clock.

  선생님은 한 명도 빠짐없이 모든 학생이 7시까지 학교에 오기를 원합니다.

early bird catches the worm,   early bird gets the worm

일찍 일어나는 새가 벌레를 잡는다, 부지런해야 성공한다

- Most of the serious trades at this market happens between four and five o'clock in the morning; the early bird catches the worm.

  이 시장에서 성사되는 대부분의 중요 거래는 새벽 4시와 5시 사이에 이루어 집니다. 일찍 일어나는 새가 벌레를 잡습니다.

ear to the ground,   eyes on the situation

예의 주시하다

- The General Manger ordered him to keep his ear to the ground so that he'd be the first to recognize market change

  부장은 그에게 시장 변화를 제일 먼저 알아낼 수 있도록 예의 주시하라고 말했다.

earn one's keep

생활비를 벌다

- Tom earns his keep by doing maintenance in the building.

  탐은 건물 유지 보수로 생활비를 벌고 있습니다.

ease off,   ease up

완화되다, 완화시키다

- At last the snow began to ease off.

  마침내 눈이 수그러들기 시작했습니다.

easier said than done

말하기야 쉽지

- It's not as easy as you think. Getting a decent job is easier said than done.

  네가 생각하는 만큼 쉽지 않아. 말은 쉽지만 번듯한 직업을 구하는 것이 그리 쉽지 않아

easy lay

손쉬운 섹스 파트너

- Susan is an easy lay in our circle of friends.

  수잔은 우리 친구들 사이에서 손쉬운 섹스 상대입니다.

easy mark

만만한 놈, 잘 속는 사람, 봉

- Tom is an easy mark to the friends because he is so unsuspecting.

  탐은 남을 의심하지 않기 때문에 친구들이 만만하게 봅니다.

easy money

쉽게 번 돈, 공돈

- Easy money is easily gone. Easy come, easy go.

  쉽게 번 돈은 쉽게 사라진다.

easy pickings

손쉬운 습득물

- The pickpockets found lots of easy pickings at the exhibition.

  소매치기는 전시회에서 쉽게 습득할 수 있는 물품들이 많은 것을 발견했습니다.

easy street

유복한 처지, 유복한 환경, 윤택한 삶, 편함 삶

- I want to live on easy street when I grow up.

  성장할 때 유복하게 살고 싶어요. 편하게 살고 싶어요.

easygoing

태평한, 마음 편한, 느긋한, 게으른

- Tom is an easygoing guy to get along with.

  탐은 함께 지내기에 편한 사람입니다.

eat away

먹어 치우다, 부식하다, 침식하다

- Rust was eating away the pipe.

  녹 때문에 파이프가 부식되고 있었습니다.

eat crow

잘못을 인정하다, 과오를 인정하다, 하기 싫은 짓을 하다, 굴욕을 참다

- Now that his idea has proved a failure, I expect him to eat crow at the board meeting tomorrow.

  이번에 그의 아이디어가 실패했다는 것이 입증되었으니, 그는 내일 이사회에서 자기의 생각이 잘못되었다는 것을 인정할 것이다.

eat dirt

비난을 참고 견디다, 부끄러움 견디다, 앞에 했던 말을 취소하다

- Tom was so worried about being jobless, and so he ate dirt even when his boss got mean often.

  탐은 실직이 너무 염려되어 상사가 가끔 야비해도 참고 견뎠습니다.

eat humble pie

굴욕을 참다, 모욕을 참다, 잘못을 인정하다, 실수를 인정하다

- I think I am right. But if I am not right, I will be happy to eat humble pie.

  나는 옳다고 생각한다. 그러나 내가 옳지 않다면 기꺼이 실수를 인정할 것입니다.

eat like a bird

소식하다, 조금 먹다

- He ate like a horse last year. But after stomach operation this January, he has been eating like bird. No wonder John is not fat even though he eats like a horse. He works like a horse, so he never gets fat.

  작년에 그는 엄청 먹었으나, 올 1월 위장 수술 후 소식하고 있다. John이 말처럼 많이 먹어도 뚱뚱하지 않은 것은 당연합니다. 그는 말처럼 일하기 때문에 결코 살이 찌지 않습니다.

  ● *eat like a horse*   아주 많이 먹다, 대식하다

eat one's cake and have it too,   have one's cake and eat it too

(불가한) 두 가지를 함께 원하다, 함께 할 수 없는 두 가지를 같이 원하다

- Tom wants to buy a car by the money which he has saved, but he also wants to keep that money for the overseas trip next year.

  탐은 저축한 돈으로 차를 사고 싶어 하지만, 내년 해외여행을 위해 그 돈을 보유하 기도 원한다.

◑ 케이크를 먹으면 없어지는 것이 당연한데, 「먹기 원하고, 갖고 있는 것도 원하는」 말도 안 되는 경우, 현실적으로는 「두 가지 중 하나를 택하여야 하는 상황」을 의미

eat one's words,   swallow one's words

식언하다, 한 말을 취소하다

- The boss will have to eat his words once he is reported about the sales figures for this quarter.

  보스가 이번 분기의 판매량에 대해 보고받으면 자기가 한 말을 취소해야 할 것입니다.

eat someone out of house and home

모조리 먹어치우다, 재산을 거들 내다

- We liked him to stay at our house, but after one month we recognized that he was eating us out of house and home.

  우리는 그가 우리 집에 머무르는 것을 좋아했지만 한 달이 지나자 그가 우리의 재산을 거들 내고 있는 것을 알게 되었다.

ebb and flow,   ups an downs,   vicissitudes, decline and increase

흥망성쇠, 부침, 간만, 조수

- Please don't worry too much your losing money this quarter. You will earn it back next quarter. It's just the natural ebb and flow of business.

  이번 분기의 손실을 너무 걱정하지 마십시오. 다음 분기에 다시 벌 수 있습니다. 비즈니스의 흥망성쇠는 자연스러운 현상입니다.

edge in

끼워 넣다, 참견하다

- I managed to edge in a few suggestions before the meeting was up.

  회의가 끝나기 전에 간신히 끼어들어 몇 가지 제안하였습니다.

egg on

부추기다, 선동하다

- Tom egged his younger brother on to do the dangerous experiment.

  탐은 동생을 선동하여 그 위험한 실험을 하도록 했다.

eke out

보충하다, 메우다, 겨우 (생계를) 이어나가다, 근근이 살아가다

- In addition to my full-time job, I started part-time as a delivery man at night, and can now eke out my rent payment.

  정규직에 더해 밤에 배달원으로 시간제 일을 시작했고, 이제야 겨우 집세를 내고 근근이 살아 갈 수 있습니다.

elbow grease

힘든 노동, 피땀

- I know we're running out of time, but if we all use elbow grease, I think we'll be able to finish the production on time.

  시간이 부족하다는 것을 알고 있지만 우리 모두 피땀 흘려 일하면 제 시간에 생산을 완료 할 수 있을 것 같습니다.

end up

결국 (어떤 처지에) 처하게 되다, 멈추다, 끝나다, 징역을 살다, 죽다

- How does the story end up? Does the suspect end up in jail?

  이야기는 어떻게 끝나나요? 혐의자는 결국 징역을 사나요?

ethnic cleansing

민족 정화, 인종 청소 (어떤 지역/국가에서 특정 인종을 몰아내는 정책)

- Bosnia had ethnic cleansing in the nineties.

  90년대 보스니아에는 인종 청소가 있었습니다.

even break

반반의 가능성, 기회, (카지노) 이븐 브레이크, 공정한 대우

- I don't have any personal relationship with the owner of this company. But I am more than qualified for the new project. Can I just get an even break?

  나는 이 회사의 소유주와 개인적인 관계가 없습니다. 그러나 나는 새로운 프로젝트를 담당할 수 있는 자격이 충분합니다. 동등한 기회를 주실 수 있는지요?

  ○ 공정한 (기회) *fair chance, even-Steven*

even the odds

공평하게 하다

- Let's even the odds this time.

  이번에는 공평하게 합시다.

  ○ *odd or even* 홀수 아니면 짝수에 돈을 거는 노름의 일종, 짝수 홀수 맞히기

even-Steven,   even-Stephen

대등한, 동점인, 피장파장, 대차관계가 없는, 도긴개긴

- You paid for my lunch yesterday; I paid for yours today. Now we are even-Steven.

  어제는 당신이 내 점심 값을 지불했고, 오늘은 내가 당신의 점심 값을 지불했으니 서로 도긴개긴이네.

every cloud has a silver lining
아무리 안 좋은 상황에서도 한 가지 긍정적인 측면은 있다

• I hear your business is not going well. Don't get discouraged. Every cloud has a silver lining.

사업이 잘 안된다고 듣고 있습니다. 낙담하지 마십시오. 모든 부정적인 일에는 긍정적인 측면도 있습니다.

every dog has his day
쥐구멍에 볕들 날 있다, 누구나 한 세상이 있다, 누구나 한 때가 온다

• After he was dismissed at a big company ten years ago, he started his own business. Now he runs a company whose sales revenue exceeds $10 bil. Every dog has his day.

10년 전 대기업에서 해고 된 후 자신의 사업을 시작했습니다. 이제 그는 매출이 100억 달러를 넘어서는 회사를 운영하고 있습니다. 쥐구멍에 볕들 날 있다.

every which way,   any which way
사방으로

• I don't know where to turn at that intersection as the roads goes every which way.

도로가 사방으로 뻗어 있어 교차로에서 어디로 가야할지 모르겠습니다.

expose oneself
몸을 노출하다, 음부를 노출하다, 드러내다, 폭로하다, 노출시키다

• The trenchcoat man suddenly exposed himself in front of the girls.

바바리맨은 갑자기 여학생들 앞에 신체를 노출했다.

  ❍ *flasher* (길거리에서 여성들 앞에서 성기를 드러내 보이는) 노출증 환자

eye candy
눈요기, 눈으로 보기에만 좋은 것, 보기 좋은 사람

• Sunset in Alaska is a fantastic eye candy.

알래스카의 일몰은 환상적인 눈요기 입니다.

eyes are bigger than one's stomach
과식하다, 다 먹지도 못할 걸 욕심을 부리다, 능력이상의 것을 욕심내다

• The president of the company wants to acquire a third business. It seems that his eyes are bigger than his stomach.

회사의 사장은 세 번째 사업을 인수하려고 합니다. 욕심이 과한 것 같습니다.

eye in the back of one's head

머리 뒤에 눈이 있다.

- Kindergarten children may think you have eyes in the back of your head.

  유치원 아이들은 네가 뒤에도 눈이 있다고 생각할거야.

eyes open

눈을 크게 뜨고, 주의 깊게, 놀라서

- Keep your eyes open for a boy in a red cap.

  빨간 모자를 쓴 소년을 조심하세요.

  ◉ *ears open*   귀를 기울이다

eyes pop out

눈알이 튀어 나오다, 크게 놀라다

- Her eyes popped out, when Tom gave a ruby necklace.

  탐이 루비 목걸이를 주었을 때 그녀는 눈이 튀어 나올 정도로 놀랐습니다.

face down

제압하다, 위압하다, 엎어 놓다

- Facing down the burglar was not so difficult for Tom.

  탐은 강도를 제압하는 것이 그리 어렵지 않았습니다.

face the music

(자기가 한 일로 인해) 비난을 받아, 벌을 받다

- Today's newspaper shows that the prime minister, who received bribes during his tenure, should face the music.

  오늘 신문은 재임 기간 동안 뇌물을 받은 총리가 벌을 받아야 한다는 기사를 게재 하고 있습니다.

face up to

직시하다, 감연히 맞서다, (힘들거나 불편한 상황을) 인정하다, 받아들이다

- We have to face up to these financial issues if our company is going to survive, and try to invite institutional investors to underwrite our new corporate bond.

  우리 회사가 살아남으려면 이러한 재정적 문제를 직시하여야 하며, 우리가 새로 발행하는 회사채를 인수하는 기관투자가를 초대하기 위해 노력하여야 합니다.

facts of life

인생의 사실, 피할 수 없는 인생의 현실, 생식의 실태

- His father told him the facts of life when he got a job as a cub reporter at New York Times.

  그가 New York Times에 풋내기 신참기자로 취직을 했을 때 그의 아버지는 그에 게 피할 수 없는 인생의 현실에 대해 말해 주었다.

  ❍ *cub reporter* 신참 기자, 풋내기 기자

fair shake

공평한 기회, 공정한 조처

- I'm not asking for special treatment. Just give me a fair shake at the test.

  나는 특별한 대우를 바라는 것이 아닙니다. 시험에서 공정한 기회만 주세요.

fair weather friend

믿을 수 없는 친구, 본인 상황이 좋을 때만 친구

- Tom did not realize how many among his friends were fair weather friends until his father's company declared bankruptcy and they turned their backs on him.

  탐은 아버지 회사가 파산 선언하고 친구들이 등을 돌리고 나서야 친구들 중 믿을 수 없는 친구가 얼마나 많은지 알게 되었다.

  ◐ *A friend in need is a friend indeed* 어려울 때 친구가 진정한 친구다.

fall flat (on one's face)

완전히 실패하다

- I expected him to pass his driving test easily but he fell flat on his face. His cynical joke at the party fell flat on his face; not a single person laughed.

  그가 운전 시험을 무난히 통과 할 것이라고 기대했지만 그는 완전히 실패했다. 파티에서 한 그의 냉소적인 농담은 완전히 실패했다. 아무도 웃지 않았다.

fall from grace

(사람들의) 신임을 잃다, 위신이 추락하다

- The governor fell from grace as a result of the sex scandal.

  주지사는 성추문으로 인해 위신이 추락하였다.

fall guy

희생양, 속죄양

- The senator was looking for a fall guy to take the blame for the bribe scandal.

  상원 의원은 뇌물 스캔들을 대신 뒤집어 쓸 희생양을 찾고 있었다.

  ◐ 희생양 *scapegoat, whipping boy*

fall off the wagon

(금주를 그만두고) 다시 술을 마시기 시작하다, 금욕을 깨다, 절제를 잃다

- Tom fell off the wagon again after his wife died of cancer.

  탐은 아내가 암으로 죽자 다시 술을 마시기 시작했다.

  ◐ *on the wagon* 금주 중

fall out

싸우다, 틀어지다, 일어나다, 이탈하다

- Tom has fallen out with many of his friends recently.

  탐은 최근 많은 친구들과 틀어졌습니다.

fall over backwards,   fall over oneself

다른 사람을 위해 최선을 다하다, 열심히 노력하다

- If you need any help, please contact Tom. He will fall over backwards.

  도움이 필요하면 탐에게 연락하세요. 그는 최선을 다해 도울 것입니다.

fall short

부족하다, 모자라다, 미달이다

- The company fell short of its quarterly sales targets for the second time in a row.

  회사는 두 번 연속으로 분기 별 판매 목표를 달성하지 못했습니다.

fall through

그르치다, 실현되지 않다, 실패하다

- Tom's plan to fly to Paris today fell through as his mom encountered a car accident.

  오늘 파리로 가려는 탐의 계획은 엄마가 교통사고를 당하면서 망가졌습니다.

fall through the cracks,   slip through the cracks

(부주의로) 빠지다, 무시되다, 간과되어 버리다, 누구도 책임지지 않는 상태가 되다

- Many nominations for Nobel Prize have fallen through the cracks.

  간과된 노벨상 후보 대상자들이 많습니다.

falling-out

사이가 틀어지는 일, 다툼

- Tom and Susan had a falling-out at the meeting yesterday and now they're not speaking to each other.

  탐과 수잔이 어제 회의에서 다투더니 지금은 서로 말하지 않는다.

fallout

좋지 못한 결과, 불미스러운 결과, 낙진

- As a fallout of the sex scandal, many people lost their confidence in the government.

  성 스캔들의 불미스러운 결과로 정부에 대한 신뢰를 잃어버린 사람들이 많다.

famous last words

너무 자신만만하시군요

- It will only take an hour to reach there by the high-speed train. Famous last words! That train is always late.

  그곳까지 고속 열차로 1시간이면 도착합니다. 너무 자신하는 것 같아요! 그 기차는 항상 늦어요.

far cry

전혀 다른, 큰 격차가 있는, 매우 상이한

- His speech of today is far cry from his inauguration speech of one year ago.

  오늘의 그의 연설은 1년 전 취임 연설과는 거리가 멀다.

farm out

하청주다, 맡기다

- While Susan is at hospital, her kids were farmed out to her brother.

  수잔이 병원에 입원해 있는 동안 아이들은 오빠에게 맡겨졌다.

feather in one's cap

명예, 자랑거리, 공적

- Getting promoted to General Manager of Marketing Department after working only six months at the new job was a feather in his cap.

  새 직장에서 단 6개월 근무 후 마케팅 부서의 부장으로 승진 한 것은 그의 자랑거리이다.

feather one's nest

개인적 이익을 취하다, 자기 편의를 도모하다, 부를 축재하다

- The mayor had used his term of office to feather his nest. What he did was only to "feather nest" with taxpayers' money.

  시장은 그 임기 중 사리사욕을 취했다. 그가 한 일이라고는 납세자들의 돈으로 본인 배를 불린 것 이다.

fed up,   fed to the gills,   fed to the teeth

물리다, 싫증나다

- Tom got fed up with his job, but could not quit.

  탐은 자신의 직무에 싫증이 났지만 그만 둘 수 없었습니다.

feel like a million,   feel like a million dollars/bucks

매우 건강하다, 기분이 좋다, 상태가 아주 좋다

- I feel like a million dollars this morning.

  오늘 아침은 기분이 날아갈 것 같네.

feel low

기운이 없다, 무기력하다, 우울하다

- I have no idea what's wrong with Tom. He seems to feel low today.

  탐에게 무슨 문제가 있는지 모르겠습니다. 오늘 기운이 없어 보입니다.

feel one's way

손으로 더듬으며 나아가다, 신중히 행동하다

- The assembly method is quite new to me. I'm still feeling my way through it, but I am sure I will well get the hang of it sooner or later.

  조립 방법이 생소해서 여태껏 이리저리 방법을 익히고 있지만 조만간 잘 하게 될 것으로 확신합니다.

  ○ *get the hang of* 할 줄 알게 되다, 이해하다

feel the pinch

돈에 쪼들리다

- Tom has been feeling the pinch since his daddy's business fell down.

  아버지의 사업이 무너진 이후 돈에 쪼들리고 있다.

feel ten feet tall

자랑스럽게 느끼다, 우쭐거리다

- I feel ten feet tall at the news that my son passed the entrance exam to the medical school.

  아들이 의과대학 입학시험에 합격했다는 소식이 자랑스럽다.

  ○ *1 feet = 30.48 cm, 10 feet ÷ 3 m*로 이 정도로 키가 크면 웬만한 것은 다 내려 보임

feel up

(성적으로) 몸을 만지다, 더듬다

- He hasn't tried to feel you up for five months? How come?

  5개월 동안이나 몸을 건드리지 않았다고? 어떻게 된 거지?

feel up to

가능하다고 생각하다, 해볼 만하다고 생각하다, 할 기력이 되다

- Do you feel up to playing tennis with me today? I am sorry but I don't feel up to it.

  오늘 나와 테니스를 할래요? 미안하지만 그럴 기분이 아니네요.

feet of clay
의외의 약점, 감춰진 약점, 숨겨진 결점, 예상외의 결점, 결정적인 약점

- It may be hard to believe, but many of the politicians that you admire surely have feet of clay.

  믿기 어려울지 모르지만, 당신이 존경하는 정치인들 중 드러나지 않은 결점이 있는 사람들이 많다.

  ○ *feet of clay*　점토의 발은 특히 저명한 사람들의 약점이나 성격 결함을 나타내는 표현

fence-sitter
상황/형세를 관망하는 사람, 중립적 태도를 취하는 사람, 기회주의자, 회색분자

- Tom is a fence-sitter as still he does not decide who to choose as the next president. You have been fence-sitting for several months. It's time for you to make a decision.

  탐은 여전히 누구를 차기 대통령으로 선택할지 결정하지 않고 상황을 관망하고 있습니다. 당신은 수개월째 관망중입니다. 결정을 내릴 때입니다.

  ○ *fence-sitting*　상황/형세 관망, 중립, 상황/형세 관망중인, 중립의

ferret out,　　smell out,　　sniff out
찾아내다, 탐색하다, 캐내다

- I'm worried about what the media will ferret out about my business partner's tawdry past.

  미디어가 비즈니스 파트너의 끔찍한 과거에 대해 무엇을 캐낼지 걱정 됩니다.

  ○ *tawdry*　저속한, 지저분한, 야한, 번쩍거리는

fickle finger of fate
가혹한 운명의 장난

- Tom won $1 mil lottery last week, but fickle finger of fate is that his house burned down yesterday.

  탐은 지난주에 100만 달러의 복권에 당첨되었습니다. 그러나 운명의 장난은 어제 그의 집이 불에 탔다는 것입니다.

fight fire with fire
이열치열, 맞불 작전, 맞불을 놓다

- I am determined to fight fire with fire in the open debate of welfare policy. It's time to fight fire with fire and start a nasty rumor about Susan, like she did to you.

  복지 정책 공개 토론에서 맞불을 놓겠다고 결심했습니다. 수잔이 당신에게 했던 것처럼 수잔에 대한 추악한 소문을 퍼뜨려 맞불을 놓을 때입니다.

figure out

계산해 내다, 생각해 내다, 이해하다

- He could not figure out the last problem on the math exam.

  그는 수학 시험의 마지막 문제를 풀 수 없었습니다.

fill one's shoes

자리를 채우다, 임시로 담당하다

- I don't know how we'll be able to do without him. No one can fill his shoes.

  그 없이 우리가 어떻게 할 수 있을지 모르겠습니다. 아무도 그의 역할을 대신할 수 없습니다.

fill the bill,   fit the bill

값만큼의 가치가 있다, 제값을 한다, 요구에 응하다, 조건을 충족하다

- After probation of three months, the company has reached the conclusion that Tom fills the bill.

  3개월 수습 기간 후 회사는 탐을 정식 직원으로 채용하기로 결론 냈다.

filthy rich

대단히 부유한

- His father is filthy rich so obviously he is not worried about choosing the right job. He can make a living without working. But the problem is that his behaviour does not match with his wealth as his father is a nouveau riche.

  그의 아버지는 대단한 부자이므로 그는 직업을 선택하는 것에 대해 걱정하지 않습 니다. 그는 일하지 않고도 생계를 유지할 수 있습니다. 그러나 문제는 그의 아버지 가 벼락부자이기 때문에 그의 행동이 그의 부와 일치하지 않는다는 것입니다.

  ● *nouveau riche* 벼락부자, 졸부

finders keepers,   finders keepers, losers weepers

주운 사람이 임자다, 먼저 본 사람이 임자다

- She lost her favorite bracelet. That has a great value for her.I am sorry to hear that. Finders keepers, losers weepers.

  그녀는 좋아하는 팔찌를 잃었습니다. 그것은 그녀에게 큰 가치가 있습니다. 참 안되었네요. 주운 사람이 임자인데.

fine kettle of fish,   pretty kettle of fish,   nice kettle of fish

혼란, 엉망인 상태, 지독한 혼란상태, 만족할 수 없는 상황

- I found him having sex with her at the office. What a fine kettle of fish!

  나는 그가 사무실에서 그녀와 성관계를 갖는 것을 발견했습니다. 혼란스럽군요!

fine-tooth comb

철저한 조사, 면밀한 조사, 참 빗, 가늘고 촘촘한 빗

* The policeman ransacked the building for clues with a fine-tooth comb.

경찰관은 단서를 찾기 위해 건물 여기저기를 철저히 조사했습니다.

finger in the pie

약방의 감초, 안 끼는 데가 없는, 쓸데없는 관여, 불필요한 참견

* I have now discovered that three congressmen had a finger in the pie of the fund fraud.

세 명의 의원이 펀드 사기에 관여한 것을 지금 발견했습니다.

firebug

방화범, 방화광

* The police caught the firebug redhanded.

경찰은 그 방화범을 현행범으로 체포했다.

 ○ *fire bug* 개똥벌레

first come, first served

선착순

* Free tickets are to be given out on a first come, first served basis.

무료 티켓은 선착순으로 제공됩니다.

first-run

개봉의, 개봉하는

* It is the first-run theater who shows only first-run movies.

개봉 영화만 상영하는 개봉관이다.

fish for a compliment

칭찬을 받고 싶어 하다, 듣기 좋은 말을 하게 하려다

* Somehow I feel like I am fishing for a compliment. When Tom showed me his new car, I could tell that he was fishing for a compliment. I wasn't fishing for compliments at all.

어째 엎드려 절 받는 것 같네. 탐이 새 차를 보여 주었을 때 탐이 칭찬을 받고 싶어 하는 것을 알 수 있었습니다. 내가 칭찬받으려고 그런 건 절대 아니야.

fish in muddy waters, fish in troubled waters

귀찮은 일에 관계하다, 혼란을 틈타서 이득을 취하다, 어부지리를 얻다

- He habitually fished in troubled waters to buy buildings at a low price. The financial crisis attacking other people was his opportunities.

  그는 낮은 가격으로 건물을 사기 위해 상습적으로 혼란을 틈타 이득을 취했습니다. 다른 사람들을 공격하고 있는 금융 위기가 그의 기회였습니다.

fish out of water
뭍에 올라온 물고기 같은, 장소에 어울리지 않는, 상황에 맞지 않는, 어색한
- She joined the party not in formal dress, and so she felt like a fish out of water.

  그녀는 정장을 입지 않고 파티에 참석해서 마치 물에서 나온 물고기처럼 어색했습니다.

fit like a glove
맞춘 듯이 꼭 맞다, 안성맞춤이다
- His new suit fits him like a glove.

  그의 새 정장은 아주 잘 어울린다.

fit someone to a T,   suit someone to a T
꼭 맞다, 적절하다, 적합하다
- The new dress is perfect for Susan. It fits her to a T.

  새 드레스는 수잔에게 완벽하네요. 꼭 맞네요.

fix someone's wagon,   fix someone's little red wagon
남에게 보복하다, 벌주다, 음모를 꾸미다
- I hear that he has been distributing bad rumors about me. I definitely want to fix his wagon. This nasty rumor I've started is just the beginning.

  그가 나에 대해 나쁜 소문을 퍼뜨리고 있다고 들었습니다. 나는 그에게 확실히 보복하고 싶습니다. 방금 퍼뜨리기 시작한 이 추잡한 소문은 시작에 불과합니다.

fizzle out,   thin out,   peter out
흐지부지되다, 용두사미로 끝나다, 점차 약해지다
- Unfortunately, this project has fizzled out because the CEO's indecision made institutional investors lose enthusiasm for it.

  대표이사의 우유부단함으로 인해 기관 투자자들이 프로젝트에 대한 열의가 식어서 프로젝트가 흐지부지된 것은 안타까운 일이다.

flashpoint
일촉즉발의 상황, 화약고, 인화점
- Tension in the Middle East has been developing into flashpoint.

  중동의 긴장이 일촉즉발의 상황으로 발전하고 있습니다.

flat on one's ass,   flat on one's back
녹초가 되어, 파산하여, 무일푼이 되어
• I can't buy a new car as I am flat on my ass.
  무일푼이라 자동차를 구매할 수 없다.
  ○ *fall on one's ass/back* 완전히 실패하다, (날씨가) 운항 못할 정도로 궂다

flat-out
최고의, 전속력의, 전력을 다한, 솔직한, 완전한, 순전한, 최고 속도로, 갑자기
• He ran flat-out from the wild dog.
  그는 들개로부터 전력을 다해서 달아났다.

flea in one's ear
듣기 싫은 소리, 따끔하게 비꼬는 말, 귀 아픈 말, 한 소리
• Does Tom spend money like water? I'll be sure to put a flea in his ear the next time I see him.
  탐은 물처럼 돈을 쓰나요? 다음에 그를 볼 때, 한마디 하려합니다.

flea market
벼룩시장
• There are many outdoor flea markets in Europe every weekend.
  주말마다 유럽에는 많은 노천 벼룩시장이 열립니다.

flesh and blood
자손, 육친, 골육, 혈육, 핏줄
• He's our flesh and blood, so let's all try to get along with him while he is in Boston.
  그는 우리 혈육이다. 보스턴에 있는 동안에 잘 지내자.

flip a coin,   toss a coin
동전을 던져 결정하다, 동전을 튀겨 결정하다
• Where do you want to go for a vacation - Paris or Rome? The cost is roughly same. Why don't we flip a coin?
  휴가 어디로 갈래? 파리 또는 로마? 비용은 대충 비슷해요. 동전 던져 결정할까요?

flip one's lid,   flip one's wig
자제력을 잃다, 발끈하다, 흥분하다
• Many of my colleagues thought I'd flipped my lid when I suddenly quit my lucrative marketing job.

내가 갑자기 돈 잘 버는 마케팅 일을 그만두었을 내가 자제력을 잃었다고 생각한 동료들이 많았습니다.

🔘 *blow one's lid/top/stack*   화내다, 불끈하다

flog a dead horse,   beat a dead horse
죽은 놈 불알 만지다, 이미 끝난 일을 문제 삼다, 헛수고하다, 헛물켜다

- There's no use trying to keep the project going. We are flogging a dead horse.
  프로젝트를 계속 진행시키려고 노력하는 것은 소용이 없습니다. 이미 끝난 일입니다.

fly in the ointment
옥에 티, 흠, 허점, 단점, 가치를 반감시키는 일, 기쁨을 망치는 것

- We had a nice trip to Rome. The only fly in the ointment was that my son was pick-pocketed.
  로마 여행은 아주 좋았다. 옥에 티는 아들이 소매치기를 당했다는 것이다.

fly on the wall
남을 몰래 관찰하는 사람, 은밀한 관찰자

- If you would like to be a fly on the wall on an occasion, it means that you would like to hear what will be said or see what will happen while not being noticed.
  어떤 상황에 대해 은밀한 관찰자가 되고 싶다는 것은 남들이 눈치 채지 못하게 남들이 무슨 말을 하는지 듣고, 무슨 일이 일어날지를 보고 싶다는 뜻 입니다.

fly-by-night
빨리 한몫 잡을 생각만 하는 회사, 야간 도주자, 투숙비 내지 않고 도망가는 손님

- The reliable company honors its commitments while a fly-by-night company wants your money. Hotels are bothered by fly-by-nights.
  신뢰할 수 있는 회사는 회사의 약속을 존중하지만, 한몫 잡을 생각만 하는 회사는 당신의 돈만 원합니다. 호텔은 야간도주 고객으로 골치 아파합니다.

foam at the mouth
입에 거품을 물다, 격노해서 입가에 거품이 일다, 게거품이 나다, 격분하다

- Tom foamed at the mouth when he found his son was beaten black and blue.
  아들이 시퍼렇게 멍이 들게 구타당한 것을 알게 되자 탐은 입에 게거품이 날 정도로 격분했다.

follow one's nose
똑바로 나아가다, 곧장 가다, 본능적으로 행동하다

- Just follow your nose and then you will reach your destination.
  곧장 가면 목적지에 도착할 것이다.

follow suit

전례를 따르다, 남이 한대로 따라 하다, (카드) 방금 나온 패와 같은 짝의 패를 내다

- When the others started to set up a mask factory, I followed suit.

  다른 사람들이 마스크 공장을 세우기 시작했을 때 나도 따라서 마스크 공장을 설립 했다.

food for thought

생각할 거리

- His speech was very good. It gave much food for thought.

  그의 연설은 아주 훌륭했어요. 생각해볼 만한 것들이 많이 있더군요.

fool and his money are soon parted

어리석은 이는 돈을 오래 지니고 있지 못한다, 어리석은 자는 돈을 지키지 못하다

- As soon as Tom won the big lottery jackpot, he flied to Las Vegas and spent it all at the casino. A fool and his money are soon parted.

  탐은 큰 복권이 당첨되어 대박이 나자마자 라스베이거스로 날아가 카지노에서 모두 탕진했습니다. 어리석은 자는 돈을 지키지 못한다.

fool around,   mess around,   play around,   monkey around

노닥거리다, 놀아나다, 꾸물거리다

- If you want to enter college, you have to study hard, not fooling around.

  대학에 가려면 노닥거리지 말고 공부를 열심히 해야 한다.

foot in the door

기회를 얻기, 잽싸게 끼어들기

- The company wants to get a foot in the door by cutting the bidding price.

  입찰 가격을 인하해서 기회를 얻기를 원한다.

foot the bill

비용을 부담하다

- He footed one third of the bill for the party.

  그는 파티비용의 1/3을 부담했다.

for a song

낮은 가격으로, 저렴한 가격으로, 헐값으로, 싸게

- He bought the apartment for a song, and sold it at a good profit after three years.

  그는 아파트를 헐값으로 샀고, 3년 후에 큰 이익을 남기고 팔았습니다.

for all that
불구하고

- Your saying about Tom as a candidate has my consent. But, for all that, I am of the opinion that no one is more deserved for the candidate than Tom.

  후보자로서의 탐에 대한 당신의 말에 동의합니다. 그럼에도 불구하고, 탐보다 적격후보자는 없다고 생각합니다.

for better or worse,　　　for better or for worse
좋든 싫든, 좋든 나쁘든

- For better or worse, Tom is your son. And he needs your help.

  좋든 싫든 탐은 당신 아들이고 당신 도움이 필요하다.

for good measure
덤으로, 여분으로

- When I bought a suit, I received two ties for good measure.

  양복을 샀을 때 넥타이를 두 개를 덤으로 받았다.

for hours on end
한참동안

- I tried in vain to fix the computer for hours on end.

  나는 한참동안 컴퓨터를 고치려고 시도 했지만 허사가 되었다.

for keeps
이기면 돌려주지 않기로 약속하고, 진짜로

- The kids played marbles for keeps.

  아이들은 돌려주지 않기로 약속하고 구슬 놀이를 했습니다.

for love or money
의리로든 돈으로든, 아무리 해도

- I wouldn't eat a snail for love or money

  나는 어떤 경우에도 달팽이를 먹지 않을 것입니다.

for starters
우선, 무엇보다도

- I'd like to make overseas trips. It's nice talking to someone in person for starters.

  해외여행을 좋아해요. 나는 무엇보다도 누군가와 직접 이야기하는 것이 좋다.

for the birds

재미없는, 지루한

- I saw the movie; it was for the birds.

  그 영화 봤는데, 재미없어.

foul one's own nest,   befoul one's own nest

집안 망신을 시키다, 자기 편/나라/정당의 일을 나쁘게 말하다

- When the senator started spreading a nasty news about opposition party, his behaviour fouled his own nest.

  상원 의원이 야당에 대한 추잡한 소식을 퍼트리기 시작했을 때 그의 행동은 오히려 자기 정당을 망신시키는 꼴이 되었다.

foul play

폭행치사, 살인, 부정행위, 반칙

- After the dead body was discovered, FBI suspected foul play.

  시체가 발견 된 후 FBI는 살인을 의심했습니다.

frame of mind

기분

- Never talk to him when he is in such a negative frame of mind.

  그가 저렇게 부정적인 기분일 때는 그에게 말 걸지 마라.

freak accident

기이한 사건, 황당한 사건, 충격적인 사건, 예기치 못한 사건

- It was a freak accident to have met the alligator when I drove on the highway.

  고속도로에서 운전할 때 악어를 만난 것은 황당한 사고였습니다.

freak out

환각제를 먹다, 환각 증상이 되다, 흥분하다

- He freaked out at the party yesterday.

  그는 어제 파티에서 환각 증세를 보였다.

  ● *freak-out*   마약으로 인한 환각 상태, 현실 도피자, 현실 도피자, 환각제 파티

free hand

자유재량, 자유행동

- The company gave me a free hand to negotiate a deal.

  회사는 나에게 거래를 협상 할 수 있는 재량권을 주었다.

free rein

(행동/결정의) 무제한의 자유, 자율성

- Mommy is likely to give her kids free rein while daddy is strict with them.

  아빠는 애들에게 엄격한 반면, 엄마는 애들에게 무제한적인 자유를 주려고 한다.

free ride

불로소득, 무임승차

- Contrary to my mother's expectation, I was getting neither a free ride nor special treatment from the boss. Rather, I have been working much harder than any one else since I was dispatched to Marketing Department.

  엄마의 기대와는 달리, 나는 상사로부터 무임승차나 특별한 대우를 받지 못하고 있었습니다. 오히려, 마케팅 부서에 파견 된 이후로 어는 누구보다도 열심히 일하 고 있습니다.

free-for-all

난투극, 무한 경쟁, 무질서 상태, 혼란 상황

- The party celebrating the basketball championship victory turned into an uncontrollable free-for-all.

  농구 챔피언십 우승 축하 파티는 통제 할 수 없는 혼란 상태가 되었습니다.

freeload

더부살이하다, 음식 등을 공짜로 얻어먹다, 남의 소유물/설비 등을 거저 쓰다

- When do you expect to finish freeloading and make money?

  언제 더부살이를 끝내고 돈을 벌 것 같은가요?

Freudian slip

은연중에 속마음을 드러내는 실수, 본심을 드러낸 실언

- I wonder whether it was a Freudian slip when you said "I leave you", sleeping at the bed yesterday. Did you mean "I love you?"

  어제 침대에서 자면서 "당신을 떠나요" 라고 말한 것이 본심인지요. "당신 사랑해"를 얘기한 건가요?

  ◐ *make a Freudian slip* 무심결에 실언하다

friendly fire

아군의 포격, 아군의 총격

- Several American and British soldiers were killed by friendly fire in the Gulf War.

  걸프전에서 여러 명의 미군과 영국군이 아군끼리의 총격으로 사망했습니다.

from hand to hand
이 손에서 저 손으로, 차례차례로
- The box of masks was passed from hand to hand.

  마스크 상자는 차례로 전달되었습니다.

from rags to riches
무일푼에서 벼락부자로
- He went from rags to riches as soon as he won the $10 bil lottery.

  그는 100억 달러의 복권에 당첨되자마자 벼락부자가 되었습니다.

from scratch
아무런 사전 준비 없이, 맨 처음부터, 아무 것도 없이
- Daddy made me from scratch.

  아빠가 나를 만들었어요.

from stern to stern
전부, 모조리, 이물에서 고물까지, 선수에서 선미까지
- He inspected the yacht from stern to stern and decided to buy it.

  그는 요트를 샅샅이 전부 점검하고 구입하기로 결정했습니다.

  ○ 이물: 배의 앞부분, 선수   고물: 배의 뒷부분, 선미

from the bottom of one's heart,   with all one's heart
마음속에서부터, 진심으로, 진심에서
- The president welcomed the soldiers returning from the Gulf War from the bottom of his heart.

  대통령은 걸프전에서 돌아오는 군인들을 진심으로 환영하였다.

from the heart
마음으로부터, 진심에서.
- The president's speech came from the heart.

  대통령의 연설은 진심에서 나온 것이다.

from the sublime to the ridiculous
지고한 것에서 우스꽝스러운 것으로, 최고에서 최악으로
- The artist's works range from the sublime to the ridiculous, with very little in between.

  작가의 작품은 숭고한 것에서 우스꽝스러운 것까지 다양해서 어중간한 것이 거의 없습니다.

front man

대외적인 간판 구실을 하는 사람, 리더, 진행자

- I want him to act as the front man for their big business dealings.

  나는 그가 큰 거래의 대외적인 간판 역할을 해주기를 바란다.

front runner

가장 유력한 우승 후보, 선두 주자, 선구자

- He is one of the front-runners in the contest.

  우승 후보 중의 한 명이다.

fuck around

빈둥거리다, 개수작하다, 성교하다, 어슬렁거리다

- Tom fucks around the office ladies.

  탐은 사무실 여직원들 주변을 어슬렁거린다.

fuck off

꺼져

- You are bothering me too much. Fuck off.

  나를 너무 괴롭히네. 꺼져버려.

  ◑ *fuckoff* 책임을 회피하는 사람, 꾀부리는 사람, 신뢰할 수 없는 사람

fuck up

일을 개판으로 만들다, 신세를 조지다, 조지다

- He fucked up his presentation this morning, as he drank like a fish at the party last night and so had no time to prepare himself for the meeting.

  그는 어젯밤 파티의 폭음으로 인해 회의를 준비 할 시간이 없어서 오늘 아침 프레젠테이션을 망쳤습니다.

  ◑ *fuck-up* 몹쓸 사람, 몹쓸 것

American Idioms

game changer
시장 흐름 주도자, 게임 판도 변경자, 혁신적인 아이디어 제공자
- Apple has become the greatest game changer in electronics, thanks to Steve Jobs.
  스티브 잡스 덕분에 애플은 전자 제품의 시장 판도를 크게 뒤집어 놓았다.

game is up,   jig is up
게임은 끝났다, 다 틀렸다, 볼 장 다 봤다
- Everybody knows you are telling a lie. The game is up.
  사람들은 네가 거짓말을 한다는 것을 알아. 다 틀렸구먼.

gang up on,   gang up against
집단으로 공격하다, 패거리를 지어 괴롭히다
- The policemen ganged up to fight the illegal drug trade. We can't win against the drug trade unless we gang up on the guy controlling the trade.
  경찰은 불법 마약 거래에 맞서 싸우기 위해 뭉쳤다. 거래를 장악하는 사람을 집단 으로 공격하지 않는 한 마약 거래를 종식시킬 수 없습니다.

gas up
기름을 채우다, 더 재미있게 하다
- He gassed up the planes for their flights.
  그들의 비행을 위해 비행기에 기름을 채웠습니다.

gay bashing,   gay bullying
동성애자 학대
- He committed suicide after suffering a gay-bashing attack.
  그는 동성애자 학대를 받고 자살했습니다.

  ▶ *gay bashing* 및 *gay bullying*은 게이, 레즈비언, 양성애자 또는 트랜스젠더로 인식되는 사람에 대한 신체적 정 신적 언어적 공격, 학대 및 폭행을 의미한다.

gear up for
준비를 하다
- Republicans and Democrats gear up for pivotal senator runoffs.

  공화당원들과 민주당원들은 핵심적인 상원의원 결선 투표를 준비합니다.

gender gap
성별 격차, 성의 차이
- There is no gender gap in wages at this company.

  이 회사의 임금에는 성별 격차가 없습니다.

generation gap
세대차, 세대 간 격차
- Attitudes toward gay marriage shows a clear generation gap even today.

  동성 결혼에 대한 태도는 오늘날에도 분명한 세대 차이를 보여줍니다.

gentleman's agreement
신사협정
- I know you honor your words. No need to put it in writing. Gentleman's agreement is good enough.

  나는 당신이 당신의 말을 존중한다는 것을 압니다. 서면으로 할 필요가 없습니다. 신사협정으로 충분합니다.

get across
건너다, 횡단하다, 알게 하다, 이해시키다, 통하다, 이해되다, 성공하다, 히트 치다
- The teacher's explanation did not get across to the students.

  선생님의 설명은 학생들을 이해시키지 못했다.

get a feel for,   get the hang of
감을 잡다, 감지하다, 감각을 익히다
- He practised dancing several months, until he got a feel for it.

  그는 수개월 연습하고 나서야 춤에 대한 감을 잡았다.

get after
뒤쫓다, 추적하다, 야단치다, 책망하다, 다그치다, 재촉하다
- The police is getting after the burglar downtown.

  경찰이 시내에서 강도를 추적하고 있습니다.

get a grip on
억제하다, 분발하다

- You seem nervous. You must get a grip on yourself. You're due to go on stage for an audition in ten minutes.

  긴장한 것 같습니다. 긴장을 푸세요. 10분 내에 무대에 올라가서 오디션을 치러야 합니다.

get ahead
앞서다, 출세하다, 성공하다, 돈을 왕창 벌다, 빚을 청산하다

- Let's get ahead of that guy; he's driving too slow.

  저 사람 제쳐. 너무 천천히 운전하니.

get a head start on
남보다 유리한 출발을 하다

- He is expected to get a head start on others trying to challenge the new position because he has relevant work experiences of years.

  그는 수년간의 관련 업무 경험이 있기 때문에 새로운 직책에 도전하려는 다른 사람들보다 유리할 것으로 예상됩니다.

get a leg up on someone
보다 선행하다, 스타트를 빨리 하다, 앞지르다, 간파하다, 상황을 장악하다

- I've been practicing every afternoon, and now I've finally gotten a leg up on him in table tennis.

  나는 매일 오후 연습을 했고, 이제 마침내 탁구에서 그를 앞질렀다.

get a line on
관한 지식을 얻다, 관련된 정보를 얻다, 얻어 듣다

- He can get a line on the guy who can fix the car for nothing.

  그는 차를 공짜로 수리할 수 있는 사람이 누구인지 알 수 있습니다.

get a word in,   get a word edgewise,   get a word in edgeways
한 마디 하다, 말참견을 하다, 남의 대화에 끼어들다

- I've hardly been able to get a word in edgeways yesterday, because several talkative persons joined the meeting.

  어제 말이 많은 사람들이 여러 명 회의에 참여했기 때문에 나는 아무 말도 할 수 없었습니다.

get at
이해하다, 알게 되다, 착수하다, 시작하다

- This sentence is not easy to get at.

  이 문장은 이해하기 어렵다.

get back at

앙갚음하다, 복수하다, 보복하다

- It seems that our boss is angry at my sarcastic remarks during the meeting; the boss got back at me by doubling my workload.

  우리 상사는 회의 중에 내가 한 비웃는 말에 화가 난 것 같습니다. 내 작업량 을 두 배로 늘려 괴롭히네요.

get back on one's feet

다시 자립하다

- He is an indefatigable guy. He has succeeded to get back on his foot again.

  그는 불굴의 의지를 가진 사람입니다. 다시 자립하는데 성공했어요.

get down to brass tacks,   get down to cases

본론으로 들어가다

- Let's get down to brass tacks so that all of us can understand the new project overall before we start to do our separate parts.

  각자의 역할을 수행하기 전에 우리 모두가 새로운 프로젝트를 전반적으로 이해 할 수 있도록 본론으로 들어가지요.

get down to business,   get down to work

일에 착수하다, 시작하다, 진지하게 관심을 기울이다

- Let's get down to business. There has been enough chitchat.

  업무에 착수합시다. 잡담은 충분이 했으니.

get even

호각을 이루다, 한풀이 하다, 되갚아 주다, 앙갚음하다, 원수를 갚다

- When Tom figured out that Susan was the guy who had started spreading the bad rumor about him, he swore that he would get even with her sooner or later.

  탐은 수잔이 자신에 대한 나쁜 소문을 퍼뜨리기 시작한 사람이라는 것을 알았을 때 조만간 그녀에게 되갚아 줄 것이라 고 맹세했습니다.

get hitched

결혼하다

- She and he got hitched after a long period of dating.

  오랜 기간의 데이트 후 결혼했다.

get in on
참여하다, 참가하다

- I wonder if you'd like to get in on our party this Saturday. Why don't you join the party with the other kids?

  이번 토요일에 우리 파티에 참석하고 싶은지 궁금하네요. 다른 아이들과 함께 파티에 동참하지 그래요?

get in on the ground floor,   come in on the ground floor
(계획/프로젝트 등에) 처음부터 관여하다 처음부터 가담하다

- As is known to all, after the big success with our first product, many people want to get in on the ground floor for our next one. We're currently starting to look for investors for our exciting new project, so if you'd like to get in on the ground floor, be sure to let us know.

  알다시피, 우리의 첫 제품이 큰 성공을 거둔 후 많은 사람들이 다음 제품 개발에 초기 투자하고 싶어 합니다. 우리는 현재 흥미진진한 새 프로젝트에 대한 투자 자를 찾으려고 합니다. 투자하고 싶다면 저희에게 알려주십시오.

  ◉ (사업에서) 발기인과 동일 자격, 즉 동일 가격/조건으로 주식을 취득하는 것도 *get in on the ground floor* 라고 한다.

get off one's back
트집 잡기를 그만 두다

- Please get off my back. I'm not going to the audition, and that's final.

  트집 그만 잡아요. 오디션에 가지 않을 겁니다. 마음 바뀔 일 없어요.

get off on the wrong foot,   start off on the wrong foot
잘못 시작하다, 출발이 잘못되다, 나쁜 상황에서 출발하다. 첫 단추가 잘못 꿰다

- They seem to have started off on the wrong foot, but their relationship grew stronger over time, much to my pleasure.

  그들의 시작이 잘못돼 보였지만, 기쁘게도, 시간이 지남에 따라 그들의 관계는 더 깊어졌습니다.

  ◉ 처음부터 잘 시작하다 *get off on the right foot, start off on the right foot*

get off the ground
순조롭게 시작하다, 출발하다

- Our plan for overseas trips could not get off the ground because of unexpected COVID-19.

  갑작스런 코로나 19로 해외여행 계획은 착수 할 수 없었습니다.

get off to a flying start,   get off to a running start

순조롭게 출발하다, 좋은 출발을 보이다

- His company got off to a flying start, thanks to his father's big investment.

  그의 회사는 아버지의 큰 투자 덕분에 순조롭게 출발했습니다.

get on one's nerves

신경을 건드리다

- Please keep your voice down. Your voice is really getting on my nerves.

  목소리를 낮춰주세요. 당신의 목소리가 정말 제 신경을 건드립니다.

get on the ball

빈틈없이 하다, 주의 깊게 하다

- The assembly process is not simple. Get on the ball.

  조립 과정이 간단하지 않습니다. 주의 깊게 하세요.

get on one's case

간섭하다, 잔소리하다

- The position is too good to pass up. I want to get on his case until he goes to the job interview.

  그 자리는 너무 좋아 그냥 지나칠 수 없네요. 그가 면접에 갈 때 까지 잔소리 해보고 싶네요.

get one's feet wet

참가하다, 시작하다, 처음 해보다

- I am just getting my feet wet.

  막 시작하는 단계입니다.

get one's goat

화나게 만들다

- The slow service at the cafe got Tom's goat.

  카페의 늦장 서비스는 탐을 화나게 했다.

get one's teeth into,   sink one's teeth into

정신이 팔리다, 몰두하다, 기세 좋게 달려들다, 열중하다

- I'd like you to sink your teeth into a new business plan that I'm making up. How about joining my new team?

  나는 당신이 내가 기안하고 있는 새로운 사업 계획에 몰두하면 좋겠습니다. 새 팀 에 합류하는 것은 어떻습니까?

get over

건너다, 극복하다, 논파하다, 회복되다, 잊다

- He returned to work after he got over his sickness.

  그는 병을 극복하고 직장으로 돌아 왔습니다.

get real

진지해지다, 진중해지다, 꿈 깨다

- We need to get real about the homelessness problem. Please stop coming up with silly pipe dreams, and do start taking it seriously.

  우리는 노숙자 문제에 대해 진중해져야 합니다. 제발 헛소리 그만 하고, 진지하게 받아들이십시오.

get stoned

취하다, 몽롱하다

- He got stoned at the party.

  그는 파티에서 취했다.

get stuck

꼼짝 못하게 되다, 혹평을 받다

- He got stuck because the secondhand car, which he bought three days ago, broke down on the highway.

  그는 3일전에 구입한 중고차가 고속도로 주행 중 고장이 나서 꼼짝 못하게 되었습니다.

get the ax

해고되다, 퇴학당하다, 딱지맞다

- Much to my regret, Tom got the ax at the office yesterday.

  유감스럽게도 탐이 어제 회사에서 해고되었습니다.

get the ball rolling,   set the ball rolling,   start the ball rolling

일을 시작하다, 계속 진행시키다

- Isn't there any idea on how to get the ball rolling again?

  일을 다시 진행시키는 아이디어는 없나요?

get the better/best of,   have the better/best of

이기다, 능가하다

- I knew I shouldn't be meddling in other people's business, but my curiosity and business experiences got the better of me.

  다른 사람의 사업에 간여해서는 안된다는 것을 알았지만, 호기심과 사업 경험으로 간여하지 않을 수 없었다.

get the drift,   get someone's drift

알다, 취지를 이해하다, 의미를 이해하다

- I don't have time to read news articles in full at the office. I usually just read a daily news recap to get the drift of what's going on in the world.

  사무실에서 뉴스 기사 전체를 읽을 시간이 없습니다. 나는 보통 일간 뉴스 요약본을 읽고 세상에서 무슨 일어나는지 이해하고 있습니다.

get the eye

주목받다, 눈길을 끌다, 차가운 시선을 받다

- Susan in a short skirt got the eye at the party.

  짧은 치마를 입은 수잔이 파티에서 눈길을 끌었습니다.

get the goods on,   have the goods on

범행의 증거를 잡다, 남의 비밀을 쥐고 있다, 부정행위의 증거를 잡다

- We know she's guilty, but we can't arrest her until we have the goods on him.

  그녀가 유죄라는 건 알지만 물증을 확보 할 때까지 체포 할 수는 없다.

get the sack,   get the boot

해고당하다, 파면되다, 모가지가 날아가다

- He got the sack at the supermarket last week.

  그는 지난주 슈퍼마켓에서 해고되었다.

get through

빠져 나가다, 통과하다, 벗어나게 하다, 끝내다, 완수하다, 합격하다

- He got through his homework last night.

  그는 어젯밤 숙제를 끝냈다.

get to the bottom of

진짜 이유를 찾아내다, 근본 원인을 찾아내다

- The QC manager made several tests to get to the bottom of quality issue.

  QC 관리자는 품질 문제의 본질을 파악하기 위해 여러 가지 테스트를 하였습니다.

  ● *QC: quality control*

get up on the wrong side of bed

왠지 기분이 안 좋고 찝찝하다

- I got up on the wrong side of bed, and I don't feel like eating breakfast.

  나는 왠지 기분이 안 좋고 찝찝해서, 아침을 먹고 싶지 않습니다.

get up steam

마력을 올리다, 증기를 일으키다, 기운을 내다, 분발하다

- The sagging economy in Thailand got up steam during third quarter thanks to the foreign tourists.

  태국의 침체된 경제는 외국인 관광객 덕분에 3분기에는 활기를 띄었다.

get up the nerve

용기를 내다

- Tom finally got up the nerve to ask Susan to dance with him at the party.

  탐은 마침내 용기를 내어 파티에서 수잔에게 같이 춤추자고 요청하였다.

get what's coming to someone

어떤 사람이 받을 것을 받다, 행동에 합당한 대가/처벌을 받다

- I really hoped Tom got what's coming to him after all his hard working. He got a promotion today morning.

  나는 탐이 열심히 일한 후에 그만큼 합당한 일이 있기를 바랐습니다. 그는 오늘 아침에 승진했습니다.

get wind of

소문을 듣다, 풍문을 듣다, 낌새를 알아채다

- He got wind of the company's plan to place a big order next month.

  그는 그 회사가 다음 달에 대량 주문을 할 계획이라는 소문을 들었다.

getaway car

도주차량

- The police is chasing after the getaway car.

  경찰은 도주 차를 쫓고 있다.

ghost town,   deserted town

유령도시, 유령마을, 황촌

- Our city has become a ghost town after copper concentrate mine is closed.

  동광석 광산이 폐쇄 된 후 우리 도시는 유령 도시가 되었습니다.

ghostwriter,   penster

대필 작가, 대작자

- It is usual for a prominent political figure to employ a ghostwriter for his autobiography.

  저명한 정치인이 자서전을 쓰기 위해 대필 작가를 고용하는 것은 일반적입니다.

give birth to

출산하다, 아이를 낳다

* Susan gave birth to two sons.

  수잔은 두 아들을 낳았습니다.

give chase

추적하다, 추격하다

* The police gave chase to the man who stole diamonds from the museum.

  경찰은 박물관에서 다이아몬드를 훔친 남자를 추격했다.

give it a rest

(짜증스러우니) 그쯤 해 둬, 그만해

* Give it a rest now. I am tired of listening to you. I really think we need to discuss things more and go over all our differences in detail, but not right now.

  지금은 그만하세요. 당신 말 듣는 것에 지쳤습니다. 나는 정말로 우리가 더 많은 것을 논의하고 우리의 모든 차이점을 자세히 살펴볼 필요가 있다고 생각하지만 지금은 아닙니다.

give it to someone straight

직설적으로 얘기하다, 단도직입적으로 말하다

* Give it to me straight how long I can live.

  얼마나 더 살 수 있는지 단도직입적으로 얘기해주세요.

give no quarter,   grant no quarter,   show no quarter

사정없이 공격하다, 용서하지 않다

* This match determines if we're heading to the finals of the tournament. Give those guys no quarter at this game.

  이 경기로 토너먼트의 결승 진출 여부가 결정된다. 시합에서 상대를 봐주지 말고 사정없이 공격해라.

  ◐ *give/grant/show quarter*   구명하다, 살려주다

give notice

예고하다, 통지하다, 퇴직을 통지하다, 해임을 통지하다

* Did you hear that Tom is leaving? He gave his notice yesterday.

  탐이 그만 둔다는 소식 들었나요? 그는 어제 퇴직을 통지했어요.

give one's due

공을 인정하다, 합당하게 대우하다

* We should give a good salesman his due.

  판매 실적이 좋은 세일즈맨에게는 합당한 대우를 하여야 합니다.

give one's right arm for
위해서라면 무엇이든 하다, 위해서라면 기꺼이 내 오른팔도 내주겠다

- He is expected to give his right arm for a trip to Las Vegas.

  라스베이거스 여행을 위해서는 무슨 일이라도 할 것으로 예상된다.

give one's word
약속하다

- I give you my word that I will do everything in my power to have the shipment effected by next week.

  내 모든 힘을 동원하여 다음 주까지 선적 조처 하겠다는 약속을 드립니다.

give or take
차이는 있을지 몰라도, 얼추, 대충, 대략

- There are maybe 60 people there, give or take. The total amount would be $1,200, give or take $60, as a person costs $20.

  거기에 대충 60명 정도 있습니다. 일인당 $20 인바, ±$60 차이는 있겠지만. 총액 은 대략 $1,200입니다.

give out
바닥이 나다, 정지하다, 멈추다, 발하다, 발표하다, 방송하다, 나눠 주다

- He gave out that his son and Susan are getting married next month.

  그는 아들과 수잔이 다음 달에 결혼한다고 발표했습니다.

give (someone) his rights
법적 권리에 대해 알리다, 법적 권리가 있음을 알리고 관계를 끊다

- The cops gave Susan her rights immediately after arresting her.

  경관은 그녀를 붙잡자말자 그녀의 법적 권리에 대해 설명해주었다.

 Miranda warning (미란다 원칙; Miranda rights, Miranda rule)

- In the United States, the Miranda warning is a type of notification customarily given by police to criminal suspects in police custody (or in a custodial interrogation) advising them of their right to silence; that is, their right to refuse to answer questions or provide information to law enforcement or other officials.

- These rights are often referred to as Miranda rights. The purpose of such notification is to preserve the admissibility of their statements made during custodial interrogation in later criminal proceedings.

◐ 「미란다의 원칙」이란 수사기관이 범죄용의자를 체포할 때 「체포의 이유와 변호인의 도움을 받을 수 있는 권리, 진술을 거부할 수 있는 권리 등이 있음을 미리 알려 주어야 한다」는 원칙이다.

give someone the third degree

상세한 심문을 하다, 꼬치꼬치 묻다, 추궁하다

- When Tom came home in the dawn, his wife gave him the third degree if he slept with an office lady.

    탐이 새벽에 집으로 돌아 왔을 때 탐의 아내는 탐이 사무실 여직원과 잠자리를 했는지 꼬치꼬치 물었다.

give someone the thumbs up,   give something the thumbs up

찬성하다, 승인하다, 동의하다, 지지하다

- Let me know once Tom gives the proposal the thumbs up, and then we can start detailed discussion. I love that business idea so much that I will definitely give it the thumbs up!

    탐이 제안에 찬성하면 알려주세요. 자세한 논의를 시작하게요. 나는 그 사업 아이디어가 너무 좋아서 반드시 찬성하겠습니다.

give someone to understand

이해하게 만들다, 이야기하다, 알리다

- He was given to understand in a short note from the boss that he was fired.

    그는 사장으로부터 자신이 해고되었다는 짧은 통지를 받고 해고 사실을 알게 되었습니다.

give the ax

해고하다, 갑자기 관계를 끊다

- The president gave the ax to three persons including Susan last Friday. Susan gave him the ax because he wouldn't stop smoking like he promised.

    사장은 지난 금요일 수잔을 포함 3명을 해고했다. 수잔은 그가 약속 한대로 담배를 끊지 않자 그와 헤어졌습니다.

give the benefit of the doubt

(증명이 어려워) 말을 믿어 주다, 잘못하지 않았다고 간주하다, 유리하게 해석하다

- I didn't know whether his business plan and investment were true or not, but I decided to give him the benefit of the doubt.

    그의 사업 계획과 투자가 사실인지 아닌지는 몰랐지만 일단 그의 말을 믿어주기로 했습니다.

    ◐ 무죄추정의 원칙 *innocent until proven guilty, not guilty until proven*

give up the ship
포기하다, 단념하다, 항복하다

• Never give up the ship because your second test failed. Your idea will work out.

두 번째 시험에서 실패했다고 포기하지 마라. 당신의 아이디어는 성공할 것이네.

give way
항복하다, 양보하다, 먼저 가도록 하다, 부러지다, 무너지다

• The heavy rain made the river so high that the dam would give way.

폭우로 인해 강이 너무 높아져 댐이 무너질 것입니다.

given to
빠지다, 열중하다, 버릇이 있다

• Don't worry about his health. He is always been given to something in the night. I guess that he is given to making lots of posts on social media.

그의 건강에 대해 걱정하지 마십시오. 그는 항상 밤에 무언가에 빠져 있어요. 그가 소셜 미디어에 많은 게시물을 열심히 올리는 것으로 추정합니다.

giveaway,　　　dead giveaway
증정품, 경품, 덤, 공공연한 비밀, (은연중에) 진실을 드러내는 것

• It was already a dead giveaway who would assume the position of CEO.

누가 대표이사가 되는지는 이미 공공연한 비밀이 되었다.

　◐ 공공연한 비밀　*open secret*

glad hand
정다운 악수, 따뜻한 환영, 호들갑스런 환대

• The politician of opposition party gave everyone the glad hand. But the politician of ruling party did not glad-hand people to get votes.

야당의 정치인은 모두와 악수를 나눴다. 그러나 여당의 정치인은 유권자의 표를 받기 위해 악수하지는 않았다.

　◐ *glad-hand*　반갑게 인사하다, 인사치례하다, 간살부리다

gloss over
약점을 그럴듯하게 얼버무리다, 얼버무리고 넘어가다, 용케 숨기다, 둘러대다, 속이다

• Tom tried to gloss over his election fraud by saying that everybody did the same thing in the last election.

모든 사람이 지난 선거에서 똑같은 짓을 했다고 말하면서 탐은 자신의 선거 부정 을 적당이 얼버무리고 넘어 가려 했습니다.

glutton for punishment

아무리 고생해도 끄떡없는 사람, 어렵고 불쾌하고 분수에 맞지 않는 일을 하는 사람

- I enjoy managing difficult projects; I am a glutton for punishment.

  나는 어려운 프로젝트를 관리하는 것을 즐깁니다. 난 고생을 즐기는 사람입니다.

  ▶ *glutton*   대식가, 식충이, (불쾌한) 일을 하기를 즐기는 사람

go about one's business

자기 볼 일을 보다, 일에 착수하다

- Despite the threat of war, people went about their business as usual.

  전쟁의 위협에도 불구하고 사람들은 평상시처럼 자기 일상 업무를 보았다.

go all the way with

전면적으로 동의하다, 과감히 하다, 갈 데까지 가다, 성관계하다

- Susan liked Tom, but she refused to go all the way yesterday.

  수잔은 탐을 좋아했지만 어제 끝까지 가는 것은 거부했습니다.

go along for the ride

장난삼아 참가하다, 소극적으로 참여하다, 친구 따라 참가하다

- I would like to know if you really want to join the game or just want to go along for the ride.

  당신이 정말로 게임을 하고 싶은지 아니면 그냥 장난삼아 해보고 싶은지 알고 싶습니다.

go astray

잃어버리다, 방황하다, 분실되다, 없어지다, 잘못된 방향으로 가다

- My life went astray for a time in my twenties, but I've gotten back on track thanks to mom.

  나는 20대에 한동안 방황했지만 엄마 덕분에 제자리로 돌아 왔습니다.

go at

달려들다, 들이대다, 열심히 하다, 추격하다

- Watch out for that shepherd in the garden; it may go at you if you get too close.

  정원에 있는 셰퍼드 조심하십시오. 너무 가까이 다가가면 달려 들 수 있습니다.

go back on one's word

약속을 어기다, 약속을 지키지 않다

- He never goes back on his word.

  그는 자신의 말을 번복하는 법이 없다.

go down in history,   go down in the records,   make history
역사에 남다, 역사적으로 중요하다고 인정되다, 역사에 기록되다
- This battle will forever go down in history as one of our most important victories.

  이 전투는 가장 중요한 승리 중 하나로 역사에 영원히 기록될 것입니다.

go easy on
관대하게 대하다, 살살 다뤄다, 너무 심하게 하지 마라
- Go easy on your little kid, will you? He didn't mean to break the vase.

  당신의 꼬마를 너무 야단치지 마세요. 꽃병을 깨려고 깬 것이 아니니.

go for the jugular,   go for the throat
급소를 찌르다, 치명적인 약점을 찌르다
- If you want to go for the jugular against the senator, I have some critical information you might be certainly interested in. It could make the main newspapers go for the throat in fierce attacks on the senator.

  그 상원 의원의 치명적인 약점을 찌르고 싶다면, 확실히 관심을 가질만한 중요한 정보가 있습니다. 그 정보라면 주요 신문들이 상원 의원을 맹렬한 공격하여 급소를 찌를 것입니다.

  ○ *jugular*   경정맥

go from strength to strength
승승장구하다, 성공에 성공을 거듭하다
- The soccer team went from strength to strength after he assumed the position of coach.

  그 축구팀은 그가 감독으로 취임한 후 승승장구하였습니다.

go gaga
열광하다, 빠지다, 노망하다
- When BTS started the concert, all the teenagers in Manhattan went gaga.

  방탄 소년단이 콘서트를 시작했을 때 맨해튼의 모든 십대들이 열광했다.

go-getter
성공하려 작정한 사람, 집념덩어리, 야심찬 사람, 수완 좋은 사람
- A go-getter like her will succeed no matter what she does.

  그녀처럼 투지가 강한 사람은 무엇을 하든 성공할 것이다.

go hog-wild,   run hog-wild
야단법석을 떨다

- The fans of Chicago Bulls went hog-wild after it won the championship.

    Chicago Bulls가 챔피언십에서 우승 한 후 팬들이 야단법석을 떨었습니다.

go in for

마음을 붙이다, 응시하다, 참가하다, 관심이 있다, 취미가 있다

- Thank you for the invitation, but I don't really go in for opera.

    초대 해주셔서 감사합니다. 하지만 저는 오페라에 관심이 없습니다.

go in one ear out the other

한 귀로 듣고 한 귀로 흘려버려라

- I should have written down what my mother needs from the market. Most of what she said has gone in one ear and out the other.

    엄마가 시장에서 사오라고 한 것을 적었어야 했는데. 엄마가 말한 내용의 대부분은 한 귀로 들어와서 한 귀로 흘러가서 기억이 나지 않았다.

go into a tailspin,   go into a nose dive

급강하를 하다. 갑자기 무너지다, 하락하다, 의욕이 없어지다, 희망을 잃다

- The plane went into a tailspin in the sky of Paris, when the pilot was making a welcome remarks to the passengers.

    조종사가 승객들에게 환영 인사를 할 때, 비행기가 파리 상공에서 급강하했다.

go into orbit

궤도에 오르다, 잘 풀리다, 몹시 흥분하다, 격노하다

- Recently our team seems to go into orbit. But the team head went into orbit as his son encountered a car accident yesterday.

    요즘 우리 팀이 잘 풀리고 있는 것 같았는데 어제 팀장 아들이 교통사고를 당하자 팀장은 엄청 열 받아.

go (and) jump in the lake/river/sea/ocean

제발 좀 사라져 주라, 눈앞에서 사라져 주이소, 방해 안 되게 꺼져

- You always make me crazy. I'm sick and tired of your stupid questions. Go and jump in the lake please.

    항상 나를 미치게 만드는구먼. 어리석은 질문에 정말 피곤하다, 제발 내 눈앞에서 사라져 줄래.

go legit

(불법적인 사업을 오래하다) 합법적인 사업을 시작하다

- The old days are over. We will only go legit from now on.

    옛날은 끝났다. 이제부터 합법적인 사업만 하겠습니다.

go native

현지인들처럼 살려고 하다, 토착민들처럼 행동하려고 하다

- Many mainlanders want to go native in Tahiti.

  타히티에서 현지인처럼 살려고 하는 본토인들이 많다.

go one better

더 잘하다

- We need to find a way to go one better than our competitors in order to stay at the top.

  최고의 자리를 지키기 위해서는 경쟁사보다 더 잘 할 수 있는 방법을 찾아야 합니다.

go out

외출하다, 나가다, 빠지다, 발송되다, 탈락하다, 유행이 끝나다

- Super miniskirts are going out.

  초미니스커드는 유행이 끝나고 있다.

go out of business

폐업하다, 망하다, 장사를 접다

- The massive retail chain shops have made small stores go out of business.

  대규모 소매 체인점으로 인해 소규모 상점들이 폐업했습니다.

go out of one's way

비상한 노력을 하다, 들러서 가다, 일부러 하다

- I want to thank you for your having taken care of my son in Paris last week. Even though you should be busy that week, you really went out of your way for him. You really didn't have to. I don't know how to thank you enough.

  지난 주 파리에서 내 아들 신경 많이 써줘서 고마워. 일로 바빴을 텐데 특별히 잘 챙겨줬잖아. 그 정도까지는 안 해도 되는데. 어떻게 감사의 말을 해야 할지.

go out the window,   fly the window,   be thrown out of window

쓸데없게 되다, 폐기되다, 없어지다, 문제가 되지 않게 되다

- All my hopes of finding a good job this year have gone out the window because of unexpected COVID-19.

  예상치 못한 코로나 19로 인해 올해 좋은 일자리를 찾고자하는 모든 희망이 사라졌 습니다.

go over

건너다, 넘다, 조사하다, 점검하다, 검토하다, 거듭 살피다

- They went over the business proposal again in order to decide on the investment.

  그들은 투자 결정을 내리기 위해 사업 제안을 다시 검토했습니다.

go over like a lead ballon
완전한 실패로 끝나다

- I'm afraid whether our new business is likely to go over like a lead balloon.

  우리의 새로운 사업이 완전한 실패로 끝나게 될까 두렵습니다.

go over one's head
키가 넘는 물속에 들어가다, 이해가 되지 않다, 이해 불가하다

- What my chemistry teacher explains goes over my head at all.

  내 화학 선생님이 설명하는 것은 전혀 이해가 되지 않습니다.

  ○ *over one's head* 이해가 되지 않는, 이해 불가의, 우회해서

go postal
화를 내다, 격분하다

- Mom went postal as the kids messed up the living room.

  아이들이 거실을 엉망으로 만들자 엄마는 격분했다.

go south
남쪽으로 가다, 모습을 감추다, 숨기다, 도망가다, 하향하다, 내려가다

- The company's stock price continued going south for the tenth day in a row today.

  회사의 주가는 오늘 10일 연속 하락세를 이어가고 있습니다.

go steady
고정적으로 사귀다, 진지하게 사귀다, 정식으로 사귀다

- Susan went steady with Tom for a year.

  수잔은 탐과 일 년 동안 사귀었다.

go straight
(범죄 생활을 접고) 똑바로 살다, 착하게 살다

- After Tom got out of prison, he went straight.

  탐은 감옥에서 나온 후 착하게 살았다.

go (the) whole hog
철저하게 하다, 완전하게 하다, 극단으로 치닫다, 끝까지 하다

- Let's go whole hog. Why don't we get a seven-course meal at this fancy restaurant?

  완벽하게 합시다. 이 멋진 레스토랑에서 7개 코스 식사를 하는 것은 어떨까요?

go through

통과되다, 성사되다, 살펴보다, 조사하다, 검토하다, 고려하다

- He went through the difficulties in getting a job because of COVID-19.

  그는 COVID-19로 인해 취업에 어려움을 겪었습니다.

go to bed with the chickens

일찍 자다

- He went to bed with the chickens as he had to get up at 5 AM.

  새벽 5시에 일어나야 하기 때문에 일찍 잠자리에 들었습니다.

go to pieces

사분오열하다, 몸과 마음이 허물어지다, 박살이 나다, 결단이 나다

- The party, which Susan hosted yesterday, really went to pieces. First, there was the issue with the caterer, and second, half the guests were not coming.

  수잔이 어제 주최 한 파티는 정말로 박살이 났습니다. 첫째, 케이터링에 문제가 있었고 두 번째는 손님 절반이 오지 않았습니다.

  ● *catering*   맞춤밥상

go to pot

망하다

- I lost all of money at casino. My whole life seems to be going to pot.

  카지노에서 모든 돈을 잃었습니다. 내 인생 전체가 망하는 것 같습니다.

go to seed,   run to seed

한창 때가 지나다, 한물가다, 볼품없게 되다, 식물이 열매를 맺다

- I was very surprised when I saw Susan's face. She really ran to seed in the last few years.

  나는 수잔의 얼굴을 보고 매우 놀랐습니다. 그녀는 최근 몇 년간 한물갔네요.

go to show,   go to prove

보여주다, 예를 보여주다, 입증하다

- The recent business success of the company just goes to show that you should not underestimate the marketing of young people.

  회사의 최근 사업 성공은 젊은 사람들의 마케팅을 과소평가해서는 안 된다는 예를 보여줍니다.

go to the devil

꺼져버려, 결딴나다

- With the way he's running things, our company is going to the devil.
  그가 경영하는 방식이 지속되면 우리 회사는 결딴날 것이다.

go to the dogs
망하다, 엉망이 되다
- Many people think this country is going to the dogs.
  이 나라가 망하고 있다고 생각하는 사람이 많다.

go to the trouble,　　take the trouble
귀찮지만 하다, 일부러 하다
- He went to the trouble of driving her home in the night.
  그는 밤에 귀찮지만 그녀의 집까지 차로 데려다 주었다.

go to town,　　go places
상경하다, 크게 성공하다, 대대적으로 하다, 신나게 하다, 열심히 하다
- We expect him to go town in internet business.
  그가 인너텟 사업으로 성공할 것으로 기대한다.

go to waste,　　run to waste
폐물이 되다, 쓸모없이 되다, 낭비되다
- All of our efforts will go to waste if the institutional investors reject our proposal.
  기관 투자자들이 우리의 제안을 거부하면 우리의 모든 노력이 쓸모없게 될 것이다.

go together
함께 가다, 어우러지다, 한 사람 하고만 데이트 하다
- Vanilla ice cream and blueberry cake go together.
  바닐라 아이스크림과 블루베리 케이크는 잘 어울린다.

go up in smoke,　　go up in flames
수포로 돌아가다, 연기 속에 사라지다, 완전히 다 타 버리다,
- Tom's hope of studying in Boston went up in smoke when his daddy's business collapsed down.
  보스턴에서 공부하려는 탐의 희망은 아버지 사업이 망하자 수포로 돌아갔다.

go up in the air
화내다, 이성을 잃을 만큼 흥분하다, (배우가 무대에서) 대사를 잊다
- He went up in the air as she did not come to the office on time.
  그는 그녀가 제 시간에 사무실에 오지 않아서 화를 냈다.
  ◑ *up in the air*　미정인, 미결인, 결정되지 않은

go-getter
성공하려 작정한 사람, 집념덩어리, 야심찬 사람, 수완 좋은 사람
- A go-getter like her will succeed no matter what she does.

  그녀처럼 투지가 강한 사람은 무엇을 하든 성공할 것이다.

go viral
입소문이 나다
- I can't believe that the video of sex scandal went viral so fast nationwide.

  성 추문 영상이 전국적으로 너무나 빠르게 퍼졌다는 게 믿기지 않습니다.

go without saying, needless to say
말할 필요도 없다, 당연하다
- It goes without saying that we can't get the order if the quality issue is not solved.

  품질 문제가 해결되지 않으면 주문을 받을 수 없다는 것은 당연합니다.

gobble up, swallow up, eat up
게걸스럽게 먹어 치우다, 눈 깜짝할 사이에 집어먹다, 집어삼키다, 섭렵하다
- After climbing the mountain, he gobbled up the chocolates in the fridge.

  산행한 후에 냉장고에 있는 초콜릿을 먹어치웠다.

God forbid (that ~), Heaven forbid (that ~)
그런 일이 없기를, 어림도 없는 소리, 천만에
- God forbid that his company goes into bankruptcy.

  그의 회사가 파산하는 일은 없기를!

God knows, goodness knows, heaven knows
신만이 알고 있다, 아무도 모른다, 누가 어찌 알겠는가, 확실히
- God knows, how much I love you.

  하나님은 내가 당신을 얼마나 사랑하는지 아십니다.

going for someone
유리한 입장에 있다, 잘 되어 가다
- She is expected to get a job soon. She has everything going for her.

  곧 취직 될 겁니다. 모든 것이 그녀에게 유리하게 되고 있습니다.

going on
가깝게, 거의, 일어나고 있는, 계속되고 있는

- He is going on sixty years old.

  그는 거의 육십이다.

going through changes

노력하다, 버티다, 매우 고생하다

- He is going through changes recently.

  그는 요즘 고생이 심하다.

good deal,   great deal

다수, 다량, 많이, 그것 좋군, 훌륭해

- He spends a great deal of his time playing tennis.

  그는 테니스를 치는데 많은 시간을 보냅니다.

good egg,   good scout

좋은 사람, 명랑한 사람, 믿을 수 있는 사람

- Susan is such a good egg that everybody wants to be her friend.

  수잔은 모두가 그녀의 친구가 되고 싶어 할 정도로 명랑한 사람입니다.

good for nothing

아무 짝에도 쓸모없는, 찌질한, 변변치 못한

- What else can he do for our project? He is totally good for nothing.

  그 사람이 우리 프로젝트를 위해 달리 할 수 있는 일이 뭐야? 그 친구 아무짝에도 쓸모없구먼.

  ○ *good-for-nothing*   아무짝에도 쓸모없는 사람

good riddance

(안 보게 되어) 속이 시원하다, 보기 싫은 것이 없어져서 시원하다

- He said "good-bye and good riddance" to GOP at the end of his term. The Republican Party is at a crossroads.

  그는 임기 말에 공화당에 "잘 있어라, 이제 안 보게 돼서 속이 시원하다." 라고 말했습니다. 공화당은 중대 기로에 있습니다.

  ○ *GOP (grand old party)*   공화당

goof off

빈둥거리다

- Tom could not get a promotion as he goofed off at the office.

  탐은 사무실에서 빈둥거려서 승진을 할 수 없었습니다.

  ○ *goof-off*   농땡이를 부리는 사람

goose bumps,   goose pimples,   goose flesh
소름, 닭살

- I got goose bumps when I entered the haunted house for fun.

  재미로 유령의 집에 들어갔을 때 소름이 돋았습니다.

gone with the wind
바람과 함께 사라지다, 영원히 없어지다

- My dream is gone with the wind as Susan suddenly got married with Tom.

  수잔이 갑자기 탐과 결혼하면서 내 꿈은 영원히 사라졌습니다.

grasp at straws,   clutch at straws
지푸라기라도 잡다, 기적을 바라다

- Tom re-offered $1 mil to the company to get the construction project, but he was just clutching at straws, as it already gave the project to Susan.

  탐은 건설 프로젝트를 수주하기 위해 그 회사에 다시 백만 달러를 제안했지만, 그 회사는 이미 프로젝트를 수잔에게 의뢰하였기 때문에 탐은 기적을 바라고 있는 것에 불과했습니다.

graveyard shift
야간근무

- The company is to hire graveyard shift employee.

  회사는 야간근무자를 채용할 예정입니다.

gravy train
손쉬운 돈벌이, 수월한 돈벌이, 노다지판

- Investment banking services produce very high earnings, and a lot of people are trying to get onto the gravy train of investment bankers on Wall Street.

  투자 은행 서비스는 매우 높은 수익을 창출하므로, 월가의 투자 은행가라는 손쉬운 방법으로 큰돈을 벌려고 하는 사람들이 많습니다.

  ○ *ride/get on/board the gravy train* 쉽게 큰돈을 벌다, 괜찮은 벌이를 만나다

grease monkey
기계공, 수리공

- He is a grease monkey in the Air Force.

  공군의 기계공이다.

grease one's palm,   oil one's palm,   oil one's hand
돈을 찔러주다, 뇌물을 주다, 손바닥에 기름을 칠하다, 팁을 주다

- If you want to get something done around here, you have to grease the policeman's palm. I'd never oil a police officer's palm. That's illegal. I, however, sometimes grease the hostess' palm at the restaurant in order to get a table without reservation.

  여기서 뭔가를 하고 싶다면 경찰관에게 뇌물을 줘야 합니다. 나는 경찰관에게 돈 주는 일은 없습니다. 그것은 불법입니다. 그러나 예약 없이 좌석을 얻기 위해 식당에서 가끔 호스티스에게 팁을 건네는 경우는 있습니다.

greasy spoon
허름한 식당, 작고 값싼 식당

- I have no time to join dinner at that famous restaurant tonight. I will just have a sandwich at a greasy spoon for graveyard shift.

  오늘 저녁에 나는 그 유명한 식당에서 식사를 함께 할 시간이 없습니다. 야간근무를 위해 허름한 식당에서 샌드위치를 먹어야 합니다.

green/pale/blue/white/yellow around the gills
안색이 좋지 않은, 파랗게 질린, 기분이 나쁜

- Susan was pale around the gills when her daddy took her a ride in his fast boat.

  아빠가 수잔을 쾌속정에서 태워 주었을 때 수잔은 안색이 창백했습니다.

green thumb,   green fingers
원예의 재능, 처세술, 재능

- These rose flowers look so beautiful. You have a green thumb.

  장미꽃들이 참으로 아름답군요. 원예 솜씨가 좋군요.

  ◐ *all thumbs* 서투르다, 손재주가 없다, 손이 무디다
    He is all thumbs.

green with envy
몹시 샘내는

- She was green with envy that I won first place and my mama bought me a new car.

  내가 일등을 해서 엄마가 새 차를 사준 것에 대해 그녀는 몹시 나를 부러워했다.

grind to a halt
(가다가) 멈추다, 서서히 멈추다

- Traffic is expected to grind to a halt throughout the West Coast as up to ten million sightseers are said to make a trip during the holiday of seven consecutive days.

  7일 연속 연휴 기간 동안 최대 천만 명의 관광객이 여행을 한다고 하는 바, 서부 해안 전역에서 교통이 중단 될 것으로 예상됩니다.

gross out
역겹게 하다

- I was grossed out by the surgery in that movie. It was so disgusting. I could never be a surgeon; blood just grosses me out too much.

  영화 속의 수술 장면이 역겨웠다. 너무 혐오스러웠다. 나는 외과의가 될 수 없습니다. 피가 너무 역겹습니다.

  ● *gross-out* 역겨운 것

ground zero
원래 폭발이 있었던 지표의 지점, 제로 지점(핵폭탄이 터지는 지점), 시초, 시작 지점

- Hiroshima, Japan was ground zero after American atomic bomb was dropped in August 1945.

  일본 히로시마는 1945년 8월 미국 원자 폭탄이 투하 된 후 그라운드제로였다.

  ● *Ground Zero* 폭발이 있었던 지표의 지점을 뜻하는 용어이다. 공중에서 폭발이 일어났을 경우에는 폭발한 장소의 바로 아래 지표면을 의미하며, 대부분의 경우 원자폭탄이나 수소 폭탄 등 핵무기가 폭발한 지점 또는 피폭 중심지를 뜻한다. 최근에는 2001년 9월 11일 뉴욕에서 파괴된 세계 무역 센터가 있던 곳을 지칭한다.

growing pains
성장통, (성장기의) 정서 불안, (회사 등이 초창기에 겪는) 성장/발전을 위한 진통

- The company has growing pains because of an avalanche of orders.

  회사는 주문의 폭주로 인해 발전을 향한 진통을 겪고 있습니다.

grow on
점점 좋아지다, 마음에 들다, 에게 좋아지다

- Her novel was very boring at the beginning, but it has grown upon me as time went by.

  이 소설은 처음에는 지루했으나, 시간이 갈수록 점점 좋아졌습니다.

grow out of
자라서 못 사용하게 되다, 티를 벗다, 생기다

- Tom has grown out of child. He grew out of his clothes.

  탐은 어린 티를 벗어났다. 키가 커져 맞는 옷이 없다.

grow up
성장하다, 장성하다, 철이 들다, 서서히 생겨나다

- I want to be a teacher when I grow up.

  나는 커서 선생님이 되고 싶어요.

guinea pig
기니피그, 실험 대상
- This is the first time I've cooked the dish so I used my husband as a guinea pig for my new recipe.

  그 요리는 처음 만든 것이어서, 남편한테 새 요리를 시식하도록 했습니다.

gum up
바보 같은 짓을 하다, 실수를 저지르다, 망쳐놓다
- He gummed up the whole schedule.

  그는 전체 일정을 망쳐 놓았다.

gun for
총사냥하러 가다, 죽이려고 찾아다니다, (총을 들고) 추적하다, 얻기 위해 노력하다
- The sheriff is gunning for the villain who shot several persons.

  보안관은 여러 명을 쏜 악당을 추적하고 있습니다.

gung-ho
멸사봉공의, 열렬한, 매우 열성적인, 순조롭게
- There are plenty of potential pitfalls that gung-ho entrepreneurs don't neglect, when they launch a new business.

  열성적인 기업가들이 새로운 사업을 착수할 때 간과하지 않는 잠재적인 함정이 많이 있습니다.

gut feeling,　　　gut intuition
직감
- Just a gut feeling. She had a gut feeling that something would go wrong if we kept staying at that strange place. My gut reaction was to get out of there immediately.

  직감적으로 그런 생각이 드네요. 그녀는 우리가 이 이상한 장소에서 계속 있으면 뭔가 잘못될지도 모른다는 것을 직감적으로 느꼈다. 나의 본능적인 반응은 거기서 바로 나오는 것이었다.

gut reaction
본능적인 반응
- Our CEO's initial gut reaction was that the merger would result in a drop in stock prices, when he read the report on merging the company.

  대표이사는 합병 보고서를 읽자마자 합병으로 인해 주가가 하락할 것이라고 본능적으로 반응했다.

American Idioms

hail from, come from, be from
출신이다, 태어났다
- He hails from Chicago.
  그는 시카고 출신이다.

hale and hearty
정정한, 원기 왕성한
- He is still hale and heart at the age of 70.
  그는 70살의 나이에도 정정하다.

half-baked
섣부른, 어설픈, 덜 구운
- What he has proposed is half-baked, as he has no field experience.
  현장 경험이 없어서 그런지 제안한 것이 어설프다.

half-hearted
내키지 않는, 미지근한, 성의가 없는, 소극적인
- He made a half-hearted attempt to clear up the waste.
  그는 쓰레기를 치우는 것을 내키지 않아 했습니다.

half the battle
고비를 넘다, 절반을 넘다
- A good start is half the battle. The first blow is half the battle. Now you've got the shopping list done. That's half the battle.
  시작이 반이다. 선수를 치면 반은 이기고 들어간다. 이제 쇼핑 목록이 완료 되었습니다. 쇼핑의 반은 끝난 것입니다.

hammer out
머리를 짜서 생각해 내다, 타결하다, 강타하다

- One year after the accident, he finally managed to hammer out a settlement with the insurance company.

  사고 일 년 후에서야 그는 마침내 보험 회사와 합의를 타결 지었습니다.

hand down

물려주다, 유산으로 남기다, 내리다, 공표하다

- When do you expect the boss to hand down a decision on the new business?

  사장이 새로운 사업에 대한 결정을 언제 내릴 것으로 예상합니까?

hand out

나눠주다, 배포하다

- The teacher handed the tests out to the students.

  교사는 학생들에게 시험지를 나눠주었습니다.

hand over

이양하다, 인도하다

- It's still hard to hand my baby over to the nanny when I leave for work in the morning.

  아침에 출근 할 때 아기를 유모에게 건네는 것은 여전히 어렵습니다.

  ○ *live-in nanny* 입주 유모

hand something to someone on a silver plate

남에게 무엇을 선선히 주다, 상대방에게 갖다 바치다

- If you can make the government subsidize our project, we'll have our yearly income handed to us on a silver platter.

  당신이 우리 프로젝트에 정부가 보조금을 지급하도록 해준다면, 우리는 별다른 노력 없이 연간 수입을 확보할 것이다.

handle with gloves,   handle with kids gloves

곱게 다루다, 부드럽게 다루다

- My daddy always handles me with gloves, trying to protect me from every little thing. I can't stand it any more.

  우리 아빠는 항상 나를 모든 사소한 것으로부터 보호하려고 노력합니다. 더 이상 참을 수 없습니다.

  ○ *handle without gloves* 함부로 다루다

handout

무상 배급품, (정부 등의) 지원금, 인쇄물, 유인물

- The homeless people are standing in a long line for handouts.

  노숙자들은 무상 배급품을 받기 위해 긴 줄로 서 있습니다.

hand-me-down,　　reach-me-down
독창성 없는, 만들어 놓은, 기성복의, 헌 옷의, 물림 옷, 기성복, 헌 옷
- I don't like hand-me-down clothes as hand-me-down ideas only hit me when I put on them.

  나는 물림 옷을 좋아하지 않아요. 물림 옷을 입으면 진부한 아이디어만 떠오르기 때문입니다.

hands-down
쉬운, 의심의 여지없는, 누구의 반대도 없는, 누구의 저항도 없는
- He won hands-down victory in the race. He was the hands-down candidate for president of the class.

  그는 레이스에서 쉬운 승리를 거두었습니다. 그는 어느 누구도 반대하지 않은 반장 후보자였습니다.

hands-off
무간섭주의의
- A hands-off policy toward Latin America would be better for the United States.

  라틴 아메리카에 대한 자유방임정책 (무간섭정책)은 미국에 더 좋을 것입니다.
  - ○ 자유방임정책　*hands-off policy, nonintervention policy, non-involvement policy*
  - ○ 자유방임경제　*hands-off economy*

hand-to-mouth
근근이 먹고 사는
- I am happy to get a job, but I'm so sick of this hand-to-mouth lifestyle.

  일자리를 구하게 되어 기쁩니다. 하지만 근근이 먹고 사는 이 생활이 진절머리가 납니다.

handwriting on the wall,　　writing on the wall
임박한 재앙의 조짐
- I know I'll get fired soon. I can see the handwriting on the wall.

  곧 해고당할 것을 알고 있습니다. 그런 조짐이 있네요.

hang around
자주 드나들다, 서성거리다, 배회하다, 어슬렁거리다, 시간을 보내다
- The teacher warned the students not to hang around the shopping mall after school.

  선생님은 학생들에게 방과 후 쇼핑몰을 돌아다니지 말라고 경고했습니다.

hang by a thread,　　hang by a hair
풍전등화이다, 위기일발이다

- The future of our company really hangs by a thread. Unless we get big orders by the end of this year, all of us will become jobless.

  우리 회사의 미래는 정말 풍전등화이다. 올해 말까지 대형 오더를 수주하지 못하면 우리는 모두 일자리를 잃게 될 것입니다.

hang in the balance,   tremble in the balance
위기에 놓이다, 미결정 상태이다, 불안정한 상태에 있다
- US presidential race hangs in the balance as votes still uncounted.

  미국 대통령 선거는 아직 집계되지 않은 표로 인해 누가 승자가 될지 불확실하다.

hang on
꽉 붙잡다, 달려있다, 기다리다. 잠깐
- Hang on a minute. I'll be with you right away.

  잠깐 기다리세요. 곧 갈게요.

hang out one's shingle
(의사/변호사가) 간판을 걸다, 개업하다
- The doctor hung out his shingle last week after working at a general hospital for five years.

  그 의사는 종합병원에서 5년 근무 후 지난 주 병원을 개업하였다.

hang over
숙취하다, 뇌리를 떠나지 않다
- The terrible car accident which killed my friend last year has been hanging over me for months.

  작년에 제 친구를 죽인 끔찍한 교통사고가 몇 달 동안 내 뇌리를 떠나지 않고 있습니다.

hang up
(사물을) 걸다, 내기에 걸다, 매달다, 전화를 끊다
- Hang up your coats in the cloakroom before entering party place.

  파티 장소에 들어가기 전에 코트를 휴대품 보관소에 걸어 두십시오.

hangover
숙취
- I had a terrible hangover this morning after I drank heavily at that party yesterday.

  어제 파티에서 술을 많이 마신 후 오늘 아침 몸서리치는 숙취를 겪었습니다.

hangup,   hang-up
정신적 장해, 고뇌, 불안의 씨, 곤란, 문제, 콤플렉스, 약함, 급소
- He has a terrible hang-up about going bald.

  그는 대머리가 되는 것에 대해 끔찍한 콤플렉스를 가지고 있습니다.

happy hunting ground
갖고 싶은 것이 가득 있는 장소, (미국 인디언 무사의) 천국, 절호의 장소
- The Sunday antique market in San Francisco is a happy hunting ground for collectors.

  샌프란시스코의 일요일 골동품 시장은 수집가들에게 천국의 장소입니다.

hard as nails,   tough as nails
피도 눈물도 없는, 냉혹한, 비정한, 튼튼한
- Susan's boss is hard as nails; he scolds her for mistyping whenever he finds out mistyped letter.

  수잔의 상사는 피도 눈물도 없습니다. 그는 잘못 타이핑된 글자를 발견 할 때마다 그녀를 꾸짖습니다.

hard line,   hard-line
강경한 태도, 강경책, 강경노선, 강경한
- The government took a hard line on the strike. The new minister of Ministry of Labor is a hard-liner.

  정부는 그 파업에 대해 강경책을 썼다. 신임 노동부 장관은 강경론자이다.

  ◑ *hard-liner*   강경론자

hard nut to crack,   tough nut to crack
어려운 일, 난제, 만만치 않은 사람
- This problem is getting me down. It's really a hard nut to crack.

  이 문제로 인해 나는 낙담하고 있습니다. 정말 난제입니다.

hard row to hoe,   long row to hoe,   tough row to hoe
지루하고 고된 일, 힘든 일, 큰 일, 고생길
- This is not an easy task. This is a tough row to hoe. Are you ready to challenge it?

  이것은 쉬운 일이 아닙니다. 이것은 지루하고 고된 일입니다. 도전 할 준비가 되어 있나요?

hard sell

강매, 적극적인 판매 방법

- I hate coming into this shop when I'm just browsing, because someone always comes over trying to give me the hard sell. Soft sell may often generate bigger sales than hard sell.

  그냥 상점의 상품을 둘러 볼 때는 이 상점에는 오기 싫다. 왜냐하면 이 상점에 오면, 누군가가 항상 다가와 적극적으로 판매하려고 한다. 은근한 판매 방법이 적극적인 판매 방법보다 더 큰 판매를 창출하는 경우가 자주 있다.

  ◐ *soft sell* 부드러운 판매 방법, 은근한 판매방법

hard to swallow

믿기 어려운, 말이 되지 않는

- I found her story rather hard to swallow.

  그녀의 이야기는 믿기 어렵다는 것을 알게 되었다.

hard up

돈에 쪼들리는, 궁핍한

- I am getting paid next week, so we can go out to dinner then. I'm just hard up right now.

  다음 주에 돈을 받으니 그때 저녁 먹으러 가도 돼요. 지금은 돈이 없어요.

hardheaded,   hard-headed

실리적인, 빈틈없는, 냉정한, 완고한, 고집스러운

- The new boss is hard-headed; she always thinks her way of doing things is the most efficient

  새로운 보스는 고집이 셉니다. 그녀는 자신의 일하는 방식이 가장 효율적이라고 생각합니다.

hard-and-fast,   hard and fast

어떠한 경우에도 변치 않는, 엄중한, 변경을 허락지 않는, 융통성 없는

- The duties you're responsible for are hard and fast, so don't get lax in your working.

  당신이 책임지는 임무는 어떠한 경우에도 변하지 않으니 근무하는데 느슨해지지 말아요.

hard-nosed

냉철한

- Tom was known to be very hard-nosed, but he could really be friendly if you approach him frankly.

  탐은 매우 냉철한 것으로 알려졌지만 솔직히 가까이하면 정말 친해질 수 있습니다.

hash out

계속 논의하여 끝을 보다, 결론을 내다, 상세히 얘기하다

- I'm calling the buffet caterer right now to hash out the details for the garden party.

  가든파티에 대한 세부사항을 면밀히 협의하기 위해 지금 뷔페 음식 공급업자에게 전화하고 있습니다.

hat in hand

모자를 손에 들고, 공손히, 굽실거리며

- She went hat in hand to the cook to ask for the recipe.

  그녀는 요리법을 요청하기 위해 요리사에게 공손히 다가갔습니다.

hatchet job

악평, 혹평

- The committee has done a hatchet job on my new business plan without evaluation.

  위원회는 평가도 없이 내 새로운 사업 계획에 대해 악평을 했습니다.

  ○ *hatchet* · 작은 손도끼

hatchet man

악역 담당자, 궂은일을 하도록 고용된 사람, (살인) 청부업자

- The firm hired Tom as hatchet man to fire superfluous personnel and cut back the company expense.

  회사는 불필요 인력 해고 및 회사 비용 절감 담당 악역으로 탐을 고용하였습니다.

hate one's guts

누군가의 내장까지 싫다, 정말 싫다, 꼴도 보기 싫다

- If you knew the real reason why he was fired, you'd hate his guts.

  그가 해고된 진짜 이유를 알게 되면, 그가 꼴도 보기 싫을 것입니다.

  ○ *no guts, no glory* · 용기 없이 영광 없다. 배짱 없이 영광 없다.

have a ball

신나게 즐기다.

- He and she had a ball, exploring every nook and cranny of Paris.

  그와 그녀는 파리의 구석구석을 탐사하면서 신나게 즐겼습니다.

  ○ 구석구석 *every nook and cranny, every nook and corner, all the corners*

have a beef against someone,   hold a beef against someone

불만이 있다

- I never caused any trouble to you. Why do you have a beef against me?

  나는 당신한테 어떤 문제도 일으키지 않았습니다. 왜 나에 대해 불만이 있나요?

have a blast

아주 즐거운 한때를 보내다

- The food was so delicious and we had a blast. Thanks for inviting us to the party.

  음식은 맛있었고 우리는 아주 즐거운 시간을 보냈습니다. 파티에 초대 해주셔서 감사합니다.

have a field day

신나게 즐기다

- The air was fresh and clear; everyone had a field day in the park during picnic.

  공기는 신선하고 깨끗했습니다. 모두가 피크닉을 하는 동안 공원에서 신나게 즐겼 습니다.

have a fit,　　　have fits,　　　throw a fit

발작을 일으키다, 졸도하다, 경련을 일으키다, 발끈하다, 깜짝 놀라다

- I was so embarrassed when my boy friend started having a fit in the shopping mall.

  남자 친구가 쇼핑몰에서 발작을 해서 너무 당황했다.

have a hand in

관여하다, 참가하다, 일부 책임이 있다

- He had a hand in that new business.

  그는 신규 사업에 참가했다.

have a lot of spunk

용기가 있다, 당돌하다

- The kid had a lot of spunk to fight with junior high school guy.

  그 아이는 중학생과 싸울 수 있는 용기가 있었다.

have a mean streak

비정한 경향이 있는

- Tom is usually a nice guy, but he gets a real mean streak when he's much drunken

  탐은 평소에는 좋은 사람이지만 술에 많이 취하면 정말 비정한 경향이 있습니다.

have a screw loose

나사가 좀 풀린 것 같다, 행동이 좀 이상하다

- He should have a screw loose. He smashed his boss at the office.

  그는 나사가 풀린 것 같다. 사무실에서 그의 상사를 때렸다.

have a short fuse,　　　be on a short fuse
성격이 급하다

- He has a short fuse, and he sometimes makes mistakes. His boss has a long fuse; he never makes a mistake.

  그는 성미가 급하다. 그래서 가끔 실수를 한다. 그의 보스는 성미가 느긋해서 실수 하는 법이 없다.

  ● *have a long fuse, be on a long fuse*　성격이 느긋하다

have a shot at,　　　give a shot at
시도하다, 겨누어 쏘다, 혹평하다

- I don't know if I am good at writing a business letter, but I'll give it a shot.

  비즈니스서신 작성을 잘 할지 모르겠지만 한 번 해보겠습니다.

have a snowball's chance in hell
하늘의 별따기 (● 앞에 not 이 들어가면 「전혀 가망이 없다」)

- He doesn't have a snowball's chance in hell of getting the job because of COVID-19. To make things worse, he does not have a snowball's chance in hell of making it to the airport in time for his job interview.

  그는 COVID-19로 인해 직업을 가지기가 하늘의 별따기다. 심지어 면접 시간에 맞춰 공항에 도착할 가능성도 전혀 없다.

have a stab at something,　　　take a stab at something
시도하다

- I had a stab at fishing once but I found it boring.

  낚시를 한 번 해봤지만 지루했습니다.

have a thick skin,　　　be thick-skinned
둔감하다

- Differently from you, she has a thick skin when it comes to criticism. You are so thin-skinned. If you want to become a politician, you'll need to grow a thicker skin.

  당신과는 달리 그녀는 비판에 대해 둔감합니다. 당신은 너무 민감해요, 정치인이 되고 싶다면 좀 더 둔감해져야 합니다.

  ● 민감하다 *have a thin skin, be thin-skinned*

have a way with
취급하는 요령을 알고 있다, 잘 다루다

- He really has a way with animals. He will become a good veterinarian.

  그는 정말 동물을 잘 다룹니다. 그는 훌륭한 수의사가 될 것입니다.

have a word with

잠깐 이야기를 하다, 잔소리를 하다, 대해 이야기하다

- I want to have a word with you about tomorrow's meeting.

  내일 회의에 대해 말씀 드리고 싶습니다.

have an edge on

우세하다, 낫다, 한잔하여 거나한 기분이다

- He can't beat her at singing, but he has an edge on her on sports. He seems to have an edge on tonight.

  그는 노래 실력은 그녀를 못 따라 가지만, 운동에서는 우세하다. 그는 오늘밤 한잔하여 기분이 좋은 것 같다.

have an eye on

눈을 떼지 않고 감시하다, 유의하다, 눈독을 들이다, 탐내다

- We will have to keep an eye on that young guy and prepare for his reckless acts. He seems to have an eye on my sister.

  우리는 그 젊은 남자를 주시하고 그의 무모한 행동에 대비해야 할 것입니다. 그는 내 여동생에게 눈독을 들이고 있는 것 같아요.

have been around

세상 물정을 알다, 경험이 많다, 많이 돌아다니다

- He knows how to solve the quality problem. He's been around a long time and has acquired lots of skills.

  그는 품질 문제를 해결하는 방법을 알고 있습니다. 그는 오랫동안의 경험을 통해 많은 기술을 습득했습니다.

have eyes only for

뭐 밖에 안 보다, 오직 뭐 만을 바라보다, 뭐 만 사랑하다

- All the girls in his class want to have a date with him, but he has eyes only for Susan.

  학급의 모든 소녀들이 그와 데이트하기를 원하지만 그의 관심은 오직 수잔에게만있습니다.

have had it

진저리나다, 신물이 나다, 완전히 지치다, 학질을 떼다, 학을 떼다, 다 망가지다

- I have had it with this routine work. I do want to challenge a new opportunity.

  나는 이 일상적인 일에 진저리가 난다. 새로운 기회에 도전하고 싶다.

have in the palm of one's hand

손아귀에 넣다, 장악하다

- Backed up by the new main shareholder, he now has the entire company in the palm of his hand.

  새로운 대주주의 지지로 그는 이제 회사 전반을 손에 넣었습니다.

have it

주장하다, 용인하다, 용납하다, 결과적으로 되다, 이해하다, 이기다

- Susan wanted to host a party at her house, but her mom wouldn't have it.

  수잔은 집에서 파티를 열고 싶었지만 엄마는 허락하지 않았습니다.

have it coming

당연한 응보를 받다, (자업자득으로) 당할 것 같다, 대가를 치루다

- He thinks he can disregard and break all the rules now, but he's got it coming to him one day.

  그는 지금 모든 규칙을 어기고 묵살할 수 있다고 생각하지만 언젠가는 대가를 치룰 것입니다.

have it in for

앙심을 품다, 남에게 원한을 품다, 남에게 트집을 잡다

- This is the fourth time in a row my professor has given me an F on my paper. I think he surely has it in for me.

  교수님이 제 논문에 F점을 준 것은 이번이 연속해서 네 번째입니다. 나는 그가 분명히 나에게 앙심을 품고 있다고 생각합니다.

have it made

성공을 확신하다, 원하는 모든 것을 가지다

- Living with a beautiful lady in that big house downtown, earning a big annual salary; Tom has it made.

  시내의 큰 집에서 미인과 살고, 높은 연봉을 받고. 탐은 모든 것을 가졌다.

have it out

결판을 내다, 매듭짓다

- I had to have it out with Susan because she never does her share of cleaning in the house.

  수잔은 집안 청소를 절대로 하지 않기 때문에 그녀와 속 시원하게 애기해서 청소 문제를 매듭지어야 했었다.

have on
바쁘다, 뛰어 나다, 입다

* Susan had on her new dress to join the party.

  수잔은 파티에 참석하기 위해 새 드레스를 입고 있습니다.

have one's hands full
손이 비어 있지 않다, 아주 바쁘다

* The baby-sitter said that she had her hands full and could not take care of another baby for one month.

  아기 보는 사람이 바빠서 한 달 동안은 또 다른 아기를 돌볼 수 없다고 말했다.

have rocks in one's head
바보이다, 어리석다

* You must have rocks in your head if you think the company will keep placing orders with you.

  회사가 계속 주문할 것이라고 생각한다면 당신은 진짜 멍청하다.

have someone over a barrel
궁지에 몰아넣다, 좌지우지하다

* The unions wish they had more options, as they know that management has them over a barrel.

  경영진이 좌지우지할 것을 알고 있기 때문에 노조는 더 많은 옵션을 바라고 있다.

have (something) down pat,   get (something) down pat
완전히 이해하다, 외다

* Make sure you practice this assembly procedure until you have them down pat.

  이 조립 과정을 완전히 이해할 때 까지 연습하십시오.

have something on
약점을 잡고 있다, 예정되어 있다, 켜 둔 채로 두다, 입고 있다, 쓰고 있다

* The minister seems to have something on the president. It's really strange he is not dismissed by the president yet.

  장관이 대통령 약점을 잡고 있는 것 같습니다. 대통령이 아직도 장관을 해임하지 않는 것은 정말 이상합니다.

have the goods on someone,   get the goods on someone
남의 비밀을 쥐고 있다, 부정행위의 증거를 잡고 있다

- How can the cops arrest these people if they don't have the goods on them? Tom hired a special investigator to get the goods on them.

  경찰이 물증 없이 어떻게 그들을 체포 할 수 있습니까? 탐은 물증 확보를 위해 특별 수사관을 고용했습니다.

have the last laugh,   get the last laugh
최후에 웃다, 최후에 이기다, 결국에는 성공하다

- After he was dismissed by several companies, he started his own business and hit the jackpot; he had the last laugh.

  여러 회사에서 해고 된 후 그는 자신의 사업을 시작하고 대박을 터뜨렸습니다. 그는 결국 성공했습니다.

  ○ *He who laughs last laughs best. He laughs best who laughs last.*
  마지막에 웃는 사람이 최후의 승자다.

have the right stuff
자질을 갖추다, 적격이다

- I wonder if Tom has the right stuff for the team leader.

  탐이 팀 리더 자격이 있는지 궁금하다.

have two strikes against someone, have two strikes on someone
스트라이크를 둘 빼앗기다, 불리한 입장에 처하다, 궁지에 몰리다

- You have two strikes against you from causing car accident and getting two speeding tickets; if anything happens additionally this week, your driving license will be taken away.

  자동차 사고를 일으키고 과속 위반 딱지 두 장을 받아 궁지에 몰려 있습니다. 이번 주에 추가로 어떤 일이 발생하면 운전 면허증이 박탈됩니다.

he-man
건장한 남자, 근육질의 남자

- He was a real he-man when he returned from the military service.

  군복무를 마치고 돌아 왔을 때 그는 진짜 사나이였다.

  ○ *she-man* 근육질의 여성, 남성 같은 여성

head off
막다, 저지하다, 회피하다

- I have just called the editor to head off this story before it is printed.

  이 이야기의 기사화를 막기 위해 인쇄되기 전에 편집자에게 전화를 걸었습니다.

head out

향하다, 출발하다, 전기를 맞다

- Attention, everyone, we're heading out for Las Vegas at 10 AM.

  여러분, 우리는 오전 10시에 라스베이거스로 출발합니다.

head over heels,   heels over head

완전히, 매우, 앞뒤를 헤아리지 않고, 흠뻑 빠진, 거꾸로, 공중제비를 하여

- They were head over heels in love with each other last year. But this year they just annoy each other most of the time.

  지난해에 그들은 서로 죽고 못 살았다. 하지만 올해 들어서 그들은 대부분의 시간동안 서로를 짜증나게 합니다.

  ◉ *head over heels* 성행위 자세에서 유래된 표현으로 남녀가 열렬히 사랑하는 표현

head start

(남보다 먼저 시작해서 확보되는) 유리함

- He has a head start on the English presentation as he studied at graduate school in Boston for two years.

  그는 보스턴에 있는 대학원에서 2년 동안 공부하였기 때문에 영어 프레젠테이션에 서 유리하다.

head up

이끌다, 책임지다

- Who is to head up the movement for constitutional amendment?

  누가 헌법 개정 운동을 이끌 것인가?

head-on

정면으로 부딪친, 정면으로 대응하는

- His car skidded into a head-on crash with the truck.

  그의 차가 미끄러지면서 트럭과 정면충돌 하였습니다.

heart goes out to

연민을 느끼다, 동정이 가다, 가엾게 생각하다, 애도를 표하다

- Our hearts go out to all who have been affected by this disaster. I don't know how to say to the young mother whose kid died.

  이 재난으로 피해를 입은 모든 사람들에게 연민을 금할 수 없습니다. 아이가 죽은 젊은 엄마에게 어떻게 위로의 말을 해야 할지 모르겠어요.

heart of gold

친절한 마음, 상냥한 마음

- Tom has a heart of gold while Peter, his younger brother, has a heart of stone.

  탐은 친절하나, 탐의 동생 피터는 냉혈한이다.

  ◑ *heart of stone*　냉혹한 마음, 동정심이 없는 마음

heart stands still

심장이 멎다

- Everybody's heart stood still when president imposed martial law.

  대통령이 계엄령을 선포했을 때 모두 심장이 멎는 듯했다.

heavy heart

무거운 마음, 비통한 심정

- They had very heavy hearts when they attended father's funeral.

  그들은 아버지의 장례식에 참석했을 때 매우 비통한 심정이었습니다.

hedge about,　　　hedge in

완전히 에워싸다, 둘러싸다

- The kids are hedged in today; they can play only in the garden.

  아이들은 오늘 갇혔습니다. 정원에서만 놀 수 있습니다.

hell and high water

무슨 어려움이 닥쳐도, 매우 어려운 처지에 빠져, 곤궁하여

- Mom went through hell and high water to take care of her family after her husband suddenly died in a car accident.

  남편이 갑자기 교통사고로 사망하자 엄마는 가족을 돌보기 위해 온갖 역경을 헤쳐 나갔다.

hem and haw

더듬거리다, 애매한 말을 하다, 솔직한 답을 피하다

- Stop hemming and hawing around. We want to hear what you think. Please speak up.

  애매모호한 말 그만하세요. 당신의 생각을 듣고 싶습니다. 제발 솔직히 말해주세요.

here goes nothing

밑져야 본전, (안 되는 줄 알지만) 하는 데까지 해보자

- He stood on the starting line and said, "Here goes nothing."

  그는 출발선에 서서 "하는 데까지 해보자" 라고 말했습니다.

hide/bury/have one's head in the sand

현실에서 눈을 돌리다, 사실을 외면하다, 위험이 다가옴을 직시하려 하지 않다

- You can't hide your head in the sand about the financial status of your company. Why don't you apply for government subsidy?

  회사의 재정 상태에 대해 외면할 수 없습니다. 정부 보조금을 신청하는 것이 어떤가요?

  ◉ 타조가 놀라면 모래에 머리를 쳐 박는 것에서 유래

hide one's light under a bushel, hide one's candle under a bushel

자기의 선행을 감추다, 겸손하다, 자기의 능력을 숨기다

- Never hide your light under a bushel. Share your great thoughts with other people so that they can make the most of your experiences and know-how.

  본인의 능력을 감추지 마십시오. 다른 사람들과 훌륭한 생각을 공유하여 그들이 당신의 경험과 노하우를 최대한 활용할 수 있도록 하세요.

high gear

초고속 기어, 최고 속도, 최고조

- Construction is in high gear nationwide for the upcoming Olympics.

  다가오는 올림픽을 위해 전국에서 건설이 빠르게 진행되고 있습니다.

high-handed

고압적인, 독단적인

- Mom is a high-handed tyrant at my home.

  엄마는 우리 집안의 독선적인 절대자입니다.

high and dry

먹고 살 길이 막막한, 고립된, 곤경에 빠진, (배가) 물밖에 나온, 도움 없이 혼자서

- I was left high and dry when I have my wallet and passport pickpocketed during my visit to Rome alone.

  혼자 로마를 방문 중 지갑과 여권을 소매치기 당해 곤경에 빠졌습니다.

high seas

공해

- Any ship has the right to sail on the high seas.

  모든 배는 공해에서 항해 할 수 있는 권리가 있습니다.

high time

마침 좋은 때, 무르익은 때

• It is high time now to sell our house. The price of real estate is expected to drop from next year.

지금이 우리 집을 팔아야 할 적기이다. 내년부터 부동산 가격이 하락할 것으로 예상된다.

highway robbery

노상강도, 노상강도짓, 날강도 짓, 터무니없는 가격/요금 청구

• The price of meal and hotel charge in New York seem be highway robbery to the visitors from less developed countries.

뉴욕의 식사 가격과 호텔 요금은 뉴욕을 방문하는 저개발국 사람들에게는 노상강도 같아 보입니다.

  ● *daylight robbery*   (백주 대낮의) 날강도 짓

high-and-mighty

거만한, 건방진, 불손한

• Tom could not go out with Susan any more as she became high-and-mighty right after she won the grand prix.

수잔이 대상을 수상한 직후부터 거만해져서 탐은 더 이상 그녀와 데이트를 할 수 없게 되었다.

  ● *the high-and-mighty*   상류 계급 사람들, 실력자들, 오만한 사람들

high-wire act

줄타기, 아슬아슬한 행동

• If the listed companies cook the books for tax cut, it is a high-wire act.

만약 상장회사가 세금 감면을 위해 장부를 조작한다면 그것은 아슬아슬한 줄타기입 니다.

hit a (raw) nerve,   touch a (raw) nerve,   strike a (raw) nerve

아픈 곳을 건드리다, 약점을 공격하다, 신경을 거스르다

• You touched a raw nerve when you talked to the boss about the need to enhance English writing for better communications with the customers overseas.

해외 고객들과 보다 더 나은 커뮤니케이션을 위해 영어 작문 능력을 향상시킬 필요가 있다고 상사에게 얘기한 것은 상사의 아픈 곳을 건드린 것이다.

  ● *hit/touch/strike a sensitive nerve*   raw를 sensitive 로 사용하여도 같은 의미

hit a snag,   run into trouble

뜻밖의 장애에 부딪치다, 생각지도 않은 문제에 다다르다

• Our plans for a relaxing Christmas Eve at home hit a snag when a big fire suddenly broke out at our office building.

갑자기 큰 화재가 사무실 건물에서 발생하여 집에서 크리스마스이브를 안락하게 보내기로 한 계획은 생각지도 않게 곤란해졌습니다.

hit bottom,   touch bottom
바닥에 이르다, 바닥 치다
- When his company went into bankruptcy, he thought that he touched bottom and things would get better.

  회사가 파산했을 때 그는 바닥을 쳤으며 상황이 나아질 것이라고 생각했습니다.

hit home
급소를 찌르다, 정곡을 찌르다, 팩트 폭격을 가하다
- Her criticism of my clothes for the party hit home, so I changed.

  파티 의상에 대한 그녀의 비판이 정곡을 찔렀기에 나는 옷을 갈아입었다.

hit it off
죽이 맞다, 마음이 맞다
- Tom and Susan hit it off well each other.

  탐과 수잔은 서로서로 죽이 맞는다.

  ● *hit it off badly*   죽이 맞지 않다

hit on
생각해내다, 때리다
- When the teacher raised several questions, Tom was the first guy who hit on the right answer.

  선생님이 몇 가지 질문을 했을 때, 탐이 첫 번째로 정답을 생각해냈습니다.

hit on someone
수작을 걸다
- Are you really hitting on me? You're a married man. Your wife is my close friend.

  정말 나에게 수작을 거나요? 당신은 기혼자이고, 당신의 아내는 나와 친한 친구입니다.

hit pay dirt,   strike pay dirt
노다지를 찾아내다, 횡재하다, 기본적 사실을 파악하다
- After years of poverty, the writer hit pay dirt with her third novel. And at the same time, her husband struck pay dirt with his new business.

  수년간 가난을 겪은 후, 작가는 세 번째 소설로 대박이 났습니다. 그와 동시에 그녀의 남편은 새로운 사업으로 대박이 났습니다.

hit rock bottom

완전히 실패로 돌아가다, 바닥을 치다

- The whole stock market has been bearish for weeks, but I think the stock of the company has finally hit rock bottom.

  주식 시장이 몇 주 동안 약세였지만 그 회사의 주식은 마침내 바닥을 쳤다고 생각 한다.

hit the bull's eye

과녁 한복판에 명중하다, 정곡을 찌르다

- You really hit the bull's eye with that answer. What a good job!

  당신은 정말 그 대답으로 정곡을 찔렀습니다. 정말 잘 했어요!

hit the ceiling,   hit the roof,   go through the ceiling/roof

격노하다, 길길이 뛰다, 분통을 터뜨리다, 발끈하다, (시세가) 폭등하다, 최고에 달하다

- She really hit the ceiling when she found out what happened in the kitchen.

  그녀는 부엌에서 무슨 일이 일어났는지 보자 엄청 화가 났습니다.

hit the deck

땅에 납작 엎드리다, 바닥에 몸을 낮추다

- When I heard the shots, I immediately hit the deck so that they can't see me.

  총소리를 들었을 때 나는 그들이 나를 볼 수 없도록 바로 땅에 납작 엎드렸다.

hit the fan

혼란 상태가 되다, 난처해지다, (스캔들로) 세상에 알려지다, 사회 공론화 되다

- The presidential election fraud hit the fan, and within one hour, the press had spread it all over the world.

  대선 사기가 세상에 알려지고, 언론은 한 시간 만에 전 세계에 퍼뜨렸습니다.

hit the hay,   hit the sack

잠자리에 들다, 자다

- It's time to hit the hay.

  이제 잘 시간이다.

hit the high spots

요점만 언급하다, 긴요한 부분만 취급하다, 번화가로 놀러 가다

- We are running out of time as we have to leave for the airport soon. So just hit the high spots from your business proposal.

  곧 공항으로 출발해야 하므로 시간이 부족합니다. 그러니 사업 제안에서 핵심만 언급해주세요.

hit the jackpot

대박을 터뜨리다

- Never waste your money on lottery tickets if you want to hit the jackpot by lottery. Buying lottery is OK, when it is just for fun.

  대박을 터뜨리려고 복권을 산다면 복권에 돈을 낭비하지 마십시오. 단지 재미로 복권을 사는 것은 괜찮습니다.

hit the nail on the head

정곡을 찌르다, 핵심을 찌르다, 적절한 말을 하다, 정확히 맞는 말을 하다

- Tom has spotted the critical problem with the new assembly process that was over-looked so far. He doesn't say much, but every now and then he hits the nail right on the head.

  탐은 새 조립 공정에서 지금까지 간과되었던 중요한 문제점을 발견했습니다. 그는 말을 많이 하지 않지만 때때로 정곡을 찌르는 말을 합니다.

hit the road

먼 길을 나서다, 여행길에 오르다, 방랑하다, 세일즈맨으로 돌아다니다

- I'm all dressed and ready to hit the road.

  옷 다 차려 입고, 먼 길 나설 준비가 되었다.

hit the sauce

술독에 빠지다, 실컷 술을 마시다

- You have to stop hitting the sauce in order to take care of your kids well.

  당신의 자녀들을 잘 돌보려면 술을 지나치게 먹는 짓은 관둬야 한다.

hit the spot

(원하는) 바로 그것이다, 더할 나위 없이 좋다, 더할 나위 없이 시원하다

- Her French food really hit the spot.

  그녀가 만들어준 프랑스 요리는 입에 착착 붙었다.

hit-and-run

뺑소니의, 기습적인

- The police are looking for the witnesses who can help identify the hit-and-run driver of this morning's car accident.

  경찰은 오늘 아침 교통사고를 내고 도주한 뺑소니 운전자의 신원을 확인하는 것을 도와 줄 수 있는 증인을 찾고 있습니다.

hit-or-miss, hit-and-miss

무작정의, 되는대로, 소홀히 하는, 되든 안 되든, 막무가내

- The company still honors hit-or-miss management that seems antiquated by today's standards. It wants to challenge any business chance hit or miss.

  그 회사는 여전히 오늘날의 기준으로는 구태의연하게 여겨지는 막무가내식 경영을 고수합니다. 되든 안 되든 신규 사업 기회는 도전하고 싶어 한다.

  ● *antiquate* 한물가게 하다, 고풍스레 만들다

hitch one's wagon to a star

대망을 품다

- You are good enough to do anything that you want. So why don't you hitch your wagon to a star? You can try to become the president of United States.

  당신은 당신이 원하는 어떤 것도 해낼 만큼 훌륭합니다. 큰 꿈을 갖는 것이 어떠 한지요? 미국 대통령이 되려고 해봐도 됩니다.

hitting skins

섹스

- He is good at hitting skins only.

  그는 섹스는 잘한다.

hold a candle to, hold a stick to

위하여 불을 켜다, 돕다, 비교하기에 알맞다, 동류이다

- This film doesn't hold a candle to the previous ones.

  이번 영화는 전작에 비해 별로다. 전작에 못 미친다.

hold all the trumps, hold all the aces, hold all the (winning) cards

압도적으로 유리한 입장에 있다, 승패를 모두 쥐고 있다

- The company holds all the aces on this deal, as its cutting edge technology leads the present market.

  회사의 최첨단 기술이 현재 시장을 주도하기 때문에 회사는 이 거래에 대해 압도적으로 유리한 입장에 있다.

hold back

기다리다, 저지하다, 억제하다, 참다, 비밀로 하다

- I could not hold my tears back when I heard the bad news about my son.

  아들에 대한 안 좋은 소식을 듣고 눈물을 참을 수가 없었습니다.

hold court

사람들을 즐겁게 해주다, 재미있는 이야기를 들려주다, 개정하다, 재판을 하다

- Tom is holding court as usual in the school cafeteria, surrounded by many students.

  탐은 학교 식당에서 많은 학생들에게 둘러 싸여 평소처럼 사람들을 즐겁게 해주고 있다,

hold down

억제하다, 견뎌내다

- Can you please get the kids to hold down roughhousing while I'm on the phone?

  내가 전화를 하는 동안 애들이 야단법석을 떨지 않도록 해줄래?

  ○ *roughhouse* 난투를 벌이다, 시끄럽게 놀다, 야단법석을 떨다

hold forth

말을 장황하게 늘어놓다, 의견을 늘어놓다.

- The politician held forth on the importance of new immigration law. He's a real bore.

  정치인은 새로운 이민법의 중요성을 장황하게 늘어놓았습니다. 그는 진짜 따분합니다.

hold good

옳다, 좋다, 유효하다

- The law must hold good for everybody in society, not just for those who make much money.

  법은 돈을 많이 버는 사람뿐만 아니라 사회의 모든 사람에게 유익하여야 합니다.

hold off

미루다, 연기하다, 보류하다, 시작하지 않다

- I know you want to proceed that project immediately, but hold off until I get these questions answered by the boss.

  프로젝트를 즉시 진행하고 싶어 하는 것을 알지만, 이 질문에 대한 상사의 답을 얻을 때까지 보류하세요.

hold on to

잡고 버티다, 유지하다

- He held on to the position and would not retire even though he was over sixty.

  그는 그 지위를 지켰고 60이 넘었지만 은퇴하지 않을 것입니다.

hold one's breath

숨을 멈추다, 숨을 죽이다

- The race was so neck and neck that many people held their breath until the finish.

  경주가 대접전이어서 많은 사람들이 끝날 때까지 숨을 죽이고 있었다.

hold one's horses

참다, 침착하다, 서두르지 않다

- Hold your horses, kids. We're going to sing a happy birthday song before we cut a cake.

  서두르지 말고. 케이크를 자르기 전에 생일 축하 노래를 부르자.

hold one's own

자기 지위를 고수하다, 꺾이지 않다, 자기 입장을 고수하다

- I've been playing golf since I was a kid, and can hold my own against him.

  어렸을 때부터 골프를 했기 때문에 그와 대적할 수 있습니다.

hold one's tongue

잠자코 있다, 입 다물고 있다, 말을 삼가다, 불쾌한 말을 하지 않다

- Mom told her kids to hold their tongues.

  엄마는 아이들에게 잠자코 있으라고 하였다.

hold the bag

독박 쓰다, (비난/책임 따위를) 혼자 덮어쓰다, 빈털터리가 되다

- Three days before the president of company announced bankruptcy, he invited me to a luxurious restaurant for dinner, but I was left holding the bag when it was time to pay. What's worse, I had not been aware of cooking the books for years, but I was left holding the bag when the business collapsed.

  사장이 파산을 선언하기 3일 전에 나를 호화로운 식당으로 저녁 식사 초대했지만 식사비 계산을 할 때 내가 독박을 썼습니다. 설상가상으로, 회사가 수년 동안 장부를 조작한 사실을 나는 몰랐으나 사업이 망하자 모든 책임이 나에게 전가되었습니다.

  ⊙ 장부를 조작하다 *cook the books, doctor the books, falsify the accounts, doctor the accounts, manipulate the accounts, fiddle the accounts, massage the accounts, commit accounting fraud*

hold the fort

자리를 지키다, 일을 봐 주다, 요새를 지키다, 직책을 수행하다

- Please open the store at nine o'clock and hold the fort until I get there at eleven.

  9시에 가게를 열고 내가 도착하는 11시까지 가게를 봐주세요.

hold up

떠받치다, 지연시키다, 방해하다, 들다, 제시하다

- The chair was too weak to hold up Tom.

  그 의자는 너무 약해서 탐을 지탱할 수 없었다.

hold water

물이 새지 않다, 이치에 맞다, 타당하다

- Nothing that you've said so far holds water.

  지금까지 당신이 말한 그 어떤 것도 이치에 맞지 않는다.

holdout

저항, 인내, 제공, 제출, 계약을 보류하는 사람

- She is a lonely holdout in this city. She refused to sell her old house at the price which the construction company offered.

  그녀는 이 도시에서 고독한 저항자입니다. 그녀는 오래된 집을 건설 회사가 제안한 가격에 파는 것을 거부했습니다.

holdover

유임자, 유임, (당초 계획보다 흥행에 성공한) 계속 상영물 영화/공연등

- Star Wars was a holdover in most movie theaters nation-wide.

  스타워즈는 전국 대부분의 영화관에서 당초 계획보다 더 오랫동안 상영되었다.

  ● *hold over* 재직하다, 유임하다, 연기하다, 연장하다

holdup

(노상) 강도, 중지, 연기, 방해, 교통 체증, 터무니없는 값의 요구, 터무니없는 고가품

- What causes this kind of holdup at this time?

  현재 이런 종류의 교통 체증 원인은 무엇인가요?

holier-than-thou

고결한 척하는, 고고한 척하는

- Our boss seems holier-than-thou. But I'm not going to be all holier-than-thou about this, as I have to generate sales in order to get promotion this year.

  우리 보스는 고결한 것 같습니다. 하지만 올해 승진을 위해 매출을 창출해야 하는 나로서는 이 사안에 대해 고고한 척 하지 않을 것입니다.

holy cow,   holy mackerel,   holy Moses

이런, 저런, 아, 어, 어휴

- Holy cow! They should not have done that.

  어휴. 저런 일은 하지 말았어야 하는데.

holy terror

무서운 사람, 무서운 것, 골칫거리, 망나니, 열심인 사람

- All the students are afraid of their teacher as he is a holy terror.

  선생님이 무서운 사람이어서 모든 학생들이 선생님을 두려워합니다.

home free
성공이 확실한, 낙승의, 고비를 넘긴

- I think we have secured more than enough support for this business plan; now we're home free.

  저는 우리가 이 사업 계획에 대해 충분한 지원을 확보했다고 생각합니다. 이제 우리는 고비를 넘긴 것입니다.

honeymoon is over
신혼은 끝났다, 좋은 시절은 지나갔다.

- He was excited when he started his new job, but he came to know the honeymoon was over at his new job when his manager started yelling at him to work faster, and realized that he had more responsibilities than he could handle.

  그는 새 직장에서 근무를 시작하자 신이 났지만, 그의 매니저가 더 빨리 일하라고 다그치기 시작했을 때 좋은 시절은 끝났다는 것을 알게 되었고, 그가 감당할 수 있는 것보다 더 많은 책임이 있다는 것을 깨달았다.

hook up
연결하다, 낚아 올리다, 관계를 갖다, 결혼하다

- I can hook up your car to my bus to try to jumpstart it.

  당신 차를 버스에 연결하여 시동을 걸 수 있습니다.

hook, line, and sinker
완전히

- It is too sad that he believed her hook, line, and sinker.

  그가 그녀를 완전히 믿은 것이 매우 슬프다.

hooked on
중독되어 있는, 맛들이다, 푹 빠지다

- I am hooked on the mystery novel.

  추리소설에 푹 빠져있다.

hookup
파티 등에서 처음 만나 자연스럽게 성적 관계를 갖는 것, 배선, 접속, 결합

- I can't believe you had a hookup with my ex-boyfriend. It was just a hookup at the party. We're neither dating nor doing anything. So you don't have to worry about that.

  내 전 남자 친구와 성관계를 하다니 믿을 수가 없어. 그냥 파티에서 단순한 성관계였어. 데이트 하는 것도 아니고 특별히 같이 하는 것도 없으니 걱정하지 마라.

hope against hope

희망을 버리지 않다

- He hoped against hope that COVID-19 would end up soon and the economy would recover quickly.

  그는 COVID-19가 곧 끝나고 경제가 빠르게 회복 될 것이라는 희망을 버리지 않았 습니다.

horn in

끼어들다, 참견하다, 오지랖 넓게 굴다, 초대받지 않고 파티에 가다

- I hope you are not trying to horn in on our party this time.

  이번에는 우리 파티에 참여하지 않기를 바랍니다.

horse around

법석 떨다, 거칠게 놀다, 장난치다, 희룽거리다

- He's horsing around with your kids. They are really having a good time.

  그는 당신의 아이들과 함께 시끌벅적합니다. 그들은 정말 즐거운 시간을 보내고 있습니다.

horse of a different color,   horse of another color

전혀 별개의 사항, 전혀 별개의 것

- To know is one thing, and to teach is another. Being very learned does not mean teaching well. Teaching is a horse of a different color.

  아는 것과 가르치는 것은 다른 것입니다. 학식이 높다는 것이 잘 가르치는 것을 의미하지는 않습니다. 가르치는 것은 별 개의 사항입니다.

horse sense

상식, 양식

- Well educated people do not always have much horse sense.

  잘 교육받은 사람들이 항상 상식이 많은 것은 아닙니다.

horse trade

치열한 협상으로 합의된 빈틈없는 거래, 현실적 타협, 말의 교환, 말의 매매

- There was much horse trading as the conference tried to draw out the agreement on reducing greenhouse gas emissions.

  회의가 온실 가스 배출량 감축에 대한 합의를 도출하려고 시도하면서 치밀하게 계산된 거래가 많았습니다.

  ● *horse trader* 흥정을 잘하는 사람, 빈틈없는 사나이, 말의 매매자

hot air
허풍, 뻥, 헛소리, 기염

• What he said at the meeting is just hot air.

그가 회의에서 말한 것은 단지 허풍에 지나지 않는다.

hot potato
뜨거운 감자, 난감한 문제, 난감한 상황

• Pricing policy will be a hot potato at the meeting.

가격 정책은 회의에서 뜨거운 감자가 될 것입니다.

hot rod
개조한 자동차

• Hot rods are usually used by young people for racing.

일반적으로 젊은이들은 개조한 자동차를 경주에 사용합니다.

house of cards
불안정한 계획, 완전하지 않은 조직, 성공할 가망이 없는, 사상누각, 모래성

• He thought that he had it all figured out, but when his business idea was implemented, his business collapsed down like a house of cards.

그는 모든 것을 파악했다고 생각했지만 그의 사업 아이디어가 실현되었을 때 사업은 모래성처럼 무너졌습니다.

    ◉ 「House of Cards」는 놀이용 카드를 삼각형 모양으로 세워서 탑처럼 쌓아올리는 구조물을 뜻한다. 이렇게 카드로 얼기설기 만든 집이기 때문에 구조가 엉성하고 카드 한 장만 빼도 무너지기 쉽다. 드라마로도 유명하다.

    The sand castle, built up by the kids, crumbled.   그 애들이 만든 모래성이 무너졌다.

house of ill fame,   house of ill repute
윤락가, 매춘 촌, 매춘 굴, 유곽

• Houses of ill fame were legal in some countries years ago.

윤락가는 몇 년 전에 일부 국가에서 합법적이었다.

how does it play?
반응이 어때?

• I would like to know how the new face mask with pressed flower is playing on the market.

압화를 입힌 새로운 페이스 마스크의 시장 반응이 어떠한지 알고 싶습니다.

    ◉ *pressed flower*   압화, 압축한 꽃

how does that grab you?

어떻게 생각하니, 관심 있니

- How does the movie Wonder Woman 1984 grab you?

  영화 원더우먼 1984 를 어떻게 생각하니?

hue and cry

강력한 항의, 추적의 고함 소리, 죄인 체포 포고, 심한 비난, 야유, 항의

- There was a hue and cry when the mayor tried to pass the bill to build condominiums on the playing field. The decision to close the local school started a real hue and cry.

  시장이 콘도를 운동장에 짓기 위해 법안을 통과 시키려고 할 때 강력한 항의가 있었다. 지역 학교 폐쇄 결정은 심한 비난을 받기 시작했다.

hug the road,   hold the road

매끄럽게 노상을 달리다, 노면에 밀착하여 달리다

- His new car with a low center of gravity will hug the road very well

  그가 새로 산 차는 무게 중심이 낮아 노상에 매끄러지듯이 아주 잘 달릴 것이다.

hush up

숨기다, 은폐하다, 유야무야로 덮어두다, 추문을 잠재우다

- It is not easy to hush up the scandal of famous movie stars.

  유명한 영화배우들의 스캔들을 은폐하는 것은 쉽지 않다.

hush-hush

쉬쉬하는

- I have some important news for you, but it has to be hush-hush for a while.

  중요한 소식이 있습니다. 하지만 잠시 동안은 쉬쉬하고 있어야 합니다.

American Idioms

idiot box

텔레비전

- Why don't we encourage our children to play outside, instead of just spending hours in front of the idiot box. They may become couch potatoes.

  아이들이 TV 앞에서 몇 시간을 보내는 대신 밖에서 놀도록 격려하는 것이 어떠한지요? 소파에 앉아 TV만 보는 사람이 될지도 몰라요.

ill at ease

불편해 하는, 거북한, 불안한, 침착함이 없는

- I feel ill at ease about the job interview.

  나는 면접 볼 때 침착하지 못하다.

if the shoe fits, wear it,   if the cap fits, wear it

자기에게 맞는 것이 제일 좋은 것이다, 그 말이 옳다고 생각되거든 받아 들여라

- I know you don't like them to call you a miser, but if the shoe fits, wear it.

  그들이 당신을 구두쇠라고 부르는 것을 좋아하지 않는다는 것을 압니다. 하지만 그 말이 맞으면 받아들이세요.

if worse comes to worst,   if the worst comes to the worst

최악의 경우에는, 만일의 경우에는

- If worse comes to the worst and he gets fired, he would emigrate into Thailand.

  최악의 상황이 되어 해고되면 그는 태국으로 이주 할 것입니다.

in a bind,   in a box

곤경에 처한

- I'd be in a bind without a car. I have several companies to visit every day.

  나는 차가 없으면 곤란합니다. 매일 방문 할 회사가 여러 곳 있습니다.

in a circle,   in circles

제자리 맴도는, 제자리 도는, 쳇바퀴 도는

- The board of directors debated for three hours, just talking in circles.

  이사회는 3시간 동안이나 토론했지만, 진척되는 일 없이 제자리만 맴돌고 있었습니다.

in a family way,   in the family way

가족적으로, 허물없이, 소탈하게, 임신하다, 아이를 배다

- Susan was happy that her mother was in the family way.

  수잔은 엄마가 임신한 것을 알고 행복했다.

in a fix

움직일 수 없다, 진창에 빠지다, 곤경에 처하다, 난처하다

- He is in a fix because he lost his wallet and passport in Paris.

  그는 파리에서 지갑과 여권을 잃어 버려 곤경에 처해 있다.

in a funk,   in a blue funk

슬프다, 우울하다, 놀라다

- Please don't get in a funk about your job. Things will get better soon.

  당신의 직업에 대해 우울해 하지 마세요. 곧 상황이 좋아질 것입니다.

in a jam

궁지에 몰려, 곤경에 빠져

- He found himself in a jam when his car overheated on the highway.

  고속도로에서 차가 과열되어 그는 곤경에 빠졌습니다.

in a jiffy,   in a jerk

곧, 즉시, 곧바로

- Just call me on this number if you have any problems, and I'll be back in a jiffy.

  문제가 있으면 이 번호로 전화 하세요, 즉시 돌아 올 테니.

in a nutshell

아주 분명히, 간단명료하게, 용건만 간단히

- Let me put it in a nutshell for you. If you show up late again, you're fired by the boss.

  한마디로 말씀 드리겠습니다. 출근이 또 늦으면 사장이 해고할 것입니다.

in a (pretty) pickle
곤경에 처한

- Now we are in a pretty pickle. We are out of gas in the mountain.

  이제 우리는 곤경에 처했다. 산속에서 자동차 기름이 떨어졌어요.

in a pinch
비상시에는, 만일의 경우에

- This color of dress will do in a pinch; it's better than nothing.

  비상시에는 이 색상의 드레스도 괜찮습니다. 없는 것보다는 낫습니다.

in a world of one's own,   in a world by oneself
자기 혼자의 세계에 들어박혀, 독선으로

- It's no use trying to talk to her about something like this; she's always in a world of her own.

  그녀에게 이런 얘기를 하는 것은 소용이 없습니다. 그녀는 항상 자신만의 세계에 빠져 있습니다.

in arms
무장을 하고

- Many men were voluntarily in arms when our country was attacked.

  우리나라가 공격을 받았을 때 자발적으로 무장을 한 사람들이 많았습니다.

in bad faith
정직하지 못하게, 잘못인 줄 알면서, 불성실하게, 부정하게

- They sold her a car in bad faith which they knew had problems.

  그들은 문제가 있다는 것을 알고 잘못인 줄 알면서도 그녀에게 차를 팔았습니다.

in character
평상시와 같은, 스타일이 같은, 어울리는, 잘 어울려서

- He drank a lot at the party yesterday, and that was not in character as he does not drink well.

  그는 어제 파티에서 술을 많이 마셨는데, 술을 잘 마시지 않는 평소와는 달랐다.

in check
견제 하에, 통제 하에, 억제 하에, (체스에서) 장군을 불러서

- She could not hold her feeling in check any more when she was drunken.

  그녀는 술에 취했을 때 더 이상 자신의 감정을 억제 할 수 없었습니다.

in clover,   in the clover

유복하게, 호화롭게, 풍족하게

- If you get this contract at those terms, you'll be in clover for the rest of your life.

  그런 조건으로 이 계약을 체결하면 남은 일생 동안 평생 풍족하게 살 것입니다.

in cold blood

냉혈의, 냉혹한, 무자비한, 냉정한

- It would be better for you to think over the business proposal in cold blood.

  사업 제안에 대해 냉정히 생각하는 것이 더 나을 것입니다.

in common

공동으로

- He and she own the building in common.

  그와 그녀는 빌딩을 공동 소유하고 있다.

in deep

깊이 빠져들어, 완전히 엉켜서, 부채에 빠져, 능력 밖의 상황에 처한

- He is in deep with his creditors. If he doesn't pay off his debts, they're going to take everything he expects to own after graduation from law school.

  그는 채권자들과 얽혀 있습니다. 그가 빚을 갚지 않으면, 그가 로스쿨을 졸업 한 후 가질 것으로 기대되는 모든 것을 그들이 빼앗아 갈 것입니다.

in delicate condition

임신 중인, 몸이 무거운

- Tom had to get married with her much sooner than original plan, as she was in delicate condition.

  그녀가 임신 중이었기 때문에 탐은 원래 계획보다 훨씬 빨리 그녀와 결혼해야 했습니다.

in dire straits

곤경에 빠져

- Many companies were left in dire straits by the recent nosedive in the stock market.

  최근 주식 시장의 급격한 폭락으로 위기에 처한 기업들이 많습니다.

in fact,   in point of fact

사실은, 실제

- This computer is very good. In fact, it's the best.

  이 컴퓨터는 아주 좋습니다. 사실 최고입니다.

in force

대거, 많이, 시행중인

- The voters are expected to come out in force at city hall against the bill to be in force from coming May.

  유권자들은 오는 5월부터 시행 예정인 법안에 항의하기 위해 시청으로 대거 몰려 올 것입니다.

in good time,　　　in good season,　　　in due course/season/time

머지않아, 곧, 때가 되면, 미리미리

- Please don't rush them. They'll be finished in good time.

  그들을 재촉하지 마세요. 때가 되면 끝날 것입니다.

in hand

수중에 있는, 장악하고 있는, 지배하고 있는, 현재 하고 있는

- It would be better for you to get this situation in hand before the issue escalates.

  문제가 확대되기 전에 이 상황을 확실히 장악하는 것이 더 좋을 것입니다.

in harm's way,　　　into harm's way

다치거나 죽을 위험에 처해있는

- You have to evacuate your office right away. Still many bystanders are in harm's way at the building.

  사무실에서 즉시 대피해야합니다. 아직도 건물안에는 위험에 처해있는 구경꾼들이 많이 있습니다.

in kind

현물로, 동일한 것으로

- Treat people with respect, then they will respond to you in kind.

  사람들을 존경심으로 대하면 당신도 존경 받을 것입니다.

in league with,　　　in cahoots with,　　　in collusion with

작당해서, 연합하여, 결탁하여, 한통속이 되어

- We've been in league with a company in Vietnam who can offer the product at half-price in order to participate in the tender.

  우리는 입찰에 참가하기 위해 제품을 반값에 공급할 수 있는 베트남에 있는 회사와 연합 중입니다.

in line

횡대로, 일렬로

- He is third in line to the chairman of the committee.

  그는 위원회 회장 서열 3순위이다.

in line with

방침에 의거, 함께, 에 따라, 와 비슷한, 와 긴밀히 연결되도록, 일맥상통하는

- These new laws don't seem to be in line with presidential campaign pledge.

  이 새로운 법들은 대통령 선거 공약과 연계되지 않는 것 같습니다.

in no time,　　　in nothing flat

당장에, 곧, 잠시도 지체하지 않고, 즉시

- Please leave after rush hour traffic ends, and then you can be here in nothing flat.

  러시아워 교통체증이 끝난 후 출발하세요. 그러면 여기에 즉시 도착할 수 있어요.

in on

으로 곧장 나아가다, 전념하다, 관심을 쏟다, 참여하다

- Wow, that business plan is a big surprise. Are you in on planning this?

  와, 그 사업 계획은 아주 놀랍군요. 이 계획에 참여하고 있나요?

in one's element

자기가 잘 아는 곳에서, 능력을 발휘할 수 있는 곳에서, 적절한 곳에서

- He's in his element when he's playing the piano. Playing the piano is where he can demonstrate his talent.

  피아노 연주는 그의 소질을 잘 발휘할 수 있는 분야이다.

in one's face

얼굴 정면으로, 얼굴 앞으로, 앞에서

- I tried to show why they were wrong, but they laughed in my face. A cold wind was in my face when I return home after an unpleasant meeting with them.

  나는 그들이 왜 틀렸는지 보여 주려고 했지만 그들은 내 앞에서 웃었다. 그들과 불쾌한 미팅 후 집으로 돌아 올 때 얼굴에 찬바람이 스쳤다.

in one's good graces,　　　in one's good books

마음에 들어, 호감을 받는, 형편이 좋을 때에, 사정이 허락할 때에, 자기의 페이스로

- I was definitely not in mom's good graces for a while after I squandered her money at casino in Macao.

  마카오 카지노에서 엄마 돈을 탕진한 후에 한동안 엄마의 마음에서 비껴 있었습니다.

in one's hair

귀찮게 하는, 괴롭히는

- The kids are totally getting in my hair today. Why don't you take them out of the house for a little bit? I have some report to finish.

  오늘 아이들이 너무 부산스럽네. 잠시 집에서 데리고 나가는 것이 어때요? 마무리 해야 할 보고서가 있어요.

in one's mind's eye

마음속으로, 상상으로, 심안으로

- In her mind's eye, she could see a beautiful house beside the lake on the mountain. She decided to design such a house.

  그녀는 상상으로 산의 호수 옆에 있는 아름다운 집을 볼 수 있었습니다. 그녀는 그러한 집을 디자인하기로 결정하였습니다.

in one's own backyard

가까이에서, 자기 텃밭에서

- We don't want to have such a tall building in our own back yard.

  우리는 우리 인근에 그렇게 높은 빌딩이 생기는 것은 원치 않습니다.

in one's shell,   into one's shell

마음을 터놓지 않고, 입을 다물고, 껍질에 싸인 채로, 미발달 단계에서, 미숙하게

- Don't go into your shell at the meeting because you don't want an argument. Let's discuss the problem!

  논쟁을 원하지 않는다고 회의에서 입을 다물지 마세요. 문제를 논의합시다.

in one's shoes,   in one's boots

입장에서

- If you were in his shoes, what would you do?

  당신이 그의 입장이라면 어떻게 하시겠습니까?

in one's tracks

즉각, 당장, 그 자리에서

- I stopped in my tracks because of a sudden scream.

  나는 갑작스런 비명 때문에 가던 길을 바로 멈췄다.

in part

부분적으로, 어느 정도는

- Her success was due in part to luck.

그녀의 성공은 어느 정도는 운이다.

○ *in large part* 많은 부분은　　　*in small part* 작은 부분은
Tom was the one to blame for the loss in large part because he got the order at such a low price, while Susan was in small part responsible for this loss as she just reviewed the contract.
탐이 그렇게 낮은 가격으로 오더를 확보한 한 바, 손실에 대해 많은 부분을 비난 받아야 하고, 수잔은 단지 계약서 검토를 한 바 이러한 손실에 대해 작은 부분을 책임져야 했습 니다.

in stitches
배꼽을 잡고 웃는, 포복절도하는
• The retired comedian kept us in stitches for two hours.
　은퇴한 코미디언 덕분에 2시간 동안 배꼽을 잡고 웃었다.

in store
비축된, 다가 올
• No one knows what lies in store for us tomorrow. Please keep saving money for a rainy day, as the squirrel tries to have plenty of nuts in store for the winter.
　내일 우리 앞에 어떤 일이 닥칠지 아무도 모릅니다. 다람쥐가 겨울을 나기 위해 많은 양의 견과류를 저장하려고 노력하듯이, 당신도 어려울 경우에 대비하여 꾸준히 돈을 모으세요.

in the air
기운이 감도는, 뜬소문이 도는, 미정인
• The scent of victory in the presidential election was in the air.
　대통령 선거에서 승리의 기운이 감돌았다.

in the bag
확실하여, 보증되어, 취하여, 짬짜미의
• His election is in the bag unless the voters find out the evidences of rigged election.
　유권자들이 부정 선거의 증거를 찾지 않는 한 그의 당선은 확실하다.

in the ballpark
대충의, 대략의
• The sales revenue will be in the ballpark of $10 mil annually if successful.
　성공할 경우 연간 매출은 천만 불 정도가 될 것이다.

in the black
흑자의

- You should make the company in the black if you want to keep the position of president & CEO. The CEO is likely to be dismissed when the company gets in the red.

    사장겸 대표이사 자리를 유지하려면 회사를 흑자로 만들어야합니다. 회사가 적자가 되면 대표이사는 경질되기 쉽다.

    ▶ 주식회사에서 대표이사는 반드시 사장이 하여야 하는 것은 아니다. 대표이사는 회사의 법 적인 책임을 지는 자리이며, 주총에서 선임하면 누구나 할 수 있다.

in the cards,   on the cards
있음직한, 일어날 듯한, 아마 할 것 같은, 발생할 것 같은

- It is in the cards for his son to get married with the daughter of president.

    그의 아들이 대통령의 딸과 결혼할 것 같습니다

in the clear
위험을 벗어난, 혐의를 벗어나, 깨끗해진, 자유로이, 결백하여, 명문으로

- They suspected Tom of having stolen her necklace in the locker room, but Susan found it on the ground and put him in the clear.

    그들은 탐이 라커룸에서 그녀의 목걸이를 훔친 것으로 의심했습니다. 하지만 수잔 이 그 목걸이를 운동장에서 발견하여 그는 혐의를 벗어났습니다.

in the clouds
하늘 높이, 공상에 잠겨, 멍청하게, 비현실적으로, 엉뚱한 생각을 하는, 뜬구름 잡는

- Your business ideas have always been in the clouds, but this one is worthy of detailed review and evaluation.

    귀하의 비즈니스 아이디어는 항상 엉뚱한데, 이 아이디어는 상세한 검토 및 평가를 해 볼 가치가 있습니다.

in the dark
아무것도 모르는

- Our boss tends to keep us in the dark about the new business.

    우리의 상사는 새로운 사업에 대해 일절 말하지 않는 경향이 있다.

in the eye of the storm,   in the eye of the typhoon
폭풍의 눈에, 태풍의 눈에

- He was often in the eye of the storm of congressional debates over tax cut.

    그는 종종 의회의 감세 논쟁이라는 폭풍의 눈에 있었다.

in the hole

빚을 져서, 적자로

- I'm $20,000 in the hole. That way is my ace in the hole.

  나는 빚이 2만 불 있다. 그 방법이 비장의 무기이다.

  ○ *ace in the hole* 으뜸 패, 비장의 무기

in the hot seat,　　　 on the hot seat,　　　 in the crossfire

매우 어려운 입장에서, 십자포화에 휩싸여, 매우 중대한 입장에서, 곤경에 빠져

- When the price negotiation broke down, the deal was in the hot seat with seller and buyer both.

  가격 협상이 결렬되어 그 거래는 판매자와 구매자 모두에게 곤란하게 되었다.

in the line of duty

공무 집행 중에, 근무 중에

- The policeman was shot to death in the line of duty.

  경찰관은 공무 집행 중 총에 맞아 사망했습니다.

in the market for

사려고, 구입에 관심 있는

- He is in the market for a new car.

  그는 새 차를 사려고 한다.

in the nick of time

아슬아슬하게 때를 맞추어

- The policeman arrived at the motel in the nick of time to save her from the serial killer.

  경찰은 연쇄 살인범으로부터 그녀를 구하기 위해 아슬아슬하게 때를 맞추어 모텔에 도착했습니다.

in the running

경주에 출장하여, 이길 승산이 있어, 당선권 안에 들다

- Is Tom still in the running for mayor? Does he still have a chance to be elected? I don't know about Tom, but Susan is definitely still in the running.

  탐이 아직 시장 출마 중입니까? 그는 여전히 선출 될 기회가 있습니까? 탐에 대해서는 잘 모르지만 수잔은 여전히 당선권입니다.

  ○ *out of the running* 경주에 출장하지 않아, 이길 승산이 없어, 당선권 밖에

in the saddle
권좌에 앉아, 실권을 쥐고, 말을 타고

- As he has become CEO again, he is likely to strengthen his position further. His plan would be to sell 60% of the new stock to the company's majority shareholders so that they can keep putting him in the saddle.

  그는 다시 CEO가 되면서 그의 지위를 더욱 강화할 것으로 보인다. 그의 계획은 신주 60%를 회사의 대주주들에게 매각하여 대주주들이 계속해서 그를 대표이사 직위를 유지하게 하는 것이다.

in the soup
곤경에 처하여

- Now he is really in the soup. He made a lot of mistakes, which caused a big damage to the company.

  이제 그는 정말 곤경에 처했습니다. 그는 실수를 많이 해서 회사에 큰 피해를 입혔습니다.

in the works,   in the pipeline
논의/진행/준비되고 있는 중인

- We've got several projects in the works, but there is nothing I can announce publicly just yet because of trade secret.

  작업 중인 프로젝트가 여러 개 있지만 영업 비밀 때문에 아직 공개적으로 발표 할 수 있는 것은 없습니다.

in tow
뒤에 데리고, 예인되어

- The manager went to the meeting with his staff in tow.

  매니저는 직원들과 함께 회의에 참석했습니다.

in tune
장단이 맞아서, 조화되어

- In his new job, he is very energetic as he is in tune with his associates and surroundings.

  그는 새 직장에서 동료와 직장 분위기가 잘 맞아 매우 의욕적이다.

in two shakes of a lamb's tail,   in two shakes
즉시, 당장에, 순식간에, 아주 짧은 시간에, 굉장히 빠르게

- I will be back in two shakes of a lamb's tail.

  즉시 돌아 올 것이다.

  ○ 원래는 「새끼양이 꼬리를 두 번 흔드는 시간」 처럼 빠른 것을 의미하였으나, 지금은 새끼양의 꼬리는 생략하고 「*in two shakes*」로도 사용한다.

Indian giver

한 번 준 것을 되찾는 사람, 보답을 바라고 서비스하는 사람

- When you help others, never be an Indian giver.

  타인을 도울 때는 도움을 받는 것을 기대하지 마라.

  ◐ *Indian giver* 기원

  this expression originally referred to the Indians' custom of giving a gift and expecting an equivalent gift in return.

Indian summer

인디언 서머 (가을에 비가 오지 않고 따스한 기간), (말년에 맞게 되는) 행복한 성공

- It's October, but don't get out your winter clothes from the wardrobe now. This area often has an Indian summer. My grandmother still enjoyed overseas trips until one month before her death. I thought she had an Indian summer at that time.

  10월이지만 아직 옷장에서 겨울옷을 꺼내지는 마세요. 이 지역에는 종종 인디언 서머가 있습니다. 할머니는 돌아가시기 한 달 전까지 해외여행을 즐겼습니다. 나는 그 당시에 할머니가 말년 인생을 행복하게 보내고 있다고 생각했습니다.

information superhighway

초고속 정보 통신망

- To own encyclopedias personally is no longer necessary as all the information can be easily gotten on the information superhighway.

  초고속 정보 통신망에서 모든 정보를 쉽게 얻을 수 있으므로 개인적으로 백과사전을 소유하는 것은 더 이상 필요하지 않다.

ins and outs

구석구석, 방방곡곡, 굽이굽이, 곡절, 자초지종, 여당과 야당

- He is an excellent salesman. He knows ins and outs of thebusiness of selling food-stuffs.

  그는 훌륭한 세일즈맨입니다. 그는 식료품 판매 사업에 대해 잘 알고 있습니다.

inside dope

내부 정보, 비밀 정보

- They have offered me a consulting job at $100K, but so far they aren't giving me the inside dope on their planning business idea.

  그들은 나에게 $100K에 컨설팅 일을 제안했지만 아직도 그들은 계획 중인 사업 아이디어에 대한 내부 정보를 제공하지 않고 있습니다.

inside out,   inside and out,   in and out

뒤집어, 완전히, 속속들이

- I had been wearing my shirt inside out all day and nobody told me. Even in the subway I could not notice it as I was reading this book inside out.

  나는 온종일 셔츠를 뒤집어 입고 있었는데 누구도 내게 말해주지 않았다. 심지어 지하철 안에서도 독서에 빠져 눈치 채지 못했습니다.

inside the beltway

워싱턴의 엘리트층/특권층/지배계층 사이에서, 일반 국민과는 동떨어진

- Many of the politicians inside the beltway have difficulty listening to general people.

  워싱턴의 정치인들은 일반인들의 말을 경청하는 데 어려움이 있다.

inside track

유리한 입장, 우월한 위치, 경주로의 내부 트랙

- The boss is my daddy's bosom friend. Since I've got the inside track, I'll probably get the promotion and be the new office manager next year.

  보스는 아빠의 불알친구입니다. 나는 이런 유리한 입장에 있는 바, 아마도 내년에 승진하고 사무실의 새로운 관리자가 될 것입니다.

into thin air

흔적도 없이, 그림자도 없이

- His passport vanished into thin air at the train station.

  기차역에서 그의 여권이 흔적도 없어 사라졌다.

I.O.U.(I owe you),   IOU

차용증

- I wrote him an IOU note for $3,000.

  그에게 3천불짜리 차용증을 써주었다.

iron curtain

철의 장막, 뚫을 수 없는 장벽

- Even though our company is a technology-oriented company with cutting-edge technology, there seems to exist an iron curtain between our staff members and the management.

  우리 회사는 최첨단 기술을 갖춘 기술 중심 기업이지만 직원과 경영진 사이에 철의 장막이 존재하는 것 같습니다.

  ◐ *iron curtain*   예전 동구 공산권과 서구 사이에 존재하던 장벽을 가리킴

  ◐ *digital iron curtain*   미중 무역 분쟁

iron in the fire

진행 중인 일, 추진 중인 일

- He had several irons in the fire, and luckily he managed to make all of them hot. But having too many irons in the fire at the same time is too risky.

  그는 추진 중인 일이 몇 개 있었으며, 운 좋게도 모두 잘 진행되었습니다. 하지만, 동시에 너무 많은 일을 추진하는 것은 매우 위험합니다.

iron out

다림질하다, 합의하다, 원활하게 하다, 없애다, 해결하다

- The company and its supplier met to iron out the details of the contract. Ironing out the difference between two parties is the first step to business.

  회사와 공급 업체는 계약 세부 사항을 정리하기 위해 만났습니다. 두 당사자 간의 이견을 조율하고 합의하는 것이 비즈니스의 첫 단계입니다.

it sucks

엿 같네, 심하네

- How is your car? It sucks. The car is more often in the repair shop than on the highway.

  차는 어때? 엿 같아요. 차는 고속도로보다 수리 점에 더 자주 가 있어요.

it is not my bag

내 일 아니다, 원하는 일이 아니다, 좋아하는 일이 아니다

- Thank you for the invitation, but long-distance trekking isn't really my bag.

  초대 해주셔서 감사하지만 장거리 트레킹은 내키는 일이 아닙니다.

itching palm

탐욕, 욕심, 뇌물

- The congressman seem always to have itching palms for president. He travels a lot nationwide; he should have itchy feet.

  그 국회의원은 항상 대통령 욕심이 있는 것 같습니다. 그는 전국으로 여행한다. 여행을 하고 싶은 욕망이 있는 것 같다.

  ○ *itchy feet* 여행을 하고 싶은 욕망, 방랑하는 습관

itchy feet

안달하다, 발이 근질거리다

- Hearing airplane noise again gives me itchy feet.

  비행기 소음이 다시 들리니 여행 가고 싶어 발이 근질거린다.

it's a go,   it's all go
OK, 동의하다, 진행 가능하다
- I have good news, The trip to London is a go.

  좋은 소식입니다. 런던 여행은 OK입니다.

  ◉ *That is quite news to me.* 금시초문이다, 바로 지금 처음 들음
  ◉ *That is no news to me.*   벌써 알고 있다, 이미 얘기 들음

it's a lemon
불량품이다, 형편없다
- What is wrong with your car? It's a lemon.

  차에 문제 있나요? 불량품이다.

I wasn't born yesterday
애송이가 아니다, 세상 물정에 어둡지 않다, 속아 넘어가지 않다, 바보 취급하지 말라
- So do you want me to believe his saying? I wasn't born yesterday. Your info is too much exaggerating.

  그가 말하는 것을 믿으라고? 나 세상 물정에 어둡지 않아요. 그 정보는 너무 과장 되어 있어요.

jack of all trades

무엇이든지 하는 사람, 만물박사, 팔방미인

- He's jack of all trades. But there is a famous saying "Jack of all trades, and master of none."

  그는 여러 방면에 다재다능하다. 유명한 속담이 있잖아. "열두 가지 재주 있는 사람 이 특별히 잘하는 것이 없다".

jack up

(차를) 잭으로 들어 올리다, 주사하다, 대폭 인상하다

- He jacked up her car to fix a flat tire.

  그는 펑크 난 타이어를 고치기 위해 차를 잭으로 들어올렸다.

jailbait

성관계 승낙 연령 이하의 아동

- Stay away from the street girls; some of them are jailbaits.

  매춘부 상대하지 마라. 그들 중 일부는 성관계 승낙 연령 이하 아동들이다.

  ▶ 단어 구조가 「*jail*로 가는 *bait*」인 바, 성관계를 하면 본인 동의 여부와 상관없이 강간죄가 성립되어 감옥에 간다.

jailbird

감옥을 제집 드나들듯 하는 사람, 죄인, 범죄자

- It was understandably hard for Tom to get a job after release from prison as he was a jailbird.

  탐은 감옥을 제집 드나들듯 하기 때문에 감옥에서 석방 된 후 일자리를 얻는 것이 어려운 것은 당연하였습니다.

Jane Doe,   John Doe,   Baby Doe

신원 미상 아무개 - 여자 (Jane Doe), 남자 (John Doe), 어린이 (Baby Doe)

- The case was brought to the court by a John Doe, so we didn't know who was suing us.

  사건은 신원미상의 누군가에 의해 법원에 제출되었으므로 누가 우리를 고소하는지 알 수 없었다.

jawbreaker
발음하기 어려운 말, 딱딱한 캔디, 광석 파쇄기
- His Korean name is a jawbreaker to the Americans.

  그의 이름은 미국인들이 발음하기 진짜 어렵다.

jazz up
더 신나게 만들다, 매력적으로 만들다, 음악 작품을 더 현대적으로 만들다
- The party was not exciting until he jazzed it up with his guitar.

  그 파티는 그가 기타로 흥을 돋우고 나서야 신나게 되었다.

Jekyll and Hyde
이중인격자
- She came to know that he had a Jekyll and Hyde personality after she was beaten black and blue by him.

  그녀는 그에게 멍이 들도록 구타를 당하고 나서야 그가 이중인격자임을 알게 되었 습니다.

  ◐ 이중인격 *double personality, dual personality, double-faced*

John Hancock,   John Henry
서명
- Put your John Hancock on this contract.

  이 계약서에 서명하세요.

Johnny-come-lately
(지나치게 자신만만한) 신참
- He is not just Johnny-come-lately. He has lots of experiences.

  그는 그냥 신참내기가 아닙니다. 그는 경험이 풍부합니다.

Johnny-on-the-spot
기다렸다는 듯이 뭐든지 하는 사람, 즉석에서 대처할 수 있는 사람, 즉석 일손
- He is always Johnny-on-the-spot.

  그는 늘 적기에 도움을 주는 사람이다.

jump at,   leap at
(기회/제안 등을) 덥석 붙잡다, 받아들이다
- She jumped at his offer to go out.

  그녀는 그의 데이트 제안을 덥석 받아들였다.

jump bail,   skip bail
보석 조건을 어기다, 보석 중에 자취를 감추다
- The worst thing is that you jump bail and then you'll be a fugitive and everyone will think you're guilty.

  최악의 일은 당신이 보석 조건을 어기고 자취를 감춰, 도망자가 되고, 모두가 당신 이 유죄라고 생각하는 것이다.

jump down one's throat
막 꾸짖다, 심하게 뭐라고 하다
- It's not my fault. Don't jump down my throat.

  내 잘못 아닙니다. 나에게 화내지 마세요.

jump off the deep end,   go off the deep end
무모하게 덤비다, 깊은 곳에 뛰어들다, 화내다
- Those who get an unqualified success in life are the ones willing to jump off the deep end when some opportunity arises.

  인생에서 큰 성공을 거둔 사람들은 기회가 생겼을 때 무모하더라도 기꺼이 도전하려고 하는 사람들입니다.

jumping-off place,   jumping-off point
출발점, 기점, 문명 세계의 극한지, 외떨어진 곳, 한계점
- You may not be happy with the company's offer; if so, just consider it a jumping-off place and come up with a counteroffer.

  회사의 제안이 만족스럽지 않을 수 있습니다. 만약 그렇다면, 그것을 출발점으로 간주하고 대안을 제시하십시오.

jump on,   jump all over,   land on,   land all over
달려들다, 비난하다, 힐책하다, 야단치다
- I don't know why Tom is always jumping on her. I wonder whether he likes her.

  탐이 항상 그녀를 야단치는 이유를 모르겠습니다. 탐이 그녀를 좋아하는 건지도 모르겠네요.

jump/get/climb on the bandwagon
우세한 편에 붙다, 시류에 편승하다, 유행에 편승하다, 인기 있는 쪽에 가담하다
- They just jump on the bandwagon, as we are winning.

  우리가 이기고 있으니 그들이 우리 편에 붙네요.

jump/fly/leap out of one's skin
날뛰다, 펄쩍 뛰다, 충격이나 놀램에 대해 격렬하게 반응하다
- Susan jumped out of her skin when the president called her name to give the presentation.

  사장이 발표를 위해 수잔의 이름을 불렀을 때 그녀는 놀라 펄쩍 뛰었습니다.

jump-start

활성화에 많은 힘을 기울이다, 다른 차의 배터리에 연결시켜 시동을 걸다

• The president decided to jump-start the economy with a tax-cut stimulus package.

대통령은 감세 부양책으로 경제를 활성화하기로 결정했습니다.

○ *economic stimulus package* 경기 부양책

jump the gun,   beat the gun

섣불리 행동하다, 경솔하게 행동하다, 달리기에서 출발 신호 전에 출발하다

• Don't jump the gun.

섣불리 행동하지 마라, 김칫국부터 마시지 마라.

○ *Don't get ahead of yourself. Don't put the cart before the horse. Don't count your chickens before they are hatched.*

jump the track

탈선하다, 본론에서 벗어나다, 관례를 벗어나다

• The project jumped the track; as a result, we finally had to give up the project.

그 프로젝트는 당초 계획에서 벗어났고, 그 결과 우리는 마침내 프로젝트를 포기 해야 했습니다.

jump through a hoop,   jump through hoops

어떤 명령에나 따르다, 시키는 대로 하다

• She expects us to jump through hoops for her. What will you do if you were in my shoes?

그녀는 우리가 그녀를 위해 무조건 명령을 따르기를 원합니다. 당신이 내 입장이 라면 어떻게 하시겠습니까?

jump/leap/rush to a conclusion

결론을 성급하게 내리다, 속단하다

• I hear you found some suspicious evidences in her office, but don't jump to conclusions; talk to her first.

그녀의 사무실에서 의심스러운 증거를 찾았다고 들었습니다. 하지만 성급하게 결론을 내리지는 마십시오. 먼저 그녀에 게 물어 보세요.

junk food

햄버거, 핫도그, 프렌치프라이 등 패스트푸드 음식들

• Stay away from junk food. Try to eat home-cooked food.

정크 푸드를 멀리하십시오. 집에서 만든 음식을 먹도록 하세요.

just about

거의, 대충, 얼추

- The presentation materials are just about done. I just have to do some final editing.

  프레젠테이션 자료가 거의 완료되었습니다. 최종 편집만 하면 됩니다.

just in case

경우에 한해서, 만약을 위해서, 경우에 대비해서

- Be sure to set two alarms, just in case the first one doesn't go off. That's the surest way to catch the flight at AM 5 o'clock tomorrow dawn.

  첫 번째 알람이 울리지 않을 경우를 대비하여 두 개의 알람을 설정하십시오. 내일 새벽 5시에 비행기를 탈 수 있는 가장 확실한 방법입니다.

just the other way,   the other way round,   just the opposite

정반대의

- Many thought that Clinton was winning over Trump, but the result was the other way round.

  많은 사람들이 클린턴이 트럼프를 이기고 있다고 생각했지만 결과는 정반대였습니다.

just what the doctor ordered

정확히 원하는 대로, 필요한대로, 바로 필요한 것, 유익한 것

- A glass of mango juice would be just what the doctor ordered. That's just what the doctor ordered.

  망고 주스 한 잔이면 그것으로 족합니다. 그게 바로 필요한 것이다.

American Idioms

kangaroo court, 　prairie-dog court

캥거루 재판, 인민재판, 불법 재판, 엉터리 재판

- The dictator held a kangaroo court and shot the people against him.

  독재자는 인민재판을 열고 자기에게 반대하는 사람들을 총살했습니다.

  ▶ *kangaroo court*는 「사적 재판, 인민재판 (*people's court*)」을 뜻하며, 1849년 미국 「*Gold Rush*」때 법의 손길
  이 닿지 않던 캘리포니아 지역에서 행해진 힘 있는 사람들이 자기들 멋대로 판결한 엉터리 재판이다. 재판의 진행이
  자의적인 비약이 심했던 바, 이게 캥거루의 걸음걸이를 닮았다고 해서 명명되었다는 설이 있다.

keel over

전복되다, 쓰러지다, 졸도하다

- It was so hot in the jungle that most of the people there just keeled over.

  정글이 너무 더워서 대부분의 사람들이 쓰러졌습니다.

keen on, 　keen about

열중하는, 관심이 많은

- I'm not too keen on going to Cuba.

  나는 쿠바 방문에 그리 관심이 많지는 않습니다.

keep/have/carry a stiff upper lip

참고 견디다, 꿋꿋하다, 내색하지 않다

- She was frustrated at her job so much. So I said to her, "Keep a stiff upper lip. Things are bound to improve."

  그녀는 자기 직업에 너무나 실망했습니다. 그래서 그녀에게 "참고 견뎌라. 상황이 개선 될 것이다." 라고 말했습니다.

keep abreast of

소식을 계속 접하다, 정보를 계속 접하다, 뒤지지 않게 하다

- Please keep me abreast of any change in his status.

  그의 지위에 어떤 변화가 있는지 계속 알려주십시오.

keep afloat,   stay afloat

빚지지 않고 있다, 물에 떠 있다, 공중에 떠있다

- The government bailout loan helped the LCD company to stay afloat until the LCD industry recovers.

  정부의 구제 금융 덕분에 LCD 회사는 LCD 산업이 회복 될 때까지 부채 없이 견딜 수 있었다.

  ● *bailout loan*   구제 금융

keep after

계속해서 주의를 주다, 여자를 추근추근 쫓아다니다

- Tom won't get anything done on time unless you keep after him.

  계속 주의를 주지 않으면 탐은 제 시간에 아무것도 끝내지 못할 것이다.

keep an eye on,   keep one's eye on,   have one's eye on

계속 지켜보다, 감시하다, 지켜보다

- Keep an eye on my bag while I go to the rest room.

  화장실에 가는 동안 가방 잘 보고 있어요.

keep an open mind about something

열린 마음을 갖다, 기꺼이 귀를 기울이다

- Never jump to a hasty conclusion. You need to keep an open mind about your sales-men's opinions.

  성급한 결론은 금물입니다. 세일즈맨들의 의견에 귀를 기울일 필요가 있어요.

keep books,   do the books

장부를 기재하다, 기장하다, 회계 일을 보다, 경리 일을 보다

- His job is to keep books as a bookkeeper.

  그의 일은 회계장부 담당자로서 장부를 기장하는 것이다.

keep down

억제하다, 굴종시키다, 억압하다

- I feel like my manager has really been keeping me down as he never allowed me to make a presentation at the meetings since May; he may regard me as his competitor.

  과장이 정말 나를 억누르고 있는 것 같아요. 회의에서 프레젠테이션을 못하게 합니다. 나를 경쟁자로 생각하고 있는 것은 아닌지.

keep house

집안일을 하다, 가사 일을 하다, 같이 살다, 동거하다

- I hate to keep house after I have kids.

  나는 아이들이 생긴 후 가사 일이 싫다.

keep on

계속하다, 지껄이다, 잔소리하다, 계속 가다

- He kept on messing around the living room while mom was out.

  그는 엄마가 외출하는 동안 계속 거실을 어지럽혔다.

keep one's chin up

용기를 잃지 않다, 의연한 자세를 유지하다, 굴복하지 않다

- The business idea was not a total failure. Tomorrow will be much better. Keep your chin up.

  사업 아이디어가 완전한 실패는 아니었습니다. 앞으로 훨씬 나아질 것입니다. 용기 를 잃지 마세요.

keep one's eye on the ball,   have one's eye on the ball

경계하다, 방심하지 않다

- Keep your eye on the ball always so that you can't miss the key points.

  요점을 놓치지 않도록 방심하지 마세요.

keep one's head,   keep one's wits above one

침착하다, 침착함을 잃지 않다, 냉정을 유지하다

- He kept his head when the fire alarm suddenly sounded, and tried to find out the exit.

  갑자기 화재 경보가 울렸지만 그는 침착하게 출구를 찾으려고 노력했다.

  ◑ *lose one's head*   당황하다, 허둥대다, 분별력을 잃다, 목이 잘리다
  Whenever the stock market goes down sharply, people are likely to lose their heads and sell their shares blindly.

keep one's head above water

익사하지 않고 있다, 빚을 안 지고 있다, 분수껏 살다

- Susan has difficulty keeping her head above water after her husband's salary went down drastically because of COVID-19.

  COVID-19로 인해 남편의 월급이 크게 내려간 후 수잔은 빚을 지지 않고 사는 것 이 어렵습니다.

keep one's nose clean

점잖게 행동하다, 문제가 될 일을 하지 않다, 분규에 말려들지 않으려 하다

- After I got out of prison last month, I have been trying to keep my nose clean.

  지난달 감옥에서 나온 후 문젯거리가 될 일을 하지 않으려고 노력하고 있습니다.

keep/have/hold/put one's nose to the grindstone

뼈 빠지게 일하다, 쉬지 않고 죽어라 하고 일하다

- He keeps her nose to the grindstone to save money for his own business.

  그는 자신의 사업 자금 마련을 위해 뼈 빠지게 일합니다.

keep one's own counsel

자기의 생각을 남에게 털어놓지 않다, 잠자코 있다, 비밀을 지키다

- I wonder why we ask Susan to join our brainstorming. She always keeps her own counsel; we never know what she really thinks.

  수잔에게 브레인스토밍에 참여해달라고 요청하는 이유가 궁금합니다. 그녀는 자기 생각을 말하는 적이 없어요. 그녀가 정말로 뭘 생각하는지 알 수 없어요.

keep one's shirt on,   keep one's hair on

냉정해라, 화내지 마라, 침착하다, 당황하지 않다

- Keep your shirt on. The food will be here in time.

  화내지 마세요. 음식은 제 시간에 도착할 것입니다.

keep pace

보조를 맞추다, 따라가다

- Tom runs very fast and I can't keep pace with him.

  탐은 매우 빨라서 나는 그와 보조를 맞출 수 없습니다.

keep someone on tenterhooks

애타게 하다, 걱정하게 하다, 안절부절 못하게 하다, 조바심 나게 하다

- Keep updating us on your situation. We were all kept on tenterhooks waiting to find out what happened.

  귀하의 상황에 대해 계속 업데이트하십시오. 우리는 모두 무슨 일이 일어났는지 알기 위해 애가 탑니다.

keep something under wraps

숨기다, 비밀로 하다

- The secret documents about the sex scandal of our president were kept under wraps for thirty years.

  우리 대통령의 섹스스캔들에 대한 비밀문서는 30년 동안 미공개로 보관되었습니다.

keep tab on,   keep tabs on

계산하다, 확인하다, 주의하다, 감시하다, 망보다

- The company is keeping tabs on the number of private phone calls the employees make from the office.

  회사는 직원들이 사무실에서 개인적으로 거는 통화 수를 계산하고 있습니다.

keep/get/set/start the ball rolling

얘기를 잘 이끌어 나아가다, 흥이 식지 않도록 하다, 일을 시작하다, 계속 진행시키다

- You'll definitely get a driver's license next time if you keep the ball rolling with your driving lessons.

  운전 수업을 계속 받으면 다음에는 운전 면허증을 확실히 취득할 것입니다.

keep the wolf from the door,   keep the wolves from the door

겨우 굶주림은 면하다, 입에 풀칠을 하다

- During Great Depression some of the Americans kept the wolf from the door.

  대공황 때 일부 미국인은 겨우 입에 풀칠을 하였다.

  ⊙ 근근히 살아가다 *eke out a living, live from hand to mouth*

keep track

진로를 따르다, 기록하다, 자국을 뒤밟다, 놓치지 않도록 하다

- Please keep track of these shipments so that we can rest assured of delivery.

  배송이 확실히 되도록 이 선적 건들을 계속 추적하세요.

keep under one's hat

비밀을 지키다, 비밀로 간직하다, 비밀을 유지하다

- I'm getting married next month, but keep it under your hat.

  다음 달에 결혼 예정입니다. 당신만 알고 계시고 비밀로 해두세요.

keep up

계속되다, 내려가지 않게 하다, 떨어지지 않게 하다, 따라가다

- I'd like to keep up my painting, but it's too tough with three kids.

  계속해서 그림을 그려보고 싶지만 아이가 셋이나 되니 너무 힘들어요.

keep watch

망을 보다, 당직을 서다, 간병하다, 감시하다. 철야하다

- I'll keep watch while you sleep.

  당신이 자는 동안 내가 망을 보겠습니다.

kettle of fish

난처한 사태, 혼란스러운 상황, 소동, 난장판, 북새통

- She had three flat tires on highway at night, but there was only one spare in the car; this was certainly a pretty kettle of fish.

  그녀는 밤에 고속도로에서 타이어 세 개가 펑크 났지만 차 안에는 스페어가 하나 밖에 없었습니다. 정말 난처한 상황이었습니다.

  ○ *pretty/fine/nice kettle of fish* 혼란, 난잡, 분규

keyed up

긴장한, 흥분한, 신이 난

- The kids are totally keyed up, waiting for the Christmas gifts.

  아이들은 크리스마스 선물을 기다리면서 신이 났습니다.

kick around

막 대하다, 함부로 대하다, 돌아다니다, 비공식적으로 의논하다

- I'm sick and tired of your kicking me around all the time. I want to quit right away.

  당신이 항상 나를 함부로 대하는 것이 진저리난다. 당장 그만두고 싶다.

kick back

쉬다, 긴장을 풀다, 뇌물을 주다

- Let's kick back with ladies on the beach.

  해변에서 여자들과 푹 쉬자.

kick it

마약을 끊다, 나쁜 버릇을 끊다

- I never thought my sister would be able to give up heroin, but with the support of my family, she finally kicked it.

  언니가 헤로인을 포기할 수 있을 거라고는 생각지도 못했지만, 가족의 도움으로 드디어 끊게 되었습니다.

kick off

경기가 시작되다, 시작하다, 스타트를 끊다, 쫓아내다, 화를 내다

- I hear you're going to kick me off student council because I missed the meeting? Isn't it fair?

  내가 그 회의를 참석하지 않아 학생회에서 나를 쫓아 낼 것이라고 들었습니다. 그게 공정한건가요?

kick out,　　　boot out

걷어차다, 쫓아내다, 해고하다, 난폭하게 반응하다, 대응하다

- The board of directors kicked the CEO out of the company for his illegal actions.

  이사회는 대표이사를 불법 행위로 해임했다.

kick over

점화되다, 돈을 내다, 기부하다, 차서 넘어뜨리다

- I sometimes have a hard time getting my car engine to kick over on cold mornings.

  추운 아침에는 자동차 엔진 작동에 때때로 어려움을 겪습니다.

kick the bucket

죽다, 골로 가다, 밥숟가락 놓다

- All the money goes to her when the old man kicks the bucket.

  노인이 죽으면 모든 돈은 그녀 소유가 된다.

kick the habit,　　　knock the habit,　　　break the habit

나쁜 습관을 버리다, 마약을 끊다

- Why don't you kick the habit before you get addicted?

  중독되기 전에 끊는 것이 어떤가요?

kick up a fuss/dust/row,　　　raise a row,　　　make a row

소란피우다, 투덜거리다, 말썽부리다, 무례하게 행동하여 폐를 끼치다

- He really kicked up a fuss about the slow service in the restaurant.

  그는 레스토랑의 느린 서비스에 대해 몹시 투덜거렸습니다.

kick up one's heels

즐거운 시간을 갖다, 뛰어다니다, 들떠서 떠들다, 들떠서 날뛰다

- The students went to night club to kick up their heels when exams are over.

  학생들은 시험이 끝나자 즐거운 시간을 갖고자 나이트클럽에 갔다.

kickback,　　　backhander,　　　bribe,　　　hush money, under-the-table

뇌물, 부정한 돈, 리베이트

- I will arrange the deal if you give me kickback of a few thousand dollars.

  당신이 수천 달러를 준다면 내가 거래를 주선 할 것입니다.

kickoff

킥오프, 개시, 시작

- Think what he has to give up. Smoking, for a kickoff, and having too much drinking at a time.

  그가 포기해야 하는 것이 뭔지 생각하세요. 첫 번째가 흡연이고 다음이 폭음이다.

kill off

대대적으로 죽이다, 제거하다, 없애다

- Can we do anything to kill off this smoky smell?

  이 매캐한 냄새를 없앨 방법이 있는지요?

kill the messenger,   shoot the messenger

엉뚱한 사람에게 화풀이를 하다, 나쁜 소식을 전한 사람을 나무라다

- The message would be very unpleasant, but don't kill the messenger.

  그 소식이 아주 불쾌하겠지만, 엉뚱한 사람에게 화풀이 하지마라.

kindergarten red-shirting

다른 어린이에 비해 우월하도록 여섯 살 될 때까지 유치원 보내지 않기

- Many parents still prefer to practise kindergarten red-shirting, expecting that a more mature child could do better.

  발육이 빠른 아이가 더 잘할 수 있기를 기대하면서 여섯 살이 지나서 유치원을 보내는 것을 선호하는 부모들이 여전히 많다.

kiss and tell

(성) 관계를 공개하다

- It is my rule not to kiss and tell.

  성관계는 공개하지 않는 것이 나의 원칙이다.

kiss of death

죽음의 키스, 결국 파국을 가져오는 것, 종국에 파탄을 초래하는 것

- This law can be a kiss of death to many steelmakers.

  많은 철강 기업에게 이 법은 죽음의 키스 일 수 있다.

kiss off

없애다, 지우다, 거절하다, 무시하다, 해고하다, 참견 마, 꺼져

- I was suddenly kissed off.

  갑자기 해고당했다.

kissing cousins

만나면 키스하는 정도의 친척

- It is no wonder why the company has been collapsing down; all the key positions are filled with the president's kissing cousins.

   회사가 망하는 길로 가는 것은 놀라운 일이 아닙니다. 모든 주요 직책은 사장의 가까운 친척들이 독차지 하고 있습니다.

knee-jerk reaction, 　 knee-jerk response

자동 반응, 자동 반사, 즉각적 반응

- Unsurprisingly, there has been a knee-jerk reaction from many people to have the new bill for tax increase dismissed immediately.

   세금 인상에 대한 새로운 법안을 즉시 기각하라는 많은 사람들의 즉각적 반응은 놀라운 일이 아니었습니다.

knock about, 　 knock around

방황하다, 헤매고 다니다, 이리저리 돌아다니다, 학대하다, 혹사하다, 거칠게 다루다

- I'd like to take off a year and knock about the Asian countries.

   1년을 쉬면서 아시아 국가들 이 나라 저 나라를 돌아다니고 싶습니다.

knock it off

그만하다, 집어치우다, 중단하다, 중간에 끝내다

- Knock it off, you kids. What a mess!

   애들아, 그만해라. 엉망진창이야!

knock off

해치우다, 훔치다, 도둑질 하다, 털다, 죽이다

- The robber knocked off Susan on the street.

   강도가 거리에서 수잔을 살해했다.

knock off one's feet

놀라서 어쩔 줄 모르다, 충격 받아 어쩔 줄 모르다

- The last 10 minutes of the film knocked me off my feet.

   영화의 마지막 10분은 정말 충격적이었다.

knock one's block off

두들겨 패다

- If he doesn't break up with my daughter right away, I'll knock his block off.

   그가 내 딸과 즉시 헤어지지 않으면 그를 두들겨 팰 것이다.

knock someone up
녹초가 되게 하다, 임신시키다

- They say it was Tom who knocked her up.

  탐이 그녀를 임신시켰다고들 한다.

knock on wood
행운을 빌다

- If you want to avoid sickness, knock on wood. I should be out of hospital within next week.

  아프지 않으려면 행운을 기원하세요. 내주 중으로 꼭 퇴원해야 합니다.

knock oneself out
전력을 다하다, 녹초가 되다, 감격하다, 즐겁게 지내다

- Going through all the files one by one tonight will knock yourself out.

  오늘 밤 모든 파일을 하나씩 살펴보면 녹초가 될 것이다.

knocked out
취한, 지친, 기진맥진한, 압도되어, 감격하여

- I was knocked out by the movie; I didn't expect it to be awesome.

  영화에 압도되었다. 그런 기대는 하지 않았는데 너무나 멋졌다.

knockout
뿅 가게 만드는 사람, 너무나 매력적인 여자 엄청 멋진 것, KO, 녹아웃

- Susan is a knockout.

  수잔을 보면 뿅 간다.

knock-down-drag-out fight
격전, 설전, 인정사정없는 싸움

- The new health care package will cause a knock-down-drag-out fight in Congress.

  새로운 건강관리 패키지는 의회에서 설전이 벌어 질 것입니다.

know where someone stands
남이 자신을 어떻게 생각하는지를 알다, 어떤 입장에 있는지 알다

- I really want to know where I stand. Can I expect to get salary increase early next year?

  나는 내 상황을 정말로 알고 싶습니다. 내년 초 급여 인상을 기대할 수 있습니까?

know which side one's bread is buttered on

자신의 이해득실을 잘 알다, 빈틈이 없다, 이해타산에 밝다

- He always showed respect to the executive director; he knew which side his bread was buttered on.

  그는 항상 이사에게 존경심을 표했다. 어떻게 처신하는 것이 자신에게 유리한지 알 고 있었다.

knuckle down

열심히 하기 시작하다, 본격적으로 하다

- He could realize that he should have knuckled down in order to pass the exam, only after he failed for three consecutive years.

  그는 3년 연속 실패한 후에야 비로소 시험에 합격하려면 좀 더 열심히 했어야 했다 는 것을 깨달았다.

knuckle under

권위를 받아들이다, 말을 듣다, 위협에 굴복하다

- You are required to knuckle under to your boss even if his business idea does not seem so feasible. This is inevitable if you want to keep your job.

  사장의 사업 아이디어가 그다지 실현 가능하지 않더라도 그의 말을 들어야 합니다. 직장생활을 계속하려면 이것은 불 가피합니다.

labor of love

자진해서 하는 일, 좋아서 하는 일, 봉사 활동

- He coached amateur soccer teams as a labor of love.

  그는 아마추어 축구팀을 자진해서 코치했습니다.

lady's man,   ladies' man

여자와 노닥거리기를 좋아하는 남자, 여자와 성공적인 관계를 이끌어내는 남자

- The new boss seems to enjoy flirting with the ladies in the office. He's a bit of a ladies' man. That's why he made lots of money from ladies' clothing.

  새로운 사장님은 사무실에서 여성들과 시시덕거리는 것을 좋아하는 것 같습니다. 그는 약간 여성스러운 남자입니다. 그래서 그는 여성복으로 많은 돈을 벌었습니다.

laid up

아픈, 병으로 들어앉아 있는, 모아 둔, 간수해 둔

- I was laid up for two weeks with COVID-19 infection.

  저는 COVID-19 감염으로 2주 동안 누워있었습니다.

lame duck

레임덕, (재선 불가한) 임기 말기의 정치인, 남의 도움을 필요로 하는 사람/조직

- You can't expect much from a lame duck president. As a lame duck, there's not much that he can do.

  레임덕 대통령에게는 많은 것을 기대할 수 없습니다. 레임덕으로 할 수 있는 일은 많지 않습니다.

landmark decision,   leading case

(법원의) 획기적인 판결, 획기적인 결정

- The Emancipation Proclamation that abolished the slavery of black Americans, signed by President Abram Lincoln, was a landmark decision.

  에이브러햄 링컨 대통령이 서명한 흑인 노예 해방 선언은 획기적인 결정이었습니다.

landslide

산사태, (선거에서) 압도적인 득표, 압승

- The Democratic Party won the election by a landslide.

  민주당이 선거에서 압승하였다.

  ❍ *sweeping victory*   압승

lap up

덥석 받아들이다, 다 마시다, 다 먹다

- Those dogs must have been hungry; they've already lapped up all the dog diets in the saucer.

  저 개들이 배가 고팠네요. 접시에 있는 모든 개밥을 이미 먹었네요.

last ditch

마지막 방어 장소, 최후의 저항 장소

- The Korean army was driven to the last ditch.

  한국군은 막다른 곳까지 몰렸다

last-ditch

최후의 시도로 하는, 필사적인

- The losing basketball team is expected to mount one last-ditch attempt in the final seconds of the game.

  지고 있는 농구 팀은 경기의 마지막 몇 초 동안 필사적인 시도를 한 번 할 것으로 예상됩니다.

last word

결정적인 말, 결정적인 사실, 마지막 말, 임종의 말, 가장 최신의 것

- I never won an argument with the head of R&D. He always has the last word.

  연구소장과의 논쟁에서 이긴 적이 없습니다. 그가 항상 결정적인 말을 합니다.

laugh off

웃어넘기려 하다, 웃어넘기다

- Although he was mentally hurt, he just laughed the incident off as if nothing had happened.

  그는 몹시 마음의 상처를 받았지만, 아무 일도 없었던 것처럼 그 일을 웃어 넘겼다.

laundry list

긴 목록, 명단

- I can make a laundry list of so many things wrong with this machine.

나는 이 기계에 있는 아주 많은 문제점의 목록을 작성할 수 있습니다.

lay an egg

알을 낳다, 기초를 만들다, 창시하다, 완전히 실패하다

- His speech is usually good to get the audience's attention, but sometimes his joke lays an egg.

  그의 연설은 대개 청중의 관심을 끌기에는 좋지만, 때로는 그의 농담이 역효과를 내기도 합니다.

lay away

파묻다, 저축하다, 따로 떼어 놓다, 그만두다, 상품을 따로 챙겨 놓게 하다

- I still can't believe we have to lay our daddy away tomorrow.

  내일 아빠를 땅에 묻어야 한다는 것이 아직 믿기지 않아요.

lay off

(회사의 사정으로) 해고하다, 정리 해고하다

- The company decided to lay off half of its workers because of COVID-19.

  회사는 COVID-19로 인해 근로자 절반을 해고하기로 결정했습니다.

  ○ *lay-off* 「정리 해고, 일시 해고, 중단 기간」의 의미로, 회사의 사정, 경제 사정 등 주변 사정으로 해고하는 것이며, *fire*는 주로 직원이 어떤 문제가 있어 해고할 때 사용하며, 정리 해고된 직원, 감원된 직원은 *redundant employee* 라고도 한다.

lay out

펼치다, 입관준비하다, 질책하다, 때려눕히다, 배치/설계/계획/투자/노력하다

- Your mom really laid out to make your birthday party special, so it would be nice of you to show hearty appreciation to her.

  당신의 생일 파티를 특별하게 만들기 위해 엄마가 정말로 노력하셨네요. 엄마에게 진심으로 감사를 표하는 것이 좋을 것입니다.

lay over

연기하다, 머물다, 들르다, 칠하다, 덮어씌우다

- I'm going to lay over in Boston on my way home.

  고향 가는 길에 보스턴에 들리려고 합니다.

lay up

비축하다

- We have ten kids to come next Saturday. Why don't we lay up cookies and ice creams?

  다음 토요일에 열 명의 애들이 옵니다. 쿠키와 아이스크림을 비축하는 것이 어떠한지요?

lay waste

초토화하다, 파괴하다, 황폐케 하다, 파멸시키다

- The big fire laid waste an entire block of buildings.

  큰 불은 건물 한 블록을 초토화 시켰습니다.

layaway plan

예약 할부제

- Layaway programs are generally aimed towards shoppers with limited income who may struggle to pay for purchases in one lump sum.

  예약 할부제는 일반적으로 일시불 구매에 어려움을 겪는 한정된 수입을 가진 쇼핑객을 대상으로 한다.

  ▶ 상점에 마음에 드는 모피가 진열되어 있는데 $10,000 이며, 현재 $2,000 밖에 없으나 꼭 사고 싶다. 이럴 경우, $2,000을 주고 언제까지 잔금을 치를 테니, 다른 사람에게 팔지 못 히도록 하는 것을 *layaway plan* 이라고 한다.

layout

레이아웃, 배치

- The house layout has seven rooms and five bathrooms.

  집은 7개의 방과 5개의 욕실이 있는 것으로 설계되어 있습니다.

layover,   stopover

도중하차

- There were several layovers at LAX Airport last month because of bad weather.

  지난달에 악천후로 인해 LA 공항에서 여러 번의 중간 기착이 있었습니다.

lead by the nose

완전히 쥐고 흔들다, 마음대로 쥐고 흔들다

- Never lead anyone by the nose without good reason. Always try to get the consent of others first.

  정당한 이유 없이 어느 누구도 멋대로 흔들지 마세요. 항상 다른 사람의 동의를 먼저 얻으십시오.

lead off

시작하다, 시작하여 갈라지다, 앞장서다

- He led off and the others followed closely behind.

  그가 앞장서고 다른 사람들이 따랐다.

lead on

안내하다, 잘못 인도하다, 속이다

- If you don't have the real intention of going steadily with her, please don't invite her to dinner so often. She might be led on by your simple kindness.

  그녀와 진심으로 계속 사귈 의도가 없다면 그녀를 너무 자주 저녁 식사에 초대하지 마십시오. 당신은 단순한 친절이지만 그녀는 당신이 그녀를 좋아하는 것으로 착각할 수 있어요.

lead someone down the garden/primrose path
호도하다, 말도 안 되는 소리하다, 오도하다, 현혹시키다, 속이다

- Please don't lead me down the garden path. Just tell me what really went on here yesterday.

  말도 안 되는 소리하지 말고 어제 여기서 정말 무슨 일이 있었는지 말해주세요.

  ◐ *primrose path* 환락 생활

lead the way
선도하다, 앞장서다, 솔선하다, 안내하다

- He is always leading the way in sales quantity, and she is a close second.

  판매량은 그가 항상 일등이고, 그녀는 근소한 차이로 이등이다.

  ◐ *close second* (1등과 차이가 미미한 2등) ↔ *distant second* (1등과 차이가 큰 2등)

lean on
기대다, 의지하다, 압력을 가하다

- He may always lean on his mom for financial support.

  그는 재정적 지원을 항상 엄마에게 기댄다.

leave hanging,　　leave hanging in the air
미결정으로 두다, 미결이다

- The investment was left hanging in the air, as the CEO suddenly left from Korea for France yesterday.

  대표이사가 어제 갑자기 한국에서 프랑스로 떠났기 때문에 투자 건은 미결로 남아있다.

leave holding the bag,　　leave holding the sack
갑자기 떠맡기다, 죄를 뒤집어씌우다, 책임을 지다, 똥바가지 뒤집어쓰다

- I don't appreciate being left to hold the bag when you play golf on weekdays.

  당신이 주중에 골프를 칠 때 내가 갑자기 일을 떠맡는 것은 사양하겠습니다.

left-handed compliment,   backhanded compliment
겉치레의 칭찬, 모욕적으로 들릴 수 있는 칭찬

- I never knew you could look so pretty. Is your dress Chanel? She said my new pants really make me look much taller. What a backhanded compliment!

  당신이 이렇게 예뻐 보일 수 있는 줄 몰랐어요. 당신이 입고 있는 드레스는 샤넬인 가요? 새 바지가 정말 나를 훨씬 더 크게 보이게 한다고 그녀가 말했다. 비꼬는 칭찬입니다!

leg to stand on
지지물, 근거

- The minister's assertion does not have a leg to stand on.

  그 장관의 주장은 근거가 없다.

legman
정보 수집이나 심부름을 하는 사람, 취재 기자, 여성의 각선미에 매력을 느끼는 남자

- I worked as a legman for two years in the giant corporation before being promoted to a regular employee.

  나는 정규직이 되기 전에 거대 기업에서 2년 동안 정보 수집원으로 일했습니다.

legwork
발품을 많이 파는 일, 시간/노력에 비해 인정을 못 받는 일, 탐문 수사, 취재 활동

- My father is too old to do the gardening on his whole property, so every summer he hires a few local teenagers to do the legwork.

  우리 아버지는 너무 늙어서 소유지 전체의 정원을 가꾸지는 못한다. 그래서 여름마다 동네 십대 두세 명을 고용하여 그 따분한 일을 시켰다.

lemon law
불량품 보상법 (불량품의 교환 또는 환불을 규정한 소비자 보호법)

- ABC Motors Corporation is likely to shell out millions of dollars in refunds for faulty timing belts if congress passes much stricter lemon laws next spring.

  내년 봄에 의회가 훨씬 더 엄격한 「레몬법(불량품 보상법)」을 통과 시키면 ABC 자동차 회사는 불량 타임벨트를 교체하기 위해 수백만 달러를 쏟아 부어야 할지도 모른다.

  - ◑ *shell/fork out*   거금을 쏟아 붓다, 거금을 투입하다
  - ◑ *Lemon law* 에서의 「레몬 (*lemon*)」은 「결함이 있는 자동차, 불량품」을 지칭하는 말로서, 이는 달콤한 오렌지 (정상 제품)인 줄 알고 샀는데 매우 신 레몬 (불량품)이었다는 데서 유래 됨.

let bygones be bygones
시계를 되돌릴 수 없다, 지난 일은 잊기로 하다, 과거는 과거다, 과거는 흘러갔다

- He and she agreed to let bygones be bygones, and get along with each other.

  그와 그녀는 지나간 일은 잊고 서로 잘 지내기로 동의했습니다.

let down easy

기분 나쁘지 않게 거절하다

- He was trying to think of a way to let her down easy.

  그는 그녀가 기분 나쁘지 않게 거절하려고 노력하였다.

let go

풀어 주다, 석방하다, 해고하다, 놓다, 버리다, 포기하다, 그만두다

- I love fishing but hate killing animals, so I let whatever I catch go.

  나는 낚시를 좋아하지만 동물을 죽이는 것은 싫어서 내가 잡는 것은 무엇이든 놓아 준다.

let grass grow under one's feet

게으르다, 빈둥빈둥하다, 꾸물대다가 기회를 놓치다, 긴장을 풀다

- He used to let the grass grow under his feet when he was young. As a result, he missed out on a lot of opportunities. Tom, never let the grass grow under your feet, but challenge any new opportunity.

  그는 어렸을 때 빈둥빈둥하곤 했다. 그 결과, 그는 많은 기회를 놓쳤습니다. 탐, 절대 가만있지 말고 새로운 기회가 있으면 뭐든 도전하세요.

let it all hang out

감정 표현을 자유롭게 하다, 편하게 행동하다, 사실을 말하다

- He could let it all hang out at the factory audit.

  공장 감사에서 모든 사실을 말할 수 있었다.

  cf. say it all out 자초지종을 말하다

let loose,　　　set loose,　　　turn lose

마음대로 하다, 제멋대로 되다, 풀다, 풀어 주다, 완전한 자유를 주다

- It's so nice to let the kids loose at the amusement park for hours.

  아이들이 놀이 공원에서 몇 시간 동안 마음대로 놀게 하는 것은 아주 좋습니다.

let off

내려주다, 발사하다, 터뜨리다, 면하게 해 주다

- I'll be back home after I let off the rest of the tourists at the shopping center next to Hilton Hotel.

  힐튼호텔 옆에 있는 쇼핑센터에서 나머지 관광객을 내려주고 집에 돌아갈게요.

let on
말하다, 털어 놓다, 젠체하다

- He is getting married next month, but please don't let on to her.

  그는 다음 주에 결혼해요, 하지만 그녀에게는 말하지 마세요.

let one's hair down,   let down one's hair
솔직하게 말하다, 터놓다, 경계심을 풀다, 스스럼없게 되다

- This is just between you and me. Let your hair down and tell me what the problem is.

  이건 너와 나 사이의 일이야. 스스럼없이 문제가 뭔지 말하세요.

let out
내다, 끝내다, 풀어주다, 해방하다

- The agreement she signed is iron-clad. We can't just let her out of her commitment like that.

  그녀가 서명한 계약은 이의 제기 불가입니다. 그녀가 확언한 그러한 사항에서 그녀를 면책시킬 방법은 없습니다.

let someone in on
(비밀을) 알리다, (비밀스러운) 일에 끼워주다

- Why don't you let me in on the new amusement facilities business that is rumored to develop next year?

  내년에 진행될 것이라는 소문이 돌고 있는 새로운 위락 시설 사업에 대해 끼워 주시지 않겠습니까?

let the cat out of the bag
무심코 비밀을 누설하다

- The cat is out of the bag. Everybody knows that he is getting married next month. I guess Tom let the cat out of the bag.

  비밀이 샜다. 그가 다음 달에 결혼한다는 것은 모두 알고 있다. 탐이 무심코 비밀 을 누설한 것 같다.

let the chips fall where they may
결과가 어찌되건, (결과가 어찌되건) 소신대로 하다

- Don't argue with him. Just tell the truth and let the chips fall where they may.

  그와 논쟁하지 마십시오. 진실을 말하고 소신대로 하세요.

letdown
환멸, 실망, 감소, 감퇴, 쇠퇴, 이완, 낙심한, 맥이 풀린

- It was a big letdown for him when his business idea was not accepted. Don't let me down. You can make it.

그의 사업 아이디어가 받아들여지지 않았을 때 그에게는 큰 실망이었습니다. 나를 실망시키지 마십시오. 넌 할 수 있어.

○ *let down* 실망시키다, 내리다

level playing field
공평한 경쟁의 장, 공평한 경쟁의 장을 마련하다, 경쟁 분위기를 조성하다

• In a democracy every one should be afforded a level playing field. Please try to level the playing field for every applicant.

민주주의에서는 모든 사람에게 공평한 경쟁의 장이 주어져야 합니다. 모든 지원자에게 공정한 경쟁의 장을 마련해주세요.

lie in state
안치되어 있다, 대중이 볼 수 있도록 영광스러운 관속에 안치되어 있다.

• When the president passed away, thousands of people saw his body lying in state.

대통령이 서거했을 때 수천 명의 사람들이 안치되어 있는 그의 시신을 보았습니다.

lie in wait
숨어서 기다리다, 잠복하다, 매복하다

• Whenever my daughter returns home alone at night, I'm worried that robbers are just lying in wait in the shadows.

딸이 밤에 혼자 귀가 때마다 나는 강도들이 어두운 곳에 숨어서 기다릴까 걱정된다.

○ *in the shadows* 어두운 곳에서

lie low,   lay low
남의 이목을 끌지 않다, 처박혀 있다, 짱 박혀 있다, 방콕하다, 칩거하다

• I suggest you had better lie low at home for a few days, as you look like a suspect.

용의자처럼 보이니 며칠간은 칩거하는 것이 좋을 것 같네요.

lift a finger,   lift a hand,   raise a hand
돕다, 손가락을 들다, 수고하다

• Most of them worked hard yesterday, but he did not lift a hand.

어제 대부분의 사람들은 열심히 일했으나, 그는 손가락 하나 꼼짝하지 않았다.

like hell
악착같이, 맹렬히, 필사적으로

• You have to fight like hell against COVID-19 in order to take care of your kids.

아이들을 돌보기 위해서는 COVID-19에 맞서 악착같이 싸워야 합니다.

like two peas in a pod
똑같이 닮은

- Tom and Harry are like two peas in a pod. Tom is a carbon copy of Harry.

  탐과 해리는 똑같이 생겼다.

  ● *carbon copy, spitting image*   똑 닮은 것, 판박이, 붕어빵

like water off a duck's back
전혀 효과가 없는, 마이동풍격인

- I heard that he lost his job last month. And so I thought that he should be upset, but it was like water off a duck's back, as he already received a job offer from an accounting firm.

  지난달 그가 실직했다는 말을 들었어요. 그래서 당황할 것으로 생각했는데, 그건 그에게 아무런 영향이 없었어요. 왜냐하면 이미 회계법인 한 곳으로부터 일자리를 제의 받았더군요.

line up
준비하다, 마련하다, 배열하다, 일렬로 세우다

- People started lining up from dawn so they could buy limited edition of iPhone.

  사람들은 iPhone 한정판을 사기 위해 새벽부터 줄을 섰다.

  ● 줄을 서다   *line up, queue up*

lineup
정렬, 정렬한 것, 라인업, 진용, 타순, 면면, 구성

- Some changes are expected in the lineup for play-off of tomorrow.

  내일 결승전 라인업에 약간의 변화가 있을 것으로 예상됩니다.

lip service
말뿐인 인정, 말만 앞세우는 지지, 입에 발린 말, 말뿐인 호의

- Most of the key promises the senator made in his campaign speeches turned out to be nothing but lip service.

  상원의원이 선거 연설에서 한 주요 공약의 대부분은 립 서비스에 지나지 않았다.

little pitchers have big ears
애들은 귀가 밝다, 물주전자도 귀가 있다, 낮말은 새가 듣고 밤말은 쥐가 듣는다

- I started to tell Susan about the sex of last Sunday, but she interrupted me, saying, "Little pitchers have big ears"; her five-year-old son stood behind me.

  수잔에게 지난 일요일의 섹스에 대해 말하기 시작했지만 그녀는 "낮말은 새가 듣고 밤말은 쥐가 듣는다." 라면서 나의 말을 가로 막았다. 그런데 내 뒤에 그녀의 5살 아들이 서 있었다.

live and let live

사람들은 각자 사는 방식이 있다, 남이야 어떻게 살든, 타인을 그대로 인정해주다

- She is late for work a few times every week. But I don't care about that. I think it's the best way to live and let live.

  그녀는 매주 몇 번씩 일에 늦습니다. 그러나 나는 그것에 대해 신경 쓰지 않는다. 각자 방법대로 살아가는 것이 최선이라도 생각합니다.

live down

오명을 오래 걸려서 씻어내다, (과오 등을) 만회하다, 슬픔 등을 삭이다

- You'll live it down someday, but he will never be able to live down what happened last night, as he went too much.

  당신은 언젠가는 오명을 씻게 될 것입니다. 하지만 그는 어제 밤에 일어난 일을 결코 만회할 수 없을 것입니다. 해도 너무 했지요.

live from hand to mouth

하루살이 생활을 하다, 겨우 살아가다, 간신히 지내다, 근근이 살다

- When both my parents became jobless, we lived from hand to mouth.

  부모님이 모두 실직했을 때 우리는 근근이 살았습니다.

live in the fast lane

치열한 삶을 살다

- Tom has been living in the fast lane ever since he immigrated into America.

  탐은 미국으로 이민 온 후부터 치열한 삶을 살고 있다.

live it up

(돈을 마음대로 쓰면서) 신나게 살다

- Now you are a freshman in college. This is the golden age in your life when you join several parties and live it up.

  이제 당신은 대학 신입생이니 여러 파티에 참여하고 신나게 살아야 될 인생 황금기를 맞이했습니다.

live off someone

의지해서 살다, (경제적) 도움으로 살다

- He continues to live off his old parents as he is still jobless at the age of 38.

  그는 38세의 나이에 여전히 실업 상태이기 때문에 노부모의 경제적인 도움을 받아 계속 살고 있습니다.

live up to

부끄럽지 않게 살다, 어울리게 살다, 기대에 부응하다, (주의/신념) 에 따라 행동하다

- I will try my very best to live up to my reputation.

  내 명성에 부응하며 살 수 있도록 정말 최선을 다할 것이다.

living end

가장 매력적인 사람, 최고, 극한, 가장 아름다운 것

- We really envy Tom. He is the living end as far as his girlfriend goes.

  우리는 탐이 정말 부럽습니다. 여자 친구에 관한한 탐이 최고입니다.

lock, stock, and barrel

이것저것 모두, 몽땅, 죄다

- He sold his real estate lock, stock and barrel.

  그는 부동산을 몽땅 팔아 치웠다.

lock the barn/stable door after the horse is stolen

소 잃고 외양간 고친다.

- She repents that she should not have fought with her boss, after she was dismissed. She wanted to lock the stable door after the horse is stolen.

  그녀는 해고 된 후 상사와 싸우지 말았어야 했던 것을 절실히 후회합니다. 그녀는 소 잃고 외양간 고치기를 원한 것이었습니다.

log in

출근/도착을 기록하다

- All employees at the company are required to log out at the end of work as they logged in when they reported for work.

  회사의 모든 직원은 출근할 때 기록한 것처럼 퇴근할 때도 기록을 하여야 한다.

  ● *log off* 퇴근을 기록하다, 출발을 기록하다

log on

단말기 사용을 시작하다, 로그 온하다

- I log on a few times a week to see if there is any new email.

  새로운 이메일이 있는지 확인하기 위해 일주일에 몇 번 로그인합니다.

long face

시무룩한 얼굴, 침통한 얼굴

- You look so down. Why the long face? I wasn't promoted this time.

  침울해 보이네. 왜 시무룩해 있니? 이번에 승진이 되지 않았네.

long shot
모험을 건 시도, 승산 없는 시도. (경마에서) 승산이 없는 말, (기대와 결과의) 큰 차

- It's a long shot, but we have to try every possible means. But he never did that by a long shot!

  그것은 거의 승산이 없어. 하지만 가능한 모든 수단을 다 해봐야 한다. 그는 절대 로 그렇게 하지 않았어.

  ▶ *by a long shot* 결코, 절대로, 확실히

look down on,   look down upon
업신여기다, 경시하다, 내려다 보다, 얕보다

- The manager looked down on the kid wearing an old T-shirt in the elevator, not knowing that he was the only son of new CEO.

  매니저는 엘리베이터에서 낡은 티셔츠를 입은 아이가 신임 CEO의 외아들이라는 것 을 알지 못하고 그를 업신여겼다.

look down one's nose at
깔보다, 경멸하다

- Tom drives a deluxe car, and he looked down his nose at his friend's small car.

  탐은 고급 차를 운전하며, 친구의 작은 자동차를 깔보았다.

look into
조사하다, 속을 들여다보다, 주의 깊게 살피다

- I'll look into it and see what I can find out, regarding the report on his embezzlement.

  그에 대한 횡령 보고서와 관련하여, 나는 그것을 조사하고 내가 무엇을 찾을 수 있는지 볼 것입니다.

look like a million dollars,   look like a million bucks
신수가 훤하다, 아주 좋게 보이다, 매력 있어 보이다

- Tom looks like a million dollars in that new suit. Why don't you try that suit? He really looks like a million bucks compared to yesterday.

  탐이 저 새 옷을 입으니 신수가 훤하네요. 너도 그 옷을 입어 보지 그래? 그는 어제에 비해 정말 매력 있어 보이네요.

look to
돌보다, 보살피다, 주의하다, 경계하다, 기대하다

- Children look to their parents for help.

  아이들은 부모에게 도움을 구합니다.

look up

나아지다, 좋아지다, 방문하다, 연락하다, 찾아보다, 올려다보다

- My consulting business is finally looking up; I've secured several clients.

   내 컨설팅 사업은 마침내 좋아지고 있습니다. 여러 고객을 확보했습니다.

look up to

우러러 보다, 존경하다

- Tom really looks up to his father, as he is a famous scientist.

   탐은 아버지가 유명한 과학자이기 때문에 아버지를 존경합니다.

lord it over

군림하다, 으스대다, 거만하게 굴다, 지배하다, 명령하고 지배하다

- The shop manager lorded it over with the shop employees.

   매장 점장은 직원들 위에 군림했다.

lose face

체면을 잃다, 면목을 잃다

- His terrible explanation in the TV debate caused him to lose face with the voters.

   그는 TV 토론에서 설명을 엉망진창으로 해서 유권자들에게 체면이 깎였습니다.

lose ground

진지/지지/인기를 잃다, 약세를 보이다, 세력을 잃다, 후퇴하다, 나빠지다

- I'm worried whether we're losing ground in our strenuous efforts to host the next Olympics.

   차기 올림픽 개최를 위해 맹렬히 노력하고 있으나 지지 기반을 잃고 있는 것이 아닌지 걱정됩니다.

lose heart

낙담하다, 자신감을 잃다, 반하다, 사랑에 빠지다, 마음을 빼앗기다

- I lost my heart to her, but she never wanted to go out with me. Nevertheless, Tom told me not to lose heart.

   나는 그녀에게 반했으나, 그녀가 데이트를 받아 준 적이 없었다. 그럼에도 불구하고, 탐은 나에게 자신감을 잃지 말라고 했다.

lose one's marbles

실성하다, 분별을 잃다

- My grandfather started losing his marbles after he had a stroke.

   제 할아버지는 뇌졸중으로 실성하기 시작하였습니다.

lose one's mojo

성적 매력을 잃다, 매력을 상실하다, 마력을 잃다, 자신감을 잃다

- The singer was said to have lost his mojo two years ago. But his recital of last week was a box-office success; he's got his mojo back

  그 가수는 2년 전에 매력을 잃었던 것으로 알려졌다. 하지만 지난주 그의 리사이틀은 흥행에 성공적이었다. 그는 과거의 매력을 되찾았습니다.

  ◑ *box-office* 인기를 끄는, (흥행) 대박이 터지는   *box office* 매표소

lose one's shirt

무일푼이 되다

- This is my very last chance. I'll lose my shirt if this business idea fails.

  이번이 진짜 마지막 기회입니다. 이 사업 아이디어가 실패하면 무일푼이 될 것입니다.

lose out

놓치다, 밀려 나다, 지다, 손해를 보다, 골탕을 먹다

- We'll lose out if we don't prepare well for the play-off.

  결승전을 잘 준비하지 않으면 질 것입니다.

lose touch

연락이 없다, 접촉이 끊기다, 현실 감각을 잃다

- After he emigrated into America, he lost touch with his childhood friends.

  그는 미국으로 이주한 후 어린 시절 친구들과 연락이 끊겼습니다.

lose track

잊어 먹다, 놓치다, 접촉이 끊어지다

- He sometimes loses track of the topic at the meeting.

  그는 가끔 회의에서 말하다 옆으로 새더라.

louse up

엉망으로 만들다, 잡치다

- His unexpected decision to quit in the middle of the project really loused up the project.

  프로젝트 중간에 그만두기로 한 그의 예상치 못한 결정은 프로젝트를 정말 엉망으로 만들었습니다.

lovers' lane
연인 전용 도로, 연인 전용 공원
- If a man takes you to lovers' lane, it's not because he wants to talk about the weather but because he wants to do something great with you.

  남자가 당신을 연인의 공원으로 데려 간다면 날씨에 대해 이야기하고 싶어서가 아니라 당신과 함께 뭔가 멋진 일을 하고 싶어 하기 때문입니다.

lowbrow
저속한, 교양 없는
- Many claim that only lowbrow people watch idiot box.

  저속한 사람들만 TV를 본다고 주장하는 사람들이 많다.

  ○ *highbrow* 식자층의, 교양 있는   *middlebrow* 중간급 정도의

lowdown
진상, 실정, 내막, 비밀정보
- The reporter never released the lowdown on scandal.

  그 기자는 스캔들의 진상을 공개하지 않았다.

lower the boom
금지하다, 단속하다, 벌하다
- The police strictly lowered the boom on driving drunken.

  경찰은 음주 운전을 엄격히 단속했다.

low-key
감정을 드러내지 않는, 억제된, 절제하는, 삼가는, 저자세의
- I'm trying to keep news of my promotion low-key, as my co-workers seem in a bad mood today.

  제 동료들이 오늘 저기압인 것 같아 제 승진 소식을 알리지 않으려고 합니다.

luck out
운이 좋다, 운 좋게 성공하다
- I lucked out and got tickets for tonight's basketball game. I was worried whether I was losing the bus as I was late three minutes, but I lucked out; the bus was 10 minutes late. Quite contrary, it seems that his luck has run out.

  나는 운 좋게 오늘 농구 표를 구했다. 3분 늦어서 버스를 놓칠까 걱정했으나, 나는 운이 좋았다. 버스가 10분 늦게 왔다. 오히려 그는 운이 다한 것 같다.

  ○ *luck runs out* 운이 다하다

lucky star

행운의 별, 행운

- Tom was the only guy who was unhurt in the school bus accident; he thanked his lucky stars.

  탐은 스쿨버스 사고 때 다치지 않은 유일한 사람이었습니다. 그는 운이 좋은 것에 감사했습니다.

lump in one's throat

목이 메이는 듯한 느낌, 울컥한 느낌, 가슴이 벅찬 느낌

- She had a lump in her throat as she watched her only son's wedding ceremony. When she stood up to thank everyone at the ceremony, she got a lump in her throat.

  그녀는 외아들의 결혼식을 보며 가슴이 벅찼습니다. 결혼식 참석한 모든 사람에게 감사를 표기 위해 일어서자 목이 메였습니다.

lump sum

일시불

- The royalty agreement shows that the lump sum amount is $5 mil and running royalty is $7 per set.

  로열티 계약에 따르면 일시불 금액은 500만 달러이며 경상기술료는 세트당 7달러입니다.

  ▶ *lump-sum*   일괄의, 총액의

lust for

욕망, 욕정, 욕망을 느끼다, 욕정을 갖다

- After three years of weight training, I've finally got the muscular body I've been lusting for.

  3년간의 웨이트 트레이닝 끝에 드디어 그간 갈망한 근육질 몸매를 갖게 되었다.

American Idioms

mad as a hornet,   mad as a wet hen,   mad as hell
몹시 화나서, 격노한
- My mom was mad as a hornet as I messed up the kitchen.
  엄마는 내가 부엌을 엉망진창 만들어 몹시 화가 났다.

magic bullet,   silver bullet
특효약, 마법의 해결책, 마법의 탄환, 비법
- Nobody has a magic bullet for solving the hyperinflation in some countries.
  일부 국가의 초인플레이션을 해결할 수 있는 비법을 갖고 있는 사람은 아무도 없다.

main drag
번화가, 중심가
- Kangnamdaedo is the main drag of Seoul.
  강남대로는 서울의 번화가이다.

make a beeline for
곧장 가다, 급히 가다, 직행하다, 곧바로 향하다
- When the fire alarm rang, he made a beeline for the window.
  화재경보음을 울리자 그는 창문으로 급히 갔다.

make a big deal about
소란피우다, 호들갑 떨다, 큰일로 만들다
- It is nothing. Please don't make a big deal about it.
  아무 일도 아니군요. 호들갑 떨지 마세요.

make a dent in
움푹 들어가게 하다, 줄이다
- The kid kicked the side of the car and made a dent in it.
  그 아이는 차의 옆면을 걷어차서 차가 움푹 팼습니다.

make a/an day/night/evening/weekend of it

하루 종일 하다, 밤새도록 하다, 저녁 내내 하다, 주말 내내 하다

- We wanted to play tennis, so we decided to make a weekend of it.

  우리는 테니스가 치고 싶었다. 그래서 주말 내내 테니스 치기로 했다.

make a go of

성공시키다, 잘 해나가다

- He didn't have the energy to make a go of his second marriage.

  그는 두 번째 결혼 생활을 잘해 나갈 수 있는 에너지가 없었습니다.

make a hit

성공하다, 용케 알아맞히다, 죽이다, 훔치다

- Your son has a lot of raw talent. Our agency will look after him until he makes a hit.

  당신 아들은 기본적인 재능을 많이 가지고 있습니다. 우리 회사는 그를 키워 성공 시킬 것입니다.

make a mountain out of a molehill

침소봉대하다, 사소한 문제를 크게 만들다, 두더지 굴로 산을 만든다

- Don't worry. He's got just a small injury which is not so painful. You don't have to make a mountain out of a molehill.

  걱정하지 마세요. 그는 약간의 부상을 입었고 그다지 아프지 않습니다. 사소한 문 제를 크게 만들 필요 없어요.

make a move

떠나다, 시작하다, 행동에 들어가다, 조치를 취하다

- We want to wait and see what our competitors will do before we make a move.

  우리는 행동에 들어가기 전에 경쟁자들이 무엇을 할지 기다려보고 싶습니다.

make a play for

차지하려고 하다, 수작을 걸다, 얻으려 하다

- He started making a play for Susan who is the prettiest girl at his school.

  그는 학교에서 가장 예쁜 소녀인 수잔에게 수작을 걸기 시작했습니다.

make a point

주장을 밝히다, 생각을 밝히다, 변명이 정당함을 보여주다

- To make a point about the need for a PCB design revision, he showed how the speed of transmission changes.

  PCB 설계 수정의 필요성을 밝히기 위해 그는 전송 속도가 어떻게 변하는 지 보여 주었습니다.

make away with

갖고 도망치다, 벗어나다, 쫓아버리다, 멸하다, 죽이다, 낭비하다, 다 써버리다

- The masked robber made away with the jewelry; his dog made away with the sandwich on the table.

  마스크 쓴 강도는 보석을 가지고 도망갔으며, 그의 개는 테이블 위에 있는 샌드위치를 물고 도망갔다.

make bail,   post bail

보석금을 마련하다

- Thankfully my brother was able to make bail; if I stay in jail and try to prove I'm innocent, it would be horrible and difficult.

  고맙게도 동생이 내 보석금을 낼 수 있었습니다. 감옥에 있으면서 결백을 증명 노력해야 한다면 끔찍하고 어려울 것입니다.

make book

(경마 판에서) 물주가 되다, 돈을 걸다

- Naturally no one made book on the local team.

  지역 팀에 돈을 건 사람이 없는 것은 당연하다.

make do

견디다, 만족하다

- Time is too tight to prepare all the spices for this recipe. Let's just make do with what we have now.

  이 조리법에 필요한 모든 향신료를 준비하기에는 시간이 너무 촉박합니다. 지금 우리가 가지고 있는 것으로 해보자.

  ● *make-do* 임시변통의 물건, 대용의 물건

make ends meet

수입과 지출의 균형을 맞추다, 겨우 먹고 살 만큼 벌다

- After the sudden, large income tax hike of new government, many people found it difficult to make both ends meet.

  새 정부가 갑작스럽게 소득세를 대폭 인상 하자, 먹고 살기 힘들어진 사람들이 많다.

make eyes at

추파를 던지다, 눈웃음을 살살 치다

- He tried to make eyes at all the ladies joining the party.

  그는 파티에 참여하는 모든 여성들에게 추파를 던지려고 노력했습니다.

make for
위해 준비하다, 향하다, 기여하다

- Being busy as a bee always makes for a quick day. If we don't have a lot to do, time drags on so slowly.

  벌처럼 바쁘면 하루가 항상 빨리 갑니다. 할 일이 많지 않으면 시간이 너무 천천히 가요.

make free with
마음대로 펑펑 쓰다, 함부로 들먹이다, 어렴성 없이 굴다, 막 대하다

- I don't like him to make free with my car. He really makes free with me.

  나는 그가 내 차를 함부로 사용하는 것이 싫다. 그는 정말 나에게 막 대한다.

make fun of,   poke fun at
놀리다, 비웃다

- Please stop making fun of his role at the play. If it's not so funny, you don't have to sit here and watch it.

  연극에서 그의 역할을 비웃지 마세요. 그다지 재미가 없다면 여기 앉아서 볼 필요가 없습니다.

make good
약속한 것을 지키다, 이행하다, 성공하다, 부자가 되다, 보상하다

- He should make good for the cellular phone that he had stolen from the shop.

  그는 상점에서 훔친 핸드폰을 보상하여야 한다.

  ◉ *make-good* 보상 광고 (광고 편집에 오류가 있어 무료로 광고를 다시 게재해주는 것)

make head or tail of
앞뒤를 분간하다, 갈피를 잡다

- I can't make head or tail of what he is saying, as he speaks too strong dialect. He is not the right guy to make a presentation.

  그의 사투리는 억양이 너무 강해서 그가 말하는 내용은 전혀 앞뒤를 분간할 수가 없다. 그는 발표자로 적절하지 않다.

  ◉ *make neither head nor tail of* 도무지 종잡을 수 없다, 갈피를 못 잡다

make light of
가볍게 여기다, 우습게 알다, 경시하다

- I wish you wouldn't make light of the defective quality. They're quite serious. One day you will lose key accounts because of trivial quality problem.

  나는 당신이 품질 결함을 경시하지 않기를 바랍니다. 아주 심각합니다. 언젠가는 사소한 품질 문제로 인해 주요 고객들을 잃게 될 것입니다.

make mincemeat of

묵사발로 만들다, 찍소리 못 하게 하다

- He made mincemeat of the congressman at TV debate.

  그는 TV 토론에서 하원의원을 묵사발 냈다.

make no bones of

개의치 않다, 예사로 하다, 거침없이 하다

- She makes no bones of telling a lie in front of many colleagues. But her younger sister thinks that being poor is no disgrace and makes no bones of the fact to them.

  그녀는 많은 동료들 앞에서 천연덕스럽게 거짓말을 한다. 그녀의 동생은 가난을 부끄러워하지 않으며 그들에게 가난하다는 사실을 말하는 것을 개의치 않는다.

make of

이해하다, 생각하다, 만들다

- I don't know how to make of the new business proposal.

  나는 신사업 제안을 어떻게 생각해야 할지 모르겠다.

make off

급히 떠나다, 달아나다

- The dog attacked a girl on the street and made off with her hamburger.

  그 개는 거리에서 여자 아이를 공격해서 아이의 햄버거를 빼앗아 달아났다.

make oneself scarce

슬쩍 떠나다, 살금살금 떠나다, 퇴거하다, 물러나다, 회피하다

- Tom has been looking for you since yesterday. It would be better to make yourself scarce.

  탐이 어제부터 당신을 찾고 있습니다. 살금살금 떠나는 것이 나을 것 같습니다.

make one's bed and lie in it

자업자득이다, 자기가 한 일은 자기 책임이다, 뿌린 씨는 거두어야 한다

- I am not surprised at the sad fact that now he has no friends to help him after having sold everyone out on his way to the fast promotion. He made his bed, and now he had to lie in it.

  나는 그가 고속 승진을 하면서 모든 사람을 배반한 이후 그의 주변에는 그를 도와줄 친구가 없다는 안타까운 사실이 놀랍지 않습니다. 자기가 뿌린 씨는 자기가 거두어야지요.

  ○ *sellout* 매각, 매진, 배반, 배신

make one's blood boil,　　make the blood boil

화나게 하다, 격노시키다

- His insincere attitude always makes my blood boil.

  그의 불성실한 태도는 항상 나를 격노하게 한다.

make one's head spin

어리둥절하게 하다, 혼란케 하다

- The poisonous clauses in this agreement make my head spin. They are mumbo jumbo.

  이 계약서의 독소조항 때문에 혼란스럽다. 그것들이 무슨 뜻인지 알쏭달쏭하다.

  ▶ *mumbo jumbo*　미신적 주문, 뜻을 알 수 없는 말, 허튼 소리, 무의미한 주문

make one's mark

이름을 날리다, 명성을 떨치다

- He made his mark as a penster.

  그는 대필 작가로 이름을 날렸다.

make out

지내다, 해 나가다, 주장하다, 작성하다, 이해하다, 파악하다, 애무하다, 섹스하다

- Tom, do you hear that several high school kids including Susan go to the beach to make out in their cars? What did you say? I can't quite make out what you are saying.

  탐, 수잔을 포함한 몇몇 고등학생들이 차 안에서 몸을 어루만지기 위해 해변에 간다는 얘기 들었나요? 뭐라고요? 당신이 무슨 말을 하는지 잘 모르겠네요.

make over

양도하다, 고치다, 바꾸다

- I am going to make over the house to my son after I make over the back yard for his kids to play in.

  손주들이 놀 수 있도록 뒤뜰을 고친 후 아들에게 집을 넘겨 줄 것입니다.

make the grade

필요한 수준에 이르다, 성공하다

- I was unsure whether Tom was able to make the grade as a salesperson, when he applied for sales position. But, much to my pleasure, his sales amount speaks for himself more than enough now.

  탐이 영업직에 지원했을 때, 영업 사원으로 성공할 수 있을지에 대한 확신이 없었 지만, 감격스럽게도 그의 판매액은 지금 그 자신을 충분히 대변하고 남습니다.

make waves

풍파를 일으키다, 반향을 일으키다

- Merging the startup is almost complete, so I am just holding my breath that someone doesn't make waves at the last minute. The startup made waves throughout the industry by releasing a device which does not need to be charged at all; it used cutting-edge energy-harvesting technology.

  스타트업의 합병이 거의 끝나가고 있어 마지막 순간에 누군가가 풍파를 일으키지 않도록 숨을 죽이고 있습니다. 이 스타트업은 전혀 충전 할 필요가 없는 장치를 출시하여 업계 전반에 반향을 불러 일으켰습니다. 그 장치는 최첨단 에너지 하비스팅 기술을 활용하였습니다.

  - *energy-harvesting technology* 　에너지 수확 기술은 태양 에너지나 인체의 운동에너지 등 외부의 에너지를 모으고 저장하는 기술이며, 전기 (직류/교류) 공급 없이 작동 가능한 바, *maintenance-free* 의 장점이 있다.

make way

양보하다, 자리를 내주다, 비켜주다

- Old men's retirement makes way for younger men to make their places.

  노인들의 은퇴는 젊은이들에게 일자리를 내어준다.

mall rat

(떼를 지어) 쇼핑몰에서 죽치고 노는 청소년, 쇼핑 몰에서 시간 보내는 10대

- Most of the girls in our town have become mall rats since the fantastic shopping center opened last month.

  지난달 환상적인 쇼핑센터가 문을 연 이후로 우리 동네의 대부분의 소녀들은 쇼핑 몰에서 죽치고 있습니다.

mark time

(더 재미있는 것을 보기 위해 기다리면서) 당분간 시간을 보내다, 제자리걸음을 걷다

- The officer made the soldiers mark time for 30 minutes.

  그 장교는 30분 동안 군인들을 제자리걸음을 시켰다.

matter-of-fact

사무적인

- He is a matter-of-fact salesman.

  그는 아주 사무적인 판매원이다.

max out

최고조에 달하다, 최대한도에 달하다

- She maxed out on all of her credit cards and could not pay many of her bills. But, the racer, her son, maxed out at 250 miles per hour by the car which he bought by his mom's borrowings.

그녀는 모든 신용 카드를 최대로 사용했고 지불 할 수 없었던 청구서도 많았다. 그러나 레이서인 아들은 그녀가 빌린 돈으로 구입한 차를 타고 최고 시속 250 마일로 달렸다.

mean business

진지하다, 진심이다

• He means business. If we are late again, he'll fire us. I'm not joking. This time I really mean business.

그는 진지합니다. 또 늦으면 해고당할 것입니다. 농담이 아니고 이번은 정말입니다.

measure up

기대/표준/이상 등을 충족시키다, 달하다, 부합하다

• I know he measures up to most of his classmates, but he can't measure up to his mom's sky-high expectations.

그가 대부분의 학급 친구들의 기대는 충족시키지만, 자기 엄마의 하늘 높은 기대치에는 부합하지 못한다는 것을 압니다.

> *sky-high* 하늘을 찌를 듯한, 아주 높은   *sky-high spirit*   고조된 사기
> *sky-high interest rate*   하늘 높은 줄 모르고 치솟는 금리

media feeding frenzy

언론취재 각축전, 언론 취재 쟁탈전

• When Lady Diana passed away in a car crash under Alma Bridge in Paris in 1997, an unprecedented media feeding frenzy followed all over the world.

다이애나비가 1997년 파리 알마교 밑에서 교통사고로 세상을 떠났을 때, 전례 없는 언론취재 각축전이 전 세계적으로 벌어졌다.

> *buying frenzy* 구매열풍   *killing frenzy*   사람을 죽이는 광란
> *feeding frenzy*   (상어나 다른 물고기가 먹잇감에) 떼 지어 몰려듦, 미친 듯이 다툼, 먹이감에 달려드는 광란 상태, 특종 기사를 찾아다니는 열광 상태

meet one's Waterloo

큰 패배를 맛보다

• The soccer team met its Waterloo after three straight victories.

그 축구팀은 3연승을 거둔 후 크게 패했습니다.

meet up with

만나다, 겪다, 당하다

• I am to meet up with Susan at the mall today to help her shop for a wedding dress.

오늘 쇼핑몰에서 수잔을 만나서 웨딩드레스 쇼핑을 도와주려 합니다.

mend one's fences

관계를 개선하다, 기반을 닦다, 남이 좋아하는 일을 하다

• Tom found that his friends did not like him, so he decided to mend his fences although he was knee-high as a grasshopper. Not surprisingly, he has become a senator and now tries to mend his political fences with the voters for presidential election.

탐은 친구들이 그를 좋아하지 않는다는 것을 알자, 아주 어렸음에도 불구하고 친구들과의 관계를 개선하려고 하였다. 탐이 상원 의원이 되어 대통령 선거를 위해 유 권자들과 정치적 기반을 다지려고 노력하는 것은 놀라운 일이 아니다.

❯ *knee-high as a grasshopper*   아주 어린

mend one's ways,   mend one's manners

자기의 행실을 고치다

• He has to mend his ways, or he may get fired.

그는 행실을 고쳐야 한다. 그렇지 않으면 해고될 수도 있다.

meter is running

미터기가 올라가고 있다, 비용이 늘고 있다, 위기가 심화되고 있다, 시간이 다 되었다

• I don't care if you want to keep waiting for Susan, but the meter is running. Please note that your calling the lawyer's office may cost a lot; the meter is running as soon as a lawyer answers your question. Nothing is free.

수잔을 계속 기다리고 싶어 하는 건 상관없지만, 미터기는 올라가고 있습니다. 변호사 사무실에 전화하면 많은 비용이 발생할 수 있다는 것을 주목하세요. 변호사가 당신의 질문에 답변하는 즉시 비용 청구가 시작됩니다. 공짜는 없어요.

mind games

심리 조작, 전술, 심리전

• Never play mind games with me. I am sick and tired of your red lies.

나하고 심리전 할 생각하지 마라. 나는 너의 새빨간 거짓말에 진저리가 난다.

mind over matter

정신력에 달린 문제

• It's nothing. Love can overcome anything. It's just mind over matter.

그것은 아무것도 아니다. 사랑은 뭐든지 극복할 수 있어. 그것은 단지 마음먹기에 달려있다.

mind you

뭐랄까, 그러니까, 알았지, 잘 들어둬

• Mind you, I am not exaggerating the situation.

그러니까, 그 상황을 과장하는 것은 아니고.

miss out

좋은 기회를 놓치다, 실패하다, 누락하다

- I missed out on last week's concert because I was on a local business trip.

  국내 출장 중이라 지난주 콘서트를 놓쳤습니다.

miss the boat,　　　miss the bus

때를 놓치다, 실기하다, 좋은 기회를 놓치다, 기회를 살리기에는 너무 늦었다

- Consider buying shares of the company immediately, or you may miss the boat. Now I will explain why. Never miss my point.

  그 회사의 주식 매수를 즉시 고려해봐라. 그렇지 않으면 좋은 기회를 놓칠 수 있다. 이제 그 이유를 설명하니, 요점을 놓치지 마라.

miss the point

핵심에서 벗어나다, 의도를 잘못 이해하다

- I'm afraid you missed the point. Let me explain it again.

  요점을 놓친 것 같습니다. 다시 설명하겠습니다.

monkey business

협잡, 바보 같은 짓, 기만, 사기, 장난, 짓궂은 짓

- It is rumored that there was a lot of monkey business with counting ballots in the previous election.

  이전 선거에서 개표 부정이 많았다는 소문이 있습니다.

monkey on one's back

마약 중독, 골치 아픈 문제

- The accounting course is a monkey on my back.

  회계 과정은 골치 아파요.

morning after

숙취, 과거의 잘못을 후회하는 시기

- He drank like a whale yesterday, and he had a big headache, which was the morning after.

  어제 폭음을 해서 다음날 아침에 숙취로 두통이 심했다.

  ▶ 숙취 *hangover, bottleache, katzenjammer*　　　*morning-after pill*　(먹는) 피임약

mouse click,   mouse clicks away,   a stone's throw

쉽게 접근할 수 있는, 아주 쉬운, 아주 가까이에

- You can find anything at the shop over the street; it is just a mouse click away. His office is a stone's throw away from the shop.

  도로변에 있는 가게에 가면 모든 것이 있다. 가게는 아주 가까이 있다. 그의 사무실은 가게와 아주 가까이 있다.

move heaven and earth

백방으로 노력하다, 온갖 노력을 다하다

- He moved heaven and earth to locate elixir plant.

  그는 불로초를 구하기 위해 백방으로 노력했다.

  ○ 불로초 *herb of eternal youth, elixir plant*

mug shot,   mugshot

범인 식별용 얼굴 사진, 얼굴 사진, 상반신 사진

- A poster with mugshots of top ten wanted men was on the wall.

  상위 10 명의 수배자들의 사진이 실린 포스터가 벽에 걸려 있었다.

  ○ *mug*는 17세기부터 사용된 「얼굴이라는 의미의 *slang*」으로, *mugshot* 이란 이름, 생년월일, 체중 등이 적힌 판을 들고 찍는 식별용 개인 얼굴 사진을 말한다.

mum is the word

비밀을 준수하다, 말하지 않다

- This is just between you and me. We are planning a surprise party for her. Mum is the word.

  이것은 비밀인데. 그녀를 위해 깜짝 파티를 준비하고 있어요. 비밀이다.

musical chairs

(직장/지위/자리) 이동이 심한 상황, 의자에 먼저 앉기 놀이

- The president regularly played musical chairs with department heads to make them challenge new positions.

  사장은 부서장들이 새로운 기회에 도전할 수 있도록 정기적으로 부서장들의 자리 이동을 단행하였습니다.

  ○ *play musical chairs* 자리 이동을 하다, 돌아가며 감투를 쓰다, 섹스 상대를 자주 바꾸다

my lips are sealed

입이 무겁다, 비밀을 지키다, 말하지 않다

- Please don't worry. My lips are sealed.

  걱정하지 마세요. 내 입은 무거우니.

nail down

고정시키다, 못 박다, 확실하게 하다, 해결하다, 실토하다, 확약하다

- The customer nailed down the deadline for the shipment of the goods.

  고객은 그 화물의 최종 선적일자를 확실하게 못 박았다.

namedropper

(친하지도 않은) 저명인사의 이름을 마치 친구인 양 팔고 다니는 사람

- He has become a namedropper since he moved to Hollywood last year.

  그는 지난 해 할리우드로 이사 온 후, 여러 저명인사들이 친구인 양, 그들의 이름 을 떠들고 다닌다.

  ❍ *name-dropping*   유명 인사의 이름을 잘 아는 사람인 양 들먹이기

name of the game

게임의 법칙, 핵심, 가장 중요한 포인트

- Business zeal and market analysis are the name of the game if you want to succeed in business.

  사업에서 성공하려면 비즈니스 열정과 시장분석이 가장 중요한 요건이다.

narrow

좁히다, 좁혀지다

- Presidential race is narrowing in PA. The election was won by the very narrow margin of only 1,237 votes. We won a narrow victory.

  펜실베이니아에서 대통령 경선 차이가 줄고 있습니다. 선거는 1,237 표라는 매우 근소한 차이로 승부가 결정되었습니다. 우리는 아주 작은 차이로 승리 했습니다.

  ❍ *widen*   넓혀지다

neck of the woods

근처, 지역

- There are no public buses in my neck of the woods.

  내가 사는 곳에는 대중버스가 없다.

neither fish nor fowl,   neither fish, flesh, nor fowl

이것도 저것도 아닌, 정체불명의, 알쏭달쏭한, 여기저기에도 속하지 않은, 중도의

- Many people are neither fish nor fowl; they vote Democratic Party or Republican Party according to which will do him the most good.

  많은 사람들이 중도입니다. 민주당과 공화당중 누가 그들에게 가장 좋을지에 따라 지지할 당을 선택합니다.

neither here nor there

중요하지 않은, 상관없는

- His personal activities are neither here nor there. All that matters is his performance in the job.

  개인적인 활동은 중요하지 않습니다. 중요한 것은 그의 직무수행 능력입니다.

nest egg

비상금, 저축금

- I see no reason why I have to worry about my old age because I have a big nest egg in the bank.

  나는 은행에 비상금을 많이 가지고 있기 때문에 노후를 걱정할 이유가 없습니다.

new blood,   fresh blood

(활기를 불어넣을 수 있는) 신인들, 새로운 피

- New blood is required to reactivate the company; appointment of younger persons to important positions seems a good solution.

  회사를 재활성화하려면 참신한 인재가 필요합니다. 젊은이들을 중요한 직책에 임명하는 것이 좋은 해결책으로 보입니다.

new deal

재출발, 대변혁, 또 한 번의 기회

- The student asked for a new deal after he had been punished for theft in school.

  학생은 학교에서 절도죄로 처벌받은 후 새로운 재기의 기회를 요청했습니다.

new kid on the block

신참, 새 얼굴, 신참내기, 신규 가입자, 신규 참여자

- I'm just a new kid on the block. I've only been working here for a week.

  나는 신참입니다. 여기서 일한 지 한 주 밖에 되지 않았습니다.

new money

신흥부자, 최근에 부자가 된 사람, 뉴머니, 신규 차입 자금

- He and his family have become new money since he got patent on a new circuit.

  새로운 회로에 대한 특허를 취득한 후, 그와 그의 가족은 신흥 부자가 되었다.

New York minute

아주 짧은 시간, 순간

- Most people decide whom to vote for in a New York minute.

  대부분을 사람들은 누구에게 투표할지 순간적으로 결정한다.

nip in the bud

미연에 방지하다, 싹을 없애다, 초기에 끝나게 하다

- Why don't you nip the quality issue in the bud before it starts affecting the whole assembly line?

  전체 조립 라인에 영향을 미치기 전에 품질 문제를 미연에 방지하시는 것이 어떠한지요?

nip and tuck

막상막하의, 대등하게, 앞서거니 뒤서거니, 피부 성형 수술

- The basketball game was nip and tuck until the last minute.

  야구 경기는 마지막까지 막상막하였다.

  ● 막상막하 *neck and neck, leg and leg, ding-dong, close, evenly*

no deal,   no dice,   no go,   no sale

안 돼, 싫어, 천만에, 어림없다

- She wanted me to allow her son to join the team, but I said "No deal" as he was too young.

  그녀는 내가 그녀의 아들이 팀에 합류하도록 허락하길 원했지만 나는 그가 너무 어려 '안 돼' 라고 했다.

no end

아주 많이, 극도로, 대단히, 끝없이

- He was no end depressed as he could not go skating. He cried no end.

  그는 스케이트를 타러 갈 수 없어 매우 속상했습니다. 그는 한없이 울었다.

no frills

군더더기 없는, 실속의, 필요한 요소만 있는, 첨가물 없음, 불필요한 서비스가 없는

- We went on a no frills trip to Europe, which saved our money a lot.

  우리는 실속 유럽 여행을 갔으며, 그래서 돈을 많이 절약 하였다.

no holds barred,　　　no-holds-barred

어떤 수단을 써도 상관없는, 무제한의, 치열한, 전면적인

- When he negotiates a deal, he goes in with no holds barred and comes out with a good contract. His no-holds-barred negotiation of the deal has been making waves across the company.

  그는 거래를 협상 할 때 수단 방법을 가리지 않고 좋은 조건으로 계약을 체결합니다. 그의 치열한 거래 협상은 회사 전체에 풍파를 일으키고 있습니다.

no love lost,　　　little love lost

미움, 증오, 혐오

- There was no love lost between him and her, as both wanted to be elected head of the team.

  그와 그녀는 둘 다 팀 헤드가 되기를 원했기 때문에 둘 사이에는 미움만 있었다.

no matter how thin you slice it, it's boloney/bologna/baloney.

어떻게 보아도 소시지는 소시지, 이러나저러나 같다

- No matter how thin you slice it, it's still baloney. Your new bill for tax hikes will hurt everyone eventually

  이러나저러나 같아요. 세금인상 법안은 결국은 모두에게 해를 끼칠 것입니다.

  ○ *boloney, bologna, baloney*　볼로냐 소시지

no skin off my nose,　no skin off my teeth,　no skin off my back

전혀 관심 없다, 알 바 아니다, 무관한 일이다.

- We all knew that the accountant, our president's cousin, was cooking the books, but it was no skin off our noses so we just kept our mouths shut.

  우리 모두는 사장의 사촌인 회계사가 장부를 조작하고 있다는 것을 알고 있었지만, 우리가 상관할 일이 아니어서, 입을 다물고 있었습니다.

no sweat

뭘 그런 걸 갖고 그래, 별 거 아냐, 문제없어, 힘들 것이 없는, 쉬운

- That job was no sweat. We did it no sweat.

  그 일은 별거 아니었다. 우리는 쉽게 했다.

  ○ *No sweet without sweat*　노력 없이는 결실을 맺을 수 없다.

nobody home

마음이 들떠 있다, 머리가 텅 비어 있다

- He is nobody home all day long as he won the lottery this morning.

그는 오늘 아침에 복권에 당첨되어 하루 종일 마음이 들떠있다.

nobody's fool

영리한 사람, 속이기 힘든 사람, 보기보다 똑똑한 사람, 빈틈없는 사람

- Never make a fool of Tom. He is nobody's fool.

  탐을 바보 취급하지 마세요. 그는 영리한 사람입니다.

no-brainer

쉬운 결정, 간단한 문제

- It is a no-brainer to him.

  그에게 그것은 아무것도 아니야.

nose about,   nose around,   poke about

정보를 캐고 다니다, 냄새를 맡고 다니다, 찾아다니다

- She was always nosing about the kitchen, looking for something delicious.

  그녀는 뭔가 맛있는 것을 찾으려고 항상 부엌 구석구석을 뒤지고 다닌다.

nose down

(비행기가 하강하기 위해) 기수를 내리다

- The big airliner nosed down for a landing.

  대형 여객기는 착륙하기 위해 기수를 내렸다.

nose in,   nose into

접근하다, 간섭하다, 참견하다

- Tom's car nosed into the house where someone was said to be killed yesterday. He had a bad habit of nosing in other people's business.

  어제 누군가가 살해당했다는 집으로 탐의 차가 접근했다. 그는 남의 일에 참견 하는 나쁜 버릇이 있다.

nose out

찾아내다, 참견하지 않다, 아슬아슬하게 이기다, 신승하다

- He nosed out the truth about the horse race of last Sunday; the horse we liked nosed out the second horse in a very close finish.

  그는 지난 일요일 경마에 대한 진실을 밝혀냈다. 우리가 좋아하는 말이 두 번째 말을 아슬아슬하게 이겼다.

  ◉ 신승하다 *nose out, edge out, win by a narrow margin, win by a hair's breadth*

not for the world,   not for worlds

무슨 일이 있어도 하지 않을 것이다

* I won't tell you what's going on with the company financially, not for the world.

  나는 너에게 그 회사에서 재정적으로 무슨 일이 벌어지고 있는지 결코 말하지 않을 거야.

nothing doing

절대 아니다, 당치 않다

* May I use your car next Saturday? Nothing doing.

  다음 토요일에 당신 차 사용해도 되나요? 절대로 안 됩니다.

nothing if not

의혹 없이, 확실히

* The new house is nothing if not good and comfortable.

  새 집은 확실히 좋고 안락하다.

not my cup of tea

내 타입 아니다, 내 스타일 아니다

* How do you like her? Well, she is not my cup of tea.

  그녀 어때? 내 스타일 아닙니다.

not on your life

절대 아니다, 어림도 없는 소리

* Will you get married with her? Not on your life.

  그녀와 결혼한다고? 절대 안 된다.

  ◐ *over my dead body, no way, absolutely not, definitely not, not on your life, not a chance, not in a million years*

not to give someone the time of day

말도 하려 하지 않다

* My colleagues did not give me the time of day after they found out that my father was the 2nd largest shareholder.

  동료들이 내 아버지가 회사의 2대 주주라는 사실을 알게 된 후 나와 말도 하지 않았다.

not to lift a finger

손가락 하나 까딱 않다, 하나도 도와주지 않다

- When we had the new business opportunity to challenge, he did nothing; he did not lift a finger.

  우리가 도전 할 수 있는 새로운 비즈니스 기회가 있었을 때 그는 아무것도 하지 않았습니다. 그는 손가락 하나도 까딱하지 않았다.

not to miss a beat

주저하지 않고 하다, 방해받지 않고 계속하다, 박자를 놓치지 않다

- This time he played guitar like machines. He never missed a beat.

  이번에는 피아노 연주를 기계처럼 했습니다. 박자를 놓친 적이 없습니다.

not to touch (something) with a ten-foot pole

털끝 하나도 건드리지 않다

- Some people do not touch raw fish with a ten-foot pole.

  생선회를 입에도 안대는 사람들이 있습니다.

  ▶ *1 foot = 30.48 cm* 이니 10 피트는 3 미터가 넘음. 즉, 3미터가 넘는 막대기로 도 건드리지 않는다는 것이니, 얼마나 싫어하고 혐오하는지를 알 수 있음.

nurse a drink

조금씩 아껴가며 마시다.

- He's been nursing a drink of Ballentine 30 years all night.

  밤새도록 발렌타인 30년을 홀짝이고 있었습니다.

nurse a grudge,   harbor a grudge

원한을 품다, 한을 품다, 사감을 갖다

- He nursed a grudge against his manager, as he was not promoted this time.

  그는 이번에 승진이 되지 않아 그의 매니저에게 원한을 품었다.

nut case

미치광이, 또라이

- He should be a nut case if he wants to make trips despite COVID-19 pandemic.

  세계적으로 COVID-19가 유행하는 데도 여행을 하고 싶어 하다니 그는 미치광이 임에 틀림없다.

nut house

정신병원

• He may be sent to the nut house if he keeps shouting at the nurses.

　간호사에게 계속 소리를 지르면 정신병원으로 보내질 수 있습니다.

nuts and bolts of

기본, 요점, 기초적인 사실, 실제적인 상세함

• He can be a great salesman if he learns the nuts and bolts of business.

　그는 사업의 기본 사항을 배우면 훌륭한 세일즈맨이 될 수 있습니다.

nutty as a fruitcake

얼빠진, 머리가 돈, 멍청한

• Never get involved in his business; he seems nutty as a fruitcake. His schemes for making money do not make any sense.

　그의 사업에 절대 관여하지 마십시오. 그는 얼빠진 것 같아요. 그가 생각하는 돈벌이 계획은 말이 되지 않아요.

oddball

괴짜, 기인

- He is an oddball; he lives alone in the mountain where there is no one.

  그는 괴짜다. 아무도 없는 산속에서 혼자서 생활한다.

of age

뭐하는 나이

- She will be of driving age next birthday. I wonder when she becomes of voting age?

  다음번 생일에는 운전할 수 있는 나이가 된다. 언제 투표할 수 있는 나이가 되는지?

off balance

균형을 잃은, 마음이 심란하게, 평정을 잃게

- The governor seems to be caught off balance by the reporter's unexpected question.

  그 기자의 예상치 못한 질문에 그 주지사는 마음의 평정을 잃은 것 같았다.

off base

완전히 틀린

- I think that he is surely off base if he expects to become the senator this election.

  이번 선거에서 상원의원이 될 것으로 예측한다면 완전한 오판이라 생각한다.

off center

중심을 벗어나

- The picture hanging over the table is a little off center.

  탁자 위에 걸린 그림은 중앙에서 약간 벗어났습니다.

  ○ *off-center, off-centered*   엉뚱한, 상식을 벗어난, 균형을 잃은, 불안정한

off guard

방심하여, 경계를 푼

- We'll wait until he's off his guard.

  그가 경계를 풀 때 까지 기다릴 것입니다.

off one's back

트집 잡기를 그만두다, 괴롭히기를 그만두다

- Can't you get your kid off my back?

  당신 애가 나 좀 그만 괴롭히게 할 수 없나요?

off one's chest

마음의 부담을 덜다, 마음의 짐을 덜다

- After he declared that he did something illegal at the tender, he felt comfortable as it was off his chest.

  그는 입찰에서 불법적인 일을 했다고 선언 한 후, 마음의 부담을 덜고 편안해졌다.

off one's game

컨디션이 나쁘다, 정세가 불리하다

- He is off his game today; he had an upset stomach yesterday.

  그는 어제 배탈이 나서 오늘 경기 컨디션이 좋지 않다.

  ● *on one's game*   컨디션이 좋다, 정세가 유리하다

off one's hands

손을 떠나서, 책임이 끝나서, 손을 떼다

- Now that the children are off my hands, I've got more time for other things.

  이제 아이들이 내 손을 떠나서 나는 다른 일을 할 시간이 더 많아졌습니다.

off one's high horse

뽐내지 않는, 화가 풀어진, 상냥한, 다시 친근해진

- I wish she'd get off her high horse and be more friendly as she grows up.

  그녀가 자라면서 건방지지 않고 상냥하기를 바랍니다.

  ● *on one's high horse*   잔뜩 으스대며, 거들먹거리며

off one's rocker,   off one's trolley

미쳐서, 열광하여, 흥분하여

- I'm going to go off my rocker if I have to keep hearing his song.

  그의 노래를 계속 들어야 한다면 미쳐 나갈 것이다.

off the beaten track,   off the beaten path

사람의 발길이 닿지 않는, 잘 알려지지 않은

- I would like to suggest the island as a vacation spot because it is off the beaten track.

  그 섬이 잘 알려지지 않은 곳이어서 휴양지로 추천하고 싶다.

  ◐ *beaten track*   사람들이 잘 다니는 길, 밟아 다져진 길, 보통의 방법, 상도

off the charts

뛰어 넘다, 경신하다, 엄청나다

- His dancing is off the charts. Gas prices are off the charts because of the Middle East War. His sales performance of last month is off the charts.

  그의 춤 실력이 죽이지. 중동전쟁으로 휘발유 값이 엄청나다. 그의 지난 달 판매실적은 대단하다.

off the cuff

사전 준비 없이, 즉흥적으로

- Some presidents like to speak off the cuff to the public while some not. He is a good off-the-cuff speaker.

  일부 대통령은 대중에게 즉흥적인 연설을 하기를 좋아하고, 일부는 그렇지 않습니다. 그는 즉흥적인 연설을 잘합니다.

  ◐ 즉흥적인, 사전준비 없는, 급조된   *off-the-cuff, improvised, impromptu*

off the hook

곤경을 면하다, 난처한 상황에서 빠져 나오다, (수화기를) 내려놓다

- I was suspected of stealing money from the safe, but I was let off the hook after security camera footage showed it was someone else. So I tried to call mommy for this good news, but I could not reach her as her phone was off the hook.

  금고에서 돈을 훔친 혐의를 받았지만, 보안 카메라 영상에 다른 사람이라는 것이 드러나자 나는 난처한 상황에서 빠져 나왔다. 그래서 나는 엄마에게 이 좋은 소식을 알리려고 전화했지만, 엄마가 수화기를 내려놓아, 통화가 불가하였다.

off the record

비밀리에, 기록에 없이

- "Off the record," the senator said to the reporters over dinner. And he hit the ceiling when newspapers printed his off-the-record comments.

  상원 의원은 저녁 식사를 하면서 기자들에게 "비공식" 이라고 말했다. 그래서 그는 신문들이 그의 비공식 논평을 게재했을 때 엄청 화를 냈다.

  ◐ *off-the-record*   비밀의, 공개되지 않는

off the top of one's head
별 생각 없이, 즉석에서

- Tom answered Susan's question off the top of his head.

  탐은 수잔의 질문에 별 생각 없이 대답했다.

off the wagon
금주한 후 다시 술을 마시기 시작하다, 금욕을 깨다, 절제를 잃다

- As a matter of fact, I drank like a fish during study in Boston. After I join a company for a living, I once quit drinking, but I'm off the wagon nowadays.

  사실은 보스턴에서 공부할 때 말술이었다. 회사에 취직하자 한때 술을 끊었는데 지금은 다시 마신다.

off the wall
별나게, 특이하게, 특이한, 엉뚱한, 약간 미친, 제정신이 아닌

- Some of her ideas are really off the wall. They could be great for teenagers marketing.

  그녀의 생각들 중 일부는 정말 독특해서, 청소년 마케팅에 주효할 수 있습니다.

offbeat
색다른, 특이한, 독특한

- She wanted an offbeat dress for the party.

  파티용으로 색다른 드레스를 원했다

  ○ *offbeat: unconventional, novel, unordinary, unusual, unwonted*

off-color,   off-colored
안색이 좋지 않은, 기분이 좋지 않은, 저속한, 품질이 나쁜, 음탕한, 상스러운

- No one liked his off-color joke at the office.

  사무실에서 그의 저속한 농담을 좋아하는 사람은 아무도 없었다.

old maid
노처녀

- My parents are pressuring me to get married as they don't want me to become an old maid.

  부모님은 내가 노처녀 되는 것을 원하지 않아서 결혼하라고 압박하고 있습니다.

old wives' tale,   old wives' story
실없는 이야기, 근거없는 이야기, 어리석은 미신, 믿기 힘든 전설

- The rumor that make-up ruins your skin is just an old wives' tale.

  화장을 하면 피부가 망가진다는 소문은 근거없는 이야기 일뿐입니다.

on an even keel

안정된, 평온한

- After all the troubles of the past years, my life seems to be getting back on an even keel as I finally succeeded in developing the materials required by cellular phone companies.

  지난 몇 년간의 모든 고생 끝에 마침내 휴대폰 회사에서 요구하는 소재 개발에 성공하면서 제 인생은 안정을 찾는 것 같습니다.

on a pedestal

받들어 모시는, 존경을 받는

- He always puts his fiancee on a pedestal, but never respects his mom.

  그는 항상 약혼녀를 받들어 모시지만, 결코 엄마는 챙긴 적이 없다.

on a shoestring

돈을 아주 작게 쓰는, 쥐꼬리만 한 자본으로, 아주 작은 예산으로

- The couple was travelling in several Asian countries on a shoestring, and so could not try food at the world-famous Michelin three star restaurant in Singapore.

  그 커플은 아주 작은 예산으로 아시아 여러 국가를 여행하고 있었기 때문에 싱가포르에 있는 세계적으로 유명한 미슐랭 쓰리 스타 레스토랑에서 음식을 맛볼 수 없었습니다.

on call

대기 중인, 전화만 하면 언제든지 달려가는, 당직인, 당좌로

- Who is on call today?

  오늘 누가 당직인가요?

on cloud nine

너무나 행복한, 하늘로 날아 갈 것 같은

- She has been on cloud nine since he proposed marriage to her.

  그가 그녀에게 프러포즈한 이후로 그녀는 너무나 행복했습니다.

on edge

흥분하여, 안절부절못하여, 과민하여, 안달하는, 못견뎌하는, 신경이 곤두서 있는

- My sister has been on edge because of her marriage. I'm on edge lately.

  누이가 결혼으로 신경이 곤두 서 있다. 최근엔 나도 그래요.

on end
세로로, 모로 세워, 계속, 쉬지 않고
- He often made trips for weeks on end.

  그는 가끔 몇 주간 계속 여행하곤 했다.

on the cusp of,   on the brink of
막 하려는 시점이다
- The development team is on the cusp of making a discovery that could change the display of cellular phone.

  개발팀은 휴대 전화의 디스플레이를 바꿀 수 있는 발견을 하기 직전이다.

on faith
의심하지 않고, 신뢰하여
- She looked so sincere that I accepted her as my secretary on faith.

  그녀는 아주 근면하게 보여 의심하지 않고 비서로 채용했다.

on file,   on record
철해져, 정리 보관되어, 기록 보관되어
- We regret that we can't hire you right away as there is no vacancy. But we will keep your application on file.

  공석이 없어 즉시 채용 할 수 없는 점에 대해 유감스럽게 생각합니다. 그러나 우리 는 귀하의 신청서를 파일에 보관할 것입니다.

on ice
보류된, 미뤄진, 빙상에서 펼쳐지는, 얼음 통 안에 넣어 차게 해 놓은
- The president took a flight to go fishing on ice on the lake in Chicago. We have no option but to put our plans on ice for the time being until he comes back.

  사장이 시카고의 호수에서 얼음낚시를 하기 위해 비행기를 탔습니다. 그가 돌아 올 때까지 당분간 우리의 계획을 보류 할 수밖에 없습니다.

on one's back
등에 찰싹 붙어 불평하다, 짊어지고 있다, 반듯이 누워, 앓아누워, 뒤로 넘어지다
- Mom is on my back all the time about my grades, but I just have no interest in the classes I'm taking this semester.

  엄마는 내 등에 찰싹 붙어 성적에 대해 불평하고 있지만, 난 이번 학기에 듣는 수업에는 관심이 없습니다.

on one's coattails

편승하여

- I hear thru the grapevine that he has been on the senator's coattails these last five years, but I wonder what'll happen from next year once his term ends.

  풍문에 의하면 그가 지난 5년 동안 상원 의원에 편승하여 잘 나갔다고 하는데, 내년에 상원의원의 임기가 만료되면 어떻게 될지.

  ◑ 미국 상원의원은 각 주에 2명, 총 100명이며, 임기는 6년이다. 하원 의원 임기는 2년이다.

on one's feet

일어서서, (병후에) 일어나서, 다 나아서, (경제적으로) 독립하여, 자립하여

- He was back on his feet after a long illness. I expect him to financially stand on his feet soon.

  그는 오랜 병마를 딛고 일어섰다. 그가 곧 경제적 독립을 할 것으로 기대합니다.

on one's head

물구나무서서, 자기 책임 하에, 쉽게

- I won't kick you out from this class, but if you get caught cheating at math exam, it's on your own head.

  이 수업에서 너를 쫓아 내지 않을 것이나, 수학시험에서 커닝하다 잡히면 혼자 책임져야 한다.

on one's knees

무릎을 꿇고

- He was on his knees for hours before his mom agreed to his making a trip to Paris.

  그는 엄마가 파리 여행을 허락하기 까지 몇 시간 동안 무릎을 꿇고 있었습니다.

on one's last legs

기진맥진하여, 다 죽어 가는, 이도저도 못하여, 궁지에 빠져

- I have been playing soccer all day and I'm on my last legs.

  나는 하루 종일 축구를 하고 있어 기진맥진하다.

on one's toes

긴장을 늦추지 않는, 빈틈없는, 준비가 다 된

- You have to be on your toes always if you want to survive in this business.

  이 사업에서 살아남으려면 항상 긴장을 늦추지 않아야 합니다.

on pins and needles

초조하여, 조마조마해서, 안달하여, 바늘방석에

- I'm going to be on pins and needles until TOEFL score comes out next week; it will decide my entrance to Harvard Graduate School in Boston.

  다음 주에 TOEFL 점수가 나올 때까지 조마조마하다. 그 점수로 보스턴에 있는 하버드 대학원 입학이 결정된다.

  ○ *pin*은 뾰족한 핀이고 *needle*는 바늘이다. 만일 뾰족한 핀과 바늘 위에 있다면 어떨까요? 찔릴까 봐 불안할 것이다. 그래서 「*on pins and needles*」 라는 표현은 「초조하다, 불안해 하다, 조마조마하다, 바늘방석에 앉다」를 의미한다.

on purpose

고의로, 의도적으로, 일부러

- Did he do it on purpose, or was it an accident? I wonder whether there is any chance of his having done it accidentally on purpose?

  고의로 했나요, 아니면 사고였나요? 그가 우연을 가장하고 고의적으로 했을 가능성이 없는지 궁금하다.

on tenterhooks

마음에 걸려, 불안하여, 조바심 나는, 안절부절못하는, 안달하는

- The MLCC supplier is on tenterhooks waiting for the phone call from its potential customers every day.

  MLCC 공급 업체는 매일 잠재 고객들의 전화를 기다리며 안절부절 못하고 있다.

  ○ *MLCC   multi layer ceramic capacitor* (다 적층 세라믹 컨덴서)

  「전자산업의 쌀」로 칭하며, 2020년 말 현재 주요 생산업체는 일본의 *Murata, Kyocera*, 한국의 삼성전기, 아바텍 이며, 전 세계 시장 주도 업체는 *Murata* 이다.

on the air

방송 중에, (프로가) 계속되는, 항공편으로, 가동 중인

- Please be careful about your language when you attend the live TV show. We can't have any cursing while we're on air.

  라이브 TV 쇼에 참석할 때 언어에 주의하십시오. 방송 중에는 악담을 할 수 없습 니다.

on the ball

사정을 꿰고 있다, 빈틈이 없다, 유능하다, 기민하다, 능숙하다

- I can't believe that my secretary arranged several meetings so quickly; she's really on the ball. I'm so glad that she is always on the ball because I'm too busy and scatterbrained to manage my schedule by myself.

  비서가 그렇게 빨리 여러 회의를 주선했다니 믿을 수 없습니다. 그녀는 정말 유능 하네요. 내가 너무 바쁘고 산만하여 혼자서 스케줄을 관리 할 수 없는 상황에서 그녀가 항상 사정을 꿰고 있어 너무 기쁩니다.

  ○ *scatterbrained*   머리가 산만한, 천방지축인, 침착/차분하지 못한 (*restive*)

on the beam

(비행기가) 방향 지시 전파의 지시대로, 정확하게, 올바르게, 목표를 놓치지 않고

- His solution was on the beam, regarding the quality issue.

  품질 문제와 관련된 그의 해결책은 정확했습니다.

on the blink

고장 난, 더 이상 작동이 안 되는

- I need to call A/S center tomorrow because my TV is on the blink again.

  TV가 다시 작동이 되지 않으니 내일 AS 센터에 전화해야겠네.

on the block

팔리다, 경매에 붙여져

- The vacant house was already on the block.

  빈 집은 이미 경매에 붙여졌습니다.

on the dole

실업 수당을 받는

- After he was fired three months ago, he got on the dole; he is still on it.

  석 달 전에 해고 된 후 실업 수당을 현재까지 받고 있습니다.

on the dot,   on the button

정시에

- He arrived at the office at 2:00 PM on the button.

  그는 오후 2시 정각에 회사 도착했다.

on the fly

공중에 떠 있는, 그때 상황 봐가며, 즉석에서, 고민이나 망설임 없이, 바쁜, 대충

- I ran into my boss in sauna bath, so I had to think up a plausible excuse on the fly as to why I was there at that time.

  사우나에서 상사를 만났기 때문에 내가 그 시간에 왜 거기에 있었는지에 대해 그럴듯한 핑계를 즉석에서 생각해내야 했습니다.

on the go

활발한, 바쁜, 끊임없이 일하는, 계속 일하는

- The novice was on the go all day.

  그 신참은 하루 종일 정신없이 바빴다.

on the level

정직한, 합법적인, 공명정대한

- The principal respects the teacher who is on the level with all the class students.

  교장은 반 학생 모두에게 공명정대한 교사를 존중합니다.

on the loose

탈주 중인, 잡히지 않은, 자유로운

- I understand that most kids enjoy being on the loose when they go to kindergarten. But don't let your kids go out for some time. There is said to be a bear on the loose from the zoo.

  아이들 대부분이 유치원에 갈 때 자유로운 것을 즐기는 것을 압니다. 하지만 한동 안은 자녀를 밖으로 나가게 하지 마십시오. 동물원에서 풀려 난 곰이 돌아다닌 다고 합니다.

on the make

(성생활이) 난잡한, 문란한, 이것저것 되는 대로의, 잡다하게 모은

- I wonder whether I can get married with Tom; he is said to on the make.

  탐이 성생활이 문란하다고 하는데 탐과 결혼을 해야 할지.

  ◑ 문란한, 난잡한 *promiscuous*

on the market

시장에 나와 있는, 시중에 나와 있는

- Why are there so many kinds of ice creams on the market? I just want to try vanilla coconut ice cream.

  왜 이렇게 많은 종류의 아이스크림이 시중에 나와 있습니까? 나는 단지 바닐라 코코넛 아이스크림을 먹고 싶어요.

on the mend

회복중인

- I cared for my father while he was on the mend at home.

  나는 아버지가 집에서 회복하는 동안 돌보았습니다.

on the money

옳은, 정확한

- Her forecast was right on the money.

  그녀의 예상은 정확하게 적중했다.

on the move

매우 분주하여, 활동적인, 이리저리 이동하여, 여행 중에, 전진중인, 진행되고 있는

- The company is on the move to a larger office in Chicago.

  그 회사는 시카고의 더 큰 사무실로 이사하는 중이다.

on the road

여행 중인, 이동 중인, 도로를 주행할 수 있는, (살 집이 없이) 이리저리 옮겨 다니는

- When we drove to New York from Boston, we prepared a lunchbox to take while on the road.

  보스턴에서 뉴욕으로 주행 중에 먹을 도시락을 준비했습니다.

on the rocks

(관계/사업이) 파탄 직전인, 얼음을 넣은

- He's got on the rocks with his fiancee as soon as his company got on the rocks. He and his fiancee ordered Scotch on the rocks.

  회사가 파산 직전이 되자마자 그는 약혼녀와 사달 났다. 그와 약혼녀는 얼음 탄 스카치위스키를 주문했다.

on the run

도망을 다니는, 도주 중인, 계속 돌아다니는, 황급히

- He came home on the run, as his mom was sick.

  그는 엄마가 아파서 황급히 집으로 왔습니다.

  ◐ on-the-run 황급한, 분주한

on the safe side

신중을 기하는, 위험보다는 안전을 생각하는, 만일의 경우에 대비

- I made an extra batch of waffles, just to be on the safe side in case we have more guests than we expected.

  나는 우리가 예상했던 것보다 더 많은 손님이 와도 문제가 없도록 와플을 추가로 만들었습니다.

on the same page with

같은 생각으로, 동일한 의견이다

- He is on the same page with me as far as the new business opportunity goes.

  그는 새로운 비즈니스 기회에 관한 한 나와 생각이 같다.

on the sly

은밀히, 몰래

- The senator had been taking bribes from several construction companies on the sly for years.

  상원 의원은 수년간 여러 건설 회사로부터 은밀히 뇌물을 받고 있었습니다.

on the spot,   upon the spot
즉각, 즉석에서, 현장에서, 한 자리에서, 곤란한, 난처한
* The suspect was arrested on the spot.

  용의자는 현장에서 체포되었습니다.

on the spur of the moment
순간적인 충동에서, 충동적으로
* Originally he had no plan for a trip this summer because of tight budget; he just left for LAX Airport to catch a flight to Hong Kong on the spur of the moment.

  원래 그는 빠듯한 예산 때문에 이번 여름 여행 계획이 없었습니다. 그는 순간적인 충동으로 홍콩행 비행기를 타기 위해 LA 공항으로 떠났습니다.

on the stump
정치 운동중의, 선거 운동중의
* He went on the stump to bolster the party leader who was his cousin.

  그는 사촌인 당 대표를 지원하기 위해 선거 유세 운동을 갔다.

  ◉ 선거 유세를 돌다, 유세에 나서다 *take the stump, go on the stump, make a stumping tour, go campaigning, go canvassing*

on the tip of one's tongue
하마터면 말이 나올 뻔하여, 말이 입 끝에서 뱅뱅 돌 뿐 생각이 안 나
* I had the answer on the tip of my tongue, but couldn't think of it accurately in time.

  나는 답이 입 끝에서 뱅뱅 돌 뿐, 제 시간에 정확하게 생각해 낼 수 없었다.

on the up and up
승승장구하는, 정직한, 신뢰하는
* His new business is on the up and up.

  그의 신규 사업이 잘되고 있다.

on the wagon
금주하고, 술을 마시지 않고, 술을 더 마시지 않고
* The doctor told her that she was an alcohol addict and should go on the wagon.

  의사는 그녀가 알코올 중독자라고 말하고 금주 프로그램에 참여 하라고 하였습니다.

on top of
의 위에, 뿐 아니라, 외에, 아주 가까이에, 훤히 알고 있는
* She worked at the supermarket in the day, and, on top of that, she had to baby-sit with

her old sister in the night. Nevertheless, she was on top of daily news by reading several newspapers.

그녀는 낮에는 슈퍼마켓에서 일하고, 게다가 저녁에는 언니 뒤치다꺼리를 해야 했다. 그럼에도 불구하고 그녀는 여러 신문을 읽음으로써 일상 뉴스를 훤히 알고 있었다.

once and for all
최종적으로, 단호하게, 완전히, 마지막으로 한 번만 더
* The company is hoping to expand its market share once and for all with this latest unique product.

  회사는 최근에 출시한 특별한 제품으로 시장 점유율을 기필코 높이기를 희망하고 있습니다.

once-over
대강 훑어보기, 대강 조사하기, 대강 청소하기, 잡다한 일, 날림일
* Let's give this memorandum the once-over. We have to leave after one hour.

  이 각서를 대충 훑어봅시다. 1시간 후에 떠나야합니다.

one up
상대보다 한 걸음 앞선, 1점차로 리드하고 있는, 각 1점씩 유리한
* He is one up on her in all respects.

  그는 모든 면에서 그녀보다 한 수 위다.

one eye on
주의를 기울이다, 관심을 가지다, 마음을 빼앗겨
* Mom had an eye on my sister's baby as she washed dishes.

  엄마는 설거지를 하면서 내 여동생 애기를 계속 지켜보았습니다.

one for the books
기록해 둘 만한 것, 주목할 만한 일, 굉장한 일, 기록적인 사건
* The election fraud is one for the books in history.

  선거부정은 역사상 기록적인 사건이다.

one for the road
마지막 한 잔, 최후의 한 잔
* Thank you for your inviting me to this awesome party. I've got to go now. How about one more for the road?

  끝내주는 파티에 초대해주셔서 감사합니다. 이제 그만 가야겠네요. 마지막으로 한잔 만 더 하시지요.

one-night stand

하룻밤의 섹스, 하룻밤의 섹스 상대, 하룻밤의 흥행

- He always wanted a one-night stand whenever he makes an overseas trip. I, however, am not really interested in the one-night stand.

  그는 해외여행 갈 때마다 항상 하룻밤 상대를 원했다. 하지만 나는 하룻밤 상대는 전혀 관심이 없었다.

one-upmanship

한 발 앞섬, 한 수 앞섬, 우월 의식

- I am not interested anymore in one-upmanship of Republican over Democrat.

  나는 더 이상 공화당이 민주당보다 한 수 앞선 것에 관심이 없다.

open (up) a can of worms

상황을 더 복잡하고 다루기 힘들게 만든다, 쓸데없이 복잡하게 만들다

- The factory manager said bad news at the meeting that he shouldn't have. Now he has opened up a can of worms, and we expect to encounter more problems with the mass production. He seems to have opened Pandora's box.

  공장 책임자는 모임에서 하지 말아야 되는 나쁜 소식을 말했습니다. 이제 그는 쓸데없이 상황을 더 복잡하고 만들어 양산에 더 많은 문제가 발생할 것으로 보입니다. 그가 판도라의 상자를 연 것 같네요.

  ○ *Pandora's box* Pandora는 그리스 신화에 나오는 최초의 여성이며, 판도라의 상자는 제우스가 모든 죄악 과 재앙을 넣어 봉한 채로 판도라를 시켜 인간 세상으로 내려 보냈다는 상자이며, 열어 보지 말라는 제우스의 명령을 판도라가 어기고 호기심이 생겨 상자를 여는 바람에 인간의 모든 불행과 재앙이 그 속에서 쏟아져 나왔다고 함.

open season,　　　hunting season

수렵기, 사냥/낚시 허가 기간, 단속 기간

- The governor declared hunting season on deer across the entire state. At the same time, the FBI declared open season on drug dealers.

  주지사는 주 전체의 사슴 사냥 허가 기간을 공표했습니다. 동시에 FBI는 마약상 단속 시즌을 공표했습니다.

other fish to fry

다른 계획, 달리 해야 할 중대한 일, 더 해야 할 중요한 일

- I want him to help me with this work, but he claims he has other fish to fry right now.

  나는 그가 이 일을 도와주기를 원하지만 그는 지금 당장 더 중요한 일이 있다고 한다.

  ○ *other*는 *bigger, better, more important* 등으로 교체 가능; *bigger fish to fry*

outback

(오스트레일리아, 뉴질랜드의) 오지

- The deserted part of Australia or New Zealand is called 'the outback,' where kangaroos, koala, wombat, and so on live.

호주 또는 뉴질랜드의 오지는 '아웃백'으로 불리며, 거기에는 캥거루, 코알라, 웜뱃 등이 살고 있다.

out cold
의식을 잃은, 실신한, 혼미한

- The baseball knocked him out cold for several minutes.

  그는 야구공에 맞아 몇 분간 의식을 잃었다.

out in left field
뜻밖의 (사람이) 완전히 잘못 생각하여, 머리가 이상하여

- What a funny idea. He seems out in the left field.

  웃기는 아이디어군. 그는 머리가 이상한 것 같다.

  ○ 이것은 뜬금없는 일이다 (생각하지도 못한 일이 뜬금없이 벌어져서 황당할 때 사용)

  This came out in left field. This is out of the blue. This came out of nowhere.

out in the cold
무시당한, 따돌림 당한, 왕따가 되다, 한데에 버려진 상태로

- Susan is left out in the cold by her classmates.

  수잔은 급우들한테 따돌림을 받고 있다.

out of circulation
유통되고 있지 않는, 활동하고 있지 않는, 퇴역의

- I haven't been to Hong Kong for a long time, so I did not know that the coins were taken out of circulation.

  나는 오랫동안 홍콩에 가지 않았다. 그래서 그 동전들이 더 이상 통용되지 않는다 는 것을 몰랐다.

out of hand
손을 쓸 수 없는, 통제할 수 없는, 감당할 수 없는, 즉각적으로, 즉시

- The present political situation is out of hand. The ruling party rejected out of hand the opposition party's bill for the president's resignation.

  현재의 정치적 상황은 통제할 수 없다. 여당은 야당이 제출한 대통령의 사임 법안 을 즉각적으로 거부했다.

out of keeping
조화되지 않은, 어울리지 않는, 답지 않다

- His actions are out of keeping with his words to the public.

  그의 행동은 그가 대중에게 한 말들과 일치하지 않는다.

out of kilter

일치하지 않는, 정상이 아닌, 고장 난

- My watch runs slowly; it seems out of kilter. I need to visit repair shop but I can't go there because my bicycle is out of kilter.

  내 시계는 느리게 작동합니다. 고장 난 것 같습니다. 시계 수리점에 가야 하는데 자전거가 고장이 나서 갈 수가 없어요.

out of luck

운이 없어, 운이 나빠서

- I am sorry that you're out of luck. I sold the last ticket just a second ago.

  당신이 운이 없네요. 방금 전에 마지막 티켓을 팔았습니다.

out of one's element

자기에게 맞지 않는 환경에서, 자연스러운 상황은 아닌, 뜻대로 할 수 없는

- I expect you're out of your element in this new company, but I am sure you'll be able to adapt to the environmental change soon, and things will get better. And I asked him to consult on this project because I'm out of my element in this area.

  새로운 회사가 당신에게 낯설어 어색할 것으로 생각하지만 나는 당신이 이내 환경변화에 잘 적응해서 일이 수월해질 것으로 확신합니다. 그리고 이 분야는 내 분야가 아니기 때문에 그에게 프로젝트에 대해 상담해달라고 요청했습니다.

out of one's shell

마음을 터놓다, 흉금을 털어놓다, 사교적이 되다

- You can easily come out of your shell at this team, as the members are kind and warming.

  이 팀의 멤버들은 친절하고 따뜻해서 이 팀에서는 쉽게 마음을 터놓을 수 있다.

out of place

제자리에 있지 않은, 특정한 상황에 맞지 않는, 부적절한

- Your type of humor is a little out of place in such a formal venue.

  당신이 하는 유형의 유머는 그런 공식적인 장소에는 약간 부적절합니다.

out of print

절판된

- The book has been out of print for a few years now.

  이 책은 절판된 지 몇 년이 되었습니다.

out of range

닿는 거리 밖의, 범위 외, 사정권 밖에

- The kitten stayed well out of range of the children.

  새끼 고양이는 아이들의 사정권 밖에 있었습니다.

  ◐ *out of range ↔ within range*

out of sight

보이지 않는 곳에, 먼 곳에, 매우 높은, 터무니없이, 훨씬

- The price of our new chair made of nylon66 is out of sight, but it sure is comfortable.

  나일론 66로 만든 새로운 의자의 가격은 터무니없지만 확실히 편안합니다.

out of sorts

몸이 불편한, 기분이 언짢은

- He's been rather out of sorts lately.

  그는 최근에 다소 몸이 불편하였습니다.

out of step

보조를 맞추지 않고, 조화되지 않고, 발이 맞지 않는

- He was out of step with his colleagues who joined the meeting.

  그는 회의에 참여한 동료들과는 생각이 달랐습니다.

out of the blue,　　out of a clear sky,　　out of a clear blue sky

갑자기, 난데없이, 느닷없이

- She had no idea that anything was wrong until he announced out of the blue that he wanted to resign.

  그녀는 그가 사임하겠다고 갑자기 발표 할 때까지 무엇이 잘못되었는지 전혀 몰랐습니다.

out of the frying pan into the fire

갈수록 태산, 엎친 데 덮친, 설상가상, 여우를 피하려다 호랑이를 만나다

- He thought working in sales was too stressful so he switched to the position of advertising. Quite contrary to his expectation, he was out of the frying pan into the fire.

  그는 세일즈 일을 하는 것에 너무 스트레스 받아 광고직으로 전환했습니다. 그의 기대와는 달리, 결과는 갈수록 태산이었습니다.

  ◐ 갈수록 태산, 설상가상

  from smoke into smother, to make matters worse, to make things worse, on top of everything else, as if to rub salt into the wound, misfortune on top of misfortune. Misfortunes never come single. Higher hills are ahead after climbing over hills. Hills peep o'er hills, and Alps on Alps arise!

out of the woodwork

난데없이, 갑자기, 느닷없이

- An unexpected witness came out of the woodwork, and we won the lawsuit.

  난데없이 예기치 않은 목격자가 나왔고 우리는 소송에서 승리했습니다.

out of this world

엄청 맛있는, 너무도 훌륭한, 너무나 아름다운

- The wedding dress in the store window is out of this world. It perfectly matches with Susan.

  상점 윈도우에 전시되어 있는 웨딩드레스는 이 세상 것이 아닌 것처럼 아름답군요. 수잔과 아주 잘 어울릴 것 같네요.

out of touch

접촉하지 않고, 접촉 없이, 현실을 모르다, 더 이상 연락하지 않다

- He has been out of touch with world news for years.

  그는 수년간 세계 뉴스를 접하지 못했습니다.

out of tune

음이 맞지 않은, 조화를 이루지 않는, 화합하지 않는, 일치하지 않는

- Overall, the musical performance was very enjoyable, but there was one out-of-tune guitar player that was driving me nuts throughout the performance.

  전반적으로 음악 공연은 매우 즐거웠지만 화음이 맞지 않는 연주를 하는 기타 연주자 때문에 나는 공연 내내 성질이 났습니다.

out of turn

두서없이, 순서가 뒤바뀌어, 경솔하게, 무분별하게

- I don't want to speak out of turn. But could you please allow us to be served out of turn, as we are running out of time to catch the flight.

  제가 분별없이 끼어드는 것은 아닙니다. 하지만 우리가 비행기 탑승 시간에 쫓기고 있으니 순서에 상관없이 서비스를 받을 수 있도록 허락 해 주실 수 있는지요?

out of whack

고장 난, 정상 작동 되지 않는

- I don't know what's wrong with it, but the car is totally out of whack. I can't even get my car started

  뭐가 잘못된 건지는 모르지만 차가 완전히 엉망이 됐어요. 차가 시동도 걸리지 않아요.

out of work

실직한, 직업이 없는

- Too many people are out of work because of COVID-19, which is a sign that the economy is in a recession.

  COVID-19로 인해 일자리를 잃고 있는 사람들이 너무 많으며, 이는 경제가 불황이라는 신호입니다.

out on a limb

다른 사람들의 지지 없이

- Are you prepared to go out on a limb and support the foreign aid bill that opposition party and many people are against?

  당신은 다른 사람들의 지지 없이 야당과 많은 사람들이 반대하는 대외 원조 법안을 지지 할 준비가 되어 있나요?

over one's head

이해 할 수 없는, 이해 불가의, 우회해서

- My jokes always seem to go over her head, so I'm glad you think I'm funny at least.

  그녀는 내 농담을 항상 이해하지 못하는 것 같으나, 당신은 적어도 나를 재미있는 사람으로 생각해준다는 것이 기쁘다.

over the hill

한물 간, 전성기가 지난

- I used to think that being 40 meant we were over the hill, but I still feel energetic as if we were a high school student.

  40살이 된다는 것은 우리가 한물 간 것이라 생각하곤 했는데, 여전히 고등학생인양 여전히 활력이 넘칩니다.

over the top

과장된, 지나친, 상식을 벗어난, 목표를 초과 달성한

- The team manager's gesture is completely over the top, as the new salesman is over the top within the first three months.

  신입 세일즈맨이 첫 3개월에 목표를 초과 달성하자, 팀 매니저가 호들갑을 떨었다.

over with

끝나서, 마쳐서

- The worst is over with.

  최악은 지나갔다.

American Idioms

package deal
일괄 거래, 일괄 계약, 일괄 구입
- The package deal under discussion at WTO will require every country to be flexible on its laws on customs clearance and duty.

  WTO에서 논의 중인 패키지 거래는 모든 국가가 통관 및 관세에 관한 법률을 유연 하게 적용 할 것을 요구합니다.

  ▶ *package deal* 비즈니스 거래에 있어 「거래 당사자의 요구 충족을 위해 다양한 제품과 서비스를 결합하여 일괄 거래하는 것」을 의미한다.

 WTO (world trade organization, 세계무역기구, www.wto.org)

  ▶ 1995년 설립, 본사는 *Switzerland, Geneva* 소재
  - WTO is the only global international organization dealing with the rules of trade between nations. At its heart are the WTO agreements, negotiated and signed by the bulk of the world's trading nations and ratified in their parliaments. The goal is to ensure that trade flows as smoothly, predictably and freely as possible.

pack rat,   junk hoarder
필요도 없는 것들을 모아 놓는 사람, 쓸모없는 물건을 버리지 못하고 모아두는 사람
- My brother's house is so messy. He is a pack rat; he is unable to throw stuff away.

  동생의 집이 너무 엉망이에요. 쓸모없는 것들을 쌓아두고 버리지 못해요.

pack it in
일을 그만두다, 끝내다, 패배를 인정하다, 유리한 입장을 충분히 이용하다
- Sales have dwindled down to nothing. I think it's about time to pack it in for this season.

  판매량이 줄더니 이제는 아예 없네요. 이번 시즌 판매는 그만두어야 할 것 같아요.

  ▶ *dwindle down to nothing, dwindle (away) to nothing, dwindle away into nothing*
  점점 줄어서 없어지다

pack of lies
거짓말투성이, 거짓말 덩어리
- What he proposed to the company was nothing but a pack of lies.

  그가 그 회사에 제안한 것은 거짓말투성이였다.

paddy wagon,   patrol wagon,   police van,   Black Maria
범인 호송차, 죄인 호송차
- The policeman threw the prisoners into paddy wagon.

  경찰관은 죄수들을 죄수 호송차에 밀어 넣었다.

palm off
속여 넘기다, 속여서 팔다, 떠넘기다
- Cross-check whether or not the company tries to palm you off with inferior goods. The president of the company once introduced his daughter as a real Broadway actress.

  그 회사가 당신에게 저품질의 물건을 팔아먹으려고 하는 건 아닌지 꼭 확인해라. 회사 사장은 그의 딸을 브로드웨이 여배우로 소개한 적이 있다.

pan out
잘 풀리다, 성공적으로 끝나다, 결과가 되다
- The summit talks did not pan out well.

  정상 회담이 잘 성사되지 않았다.

  ◉ *pan out well* 잘 되어가다   *pan out badly* 나쁘게 되어가다

par for the course
당연한, 보통의, 예사의, 전형적인
- That's par for the course for the company.

  그 회사라면 그것은 당연하다.

part and parcel
본질, 요점, 핵심, 중요한 부분
- Freedom of expression is part and parcel of brainstorming. No one wants to miss the part and parcel of our business plan.

  표현의 자유는 브레인스토밍의 중요한 부분이다. 우리 사업 계획의 본질을 놓치고 싶어 하는 사람은 아무도 없다.

  ◉ *Brainstorming is a group creativity technique by which efforts are made to find a conclusion for a specific problem by gathering a list of ideas spontaneously contributed by its members.*

pass away

지나가다, 사라지다, 없어지다, 사망하다, 고인이 되다

- I'm so sorry to hear that his father passed away yesterday.

  어제 그의 아버지가 돌아가셨다니 유감입니다.

pass muster

검열을 통과하다, 검사를 통과하다

- Not surprisingly, the product could not pass muster; the factory workers at the assembly line are said to watch TV by cellular phone during assembly. It is no wonder that they didn't wear a jacket and tie, and could not pass muster at the party place of anniversary of the founding.

  제품이 검사를 통과하지 못한 것은 놀라운 일이 아닙니다. 조립 라인의 공장 직공 들이 조립 중에 휴대폰으로 TV를 시청한다고 합니다. 그들이 재킷과 넥타이를 입 지 않아 창립 기념일 파티 장소를 들어가지 못한 것은 놀라운 일이 아닙니다.

pass off

행해지다, 이뤄지다, 싫은 일을 뒤로 미루다, 사고 없이 넘기다, 누구인양 행세하다

- He passed himself off as a doctor at the party. All the people there thought so, and the party passed off well.

  그는 파티에서 의사인 척했습니다. 파티장의 모든 사람들이 그렇게 생각했고 파티는 잘 진행되었습니다.

pass on

넘겨주다, 전달하다, 전수하다, 그냥 지나치다, 생략하다, 사망하다

- Please pass on this book to the next person.

  이 책을 다음 사람에게 건네주세요.

pass out,　　pass out cold

의식을 잃다, 기절하다

- He worked far into the night even though he had a bad cold, and he has just passed out, while she passed out cold after several drinks at the party.

  그는 독감에 걸렸음에도 밤늦도록 일하다 방금 의식을 잃은 반면에 그녀는 파티 에서 술을 여러 잔 마신 후 실신했다.

  ◐ 인사불성, 혼미　*stupor*

pass the buck

책임 전가하다. 떠넘기다, 비난을 전가하다

- Never pass the buck to others at the shop; the shop manager hates buck-passing members whatever reason it may be.

  매장에서 다른 사람에게 책임 전가하지 마세요. 점장은 이유가 뭐든 책임을 회피하는 동료를 미워합니다.

  ◐ *buck-passer* 책임을 전가하는 사람
  ◐ *buck-passing* 책임을 전가하는, 회피하는

patch up

(임시로 대충) 수선하다, 수리하다, 수습하다, 진정시키다, 대충 치료하다

- I tried to patch up my dispute with Susan, but she was not ready to go out with me yet.

  수잔과의 언쟁을 수습하려 했지만, 그녀는 아직 나와 함께 데이트 나갈 준비가 되지 않았습니다.

  ◐ *patch-up* 미봉, 땜질, 미봉책의, 임시변통의

pay dirt,　　　paydirt

(귀금속 함유량이 많아) 채굴시 돈 되는 광맥, 횡재, 노다지

- Let's not give up searching for gold until we hit pay dirt.

  노다지를 캘 때까지 금 찾는 것을 포기하지 말자.

  ◐ *hit/strike pay dirt* 노다지를 캐다, 횡재를 하다

pay down

할부 보증금을 내다, 현금으로 지불하다, 부채를 탕감하다

- How much can you pay down on the house?

  집 보증금으로 얼마를 지불 할 수 있습니까?

pay off

보상받다, 보람이 있다, 결실을 맺다, 성과를 올리다, 급료를 주고 해고하다, 매수하다

- The company kept investing in that business despite recession, which paid off eventually when the economy started recovering.

  회사는 경기 침체에도 불구하고 그 사업에 계속 투자했으며, 결국 경제가 회복되기 시작했을 때 성과를 거두었습니다.

pay through the nose

터무니없이 많은 돈을 주다, 크게 바가지를 쓰다

- There has been a big shortage of rental house. If you find one, you had better secure it even though you pay through the nose.

  임대 주택이 계속 크게 부족합니다. 한 곳이라도 찾으면, 많은 돈을 주더라도 확보하는 것이 나을 것이다.

pecking order

서열, 계층, 규정, 율법, (가금류의) 먹이를 쪼아 먹는 순위

- The corporate culture honors pecking order.

  기업문화는 서열을 중시한다.

Pecking Order Theory (자금조달순위이론, financing hierarchy)

- 비효율적인 투자를 개선하기위한 자본조달 방식 결정 이론으로 기업이 조달하는 자금원천 이용의 우선순위에 관한 이론이다. 비대칭정보 차별세제 등이 존재할 때 기업의 투자를 위한 자금조달은 내부 자체 조달이 먼저이고, 외부 조달은 자금조달시장에서의 평가가 느슨한 자금조달 방식부터 순차로 선택된다. 즉 내부자금 → 부채 (무위험부채 → 위험부채) → 신주발행이라는 우선순위로 선호되어 투자의 자금수요에 따라서 소요자금의 부족분을 보충하는 형태로 다음 원천을 선택한다는 이론이다.

peeping Tom

엿보기 좋아하는 사람, 관음증 환자

- He was arrested on the spot as a peeping Tom.

  그는 관음증으로 현장에서 경찰에 체포되었습니다.

  ◉ *voyeur TV* 보통 사람들의 일상생활을 보여주는 *TV* 프로

penny for one's thoughts

무슨 생각을 하고 있니 (◉ 생각에 잠긴 사람에게 하는 질문으로 씀)

- "A penny for one's thoughts!" he shouted.

  무슨 생각을 하고 있니? 라고 그가 소리쳤다.

penny wise and pound foolish

소탐대실, 한 푼 아끼려다 열 냥 잃는다, 적은 금액을 절약하려다 큰돈을 잃다

- I know the expense may be much if you take this intensive care program, but when ignoring your health lands you in the hospital and causes you to miss work, you'll see that you were penny wise and pound foolish.

  이 집중 치료 프로그램을 받으면 비용이 많이들 수 도 있지만, 만약 건강을 경시해서 입원하게 되어 직업을 잃게 되면 소탐대실 했다는 것을 알게 될 것입니다.

pet peeve

어떤 사람이 특히 싫어하는 것, 극혐 대상, 불쾌함, 화남, 불만거리

- His pet peeve is to talk out loud in restaurants. Dirty dishes in fancy restaurants are my pet peeve.

  그가 특히 싫어하는 것은 식당에서 큰 소리로 떠드는 것이다. 멋진 식당에서 더러운 접시가 나오면 정말 혐오스럽다.

peter out

점차 가늘어지다, 다하다, 없어지다, 점차 소멸하다, 지치다

- The mine in Indonesia, in which we invested US$10 mil three years ago, once had a rich vein of copper, but it petered out recently.

  3년 전에 천만 달러를 투자한 인도네시아 광산은 한때 구리 광맥이 많았지만 최근에는 광맥이 점차 소멸되었습니다.

pick-me-up

피로회복제, 기분이 좋아지게 해 주는 것(약이나 술)

- He always tried candy for a pick-me-up when he was tired.

  그는 피로할 때 피로회복을 위해 항상 사탕을 먹었습니다.

pick of the litter/basket/market/parish

가장 좋은 것, 최상의 것, (한배 새끼 중) 제일 우수한 놈

- I hear you doubt how able Tom is, but I am quite confident that he's just the pick of the litter.

  탐이 얼마나 유능한지 의심스러워한다고 듣고 있습니다. 하지만 저는 그가 최고라 는 것을 아주 확신합니다.

pick on

비난하다, 혹평하다, 괴롭히다, 집적거리다, 선택하다

- He picked on her as she was too indecisive. But yesterday she picked on Harvard after visiting several universities.

  그는 그녀가 너무 우유부단하기 때문에 비난했습니다. 그러나 그녀는 여러 대학을 방문한 후 어제 하버드를 선택했습니다.

pick the brains of

(전문가의) 지혜/지식/아이디어를 빌리다, 활용하다

- You should try to pick his brain if possible. He knows all about car engines. By the way, I've just started my own business, and I'd love to pick your brains for any tips you might have.

  가능하면 그의 지식을 활용하세요. 그는 자동차 엔진에 대해 모르는 것이 없습니다. 방금 제 사업을 시작했으며, 당신이 가지고 있을지 모르는 비결을 잘 활용해보고 싶습니다.

pick up

회복/개선되다, 강해지다, 재개/계속/정리정돈하다, 전화 받다, 태우다, 찾아오다

- Honey, would you pick up a pizza for dinner on your way home from office? Tom, pick up the kitchen; daddy is coming with delicious pizza within one hour.

  저녁 식사거리로 퇴근길에 피자 찾아올래요? 탐, 부엌 정리 좀 해라. 아빠가 맛있는 피자를 갖고 한 시간 안에 도착 예정이다.

pick up the slack,   take up the slack

기강을 바로잡다, 쇄신하다, 부족한 부분을 보완하다, 활력을 넣다

- With the export market in decline, our government hopes that the tourist trade will take up the slack.

  수출 시장이 쇠퇴함에 따라 우리 정부는 관광 무역이 타개책이 되기를 기대하고 있습니다.

pickup

픽업트럭, 처음 만난 섹스 상대, 증가, 개선, 수거

- Trash pickups are on Mondays and Thursdays.

  쓰레기 수거는 월요일과 목요일에 이루어진다.

pie in the sky

그림의 떡, 화중지병

- My plan for driving red Ferrari is still a pie in the sky.

  빨간 페라리를 운전하는 계획은 여전이 그림의 떡이다.

pig in a poke

덮어놓고 산 물건, 무턱대고 산 물건, 미리 알아보지 않고 산 물건, 충동 구매한 물건

- Please make sure you buy a car after a proper test drive. Never make a mistake of buying a pig in a poke.

  적절한 시운전 후 차를 구입하십시오. 물건을 무턱대고 사는 실수 하지 마세요.

pig out,   make a pig of oneself,   eat oneself sick

돼지처럼 먹다, 게걸스럽게 먹다, 과식하다, 충족시키다

- He always pigs out at hotel buffet.

  호텔 뷔페만 가면 항상 돼지처럼 먹는다.

pile up

많아지다, 쌓이다, 산적되다, 충돌하다

- The black ice on the roads caused many cars to pile up as they tried in vain to come to a stop.

  많은 차들이 멈춰 보려고 했으나 도로 위의 블랙아이스 때문에 멈추지 못해서 연쇄 충돌이 야기되었다.

  ● *pileup*   연쇄 충돌, 다중 충돌, (일/서류 등의) 산적

pin down
속박하다, 강요하다, 분명하게 정의하다, 정확히 밝히다

- The root cause of the defective quality is difficult to pin down precisely.

  품질불량의 근본 원인은 정확히 규명하기 어렵다.

pipe dream
몽상

- He wants to become a tycoon, which is just his pipe dream.

  그는 재벌이 되고 싶어 하는데, 그것은 몽상일 뿐입니다.

pipe up
말하기 시작하다, 지껄이기 시작하다, 큰소리를 지르다

- No one was brave enough to talk to the burglar, but a child piped up.

  강도에게 말할 만큼 용감한 사람은 없었지만, 한 아이는 큰 소리를 질렀습니다.

pip-squeak
볼품없는 사람, 별 볼일 없는 사람, 보잘것없는 물건, 벼락출세한 사람

- If the organization is democratic, any pip-squeak has the right to say what he thinks.

  조직이 민주적이라면 누구든지 자기가 생각하는 것을 말할 권리가 있습니다.

piss off
꺼져, 열 받게 하다, 지겹게 하다

- You really piss me off if you keep saying so.

  당신이 계속 그렇게 말하면 정말 화나지.

pitch in
일에 본격 착수하다, 협력하다, 도와주다, 기여하다, 기부하다

- He is always willing to pitch in with any housework. Let me know if I can pitch in at all.

  그는 항상 집안일을 기꺼이 도우려고 합니다. 내가 도울 일이 있는지 알려주세요.

play by ear
악보를 안 보고 연주하다, 사전 계획 없이 그때그때 사정에 맞게 처리하다

- She can't read music, but she plays by ear.

  그녀는 악보는 못 읽지만 귀로 듣고 연주한다.

play down,   downplay
경시하다, (기사를) 작게 취급하다, 폄하하다, 깎아내리다

- What a professional salesman has to do is to play up the good points of his merchandise while he plays down any weak point it may have.

  프로세일즈맨은 자신의 상품의 장점을 중시하는 것과는 달리 단점은 경시합니다.

  ▶ *play up*   강조하다, 과대평가하다, (신문 등이) 크게 다루다

played out
피곤한, 지친, 기진맥진한

- Today was a hard day for him, and he was played out in the night.

  오늘은 그에게 힘든 날이어서, 그는 밤에는 기진맥진 하였습니다.

play footsie
(테이블 아래에서 애정의 표시로) 발을 간질이다, 발로 치근거리다, 한패가 되다

- My friend's sister started playing footsie with me during dinner. I had no idea she was into me. She was said to play footsie with the opposition party.

  친구의 여동생이 저녁 식사 중에 테이블 밑에서 발로 나를 치근거렸습니다. 나는 그녀가 나를 좋아하는 줄 몰랐습니다. 그녀는 야당과 한 편이라는 얘기가 있습니다.

  ▶ *be into*   관심이 많다, 좋아하다

play hooky,   play truant
수업을 빼먹다, 강의 시간을 빼먹다, 무단결석하다, 땡땡이치다

- He often plays hooky and goes fishing.

  그는 가끔 땡땡이치고 낚시하러 간다.

play off
서로 싸움을 붙여 덕을 보다, 중단된 경기를 재개하다

- Korea tried to play off European nations against each other so that she would have a balance of power. The teams came back the next Saturday to play off the game stopped by rain.

  한국은 힘의 균형을 유지하기 위해 유럽 국가들이 서로 대결하게 하려고 노력했습 니다. 그 팀들은 비로 인해 중단된 경기를 재개하기 위해 다음 주 토요일에 돌아 왔습니다.

  ▶ *play off one against another*   서로 싸움을 붙여 덕을 보다
  play-off   결승전 *(final)*, 연장전

play on
(경기를) 계속하다, 속개하다, 영향을 주다, (남의 감정 등을) 이용하다

- The cosmetics salesman generated the monthly sales of $100K by playing upon women's wish to look beautiful.

  화장품 판매원은 아름다워 보이길 원하는 여성들의 감정을 이용하여 매월 십만 달러의 매출을 올렸습니다.

play one's cards well,   play one's cards right
능숙하게 처리하다, 재주 좋게 처리하다

- The boss has been deeply impressed with your work so far. If you keep playing your cards well, you could get a promotion this year.

  상사는 지금까지 당신의 업무 처리에 깊은 인상을 받고 있습니다. 계속 업무를 잘하면 올해 승진이 가능합니다.

  ◐ *play one's cards badly* 일을 서투르게 진행하다, 서투르게 행동하다

play the race card
다른 후보를 비방하다, 전술로 삼다

- There you go playing the race card again. I don't care if you keep doing so.

  다시 비방전이구먼. 계속 그러든 말든 신경 안 써요.

play up to
맞장구를 치다, 아부하다, 상대역을 하다, 조연하다, 원조하다, 지지하다

- Susan played up to her manager when he made a presentation of financial statement to the board of directors.

  수잔은 매니저가 이사회에 재무제표에 대한 설명을 할 때 맞장구를 쳤다.

plow into
쟁기로 갈다, 일을 힘차게 해내다, 해결하다, 세게 들이박다, 공격하다

- Sorry, I can't chat any more. I've got to plow into all these works that piled up during my vacation.

  죄송합니다. 잡담을 그만 해야겠어요. 휴가동안 쌓인 이 모든 일들을 해야 합니다.

point out
가리키다, 지적하다, 주목하다, 언급하다

- I'd just like to point out that Tom deserves most of the credit for the original design. What I did was just to help him revise it slightly.

  나는 탐이 그 독창인인 디자인에 대한 대부분의 공로를 인정받을 자격이 있음을 언급하고 싶습니다. 내가 한 일은 미세 수정을 도운 것 뿐 입니다.

poison-pen

(보통 익명으로) 악의를 품고 쓴 편지, 중상하는 편지를 쓰는

* She received a poison-pen letter to the effect that her husband was formerly a serial killer.

    그녀는 남편이 예전에 연쇄 살인범이었다는 취지의 중상모략 편지를 받았습니다.

    ○ *poison-pen letter*는 수신자 또는 삼자에 대한 불쾌하거나, 욕설 또는 악의적인 진술 이나 고발을 포함하는 문자 또는 메모이며, 일반적으로 익명으로 전송된다.

polish off

해치우다, 죽이다, 이기다, 일을 마무리하다. 음식을 재빨리 먹어 치우다

* The Dodgers polished off the Yankees in four straight games in the 1963 World Series. The players polished off a gigantic steak after games.

    다저스는 1963년 월드 시리즈에서 4경기 연속으로 양키스를 이겼습니다. 선수들은 경기 후 엄청 큰 스테이크를 먹어치 웠습니다.

polish the apple

아첨하다, 알랑거리다

* He is always polishing the apple with his boss. Probably he may have a vain hope for a promotion or raise or transfer to Seattle Office.

    그는 항상 상사에게 알랑대고 있습니다. 아마도 그는 승진이나 월급인상 또는 시애 틀 사무소로의 전근에 대한 헛된 희 망을 가지고 있는 것 같다.

    ○ *apple-polisher* 아첨꾼   *apple-polishing* 아첨, 알랑거림

politically correct

정치적으로 정당한, 정치적으로 옳은

* It is just another example of how ridiculous our politically correct system actually is.

    그것은 우리의 정치적으로 정당한 시스템이 실제로는 얼마나 말도 안 되는 것인지 를 보여주는 또 다른 예 일 뿐입니다.

    ○ *political correctness (PC)* 정치적 정당성(차별적 행동/언어를 피하는 원칙)

pop in

들락거리다, 별안간 방문하다

* You are free to pop in professor's room any time when you are on campus.

    대학에서는 언제든 교수실을 방문하는 것은 자유롭다.

    ○ *on campus* 교정에서, 구내에서, 대학에서

pop up

불쑥 나타나다, 갑자기 일어나다, 튀어나오다

- He popped up in town again after several years.

  그는 몇 년 후에 다시 마을에 나타났습니다.

pour out

마음을 터놓다, 흉금을 털어 놓다, 감정이나 말을 쏟아내다, 쏟아져 나오다

- The novice, who joined our company three months ago, poured out the troubles to his boss. Many people were pouring out the building because of fire alarm.

  3개월 전 입사한 신참내기는 상사에게 고충을 털어 놓았다. 그 당시 많은 사람들이 화재 경보로 인해 건물에서 쏟아져 나오고 있었다.

prey on

먹이로 하다, 잡아먹다, 등쳐먹다, 사기 치다

- Mountain lions have been coming down into town to prey on people's pets. There are many thieves and con-artists in the city who prey on unsuspecting tourists. And these mega-corporations are all too willing to prey upon consumers in this town.

  퓨마가 사람들의 애완동물을 잡아먹기 위해 마을로 내려오고 있습니다. 도시에는 순진한 관광객을 등쳐먹는 도둑과 사기꾼이 많습니다. 그리고 이 거대 기업들은 모두 이 마을의 소비자들을 기꺼이 희생양으로 삼으려고 합니다.

  ⊙ 퓨마 *mountain lion, puma, cougar, panther*

promise the moon,   promise the earth,   promise the world

지키지도 못할 약속을 하다, 터무니없는 약속을 하다, 얼토당토않은 약속을 하다

- Tom has a bad habit of promising the moon; he never lives up to his promises. Even his elder brother promised me the earth, but still never gave me a salary raise.

  탐은 지키지도 못할 약속을 하는 나쁜 습관이 있습니다. 그는 약속을 지키지 않습니다. 심지어 그의 형도 나에게 얼토당토않은 약속을 하고 아직도 월급을 인상시켜 주지 않았습니다.

psych out

신경질 나게 하다, 겁먹게 하다, 흥분되게 하다, 열광시키다

- The rock singer was psyching the kids out.

  록 가수는 아이들을 열광시키고 있었습니다.

psyched up

들떠 있는, 흥분한

- I know you're all psyched up for this great game. But I want you to pay attention to a few things we need to go over first.

  이 멋진 게임에 모두 들떠 있다는 거 압니다. 하지만, 먼저 살펴봐야 할 몇 가지 사항에 주의를 기울여야합니다.

pull a fast one

속이다, 사기 치다, 속여 넘기다, 속임수로 이기다

* Don't try to pull a fast one on me. I was not born yesterday.

  속이려고 하지 마세요. 내가 세상물정을 그리 모르는 것 아니니.

pull a rabbit out of a hat

(마술처럼) 막 만들어내다, 뚝딱 해결책을 내놓다, 날조하다, 모자에서 토끼를 꺼내다

* The cook at the restaurant really pulled a rabbit out of a hat by producing 100 hamburgers for 30 minutes. Unless someone can pull a rabbit out of a hat, we're out of solutions to catch up with the restaurant.

  그 식당의 요리사는 마치 마술사처럼 30분 동안 100개의 햄버거를 만들어 냈습니다. 누군가 얼른 해결책을 내놓지 못하면 우리는 그 식당을 따라 잡을 방법이 없습니다.

pull one's leg

농담하다, 놀리다, 속이다

* Don't believe him. He's just pulling your leg.

  그를 믿지 마라. 그저 농담하고 있으니.

pull one's punches

의도적으로 힘을 빼고 치다, 사정을 봐주다

* I want your honest opinion on the draft of my thesis. Please don't pull your punches; ruthless criticism is of paramount importance to its elevated revision.

  제 논문 초안에 대한 솔직한 의견을 부탁드립니다. 사정을 봐주지 마시고 평가해주세요. 신랄한 비판은 논문을 향상시키는데 아주 중요합니다.

pull one's weight

자기 역할을 하다, 자기 임무를 다하다

* Everyone should pull his weight so that we can well prepare a detailed presentation on time.

  상세한 프레젠테이션을 제 시간에 잘 준비할 수 있도록 각자 맡은 바 역할을 하여야 한다.

pull out of a hat

무작위로 선정하다, 지어 내다, 만들어 내다

* I don't understand why our company is being targeted by IRS. I doubt whether it pulled the target companies out of a hat to scrutinize.

  우리 회사가 IRS의 표적이 되는 이유를 이해할 수 없습니다. IRS가 조사 대상 업체를 무작위로 선정한 것인지 의심스럽다.

  ◑ *IRS (internal revenue service)* 미국 국세청으로 연방 세금 집행 징수를 주관한다.

pull over

차를 길 한쪽으로 빼다, 차를 대다

- The policeman ordered the speeder to pull over.

  경찰관은 속도 위반자에게 길 한쪽으로 차를 세우라고 명령했습니다.

  ◐ *speeder* 속도 위반자, 고속 운전자, 속도 조절 장치

pull rank

자기 지위를 이용하여 강요하다, 계급을 이용하여 명령으로 누르다

- Even though I'm the boss, I try not to pull rank. But Tom is quite different. Whenever new assignments come up, he always pulls rank on his colleagues, and picks the best one for himself.

  나는 상사이지만 내 지위를 이용하여 아랫사람에게 부당한 권한을 휘두르는 짓은 하지 않으려고 한다. 그러나 탐은 상당히 다릅니다. 새로운 과제가 나올 때마다 그는 항상 자기 지위를 이용해서 자기에게 가장 적합한 과제를 먼저 선택한다.

pull strings,   pull wires

연줄을 동원하다, 배후 조종하다, 막후 조종을 하다, 끈을 당기다

- He pulled wires and secured a flight ticket for me. And also his wife pulled strings and got me a hotel room in Paris.

  그는 인맥을 통해서 항공권을 확보해주었다. 그는 아내도 인맥을 활용해서 파리 호텔 방을 확보해주었다.

pull the chestnuts out of fire

구하기 위해서 위험을 무릅쓰다, 불 속의 밤을 줍다

- Thank you so much for picking me up. You really pulled my chestnuts out of fire. I was at a loss, as my car broke down on this desolate road late at night.

  데리러 와 주셔서 감사합니다. 나를 구하기 위해 위험을 감수하시다니. 늦은 밤 이 황량한 길에서 차가 고장 나서 정말 당황했습니다.

pull the plug on

생명 유지 장치를 떼다, 플러그를 뽑다, 죽이다, 제거하다, 끝장나게 만들다

- She pulled the plug on the vacuum cleaner because I couldn't hear what she was saying. What she said to me was that the new president pulled the plug on several of his predecessor's programs as soon as he took office.

  내가 그녀의 말을 들을 수 없어서 그녀는 진공청소기의 플러그를 뽑았습니다. 그녀 가 나에게 한 말은 새 대통령이 취임하자마자 전임 대통령이 추진하던 프로그램 중 여러 건을 중단시켰다고 합니다.

pull the rug out from under

주고 있는 도움/지원을 갑자기 끊어 버리다, 남의 계획을 망치다

• I felt like someone had pulled the rug out from under me when the deposit in my bank account was not enough for a living and health insurance company said it was going to stop paying for my medical bills.

은행 계좌에 있는 예금이 생계비로 충분하지 않았고 건강 보험사가 내 의료비 지불을 중지하겠다고 했을 때 누군가가 지원을 끊어 버린 것 같았다.

pull the wool over one's eye

남의 눈을 속이다, 속이다, 현혹하다

• The businessman pulled the wool over the investors' eyes about their developing products.

사업가는 투자자들에게 개발 중인 제품에 대해 속였습니다.

pull through

회복하다, 해내다

• Your husband is still in critical condition, but we are expecting him to pull through soon. I don't know how to thank you enough for his strategic advice to have helped us pull through the economic crash last year.

남편께서 여전히 위독한 상태에 있지만 곧 회복할 것으로 기대하고 있습니다. 남편 분의 전략적 조언이 작년에 경제 위기를 극복하는 데 도움이 된 바, 어떻게 감사 드려야 할지 모르겠습니다.

puppy love

풋사랑, 철부지 사랑, 첫사랑

• The song was about school life and puppy love, and so many youngsters were the fans.

그 노래는 학교생활과 풋사랑에 대한 것이었고, 그래서 많은 젊은이들이 팬이었습 니다.

push comes to shove

최악의 상황에 닥치다, 어쩔 수 없게 되다, 다른 대안/방법이 없게 되다

• When push comes to shove, many of us will be fired. Can we count on his goodwill when push comes to shove?

최악의 상황이 되면 우리들 중 여러 사람이 해고될 것이다. 어쩔 수 없이 그렇게 될 때 우린 그의 선처를 믿어도 될까요?

push the envelope

한계를 초월하다

• I have just decided to hire more salespersons to push the envelope on our sales.

판매 실적의 한계를 돌파하기 위해 더 많은 판매원을 고용하기로 결정했다.

○ 「envelope」에는 「편지봉투, 한계」 라는 의미가 있으며, *push the envelop*는 항공 분야 에서 사용되는 표현이다. 「*flight envelope*」은 「비행 한계」 라는 뜻으로, 비행기 설계 시 비행기가 안전하게 날 수 있는 속도, 고도, 하중 계 수의 설계 기능상 범위를 뜻한다. 새로 개발한 비행기를 시험 비행하는 조종사는 기존의 한계를 넘어선 비행을 시도 하는데, 「한계를 넘어서다」 또는 「새로운 일을 추진하다」 는 의미로 '*push the envelope*' 라는 표현을 사용한다.

push over
밀어 쓰러뜨리다, 자빠뜨리다, 궁지로 몰다

- His bribe scandal really pushed me over the edge.

  그의 뇌물 스캔들 때문에 나는 궁지에 몰렸습니다.

pushover
식은 죽 먹기, 아주 쉬운 일, 호락호락한 사람, 만만한사람

- He is a pushover when a woman seduces him. So it would be a pushover for an elegant lady like you to have a one-night stand with him.

  여자가 그를 유혹 할 때 그는 호락호락하다. 따라서 당신처럼 우아한 여성이 그와 하룻밤을 함께 자는 것은 아주 쉬울 것입니다.

put a cap on something
제한하다, 상한을 설정하다

- If we don't put a cap on the rent of downtown area, many people are likely to be put on the streets because they won't be able to afford skyrocketing rental fee.

  도심지 임대료에 상한선을 두지 않으면 급증하는 임대료를 감당할 수 없어서 많은 사람들이 거리로 쫓겨 날 가능성이 있습니다.

put across
이해하기 싶도록 잘 설명하다, 받아들이게 하다, 잘 해내다, 나쁜 짓을 하다, 속이다

- It's an interesting business idea, and Tom put the key points across to institutional investors

  그것은 흥미로운 사업 아이디어였으며, 탐은 기관 투자자들이 핵심 사항들을 쉽게 이해하도록 잘 설명했다.

put away
넣다, 치우다, 저축하다, 먹어 치우다, 마셔 버리다

- Let's put our worries away for the moment and just enjoy our time with beach bunnies at the beach.

  잠시 걱정을 떨쳐 버리고, 해변에서 멋진 미인들과 함께 즐거운 시간을 보내자.

put down
착륙하다, 내려놓다, 진압하다, (글/메모) 적다, 지불하다, 깎아내리다, 깔아뭉개다

- He put down the idea whenever it hit his head. He put his secretary down as a bum.

  그는 아이디어가 떠오를 때 마다 메모를 했다. 그는 비서를 놈팡이로 비하했다.

  ○ *put-down* 사람을 바보로 만드는 말, 깔아뭉개는 말

put in
끼어들다, 거들다, 들여놓다, 설치하다, 집어넣다, 포함시키다, 지원하다

- He put in a word for me, which much impressed the potential customer, and I got the order.

  그는 한마디 거들었고 잠재 고객은 깊은 감명을 받았다. 그래서 나는 오더를 수주하였다.

  ○ *put in a word for* (취직 등을 위해) 잘 말해 주다, 좋게 말해주다

  Tom is to put in a word for you with the president.

put off
미루다, 연기하다, 취소하다, 방해하다, 내리게 하다, 싫어하게 만들다

- I'm sorry I have to put off our meeting as our boss is not ready to deal with you yet.

  보스가 아직 당신과 거래 상담할 준비가 되지 않아 미팅을 연기하게 되어 죄송합니다.

put on
입다, 몸에 걸치다, 켜다, 가장하다, 놀리다, 과장하다. 상연하다

- Putting my sister on is easy; she often puts on pants backward.

  여동생을 놀리는 것은 쉽다. 여동생은 가끔 바지를 거꾸로 입는다.

put on the dog
거물 행세하다, 부자인체하다, 고상한척 하다, 잘난 체하다, 으스대다, 거드름 피우다

- Please stop putting on the dog with me. I well know your family from way back.

  내 앞에서 잘난 척 그만해라. 나는 오래전부터 당신 가족을 잘 알고 있다.

  ○ *from way back* 아주 옛날부터

put out
(불을) 끄다, 내쫓다, 해고하다, 화나게 하다, 생산하다, 투자하다, 출판하다

- The fireman was good at putting out fire, while his younger brother was good at putting out weekly newspaper.

  소방관은 불을 끄는 데 능숙했고, 그의 남동생은 주간지를 잘 발간하였습니다.

put over

호평 받게 하다, 성공시키다, 자기의 인상을 심다, 기다리다, 연기하다

- They put over the meeting by one week to refine the presentation materials; as a result, they put over a complex and difficult business deal.

  그들은 발표 자료를 다듬기 위해 회의를 일주일 연기했습니다. 결과적으로 그들은 복잡하고 어려운 사업 거래를 성공시켰습니다.

put the bite on

돈을 빌리다, 돈을 조르다, 요구하다, 탄원하다

- He put the bite on his friends for five tickets to the party at Encore Hotel in Boston.

  그는 친구들에게 보스턴 앙꼬르호텔의 파티 티켓 다섯 장을 요구하였다.

  ▶ encore는 불어이며, 영어로는 again의 의미이다. 한국말로 앵콜이 encore 이다. Encore Boston Harbour Hotel (www.encorebostonharbor.com)은 보스턴 유일의 카지노 호텔이며, 보스턴 항구에서 Encore Hotel 보트를 타고 보스턴의 바다 경치를 즐기면서 갈 수 있어 참으로 운치가 있다.

put the fear of God into one

잔뜩 겁을 주다, 위협하다

- Our chemistry teacher has put the fear of God in us about fooling around near the chemical materials.

  화학 선생님은 우리가 화학 물질 근처에서 장난하는 것에 대해 잔뜩 겁을 주었다.

put two and two together

이것저것 종합해서 추측하다, 자기가 보고 들은 것으로 짐작하다

- How do you know Tom and Susan are in love with each other? I have seen them out together several times, so I just put two and two together.

  탐과 수잔이 사랑에 빠졌는지 어떻게 알 수 있습니까? 나는 그들이 함께 데이트하는 것을 여러 번 보았기 때문에 그럴 거라고 짐작합니다.

put up

올리다, 세우다, 짓다, 내붙이다, 게시하다, 지명하다, 추천하다, 제시하다

- As soon as the president put Susan up for secretary, she put up her house in New York for sale.

  대통령이 수잔을 비서로 임명하자마자 그녀는 뉴욕 집을 팔려고 내놓았습니다.

put up with

참다, 인내하다

- We have to put up with Tom's poor table manners as he is still very young.

  탐의 테이블 매너가 어설프지만 아직 어리니 우리가 참아야 한다.

put wise

알려 주다, 일러 주다, 귀띔하다, 잔꾀를 가르쳐 주다

- Susan did not know that Tom was playing a trick on her, so I put her wise.

  수잔은 탐이 그녀를 속이고 있다는 것을 몰랐기 때문에 나는 수잔에게 귀띔해 주었다.

put words into one's mouth,   put words in one's mouth

자기가 하고 싶은 말을 누가 하는 것처럼 말하다

- I never said that you were lazy. You are putting words into my mouth. Stop putting words in my mouth.

  나는 당신이 게으르다고 말한 적이 없어요. 내가 말한 것처럼 얘기하고 있네요. 내가 말한 것처럼 말하지 마세요.

put-on

가장, 속임수

- He didn't realize that it was a put-on when his fiancee said that she should break up with him because of her daddy.

  약혼녀가 아빠 때문에 그와 헤어져야한다고 말했을 때, 그는 그것이 속임수라는 것을 깨닫지 못했습니다.

  ○ *put-on artist*   속이기를 잘하는 사람, 얼버무리기를 잘하는 사람

put-up

미리 꾸며 놓은, 야바위의

- The FBI was sure that the terrorists worked together with an insider and that the whole affair of airport terror was a put-up job.

  FBI는 테러리스트들이 내부자와 함께 일했고 공항 테러는 미리 꾸며진 것이라고 확신했습니다.

puzzle out

뜻을 헤아리다, 생각해내다, (골똘히 생각하여) 알아내다, 발견하다, 수수께끼를 풀다

- It took me a while, but I was able to puzzle out how to get the system back online without losing any data.

  시간이 좀 걸렸지만 데이터 손실 없이 시스템을 다시 온라인 상태로 만드는 방법을 알아낼 수 있었습니다.

quality time

(가족 단란한) 소중한 시간, (부모 자식 사이의) 교류 시간, 가장 값있고 즐거운 시간

- Parents are required to spend some quality time with their children every day before they go to bed, which is of paramount importance to children's emotional development.

  부모는 자녀가 잠자기 전에 매일 자녀와 함께 친밀한 시간을 보내는 것이 필요합니다. 이것은 자녀들 정서 함양에 그 어떤 것보다도 중요합니다.

queer fish,   odd fish

괴짜, 기인, 좀 특이한 사람, 살짝 맛이 간 사람

- Everyone could tell he was a queer fish as soon as he showed up at the party with his mismatched clothing.

  그가 조합이 되지 않은 옷을 입고 파티에 나타나자마자 그가 괴짜라는 것을 모두 알 수 있었다.

quick fix,   stopgap

미봉책, 임시변통, 응급조치, 즉효약

- There is no quick fix for the present quality issue. We should find out the root cause for this serious problem, and should uproot it this time however long it takes.

  현재 품질 문제에 대한 빠른 해결 방법은 없습니다. 우리는 이 심각한 문제의 근본 원인을 찾아 내야하고, 시간이 아무리 오래 걸리더라도 이번에 근절해야합니다.

  ▶ 뿌리를 뽑다, 근절하다 *uproot, unroot, root out, eradicate, stamp out*

quick on the trigger,   trigger happy

재빠른, 빈틈이 없는, 사격이 빠른, 반응이 빠른, 호전적인

- He is a dangerous prisoner quick on the trigger. The prisoner officer is always quick on the trigger.

  그는 호전적인 위험한 죄수입니다. 교도관은 늘 빈틈이 없습니다.

quick on the uptake

이해가 빠른, 글귀가 밝은

- She is not an intellectual, but is quick on the uptake, while her fiance was ab-sent-minded and a little slow on the uptake.

  그녀는 지식인은 아니지만 이해가 빠른 반면에 그녀의 약혼자는 우둔하고 이해가 조금 느렸습니다.

  ● *slow on the uptake*   이해가 늦은

quick study

이해가 빠른 사람, 터득이 빠른 사람

- Susan is a novice who joined our company last week, but our Department members have confidence in her, as she is a quick study. She soaks up foreign languages like a sponge.

  Susan은 지난주에 우리 회사에 입사한 신입이지만 이해가 빠르기 때문에 우리 부서원들은 그녀를 신뢰합니다. 그녀는 외국어들을 쉽게 터득합니다.

  ● *soak up*   빨아들이다, (지식 따위를) 빨리 터득하다, 과음하다

  slow study   이해가 늦은 사람, 터득이 늦은 사람

quiet down

평정을 되찾다, 진정시키다

- Watching TV together with kids for minutes after dinner is actually a good way of helping kids quiet down before bed time.

  저녁 식사 후 몇 분 동안 아이들과 함께 TV를 보는 것은 실제로 아이들이 잠자리 에 들기 전에 평온하게 하도록 돕는 좋은 방법입니다.

quite the thing

유행하고 있는 것, 흔히 있는 일, 정상적인 일

- In polite society it is quite the thing to send a written 'thank you' note to the host after a party. It wouldn't be quite the thing to turn up in blue jeans at the party.

  상류사회에서는 파티가 끝난 후 호스트에게 '감사합니다.' 라는 서면 통보를 하는 것이 보편적입니다. 청바지를 입고 파티에 가는 것은 예의가 아니다.

  ● *not quite the thing*   바람직하지 않은, 예의에 어긋난, 건강하지 못한, 비정상적인

quiz out

시험에 합격해서 과목의 수강을 면제받다

- Tom was able to quiz out of statistics.

  탐은 통계학 시험에 합격해서 통계학 수강을 면제 받을 수 있었다.

racial profiling

인종 프로파일링

- Middle East people are often stopped on the road for questioning by the police because of racial profiling.

  중동 사람들은 인종 프로파일링 때문에 종종 길에서 경찰의 심문을 받습니다.

  ▶ 미국 경찰이 피부색이나 인종을 토대로 용의자를 특정 하는 수사기법을 말한다. 이 인종 프로파일링은 미국에서 주로 흑인들을 거리에서 불심검문하거나 흑인이 운전하는 차량을 세우는 일이었으나, 2001년 9·11 뉴욕 맨해튼 World Trade Center 테러 이후 중동인을 테러범으로 의심해 미국 내 공항에서 집중 검색하는 인종 프로파일링이 급증하기도 했다.

racial slur

인종적인 중상, 인종차별적 언사, 인종차별적 발언

- Disparaging remarks about African Americans constitute racial slurs.

  아프리카계 미국인에 대한 비하적인 발언은 인종차별적 언사입니다.

  ▶ *disparage* 폄하하다, 비하하다

rack and ruin

파멸, 폭망

- The entire house had been so neglected that it had gone to rack and ruin.

  집 전체를 너무 소홀히 해, 집이 망가져 버렸습니다.

raid the cookie jar,　　raid the piggy bank

(필요해서) 돈을 꺼내다, 저금에 손을 대다

- Our new bed was so expensive that we will have to raid the cookie jar to meet the payments.

  새 침대가 너무 비싸서 모아 둔 돈을 꺼내야 할 것이다.

railroad

몰아붙이다, 전격 통과시키다, 철로, 철도

* The bill was railroaded by the ruling party.

    여당은 그 법안을 밀어붙였다.

rain cats and dogs,   rain buckets,   rain pitchforks

비가 억수로 쏟아지다, 내리 퍼붓다

* It's raining pitchforks now, so we can't go out for basketball.

    비가 억수같이 쏟아지고 있어, 농구하러 나갈 수 없다.

rain check

우천교환권 (경기/공연 등이 기상 악화로 취소 시, 나중에 쓸 수 있도록 주는 티켓)

* The stadium manger announced that the game couldn't be played any more because of rain, and the crowd would be given rain checks for tomorrow game when they went out thru the gate.

    경기장 관리자는 비로 인해 더 이상 경기를 할 수 없으며, 관중들이 게이트를 나갈 때 내일 경기를 관람할 수 있는 우천 교환권을 교부한다고 방송하였다.

    ◐ *rain check* 「다음 기회」의 뜻으로, 「다음 기회에 할까요, 다음 기회 어때요?」로 사용.
    Would you please give me a rain check? Can I take a rain check? May I give a rain check on that later?

rain down

쏟아지다, 빗발치듯 퍼붓다

* Many people across the country are raining down condemnations on the real estate fraud.

    전국적으로 많은 사람들이 부동산 사기에 대한 비난을 쏟아 내고 있습니다.

rain out

우천으로 중단하다, 연기하다

* The baseball game was rained out in the fifth inning.

    야구 경기는 우천으로 5이닝에 중단되었다.

raise eyebrows

사람들을 놀라게 하다, 눈살을 찌푸리다, 비난하다, 질책하다

* The marketing director raised his eyebrows at my business idea, but after I went through the details of the plan, he seemed happy and agreed to support it.

    마케팅 이사는 내 사업 아이디어에 눈썹을 찌푸렸지만 세부 계획을 살펴본 후에 흡족해 하는 것 같았으며 그 사업을 지

원하기로 동의했습니다.

raise the roof,   raise hell
떠나가게 떠들어 대다, 함성을 지르다, 지붕이 들썩들썩할 만큼 소리 지르다
* The fans raised the roof when their team won the championship for the first time over 30 years.

    팀이 30년 만에 처음으로 우승을 차지했을 때 팬들이 함성을 질렀다.

raise the stakes
몫을 올리다, 판돈을 올리다, 위기에서 벗어나다
* He raised the stakes at the gambling table, saying "Double or nothing."

    "이판사판이다." 라고 하면서 판돈을 올렸다.

    ◉ *double or nothing, double or quits*
    져서 배로 손해 보거나 이겨서 본전이 되느냐 하는 내기, 이판사판으로 두 배로 따느냐 돈을 전부 잃느냐 하는 승부수

rake in
긁어모으다, 벌다
* The new business they set up is expected to rake in a lot of cash for years.

    그들이 수립한 새로운 사업은 수년간 많은 돈을 벌 것으로 예상됩니다.

rank and file
(조직의) 일반 구성원들, 일반 사병들, 말단, 대오
* The rank and file of the company likes the new labor contract.

    회사 평사원은 새로운 노동 계약을 좋아 합니다.

    ◉ *rank-and-file*   평사원의, 일반 조합원의, 대중의, 일반인의, 사병의, 하사관병의

rap sheet
전과 기록
* The policeman checked his rap sheet on the police computer.

    경찰관은 경찰 컴퓨터에서 그의 전과 기록을 확인했습니다.

rare bird
비상한 사람, 보기 드문 인물, 진품
* The liquor salesman does not drink; he is a rare bird.

    그 주류 세일즈맨은 술을 마시지 않습니다. 그는 보기 드문 사람입니다.

rat fink
보기 싫은 놈, 비열한 사람, 밀고자, 배반자

- FBI had no idea how to deal with the case until a rat fink gave a few clues.

  FBI는 그 밀고자가 몇 가지 단서를 줄 때까지는 그 사건을 해결할 방안이 없었습니다.

rat race
치열한 생존경쟁, 먹고 살려는 아사리판, 극심한 생존 경쟁, 무한 경쟁

- He was fed up with the rat race in Manhattan, and decided to work on an orange farm in Florida.

  그는 맨해튼의 치열한 생존경쟁에 진저리가 나서 플로리다의 오렌지 농장에서 일하 기로 결정했습니다.

reach (the) breaking point
한계에 이르다, 극한에 이르다

- The situation reached breaking point when his wife was found with a strange man on the bed at motel room.

  모텔 방 침대에서 낯선 남자와 아내가 발견되었을 때는 막장 상황이었다.

read one's mind
흉중을 탐색하다, 마음을 읽다

- I worked for the president several years. I can read his mind.

  저는 몇 년 동안 사장을 위해 일했습니다. 그의 마음을 읽을 수 있습니다.

  ◐ *mind reader* 독심술사, 남의 마음을 꿰뚫어 보는 사람

read someone one's rights
권리를 읽다, 권리를 읽어주다

- Last month the policeman forgot to read the suspect his rights, so his confession was deemed inadmissible in court. Always make sure that you read the suspect his rights before you arrest him.

  지난달 경찰이 용의자의 권리를 읽어 주는 것을 잊었기 때문에 용의자의 자백은 법정에서 인정되지 않았습니다. 용의자를 체포하기 전에 용의자의 권리를 항상 읽어주세요.

read the riot act
엄하게 나무라다, 엄중히 타이르다, 엄한 질책을 하다

- The teacher read the riot act to the boys who fought with each other.

  교사는 서로 싸운 소년들을 엄하게 타일렀다.

read the tea leaves
점을 쳐보다

• Reading the tea leaves can't allow you to predict who will become the next president of US.

점을 쳐서 미국의 차기 대통령이 누가 될지 예측할 수는 없습니다.

reality check
현실 확인, 현실 직시

• The recent failure of various internet businesses has provided a reality check for the investment bankers who expected huge profits.

최근 다양한 인터넷 사업의 실패는 막대한 수익을 기대했던 투자 은행가들에게 현실이 어떤지 확인시켜 주었다.

reason out
도출하다, 추론해내다, 합리화하다, 타일러서 그만두게 하다

• Rather than worrying about the claims from key accounts, let's sit down together and reason out the root cause.

주요 고객의 클레임에 대해 걱정하기 보다는 다 같이 앉아서 근본 원인을 따져봅시다.

recipe for disaster,　　　blueprint for disaster
대재앙, 재앙의 시작, 대실패, 망할 길, 폭망의 길

• Studying all night before the entrance exam is a recipe for disaster.

입학시험 전에 밤새도록 공부하는 것은 폭망의 길입니다.

red carpet
대환영, 큰 환영, 융숭한 대접

• All the people rolled out a read carpet for the soccer team when it returned to Korea victorious from the World Cup.

월드컵에서 승리를 거둔 축구팀이 한국으로 돌아 왔을 때 모든 사람들이 성대한 환영을 했다.

　◉ *red-carpet*　정중한, 성대한, 융숭한

red eye
야간 비행 편, 밤 비행기, 밤늦게 출발해서 아침 일찍 도착하는 비행 편, 충혈된 눈

• His company has just announced that, because of decreasing company profit, all the employees should take the red eye when they fly to the Asian countries.

그의 회사는 수익 감소로 인해, 아시아 국가로 출장 갈 때는 모든 직원은 밤 비행기를 이용해야 한다고 방금 발표했습니다.

red herring

관심을 딴 데로 돌리는 것, 사람을 헷갈리게 만드는 것

- The sex scandal about the president having an affair with his secretary was a red herring created by the opposition party in order for the nation to discredit him.

  야당은 국민이 대통령을 불신하도록 대통령과 비서의 성추문을 터뜨려 국민의 관심을 다른 데로 돌렸다.

red-handed

손이 빨간, 손이 피투성이의, 현행범의

- She was caught red-handed stealing money from the till.

  그녀는 계산대에서 돈을 훔치다 현행범으로 체포되었다.

regular guy,   regular fellow

성격 좋은 사람, 호한, 호남아

- You will like Tom. He is a regular fellow.

  당신은 탐을 좋아할 것입니다. 그는 성격이 좋습니다.

reinvent the wheel

쓸데없이 시간을 낭비하다, 뻔한 일로 쓸데없이 애쓰다

- The company is often criticized for trying to reinvent the wheel every time they bring a new product to exhibition, as its claimed new products have no big difference with old ones.

  이 회사가 신제품이라고 주장하는 제품은 기존 제품과 크게 다르지 않기 때문에 이 회사는 신제품을 전시 할 때마다 쓸데없는 일로 시간을 낭비한다고 비난을 자주 받는다.

  ● *reinvent*   다른 모습을 보여주다, 다른 이미지를 보여주다

rev up

활성화되다, 힘이 붙다, 향상시키다, 엔진 회전수를 올리다

- The driver reved up his car engine for speed-up, so his friends in that car got reved up.

  운전자가 가속을 위해 자동차 엔진 회전 속도를 올리자, 차에 탄 친구들도 신나했습니다.

rhyme or reason

그럴싸한 이유, 합리적인 설명, 합당한 사유

- The company fired him without rhyme or reason.

  회사는 합당한 사유도 없이 그를 해고하였다.

ride out

이겨내다, 잘 참고 견디다, 잘 넘기다, 여행하다

- The financial crisis was a nasty situation, but the president tried to ride it out.

  금융위기는 끔찍한 상황 이었지만 대통령은 그것을 이겨 내려고 노력했습니다.

riding high

의기양양한, 성공적인, 잘 나가고 있는

- She's been riding high ever since she got that promotion, and the candidate for governor, her husband, is riding high in the polls after a strong debate performance.

  그녀는 승진 이후 계속 의기양양하고 있으며, 그녀의 남편인 주지사 후보는 강력 한 토론 성과 이후 여론 조사에서 잘 나가고 있다.

  ◐ *high-riding* 호조의, 순조로운

right out,   straight out

솔직하게, 감추지 않고

- You need to let your employees know straight out that they will be fired if they can't perform sales target next month again.

  다음 달에 다시 판매 목표를 달성하지 못하면 해고 될 것이라고 직원들에게 솔직 하게 알려야 합니다.

ring a bell

들어본 적이 있는 것 같다, (들어보니) 낯이 익다

- The corporate name doesn't ring a bell.

  그 회사 이름을 들어 본 기억이 없다.

ring up

(상점에서 금전 등록기에 상품 가격을) 입력하다, 팔다, 이룩하다, 전화하다

- Business was terrible today morning; we could not ring up a sale at all. The store manager rang up Tom to check the sales of morning.

  오늘 오전 판매는 끔찍했습니다. 판매가 한 건도 없었습니다. 점장은 탐에게 전화 를 걸어 아침 판매량을 확인했습니다.

ring up the curtain

시작하다, (무대의) 막을 올리다, 극장의 막을 올리라는 신호를 하다

- It's time to ring up the curtain on this meaningful new project of 200-storied building, the tallest one in the world.

  세계에서 가장 높은 200층 건물을 건축하는 이 의미심장한 프로젝트의 막을 올릴 때입니다.

  ◐ *ring down the curtain* 막을 내리다

rip off
뜯어내다, 훔치다, 빼앗다, 속이다, 파괴하다

* I can't believe my manger ripped my idea off like that.

   매니저가 내 아이디어를 그렇게 가로채다니 믿을 수 없다.

   ◑ *rip-off* 바가지, 바가지 물품, 모작, 아류
   What a rip-off! Try to get your money back.

rise and fall,   up and down,   increase and decrease
흥망성쇠, 융성쇠퇴, 기복

* The rise and fall of the Roman Empire is an important lesson of world history.

   로마 제국의 흥망성쇠는 세계사의 중요한 교훈입니다.

   ◑ 흥망성쇠 *vicissitude, seesaw, fluctuation*

risk one's neck,   risk one's life
목숨을 걸다, 위험을 무릅쓰다

* If you risk your neck, impossible is nothing.

   목숨을 걸면, 불가능한 것은 없다.

rite of passage
통과의례

* Graduation from college is a rite of passage to get a job.

   대학 졸업은 취업을 위한 통과 의례입니다.

road hog
난폭 운전자, 길 한가운데로 차를 몰아 다른 자동차가 앞서지 못하게 하는 운전수

* A road hog forced Tom's car into the ditch.

   길 한가운데로 가는 운전사 때문에 탐의 차가 도랑에 처박혔습니다.

road rage
운전자의 분노, 운전자들끼리 주고받는 폭행

* Never respond to any one who shouts and gesticulate wildly because of road rage.

   운전하면서 소리 지르고 거친 몸짓을 해대는 분노 증후군의 운전자는 절대로 상대하지 마십시오.

roadkill
자동차에 치여 죽은 동물, 자동차로 동물을 치어 죽임

* We often see roadkill on the main street of our town.

   우리는 우리 마을의 큰 길에서 차에 치여 죽어있는 동물을 가끔 본다.

rob Peter to pay Paul

이 사람에게 돈을 빌려 저 사람에게 진 빚을 갚다, 돌려막기, 아랫돌 빼어 윗돌 괴기

- Never use a credit card to pay a debt. That's just robbing Peter to pay Paul. You will still be in debt.

  빚을 갚기 위해 신용 카드를 사용하지 마세요. 그건 돌려막기일 뿐입니다. 여전히 빚은 남아 있습니다.

rob someone blind

부정한 재판으로 왕창 빼앗다, 왕창 사기를 치다, 거액을 갈취하다, 바가지를 씌우다

- The CEO of the company was sent to prison for robbing his clients blind through a complex Ponzi scheme.

  회사의 CEO는 복잡한 폰지 사기를 쳐서 고객으로부터 거액을 갈취한 혐의로 감옥에 보내졌습니다.

 폰지 사기(Ponzi Scheme) 또는 폰지 게임(Ponzi Game)

- 1920년대 초반 이를 최초로 저지른 찰스 폰지(Charles Ponzi)의 이름을 따서 폰지 사기라고 불린다. 2009년 미국 월가를 뒤집어 놓은 메이도프 사건도 대표적인 폰지 사기의 하나이다. 한국에도 여러 건의 폰지 사기가 발생되었다.

- 다단계 금융 사기로 실제 아무런 이윤 창출 없이 투자자들이 투자한 돈을 이용해 투자자들에게 수익을 지급하는 방식이며, 신규 투자자들을 끌어들이기 위해 보통의 정상적인 투자가 보장할 수 없는 고수익을 단기간에 매우 안정적으로 보장해준다고 광고한다.

- 이는 계속해서 기존 보다 훨씬 더 많은 투자금이 지속적으로 유입되지 않으면 지속 할 수 없는 투자 형태이다. 즉, 새로운 투자자 돈으로 기존의 투자자 배당을 지급하는, 소위 아랫돌 빼어 윗돌 괴는 식의 메커니즘이라고 볼 수 있다. 그러나 이러한 사업 구조는 유입되는 자금이 지급해야할 액수에 결국 모자랄 수밖에 없어 언젠가는 무너질 수밖에 없다. 즉, 파산은 시간의 문제이다.

rob the cradle

연하의 이성과 어울리다 (훨씬 어린 사람과 성관계를 하거나 결혼하는 것)

- Tom, who is seventy, married a twenty-year-old lady. It is really robbing the cradle.

  70세인 탐은 20세의 여성과 결혼했습니다. 정말 한참 나이 어린 여자와 하는 것이지요.

robber baron

(미국) 19세기 후반의 벼락부자, 악덕 자본가, (영국) 중세의 노상강도 귀족

- Rockfeller was a robber baron.

  록펠러는 벼락부자였다.

rock the boat

평지풍파를 일으키다, 긁어 부스럼 만들다

- None of my family members want to talk about Tom's family history, as bringing up the family's secret incident may rock the boat.

    내 가족 중 누구도 탐의 가족사에 대해 이야기하고 싶어 하지 않습니다. 그 가족의 비밀스런 사건이 알려지면 평지풍파를 일으킬 수 있기 때문입니다.

    ● 긁어 부스럼 만들지 마라 *don't rock the boat, let sleeping dogs lie*

rogue state,   rogue nation

불량국가, 테러지원국

- The film 'Mission Impossible Rogue Nation' starring Tom Cruise is very entertaining.

    탐크루즈 주연의 영화 '미션 임파서블 로그 네이션'은 정말 재미있습니다.

roll around

(세월이) 경과하다, 다시 돌아오다, 흘러가다, 지나가다

- When winter rolls around again, let's go skiing to the Alps.

    다시 겨울이 오면 알프스로 스키 타러 가지요.

roller coaster ride

롤러코스터 타기, 기복이 심한 인생, 파란만장한 인생

- After he graduated from college, his life became a roller coaster ride filled with ups and downs as he tried to establish himself as a politician.

    그는 대학 졸업 후 정치인으로 자리 잡으려고 노력하면서 파란만장한 인생을 맞게 되었습니다.

roll the dice

기회를 잡다, 모험을 걸다, 주사위를 던지다

- I'm usually not much of a gambler, but I couldn't resist rolling the dice. The worst case scenario is that we lose $1,000 while we get $10,000 if lucky.

    나는 큰 도박꾼은 아니지만 모험을 걸지 않을 수 없었습니다. 최악의 시나리오는 운이 좋을 경우 $10,000를 버는 반면, 운이 나쁘면 $1,000를 잃는 것입니다.

root for

응원하다, 성원하다

- Are you rooting for anyone in particular, or are you just shouting because you're excited? I'm just rooting for the home team.

    당신은 특별히 누군가를 응원하고 있습니까, 아니면 당신은 그냥 신나서 소리 치고 있습니까? 나는 단지 홈 팀을 응원하고 있습니다.

rope in

유인하다, 속이다, 낚다, 설득하다

- I managed to rope in a few friends to help him move out this Sunday.

  몇 명의 친구를 겨우 꼬드겨서 이번 일요일 그의 이사를 돕기로 하였습니다.

rope into

하도록 꾀어 들이다, 꾀어서 하게하다

- A dishonorable salesman roped us into buying worthless real estate.

  부도덕한 세일즈맨이 우리를 꾀어 쓸모가 없는 토지를 구입하게 했습니다.

rough up

두들겨 패다, 때리다, 학대하다, 폭력을 휘두르다, 괴롭히다, 표면을 거칠게 만들다

- The bully threatened to rough up the kids on the playground if they didn't give him the money.

  양아치 놈이 놀이터에서 아이들이 돈을 주지 않으면 때리겠다고 위협했습니다.

rough-and-ready

급조한, 임시변통, 조잡한, 거친, 세련되지 못한

- He is a rough-and-ready character. He is so hasty and he'd rather fight with others than talk.

  그는 거칠고 차분하지 않습니다. 너무 서두르고 말보다는 주먹이 먼저입니다.

round robin

리그전, 순환 순서 방식, (다수가 참여한) 탄원서, 항의서, 사발통문

- The game will be a round robin for all the junior high school teams in Boston.

  이 경기는 보스턴 소재 모든 중학교 팀의 리그전이 될 것입니다.

Round Robin Tournament vs. Single Elimination Tournament

- 리그전(league)은 스포츠 경기에서 각 팀이 다른 팀과 모두 최소 한 번씩 경기를 치르는 경기 방식이다. 영어권에서 league 라는 표현은 일반적으로 「연맹, 대회」라는 뜻으로 사용되므로 이 방식을 지칭할 경우 round-robin tournament 또는 all-play-all tournament 라는 표현을 사용한다.

- 한국에서 일반적으로 토너먼트라고 하면 일반적으로 single elimination tournament 이며, 두 팀이 단판승부를 벌여 승리한 팀은 다음 라운드로 진출하고, 패배한 팀은 탈락하는 방식이다.

roundup

검거, 몰이, 가축을 몰아 모으기, 몰아 모은 가축

- The police roundup of all suspected drug dealers took place early in the morning.

  경찰은 의심되는 마약 밀매자들을 이른 아침에 모두 검거했다.

rub elbows,   touch elbows,   rub shoulders

접촉하다, 교제하다, 사귀다

- I don't want to go to the party tonight, but my fiancee is eager to rub elbows with the upper class.

  나는 오늘 밤 파티는 가고 싶지 않은데, 약혼녀는 파티에 가서 상류층과 교류하고 싶어 한다.

rub the wrong way

불쾌하게 만들다, 화나게 하다

- His mannerless behavior rubbed his friends' parents the wrong way.

  그의 매너 없는 행동은 친구들의 부모님들을 불쾌하게 했다.

rule out

배제하다, 제외시키다, 불가능하게 하다

- I wanted to drop the business English course, but school policy ruled that option out.

  나는 비즈니스 영어 과정을 그만두고 싶었지만 학교 정책상 그것은 불가했습니다.

run a grass roots campaign

일반 대중을 대상으로 선거유세하다

- The president's success is said to be thanks to a well-run grass roots campaign.

  대통령의 성공은 일반 대중을 대상으로 한 선거 유세가 잘된 덕분이라고 합니다.

  ○ *grass roots* 민초, 보통 사람들

run a scam

사기 치다

- You may make lots of money if you run a scam, targeting the old people. But chances are that you will be caught sooner or later and severely punished.

  나이가 많은 사람을 대상으로 사기를 치면 많은 돈을 벌 수 있을 겁니다. 그러나 조만간 체포되어 심각한 처벌을 받을 가능성이 있습니다.

run around in circles

다람쥐 쳇바퀴 돌 듯하다, 제자리걸음만 하다, 제자리를 맴돌다, 부산만 떨다

- There was such a big crowd on the street that I ran around in circles trying to find my team.

    길에 군중이 워낙 많아서 내 팀을 찾으려고 하지만 제자리를 맴돌고만 있었습니다.

run around with one

어울리다, 많은 시간을 함께 보내다, 사귀다

- It was an open secret at the company that the president had been running around with his secretary since 2020.

    사장이 2020년부터 비서와 사귀고 있는 것은 회사의 공개적인 비밀이었다.

run away with

가지고 도망가다, 눈이 맞아 달아나다, 압도적으로 이기다

- Our team ran away with the game in the 2nd half. She was all set to marry the son of the team owner, but she ran away with her friend's lover at the last minute.

    우리 팀이 후반전에 압도적으로 이겼다. 그녀는 구단주 아들과 결혼하기로 준비를 끝냈으나, 막판에 친구 애인과 눈이 맞아 도망쳤다.

run down

멈추다, 정지하다, 다 되다, 줄다, 위축되다, 치다, 들이받다, 비방하다, 찾아내다

- The policeman rode his motorcycle too fast and almost ran down the crowd on the street; he, however, ran down the evidence that the burglar had robbed the store.

    경찰관이 너무 빨리 오토바이를 몰아서 거리에서 군중을 칠 뻔 했지만, 도둑이 가게를 털었다는 증거를 찾아냈다.

    - run-down 황폐한(neglected), 부진한, 쇠퇴한, 건강을 해친
      His mother got a cold because she was run-down from relocation.
    - rundown (사업의) 축소, 쇠퇴, 설명, 묘사

run for it,   make a run for it

달아나다, 도망치다

- The building started to collapse down, and so the students ran for it.

    건물이 무너지기 시작하자 학생들이 달아났습니다.

run in

체포하다, 구속하다, 잠깐 들리다

- The policeman ran in the man for driving without a license.

    경찰은 무면허 운전자인 그를 체포했다.

run in the blood,   run in the family
혈통을 이어 받다, 내림이다, 유전이다, 피가 흐르다

- All of my relatives are doctors; medical prowess just runs in the family. And they all have blond hair which runs in the blood.

  내 친척은 모두 의사입니다. 의학적 소질은 유전적이다. 그들 모두 유전적으로 금발 머리이다.

run into
뛰어 들어가다, 충돌하다, 우연히 만나다, 합계 얼마가 되다

- I ran into Tom in Boston yesterday. At that time, he was surprised and lost control of the bike and ran into a big tree.

  나는 어제 보스턴에서 탐을 우연히 만났습니다. 그 때 탐이 놀라서 자전거를 통제하지 못하고 큰 나무에 부딪쳤습니다.

run into the ground
망가지도록 쓰다, 녹초가 되도록 일을 시키다, 지나치게 하다, 압승하다

- We lost today's game, but we are sure that tomorrow we can run the team into the ground.

  우리는 오늘 경기에서 졌지만 내일은 그 팀에 완승할 수 있다고 확신합니다.

run its course
경과를 거치다, 방치되다, 사라지다, 명을 다하다, 갈 데까지 가다

- Don't worry too much. The flu will run its course in a few days.

  너무 걱정하지 마세요. 독감은 며칠 안에 끝날 것입니다.

run off
복사하다, 행하다, 실시하다, 흘러넘치다, 도망치다, 방출하다

- How many copies do you want me to run off?

  몇 장 복사할까요?

run-in
교통사고, 언쟁, 싸움

- His car had a run-in with a bus last week, and it was wrecked.

  그의 차는 지난 주 버스와 교통사고가 나서 망가졌다.

run-off

(1차전에서 1위인 두 사람, 두 팀이 동점인 경우의) 2차 투표, 2차전

- The senatorial race was so tightly close that the candidates will probably have to hold a run-off.

  상원 의원 선거 결과가 아주 근소하여 후보들이 아마 2차 투표를 치르게 될 것입니다.

runner-up

차점자, 2위의 입상자, 2위의 선수, 2위의 팀

- She was a runner-up in Senior Model Contest.

  그녀는 시니어 모델 대회에서 2등을 했다.

running mate

(미국에서) 부통령 후보, (선거의) 러닝메이트(동반 출마자)

- The advisors of the presidential candidate have been searching for the best possible running mate to run a grass roots campaign.

  대통령 후보의 고문단은 일반 대중 대상의 선거 유세에 적합한 최고의 러닝메이트 를 찾고 있습니다.

run on the bank

(은행의) 예금 인출 소동, (은행의) 예금 인출 소동을 벌이다

- Many people feared monetary collapse and made a run on the banks on the 1st day of 2008 Financial Crisis.

  2008년 금융 위기 때 많은 사람들이 통화 붕괴를 두려워해서 은행에서 예금을 인출하였습니다.

  ● *bank run*　예금 인출 사태

run out on

(도움이 필요한 때에 함께 살던 사람을) 떠나다, 저버리다, 내버려두다, 제쳐놓다

- I can't believe you would even consider running out on your son when he needs you the most.

  아들이 당신을 가장 필요로 할 때 당신이 아들을 떠나 버릴까 하다니 믿기지 않군요.

run over

넘치다, (사람/동물을) 치다, 재빨리 훑어보다, 연습하다

- At night cars often run over the animals on the road.

  야간에 자동차가 도로에서 동물을 치는 경우가 가끔 있다.

run scared

겁먹은 행동을 하다, 낙선/실패하지 않을까 하여 안절부절 못하다

- The one-vote defeat caused her to run scared in every election thereafter.

   한 표 차이로 패배한 이후 그녀는 모든 선거에서 지레 겁을 먹었다.

run that by me again

되풀이해서 말하다, 다시 말하다

- The phone connection is not good. Please run that by me again.

   전화 상태가 안 좋다. 다시 말해주시게.

run the gauntlet

집중 공격을 받다, 집중 비판을 받다, 기자에게 호되게 당하다, 공격의 정면에 서다

- Every day the commentator had to run the gauntlet of hostile journalists on the way to work.

   그 시사평론가는 출근길에 매일 적대적인 언론인들로부터 집중공격을 받았습니다.

run through

속으로 퍼지다, 번지다, 가득하다, 넘치다, 빨리 살펴보다, 칼로 찔러/베어 죽이다

- He finally ran through the notorious pirate after chasing him for two years.

   그는 2년 동안의 추적 끝에 악명 높은 해적을 칼로 찔러 죽였다.

run up

급조하다, 늘리다, 올리다, 늘리다, 급성장하다, 급증하다, 결승에서 패하다

- It is amazing that the agency has run up its sales performance for a short period of only one year.

   그 대리점이 1년밖에 안 되는 단기간에 그렇게 판매 실적을 늘리다니 놀랍습니다.

   ◯ *run-up* 준비, 준비 기간, 도움닫기

run-of-the-mill

지극히 평범한

- The restaurant we went to yesterday was nothing special. The service was good, but its signature dish was just run-of-the mill.

   어제 우리가 갔던 식당은 특별한 곳이 아니었습니다. 서비스는 좋았지만 대표 요리는 지극히 평범했습니다.

sack in,   sack out
잠자리에 들다
- It's time to sack in.

  잠자리에 들 시간이다.

sacred cow
비판/의심이 허용되지 않는 관습/제도 등, 신성불가침의 영역, 절대적인 것
- Social security is considered as a sacred cow in America.

  사회 보장은 미국에서 신성불가침의 영역으로 간주됩니다.

sail into
당당하게 들어가다, 호되게 꾸짖다
- He sailed into her for making a mistake.

  그는 그녀의 실수를 호되게 꾸짖었다.

salt away
소금으로 담그다, 안전하게 투자하다
- It is wise to salt some of my paycheck away for emergencies and retirement.

  돌발적인 상황과 퇴직에 대비해 월급의 일부를 안전하게 투자하는 것이 현명하다.

salt of the earth
인격이 뛰어난 사람, 아주 선량하거나 훌륭한 사람, 세상의 소금
- They consider him the salt of the earth as he is generous and helps the poor people namelessly.

  그들은 그가 관대하며, 가난한 사람들을 익명으로 돕기 때문에 그를 세상의 소금이라 한다.

salt-and-pepper,   pepper-and-salt,   grizzled
희끗희끗하다, 인종 혼합 커플

- He had jet-black hair last year. It's surprising that now he is salt-and-pepper.

  그는 작년에는 새까만 머리였는데 지금은 머리가 희끗희끗한 것이 놀랍다.

save face
체면을 세우다, 체면을 잃지 않다, 체면을 지키다, 창피를 면하다

- There's no way for Tom to save his face now that the entire company knows he embezzled money and played with his secretary.

  탐이 돈을 횡령하고 비서와 놀아났다는 것을 회사 전체가 알게 되어 탐은 창피를 면할 방법이 없습니다.

save one's breath
말을 아끼다, 침묵을 지키다

- Save your breath. The boss will never give you a salary rise within three months.

  침묵을 지키세요. 사장님은 3개월 이내에는 절대로 급여 인상을 하지 않을 것입니다.

save the day
가까스로 승리하다, 성공하다, 해결하다, 궁지를 벗어나다

- His improvised speech calmed the crowd and saved the day.

  그의 즉흥 연설 덕분에 군중을 진정시키고 궁지를 벗어났습니다.

save up
돈을 모으다, 저금하다

- I've stopped eating out at restaurants so I can save up to take the vacation to France next summer.

  내년 여름휴가를 프랑스에서 보낼 수 있는 돈을 모으려고 외식을 끊었습니다.

say one's peace,   speak one's peace
의견을 말하다, 견해를 말하다

- He spoke his peace about how good the bill is for this town.

  그는 그 법안이 이 도시에 얼마나 유용한지에 대해 의견을 말했습니다.

say the word,   give the word
명령을 내리다, 명령을 하다, 요청을 하다

- All that you have to do is to say the word, and I'll come and help.

  말씀만 하시면 얼른 와서 돕겠습니다.

say uncle,   cry uncle

졌다고 말하다, 항복하다, 패배를 인정하다

- Say 'uncle,' and then your brother will let you out of the headlock.

  항복해라, 그러면 형이 헤드록 풀어 줄 테니.

scare out of one's wits,   scare still,   scare the daylights out of

두려워서 꼼짝 못하게 하다

- The 3-year-old child was scared out of his wits in the dentist chair.

  3살짜리 아이는 치과 병원 의자에 앉아 두려워서 꼼짝 안하고 있었습니다.

school of thought

학설, 학파, 신조, 관점

- The prevailing school of thought is that such a downturn in the economy is a reaction to a period of sustained growth which the world has to accept as natural.

  일반적인 학설은 경제의 이러한 침체는 지속적인 성장기간에 대한 반응이며 세계는 이를 자연스러운 것으로 받아 들여야 한다는 것입니다.

score with a woman

여자를 농락하다, 잠자리를 하다, 성관계를 하다

- Tom was bragging to his friends that he scored with the sexy model last night.

  탐은 지난 밤 섹시한 모델을 농락했다고 친구들에게 자랑하고 있었습니다.

scot-free

처벌을 모면한, 완전히 자유롭게, 형벌 받지 않고

- Tom got off scot-free in spite of his obvious guilt.

  탐은 명백한 죄가 있음에도 불구하고 처벌을 받지 않고 풀려났다.

scrape the bottom of the barrel,   scrape the barrel

부득이 최후의 방편에 의존하다, 남은 것을 사용하다, 가능한 것을 이용하다

- The company was really scraping the bottom of the barrel when they selected you.

  마음에 드는 사람을 구하지 못해 어쩔 수 없이 당신을 선택한 것입니다.

scratch one's back

가려운 데를 긁어 주다, 궁금증을 해결해주다

- You scratch my back, and I'll scratch yours.

  오는 정이 있어야 가는 정이 있다. 상부상조.

scratch the surface,   scrape the surface,   have a smattering
수박 겉핥기에 그치다, 피상적으로 파악하다, 잠깐 손을 대다

- The investigation of the governor's staff revealed some suspicious dealing in presidential election. It, however, is thought that the investigators have just scratched the surface. We don't know how bad the problem is.

  주지사 직원을 조사한 결과 대통령 선거에서 의심스러운 거래가 드러났습니다. 하지만 수사관의 조사는 수박 겉핥기에 그친 것 같습니다. 우리는 문제가 얼마나 심각한지 모릅니다.

scream bloody murder
분노/공포의 소리를 지르다, 죽어라고 악을 써 대다, 절규하다

- When the burglar attacked her, she screamed bloody murder.

  강도가 그녀를 공격했을 때 그녀는 죽어라고 소리쳤다.

screw around
난잡하게 놀아먹다, 빈둥거리며 지내다

- They are not welcome here any more. They just screw around.

  그들이 여기 오는 게 더 이상 반갑지 않습니다. 너무 난잡하게 놉니다.

screw one over,   put one over
속이다, 기만하다

- He always brings me with him when he goes to get his car repaired, because he is worried whether he gets screwed over.

  그는 차를 수리하러 갈 때 항상 나를 데리고 간다. 왜냐하면 속을까봐 걱정되기 때문이다.

screw up,   mess up
망치다, 엉망으로 만들다, 엉망진창이 되다

- I tried to cook olive oil pasta for her, but I screwed up.

  나는 그녀를 위해 올리브 오일 파스타를 요리하려고 했지만 망쳤다.

screw-up
실수, 실패, 일을 망침

- "What a screw-up!" the manager cried when he realized that the sales of these three days are so poor.

  매니저는 최근 사흘간의 매출이 너무 저조하다는 것을 알고 "정말 엉망이야!" 라고 소리쳤다.

scum of the earth

인간쓰레기, 인간폐물

- It is common opinion that child abusers are the scum of the earth.

  아동학대범은 인간쓰레기라는 것이 보편적인 의견입니다.

  ○ *child abuse* 아동학대   *child abuser* 아동학대범

seamy side of something

불결한 측면, 이면

- When Tom, who is recently elected as senator, started to cheat on his voters, they discovered the seamy side of the politician.

  최근 상원 의원으로 선출 된 탐이 자신의 유권자들을 기만하기 시작했을 때, 유권자들은 정치인의 이면을 발견했습니다.

search me

난들 아나, 난 모른다, 알 리 있나, 난들 알겠어

- How long has this juice been in the fridge? Search me. Check the expiration date.

  이 주스가 냉장고에 있은지 얼마나 됐어? 모르겠네요. 유통 기간을 확인 해봐.

second childhood

노망, 노쇠

- My grandfather seems to be in his second childhood; he talks nonsense all day.

  할아버지가 노망이 나신 것 같아요. 하루 종일 헛소리하고 계시니.

  ○ 늙으면 어린이들처럼 잘 삐지고 생각이 편협해진다고 한다. 그래서 노망을 제 2의 어린 시절이라고 표현한다. 노망을 한 단어로는 *senility, dotage* 라고 한다

second thought

재고, 숙고 후의 의견, 심사숙고 끝의 결심

- Their second thoughts, in general, are better than their first ideas.

  대체로 처음 떠오르는 생각보다는 숙지한 후의 생각이 더 낫다.

  ○ *second-thought* 재고하는, 반성하는

second wind,   second breath

새로운 활력, 원기 회복, 기력 회복

- We couldn't walk any further, but when we luckily found the oasis in the distance, we got our second wind.

  우리는 더 이상 걸을 수 없었지만 운 좋게 멀리 있는 오아시스를 발견했을 때 기력을 회복했습니다.

second-guess

사후에 비판하다, 뒤늦게 비판하다, 예측하다, 추측하다

• She's always trying to second-guess the coach after the game.

　그녀는 항상 경기가 끝난 후에야 코치를 비판하려 합니다.

security blanket

안도감을 주는 담요/물건, 마음에 평온을 주는 사람/사물

• My daddy's financial status acted like a security blanket whenever something unexpected came up in life.

　인생에서 뭔가 예기치 못한 일이 생길 때 마다 아빠의 재력은 위안이 되었다.

see about

고려하다, 검토하다, 조치를 하다, 준비하다, 처리하다

• I will see about your business plan soon.

　곧 당신의 사업 계획을 검토하겠습니다.

see fit,　　think fit

하는 것이 적절하다고 생각하다, (하는 것이) 맞는다고 보다, 결정하다, 선택하다

• By what time should I come back home after party? You may do as you see fit.

　파티 후 몇 시까지 집에 돌아와야 합니까? 너가 적절하다고 생각하는 시간에 돌어 와라.

see off

배웅하다, 전송하다, 쫓아내다, (경기/싸움 등에서) 물리치다

• He saw her off at the airport when she flew to London.

　그는 그녀가 런던으로 날아갈 때 공항에서 그녀를 배웅하였습니다.

see out

문까지 배웅하다, 조회하다, 여생보다 더 오래 가다, 끝까지 이어지다

• Thank you for visiting us for the interview. The receptionist will see you out.

　인터뷰를 위해 방문해 주셔서 감사합니다. 리셉션니스트가 당신을 문까지 배웅할 것입니다.

　▶ *see in*　환영하다, 마중 나가다
　　I will see you in at the airport　공항에 마중 나가겠습니다.

see pink elephants

(술에 취해, 환각 상태에서) 헛것을 보다, 백일몽을 꾸다

• He saw pink elephants for a while, imagining a tycoon as soon as he bought the mega lottery. Nowadays he often sees pink elephants when he drinks.

그는 메가 복권을 구입하자마자 재벌이 되는 꿈을 꾸었습니다. 요즘 그는 술 마실 때 가끔 헛것이 보입니다.

see red

몹시 화내다, 붉으락푸르락하다

- She saw red whenever her friends talked about her weight.

  친구들이 자신의 체중에 대해 이야기 할 때마다 그녀는 붉으락푸르락했다.

see stars

눈에서 불이 번쩍 나다

- When the ball hit me on the head, I saw stars.

  공에 머리를 맞았을 때 눈에서 불이 번쩍 났다.

see the light

(뻔한 것을) 마침내 이해하다, 받아들이다, 깨달음을 얻다

- It wasn't until I was in my forties that I saw the light and started to make a diligent living.

  40대가 되어서야 비로소 정신 차리고 부지런히 생활하기 시작했습니다.

see the light at the end of the tunnel

고생 끝이 보이다, 마침내 빛이 보이다, 오랜 기간 후 문제의 끝이 보이다

- Now that the doctors have been able to diagnose what's wrong with me, I can finally see the light at the end of the tunnel.

  의사들이 제가 무엇이 문제인지 진단 할 수 있게 되어서 마침내 빛이 보이네요.

see the light of day

햇빛을 보다, 세상에 알려지다, 출생하다

- The contents of your manuscript are so sensitive that I guarantee it will never see the light of day.

  원고의 내용이 너무 민감해서 절대로 출간이 되지 못할 것입니다.

see things

환각을 일으키다

- I thought I was seeing things when Tom walked into my room. I heard from somebody that he was dead three years ago.

  탐이 내 방으로 들어갔을 때 나는 환각을 일으켰다고 생각했습니다. 그가 3년 전에 죽었다고 들었습니다.

see through rose-colored spectacles/glasses

사물을 낙관적으로 보다, 장밋빛으로 보다

• The bullish stock market can be misleading; most individual investors tend to see the upcoming economy through rose-colored glasses.

　강세 주식 시장은 투자자들을 그르칠 수 있습니다. 대부분의 개인 투자자는 장밋빛 눈으로 앞으로의 경제를 낙관하는 경향이 있습니다.

see to,　　look to

준비하다, 주의하다

• Take a rest. I'll see to Tom's meal.

　쉬세요. 내가 탐의 식사를 준비할 테니.

see to it that

꼭 확인하다, 꼭 하도록 하다

• Would you see to it that this report is sent to New York office immediately?

　이 보고서가 즉시 뉴욕 사무소로 전송되게 해주시겠습니까?

seed money,　　seed funding,　　seed capital

종자돈

• The investor provided $1 million of seed money to develop the idea.

　투자자는 아이디어 개발을 위한 1백만 달러의 종자돈을 제공했습니다.

sell off

팔아치우다, 매각하다, 현금화하다

• The chairman of our group is planning to sell off our LCD TV company in order to start 3D printer business.

　우리 그룹 회장님은 3D 프린터 사업을 착수하기 위해 LCD TV 회사를 매각 할 계획입니다.

sell out

신념을 버리다, 원칙을 버리다, 매각하다, 매진되다

• The concert tickets sold out in a matter of hours.

　콘서트 티켓은 몇 시간 만에 매진되었습니다.

　◉ *in a matter of minutes/hours/days/weeks/months* 몇 분/시간/일/주/달 만에

sell someone down the river

(도와주기로 약속해 놓고) 홀대하다, 배반하다

• They all want to pretend to be your friends, but they'll sell you down the river the moment when it makes financial sense for them.

그들은 모두 당신의 친구처럼 행동하지만, 경제적으로 이익이 된다면 당신을 배반할 것입니다.

sellout

매각, 매절, 좌석 매진, 만원, 배반, 배신행위, 변절

- He wants to donate the proceeds of his sellout show to charity.

  그는 완판된 쇼의 수익금을 자선 단체에 기부하기를 원합니다.

send someone packing

쫓아내다, 해고하다

- He was sent packing right after as he openly disagreed to the president's decision to invest in the new business.

  그는 사장의 신사업 투자에 대해 공개적으로 반대한 후에 즉시 해고당했다.

  ○ *packing*은 짐 싸기, 꾸리기, 챙기기, 포장재 의미 인 바, packing을 send 하는 것은 짐을 챙기도록 포장재를 보내 주는 것이니 「쫓아내다, 해고하다」의 의미로 사용된다.

send up,   send someone up the river

감옥에 집어넣다, 조롱하다

- He was sent up (the river) ten years because of embezzlement of public money.

  그는 공금 횡령으로 인해 10년 동안 투옥되었습니다.

senior moment

깜빡함 (고령자의 건망증 현상)

- I thought daddy knew his sister's phone number, but he often had a senior moment after he was over 80, and could not remember it either.

  아빠가 고모의 전화번호를 아시고 있다고 생각했지만, 80세가 넘은 후 부터는 종종 깜빡깜빡해서 그 번호를 기억하시지 못했다.

set about

공격하다, 시작하다

- She set about cleaning the house from top to bottom before her son and his fiancee arrived.

  그녀는 아들과 약혼녀가 도착하기 전에 집을 구석구석 청소하기 시작했습니다.

set aside

곁에 두다, 치워두다, 빼 두다, 챙겨두다, 확보하다

- I can set the dress aside for you, if you'd like to think about it for a day.

  당신이 하루 동안 생각하고 구매할지를 결정하고 싶다면 드레스를 빼 둘 수 있습니다.

set back

저지하다, 방해하다, 지연시키다, 역행하다, (비용이) 들다

- His new, luxurious car set him back over $50,000. This set back his family's relocation by two years.

  그의 고급스러운 새 차는 $50,000 보다 더 들었습니다. 이것 때문에 그의 가족은 2년이나 이사가 늦어졌습니다.

set forth

정확히 설명하다, 확실히 설명하다, 발표하다, 제시하다, 출발하다

- The senator set forth the bill in TV talk show.

  상원 의원은 TV 토크쇼에서 법안에 대해 확실히 설명했습니다.

set in

시작하다, 시작되다, 두다

- This part of San Leandro always gets a bit spooky when darkness sets in.

  샌리앤드로의 이 지역은 어둠이 닥치기 시작하면 항상 약간 음산합니다.

  ▶ 으스스한, 귀신이 나올 것 같은, 섬뜩한 *spooky, creepy*

set in one's ways

자기 방식에 굳어진, 완고한

- My father is over 90 and set in his ways. No way to change his decision.

  아버지는 90세가 넘어서 자기 방식에 굳어져서 완고하다. 그의 결정을 바꿀 방법이 없습니다.

set off

출발하다, 떠나다, (폭탄 등을) 터뜨리다, (경보 장치를) 울리다, 유발하다, 일으키다

- What time do we set off tomorrow?

  내일 몇 시에 출발?

set one's heart on

열망하다, 갈망하다, 하기로 마음을 정하다

- He set his heart on that new car.

  그는 그 새 차를 마음에 두었습니다.

set the pace

첨단을 달리다, 선두를 달리다

- With its dedication to consistent quality, the company has been setting the pace in the industry for ten years. Thanks to the unsurpassed quality, the company blew away its competitors.

회사는 변함없는 품질로 10년 동안 업계에서 선두를 달리고 있습니다. 독보적인 품질 덕분에 회사는 경쟁사들을 제쳤습니다.

setback
차질, 방해, 저지

- There came up a slight setback in our project because Tom resigned suddenly.
  탐이 갑자기 사임했기 때문에 프로젝트에 약간의 차질이 생겼습니다.

settle a score,   settle an account,   wipe out an old score
원한을 갚다, 보복하다

- He settled an old score with his old friend by beating him for ten minutes.
  그는 옛날 친구를 10분 동안 때리는 거로 묵은 감정을 풀었다.

settle up
결말짓다, 처리하다, 정산하다, 지불하다, 빚을 갚다

- Let me settle up the bill with the front desk.
  프런트에서 계산서 정산하겠습니다.

sew up
꿰매다, 깁다, 속이다, 성사시키다, 매듭짓다, 지배권을 쥐다, 독점하다

- He thought that his company had the project sewed up, but another firm got it contrary to his expectation.
  그는 자신의 회사가 프로젝트를 성사시켰다고 생각했지만 그의 기대와는 달리 다른 회사가 그 프로젝트를 확보하였습니다.

sexpot,   sex bomb,   sexy icon
성적 매력이 있는 사람, 육체파 여성

- Marilyn Monroe is prototypical sexpot even today.
  마릴린먼로는 오늘날에도 섹시 아이콘입니다.

shack up with
(결혼을 하지 않고) 살림을 차리다, 동거를 시작하다, 같이 살고 있다

- I hear thru the grapevine that Tom and Susan have shacked up together since last year.
  탐과 수잔이 작년부터 동거하고 있다는 소문이 있어요.
  - ◑ *hear thru the grapevine*   풍문으로 듣다, 간접적으로 듣다
    - ⇔ *hear thru the horse's mouth*   소식통에서 듣다, 직접 듣다, 당사자에게 듣다

shake down

철저히 수색하다, 갈취하다, 시운전하다, 성능시험하다

- The captain shook down the new cruise on a voyage to Paris.

  선장은 새로 건조된 유람선으로 파리까지 항해하면서 성능을 시험했다.

shake up

흔들어 섞다, 개편하다, 일깨우다, 동요시키다

- The sudden notice of pay cut shook up all the employees.

  갑작스런 급여 삭감 통보는 모든 직원을 동요시켰다.

shake-down

(차량 등의) 시운전, 성능 시험, (금품) 갈취, 강탈, 철저한 수색

- It was a nasty shakedown to get $5,000 from the old man, threatening his drunken driving. Let's give the new car a shakedown.

  노인의 음주 운전을 빌미로 $5,000를 뜯어낸 것은 끔찍한 갈취였다. 새 차를 시운전 해봅시다.

shake-up,　　　shake-out

(기업/조직 등의) 대대적인 개혁, 구조 조정

- The prime minster's bribe scandal caused a shake-up at the cabinet.

  수상의 뇌물 스캔들은 내각의 대대적인 개혁을 야기했다.

shape up

구체화하다, 진보를 보이다, 전개되다, 태도를 개선하다, 더 열심히 일하다

- How is your project shaping up? Things seem to be shaping up nicely. Also, your son is shaping up very well in his new job.

  프로젝트는 어떻게 진행되고 있습니까? 상황이 잘 진전되고 있는 것 같습니다. 또한, 당신의 아들은 새 직장에서 아주 잘하고 있습니다.

shell out

지불하다, 쓰다

- She shells out a lot of money buying clothes to become a fashion leader.

  그녀는 유행의 선도자가 되기 위해 옷을 사는데 거금을 들인다.

  ◑ 유행의 선도자 *fashion leader*, *trendsetter*

shell shock

폭격 쇼크, 전쟁 신경증, 특히 폭격에 노출된 사람이 겪는 스트레스와 신경증

- Many soldiers were in fact suffering from shell shock.

실제로는 폭격쇼크에 시달리고 있는 군인들이 많다.

○ 셸 쇼크 (*shell shock*) 는 제1차 세계 대전 당시 나온 용어로, 전쟁 중에 많은 병사들이 고통을 겪은 「외상 후 스트레스 장애」의 유형이다. 융단폭격 (*carpet bombing, saturation bombing*), 전투 등 격렬한 상황에서 느낀 공포로 인해 정상적인 생각이나 잠자기, 걷기, 말하기 등이 불가능해진 상태를 말하거나 혹은 다양한 무력감을 의미한다.

shit happens,　　　shappens
개 같은 일들이 일어나기도 하지 (불가피하다는 뜻), 불운한 상황이 일어나기 마련이다

* Dont feel sad about that. Shit happens!

　　슬퍼하지 마시게. 어쩔 수 없네.

shoe on the other foot,　　　boot on the other foot
전세 역전되다, 입장이나 사정이 뒤바뀌다, 형세가 역전이 되다

* When the corrupted policeman was arrested, he learned what it was like to have the shoe on the other foot.

　　부패한 경찰이 체포되었을 때 입장이 뒤바뀌는 것이 어떤지 알게 되었습니다.

shoo-in
쉽게 우승할 사람, 확실한 승자

* Tom is a shoo-in to get the 1st prize.

　　탐이 1등 확실한 것 같다.

shoot out
무력으로 해결하다, 교전하다, 손/발 따위를 불쑥 내밀다, (곳 따위가) 돌출하다

* The cornered bank robbers started shooting it out with the police.

　　궁지에 몰린 은행 강도들은 경찰을 향해 총을 쏘기 시작했다.

　　○ *cornered*　구석에 몰린, 궁지에 몰린, 진퇴양난의

　　○ *shootout, shoot-out*　교전, 총격전　　　*penalty shootout*　승부차기

shoot straight,　　　shoot fair
바로 명중시키다, 공정하게 처신하다

* They have been getting along well as they always shoot straight with each other.

　　그들은 항상 서로 정직하게 처신하므로 같이 잘 지내고 있습니다.

　　○ *straight-shooting*　공정한, 정직한

　　○ *straight-shooter, square shooter*　정직한 사람, 견실한 사람

shoot/bat/fan the breeze,   shoot the bull
말하다, 얘기하다
- He shot the breeze with his friends while his wife is in the kitchen.

    아내가 부엌에 있는 동안 그는 친구들과 이야기했다.

shoot the works
성패를 운에 맡기고 모험하다, 전력을 다하다, 전부 사용하다, 토하다
- Suddenly she turned out pale, and she was going to shoot the works.

    그녀는 갑자기 창백해지더니 토하려 하였습니다.

shoot up
급속히 자라다, 급증하다, 급등하다, 마약을 주사하다
- She began to shoot up when she gets eight.

    그녀는 8살이 되자 급속히 크기 시작했다.

shore up
강화하다, 지주를 받치다, 떠받치다
- His kindness and help shored me up while I dealt with the legal aftermath of my divorce.

    이혼의 법적 여파를 처리하는 동안 그의 친절과 도움이 나를 버티게 했다.

short end
더 나쁜 쪽, 지는 쪽, 손해 보는 거래
- Please stay patient during business negotiations with your key customers, otherwise you may end up getting the short end of the stick.

    주요 고객과의 비즈니스 협상은 인내심을 갖고 임하세요. 그렇지 않으면 협상에서 좋은 결과를 얻을 수 없습니다.

  ○ *get the short end of it, get the short end of the stick/deal*
    손해 보는 역할이 되다, 변변치 못한 것을 잡다

short-handed,   short-staffed
일손이 부족한, 사람이 부족한
- We're short-handed nowadays because of an avalanche of orders.

    주문의 폭주로 인해 요즘 일손이 부족합니다.

  ○ *superfluous, excessive, surplus*   남아도는

shot in the arm
활력소, 성원, 술, 힘을 실어주는 일, 도움이 되는 것
- The president's unexpected praise really gave our staggering project a shot in the arm.

  사장님의 예상치 못한 칭찬은 진행이 순조롭지 않은 프로젝트 추진에 큰 활력소가 되었다.

show off
자랑하다, 으스대다, 돋보이게 하다
- She has lost a lot of weight over the winter, and is looking forward to showing her new body off at the beach this coming summer.

  그녀는 겨울 동안 체중을 많이 줄였기 때문에 다가 올 여름에 해변에서 자기의 새로운 몸매를 과시하기를 고대하고 있습니다.

show up
나타나다, 드러내 보이다, 눈에 띄다, 능가하다, 당황하게 만들다, 무안하게 만들다
- I was quite proud of my performance, but the next act completely showed me up.

  내 공연에 상당히 자신감을 가졌는데 다음 공연을 보니 내 공연이 민망스러웠다.

  ⊙ *showup* 폭로, 적발, 대질

showdown
마지막 결전, 쇼다운, 대결
- Sunday's showdown will decide who is the Korean league champion.

  일요일 대결로 한국 리그 챔피언이 결정됩니다.

showoff
과시적인 사람, 자랑쟁이, 과시
- Why are you so shy about it? If I were you, I want to show off the 1st prize to everyone. I know, but I'm not a show-off.

  왜 그렇게 부끄러워하니? 내가 너라면 1등 상 받은 것을 모두에게 과시할 터인데. 알아요, 하지만 나는 자랑쟁이가 되고 싶지 않아요.

shrug off
무시하다, 과소평가하다, 벗어나다, 어깨를 밀치다, 자유롭게 되다
- He just shrugged them off and kept walking, rather than respond to their insults.

  그는 그들의 모욕에 대응하지 않고 무시한 채 밀치고 계속 걸었다.

shut off

차단하다, 멈추다, 서다, 세우다, 정지시키다

- The resort is completely shut off from the outside world. The electricity for the resort is supplied by the generator, which has a temperature sensor so that it will shut off by itself if it begins to overheat.

  리조트는 외부 세계와 완전히 차단되어 있습니다. 리조트의 전기는 발전기에 의해 공급되며, 발전기는 온도 센서가 있어 과열되기 시작하면 자동으로 차단됩니다.

shut out

차단하다, 못 들어오게 하다, 가로막다, 영패시키다, 완봉승을 거두다

- I thought we wouldn't win, but I can't believe we shut them out completely.

  이기지 못할 것이라고 생각했는데, 그들에게 완봉승을 거둔 것은 믿을 수 없습니다.

  ❍ *shutout*　완봉, 완봉승, 무실점

shut up

입 다물다, 잠그다, 닫다, 가두다

- They intentionally shut the criminal up in a tiny windowless cell.

  그들은 의도적으로 범죄자를 창문이 없는 작은 감방에 가두었습니다.

sidekick

조수, 들러리, 보조 코미디언, 사이드킥

- Batman and his young sidekick Robin.

  배트맨과 그의 젊은 조수 로빈

sight for sore eyes

보기만 해도 즐거운 것, 정말 보기 좋은 것

- The sunset over the Amalfi Coast is a sight for sore eyes. Also you're a sight for sore eyes in your white dress.

  아말피 해안의 일몰은 정말 보기만 해도 즐겁습니다. 또한 흰 드레스를 입은 당신은 눈이 부시네요.

signed, sealed, and delivered

정식으로 작성된, 서명된, 완료된, 완성된

- Once the contract is signed, sealed, and delivered between our two companies, we'll send an engineer to the factory to set up a new assembly line.

  양사간에 계약서가 정식으로 작성 서명되면 엔지니어를 공장으로 보내 새로운 조립 라인을 구축하겠습니다.

sign up

등록하다, 신청하다, 가입하다, 참가하다, 계약하다, 고용하다

- I want to sign up for swimming course as soon as possible.

  가능한 한 빨리 수영 과정에 등록하고 싶습니다.

significant other

중요한 다른 또 하나, 소중한 다른 한 사람 (남편/아내/애인)

- Since Susan didn't have a significant other, she joined the party alone.

  수잔은 애인이 없었기 때문에 파티에 홀로 참여했습니다.

silver screen

은막, 영화산업

- The booming silver screen attracts many young people to Hollywood.

  호황을 누리는 영화산업은 많은 젊은이들을 할리우드로 끌어들입니다.

sin tax

(술/담배/도박 등의) 죄악세, 악행세

- The State of Nevada makes lots of money on the sin tax collected from the casinos of Las Vegas.

  네바다주는 라스베이거스 카지노에서 도박세를 징수하여 많은 돈을 벌고 있습니다.

  ◐ 죄악세는 사치금지법의 일종으로 술, 담배, 도박, 경마 등과 같이 꼭 필요하지 않은 것들의 매매를 금지하기 위해 부과되는 세금이다. 설탕이나 탄산음료에도 죄악세가 부과되기도 하며, 일부 지역에서는 코카인이나 마리화나 같은 마약류에도 부과된다.

  ◐ *Las Vegas*는 스페인어로 영어의 의미는 *The Meadows* (목초지) 이다.

sit back

기대앉다, 맞대고 앉다, 가만히 있다, 편안히 앉다

- After the plane took off, I sat back and fell asleep immediately.

  비행기가 이륙 한 후 나는 자리에 기대고 앉아 곧바로 잠이 들었습니다.

sit by

방관하다, 무관심한 태도를 취하다, 곁에 앉다

- I don't feel comfortable for having sat idly by while my son was going through such a difficult time in his life.

  아들은 인생에서 그렇게 힘든 시기를 겪고 있는데, 나는 한가로이 방관하고 있는 것이 편하지 않습니다.

sit in

참가하다, 출석하다, 방청하다, 대리하다, 어린애를 보다

- I'll be sitting in for Tom at today's meeting. He flied back to Chicago last night for a family emergency.

  오늘 회의에 탐을 대신해 참석합니다. 탐은 가족 비상사태로 어젯밤 시카고로 돌아갔습니다.

sit on

일원이다, 조사하다, 억제하다, 위에 있다

- I sat on the board of directors for several years, but my role was limited.

  몇 년 동안 이사회의 일원이었지만 내 역할은 제한적이었습니다.

sit on the fence

관망하다, 중립적인 태도를 취하다, 양다리를 걸치다

- You can't sit on the fence any longer. You are required to decide whose side you're on.

  더 이상 중립적인 태도를 취할 수 없습니다. 당신이 누구 편인지 결정해야 합니다.

  ◉ *fence-sitting* 형세 관망(의), 중립(의)

  fence-sitter 형세를 관망하는 사람, 중립적 태도를 취하는 사람, 기회주의자

sit up

바짝 신경을 쓰다, 안 자다, 자세를 바로 하다, 바로 앉다, 앉아서 보내다

- They sat up waiting for their daughter to come home from the party.

  그들은 딸이 파티에서 집에 돌아오기를 기다리며 자지 않고 있었다.

  ◉ *sit-up* 윗몸 일으키기

sitting duck,　　　sitting target

봉, 손쉬운 목표, 공격하기 쉬운 대상, 독 안에 든 쥐, (카지노) 시팅덕

- The soldiers were sitting ducks as they ran out of bullets.

  군인들은 실탄이 떨어져 독 안에 든 쥐 신세였습니다.

  ◉ *like a sitting duck* 무방비 상태로, 무방비의, 의심이 없는

skeleton crew,　　　skeleton staff

최소한의 인원, 기간제 선원/승무원/요원, 감원으로 형식뿐인 승무원,

- Because of COVID-19, most of the airline companies sharply scaled down its workforce in order to operate the air flights on a skeleton staff.

  COVID-19로 인해 대부분의 항공사는 최소한의 인원으로 항공편을 운영하기 위해 인력을 대폭 축소했습니다.

sketch out,   sketch in

스케치하다, 소묘하다, 개요를 말하다, 약술하다

- She sketched out her idea for providing shelters to the international refugees in the Congress.

  그녀는 의회에서 국제 난민들에게 쉼터를 제공하는 아이디어의 개요를 설명했다.

skin flick

도색영화, 포르노영화

- You can watch skin flicks at pay TV channel at your hotel room.

  호텔 방에서 유료 TV 채널을 통해 포르노영화를 시청할 수 있습니다.

  ◐ *hotel check-out*시 발행해주는 「투숙객 계산 명세서(*folio, guest bill*)」에 이러한 *pay TV* 비용을 다른 항목으로 표시 처리 해주는 호텔도 있다.

skin off one's nose,   skin off one's back,   skin off one's teeth

관심사, 관련 사항

- I am not interested in presidential election. It's no skin off my nose.

  나는 대통령 선거에 관심이 없습니다. 그건 내가 알 바 아닙니다.

skirt chaser

여자 꽁무니를 쫓아다니는 사내, 플레이보이

- Casa Nova and Don Giovanni are the two best known skirt chasers in world literature.

  Casa Nova와 Don Giovanni는 세계 문학사에서 가장 잘 알려진 2대 플레이보이 입니다.

  ◐ 바람둥이, 호색한   *playboy, womanizer, philanderer, lecher, pleasure seeker*

slam dunk

강력한 덩크 슛, 성공이 확실한 것

- Business-wise, this idea is a slam dunk for wireless telecommunication company.

  비즈니스 측면에서, 이 아이디어는 무선 통신 회사로서는 확실한 성공이다.

  ◐ *slam-dunk, slam dunk*   확실하게 성공하다, 쉽게 달성하다
  If we can slam-dunk this idea, we'll get enough funding from a variety of investors until the end of next year.

slap someone's wrist,   slap someone on the wrist

가볍게 꾸짖다

- The teacher only slaps the kids on the wrist and sends them back to their classrooms.

  교사는 아이들을 가볍게 꾸짖고 다시 교실로 돌려보냅니다.

sleep around

여러 남자/여자와 자다, 여러 남자/여자와 성관계를 갖다

* She enjoys sleeping around with several sorts of guys.

  그녀는 여러 부류의 남자들과 자는 것을 즐깁니다.

sleep a wink

한잠자다, 한숨자다

* I could not sleep a wink, as I did homework over night.

  밤새도록 숙제 하느라 한 숨도 못 잤다.

  ● *not a wink*   조금도 않다

sleep like a log

정신없이 자다, 세상모르고 자다

* I slept like a log after 14 hour flight from Seoul to Boston.

  서울에서 보스턴까지 14시간 비행 후 정신없이 잤다.

  ● *sleep light*   선잠을 자다   *light sleeper*   선잠을 자는 사람

sleep off

(과음을 한 뒤에) 잠을 자서 낫게 하다, 떨쳐 버리다, 잠으로써 술에서 깨우다

* He is sleeping off the effects after he drank lots of beers last night.

  그는 어제 밤에 맥주를 과음한 후 숙취를 떨쳐 버리려고 잠을 자고 있습니다.

sleep on

의사결정을 연기하다

* I am sorry but I have to sleep on your invitation to the great party because I have no idea yet about my president's schedule on that day.

  미안하지만 멋진 파티에 참석 여부는 좀 있어야 결정할 수 있어요. 왜냐하면 그 날 사장님 일정이 아직 확실하지 않아서요.

sleep with

성관계를 하다

* A rumor goes in the office that Tom sleeps with all the girls he works with.

  탐이 같이 일하는 모든 여자들과 성관계를 한다는 소문이 사무실에 돌아다닙니다.

slip of the pen
펜의 실수, 잘못 씀

- Now take your time to write this presentation, if you don't want a few slips of the pen to be the reason why you don't get a promotion.

  만약 당신이 작성을 잘못했다는 이유로 승진을 못하게 되는 상황을 원치 않는다면 프레젠테이션 작성은 시간을 갖고 하세요.

slip of the tongue,   slip of the lip
실언, 말실수, 부주의한 발언

- I didn't mean to tell him that. It was a slip of the tongue.

  나는 그에게 그렇게 말할 의도가 없었다. 그것은 실언이었습니다.

slip one's mind
잊어버리다, 생각나지 않다, 깜빡 잊다

- I'm sorry I didn't call you back sooner; it totally slipped my mind.

  더 일찍 전화하지 않아서 미안해요. 깜박했어요.

slip up
실수하다

- I think I slipped up and sent the goods to the wrong location.

  상품을 실수로 잘못된 장소로 보낸 것 같습니다.

  ○ *slip-up* (사소한) 실수

slow down
늦추다, 느긋해지다, 쇠해지다, 태업하다

- The government plans to slow down the infrastructure investments over the next two years to help balance the federal budget.

  정부는 연방 예산의 균형을 맞추기 위해 향후 2년 동안 인프라 투자를 늦출 계획 입니다.

  ○ *slowdown* 둔화, 침체

slush fund
(불법적인 목적을 위한) 비자금, 부정 자금, 뇌물 자금, 매수 자금

- He's accused of misusing $5 million of slush fund.

  그는 5백만 달러의 비자금을 오용한 혐의를 받고 있습니다.

small cog in a large wheel

큰 조직 속의 하찮은 일원, 큰 조직의 일개 작은 구성 요소

- The company tries to make its employees feel that they are more than simple cogs in the wheel. I'm tired of working in this thankless position; I don't want to be just a cog in the wheel anymore.

  회사는 직원들이 하찮은 존재가 아니라고 느끼도록 노력합니다. 나는 인정받지 못하는 직무를 하는 것에 지쳤습니다. 더이상 인정받지도 못하는 일원이 되고 싶지 않습니다.

  ▸ *thankless* 인정받지 못하는, 잘해야 본전인, 생색 안 나는, 배은망덕의
  cog (cogwheel) 톱니, 톱니바퀴

small fry

별 볼일 없는 사람, 하찮은 것, 소물, 잡배

- I've been trying to emphasize the importance of core technology required for the project, but much to my regret, the company's top management doesn't listen to small fry like me.

  저는 프로젝트에 필요한 핵심 기술의 중요성을 강조하려고 노력하고 있지만, 아주 유감스럽게도 최고 경영진은 저 같이 별 볼일 없는 직원에게는 귀를 기울이지 않습니다.

smart-ass,   smart aleck

수재, 수완가, 건방진 녀석, 잘난 체 하는 놈, 우쭐하는 놈

- He is a smart-ass from the city telling me how to manage my farm.

  그는 농장 관리 방법을 나에게 얘기하는 도시 출신의 허세남입니다.

smash hit

큰 히트, 대 성공

- The school concert proved a smash hit.

  학교 콘서트는 대성공이었습니다.

smell a rat

낌새를 채다, 수상하다, 구린내가 나다

- The result of the piano contest is weird. It doesn't seem to match up with the general screening criteria. I smell a rat.

  피아노 경연 대회 결과가 이상합니다. 일반적인 심사 기준에 맞지 않는 것 같아요. 구린내가 나요.

smell fishy

수상쩍다, 비린내가 나다, 구린 내가 나다

- Their numbers don't match up with the taxes they've paid. Something smells fishy.

I doubt whether or not their accounting book is cooked.

그들의 숫자는 그들이 지불한 세금과 일치하지 않습니다. 뭔가 수상한 냄새가 납니다. 회계 장부를 조작한 것이 아닌지 의심스럽다.

smoke out

연기를 피워 나오게 하다, 찾아내다, 들추어내다, 폭로하다

- It took two weeks for the investigation committee to smoke out the whole story about job interview rigging.

  조사위원회가 취업 면접 부정에 대한 모든 진상을 밝혀내는데 2주가 걸렸습니다.

  ○ *rigging*   원하는 결과를 얻기 위해 무언가에 영향을 주거나 변경하는 부정직하거나 위법적인 행위를 의미하며, 여러 단어와 결합하여 사용한다.

  price/bid/election/vote/ballot rigging

smoke screen

연막, 위장, 변장

- Some thought the government's announcement of a new bill was a smoke screen to cover the bribe scandal of president's son.

  정부의 새 법안 발표가 대통령 아들의 뇌물 스캔들을 덮기 위한 연막이라고 생각하 는 사람들도 있었다.

smoking gun

(범죄 등에 대한) 움직일 수 없는 증거, 명백한 증거

- Blood-stained gloves acted as the smoking gun of murder.

  피 묻은 장갑은 살인의 명백한 증거로 채택되었다.

  ○ 스모킹 건(*smoking gun*)이란 「연기 나는 총」 이란 뜻으로 범죄 또는 사건 해결에 사용되는 결정적이고 확실한 증 거를 말한다. 탄환이 발사된 총구에서 연기가 피어오르는 장면을 포착하는 순간, 총을 들고 있는 사람이 살해범으로 확실시되기 때문이다.

snake in the grass

눈에 보이지 않는 위험, 불의의 습격, 숨은 적, 믿을 수 없는 사람

- Did you hear that his best friend stole money from his bank account? What a snake in the grass!

  가장 친한 친구가 그의 은행 계좌에서 돈을 훔쳤다는 소식을 들었습니까? 믿을 수 없는 사람이네요.

snap out of

재빨리 벗어나다, 기운을 차리다, 회복하다

- The company is hoping to snap out of its recent sales slump with the launch of unique rollable smart phone.

  회사는 독특한 롤러블 스마트폰 출시로 최근 판매 부진에서 벗어나기를 희망하고 있다.

snapshot

짤막한 묘사, 요약 정보, 스냅 샷, 스냅 촬영

- The credit rating agency provides a snapshot of the companies in steel industry.

  그 신용 평가 기관은 철강 산업계 기업들의 스냅 샷을 제공합니다.

sneeze at

깔보다, 경멸하다

- I wouldn't sneeze at that amount of money if I were you. Better than nothing.

  내가 당신이라면 그 정도의 돈을 가볍게 보지 않을 거 같아요. 없는 것보다는 나으니.

snow job

감언이설, 사탕발림, 그럴 듯한 속임수

- My boss did a snow job on me to get me to take on that project.

  상사의 감언이설에 내가 그 프로젝트를 맡게 되었습니다.

snow under

눈으로 덮다, (수량으로) 압도하다

- I'd love to go out to dinner tonight, but I'm totally snowed under with imminent works at the office right now.

  나는 오늘 저녁에 외식하고 싶지만 당장 해야 할 급박한 일이 사무실에 산적해 있다.

sob story

눈물 나게 하는 이야기, 감상적인 이야기, 애화

- He had quite a sob story; I listened to the whole thing, which was too sad to believe.

  그에게는 감동어린 이야기가 있었다. 전체 내용을 들었는데 너무 슬펐다.

social disease

사회질병, 성병

- You should be afraid of getting a social disease. It's a very troublesome disease.

  성병에 걸리는 것을 두려워해야 합니다. 아주 골치 아픈 병입니다.

soft landing

연착륙, 경기 연착륙, 소프트 랜딩

- The stock market is likely to have a soft landing next year.

  내년 주식시장은 연착륙할 것 같다.

  ● *hard landing* 경착륙

soft money
소프트머니 (기업의 특정 정당 지원 정치 후원금), 지폐, 어음, 가치가 떨어진 돈
- Money contributed to campaigns can be classified into hard money and soft money.

  선거 캠페인에 기여한 돈은 하드 머니와 소프트 머니로 구분할 수 있습니다.

  ◉ *hard money* 개인이 직접 정치인에게 기부하는 돈

  ◉ *soft money* 기업이나 단체(PAC 포함)가 정당이나 정치 후원회 같은 조직을 통해 간접적 으로 지원하는 돈

PAC (Political Action Committee, 정치활동위원회)

- 미국의 정치자금단체를 의미한다. 기업이나 노조가 특정 후보자/정당에 대해 직접 기부하는 것은 금지되어 있기 때문에 기업, 노조, 기타 이익집단은 PAC를 설립해 이를 통해 후보자와 정당에 정치자금을 기부하는 것이다. 단, 형식상 모든 기부는 개인 기부로 되어 있다. 또 후보자/정당도 각각 자금단체로서 PAC를 설립하고, 자금의 수수도 원칙적으로 이 단체를 통한다.

soft sell
부드러운 판매 방법, 은근한 판매 방법, 온화한 설득에 의한 판매술
- He is an excellent salesman who uses the soft sell that woman feel comfortable at.

  그는 여성이 부담스러워 하지 않는 판매기법을 사용하는 우수한 세일즈맨입니다.

  ◉ *hard sell* 강매, 적극적인 판매, 끈질긴 판매, 적극적으로 판매하다

softball question
쉬운 질문
- The newspaper reporters intentionally lob softball questions at the president-elect.

  신문 기자들은 의도적으로 대통령 당선자에게 쉬운 질문을 던진다.

something else
훨씬 더 대단한 것/일/사람, 차원이 다른 것/일/사람
- He is really something else in video game.

  그는 비디오 게임에서 정말 대단한 사람입니다.

son of a gun
골칫덩이, 악동, 말썽꾸러기, 짜증나는 놈, 힘든 일, 어려운 일
- My car is at the repair shop now. The son of a gun broke down again.

  내 차는 지금 수리점에 있습니다. 망할 놈의 차가 또 고장 났어요.

  ◉ *a son of bitch, an SOB, an S.O.B.*

song and dance

이야기, 설명, 변명, 거짓말, 지어낸 말, 핑계, 노래와 춤을 짜 맞춘 흥행물

- The whole song and dance to introduce the keynote speaker lasted longer than his speech. When I questioned him about the project failure, he gave me some song and dance about the failure.

  기조 연사를 소개하는 시간이 연사의 연설보다 길었습니다. 내가 그에게 프로젝트 실패에 대해 묻자 실패에 대한 변명을 하였습니다.

soul food

미국 남부 흑인들의 전통 음식

- Corn bread, black-eyed peas, ham hocks, and sweet potato pie are all soul food.

  옥수수 빵, 검은 눈 완두콩, 햄 호크, 고구마 파이는 모두 소울 푸드입니다.

sound off

큰소리로 의견을 밝히다, 마구 불평하다, 비판하다, 보조를 맞추다

- Please don't bring up politics at our family gathering. I don't want my sister's husband sounding off again.

  우리 가족 모임에서 정치 얘기 꺼내지 마세요. 나는 제부(= 동생의 남편)가 다시 큰 소리를 내는 것을 원하지 않습니다.

sound out

타진하다, (속을) 떠보다, 의향을 알아보다, 재다, 측정하다

- I don't know what Tom thinks about your suggestion, but I'll sound him out tomorrow. Please sound out everyone in your department.

  탐이 당신의 제안에 대해 어떻게 생각하는지 모르겠지만 내일 그의 속을 떠보겠습니다. 부서원 전부의 의향을 타진해 주세요.

soup up

성능을 높이다, 증대하다, 수프를 걸쭉하게 하다

- I've souped my computer up to run incredibly complex programs at lightning speed.

  매우 복잡한 프로그램을 번개 속도로 가동할 수 있도록 컴퓨터 성능을 높였습니다.

  ◐ *at lightning speed, with lightning speed* 전광석화로, 번개같이

souped-up

고성능화한, 마력을 올린, 자극적인, 재미있게 한

- He drives a souped-up car reaching 200 MPH in five seconds.

  그는 5초 만에 200 MPH에 도달하는 고성능 차를 몰고 다닙니다.

spaced out

멍한, 멍청해진, 현실 감각을 잃은, 아둔한

* My roommate is so spaced out that he doesn't even notice that I was out for the whole night.

  룸메이트는 아둔해서 내가 밤새도록 외출 한 것도 알아차리지 못합니다.

spill one's guts

아는 것을 모조리 털어놓다, 실토하다, 토하다, 구토하다

* The staff members called in and just spilled their guts about whatever's bothering them in their job or relationship.

  팀원들은 전화를 해서 각자 하는 일이나 직장 동료와의 관계에서 자신들이 힘든 점이 무엇인지 모조리 털어놓았다.

spill the beans

(비밀을) 무심코 말해 버리다

* Tom was going to have a surprise party for Susan, but his friend spilled the beans to her.

  탐이 수잔을 위해 깜짝 파티를 하려고 했지만 그의 친구가 수잔에게 무심코 파티에 대해 말해버렸다.

spin a yarn

장황하게 이야기하다, 대해서 이야기를 지어내다

* He is just spinning a yarn about where he got all that money.

  그는 그 돈 전부를 어디서 구했는지 장황하게 이야기하고 있다.

spin doctor

(정치인/기관 등의) 공보 비서관, 언론 담당자, (정당 등의) 대변인

* Government spin doctors work hard to downplay the facts of the economic recession. The spin doctors from both sides were already declaring victory for their candidate as soon as the debate ended.

  정부 공보 비서관들은 경기 침체 사실을 대단치 않게 만들려고 열심히 노력한다. 양측의 대변인들은 토론이 끝나자마자 이미 자기 후보자의 승리를 선언하고 있다.

  ◑ *downplay* 경시하다, 대단치 않게 생각하다
  ◑ 스핀 닥터(*Spin Doctor*)는 특정 정치인이나 고위 관료의 최측근에서 그들의 대변인 구실 을 하는 사람을 의미한다. 일반적으로 정치지도자나 고위관료들이 몸을 사릴 때 그 측근 (스핀 닥터)들이 자신이 마치 정책결정자인 것처럼 이야기하며 언론조작을 서슴지 않는 것 이 특징이다.

spin one's wheels

차가 눈이나 진흙에 갇혀 헛바퀴 돌다, 시간을 낭비하다, 헛수고하다

- It snowed heavily on the driveway that the wheels of police car were spinning and his car could not get along. The policeman spun his wheels as the snow prevented him from chasing the criminal.

  도로에 눈이 엄청 내려 경찰차 바퀴가 헛돌아서 차가 앞으로 나갈 수 없었다. 경찰은 눈 때문에 범인을 추적 못하니 헛수고만 하게 됐다.

spin off,　　　hive off

분사하다, 분할하다, 파생하다, 파생시키다

- The corporation decided to spin off the automobile parts division.

  그 회사는 자동차 부품 사업부를 분사하기로 결정했다.

  ○ *spin-off, hive-off*　파생 효과, 파생 상품, 기업분할, 기업분리

spitting image,　　　spit and image

빼닮음, 빼닮은 것, 판박이, 꼭 닮다, 빼박다

- Tom is spitting image of his father.

  탐은 아빠를 빼닮았다.

  ○ 판박이　*carbon copy, like two peas in a pod, a chip off the old block*

split hairs

사소한 것에 지나치게 신경을 쓰다, 아주 자세히 논쟁하다

- I'm sorry to split hairs, but your portion of the bill is $12.35 not $12.53. I think it is Tom's responsibility, not yours, but let's not split hairs about it.

  사소한 것에 신경 쓰는 것 같아 미안하지만 당신이 내실 금액은 $12.53 이 아니라 $12.35입니다. 나는 그것이 당신 탓이 아니고 탐 때문이라 생각합니다. 별일 아니긴 해요.

split ticket

분할투표

- He voted a split ticket.

  그는 분할투표 했다.

  ○ 분할투표제(split voting)는 정당명부 비례대표제로 실시되는 선거에서 여러 개의 투표권이 유권자에 주어진 경우, 유권자가 한 정당 소속후보가 아닌 여러 정당후보에 나누어 투표할 수 있도록 한 제도를 지칭한다.

split up

분리하다, 분할하다, 이혼하다, 갈라서다, 헤어지다

- My parents split up when I was only seven years old.

부모님은 내가 겨우 7살일 때 이혼했다.

○ *split-up* 주식 분할, 회사 분할, 분리, 분열, 해체, 분해, 이혼, 별거

spoken for

이미 청구된, 이미 주인이 있는, 이미 예약된, 임자가 있는, 결혼한

- Tom, I am sorry, but my daughter is spoken for. She is to get married next month.

  탐, 미안하지만 내 딸은 임자가 있네. 다음 달에 결혼하네.

spoon-feed

일일이 떠먹여 주다, 하나하나 다 가르쳐 주다, 지나치게 돌보다, 과보호 하다

- My baby is off the bottle now, and we're spoon-feeding her. Her elder sister, Mary, is so dim-witted that I always have to spoon-feed her the answers. Her cousin, Susan, has become an actress. But she sometimes got so flustered in front of the camera that she had to be spoon-fed the lines.

  우리 아기는 이제 젖병을 떼고 숟가락으로 먹이고 있습니다. 언니 메리는 머리가 나빠서 항상 그녀에게 문제의 답을 다 가르쳐 주어야 한다. 그녀의 사촌 수잔은 배우가 되었습니다. 그러나 그녀는 카메라 앞에서 때때로 너무 당황하기 때문에 일일이 대사를 챙겨주어야 주어야 했습니다.

  ○ 머리가 나쁜, 우둔한 *dim-witted, have a thick head*

spot

찾다, 발견하다, 알아채다, 반점, 점, 얼룩

- Thank you for your revised price list. I wonder if the two prices circled below were switched. Thanks for spotting this. This was caused by a bug in the formula I was using to calculate the distributor price. If you like, just swap the two prices.

  수정된 가격표 감사드립니다. 아래에 동그라미로 표시된 두 가격이 바뀐 것은 아닌지요. 발견해주셔서 감사합니다. 대리점 가격 산출에 사용하는 공식의 버그로 인해 그리되었습니다. 원한다면, 두 가격을 맞교환하여 사용하세요.

spring chicken

햇병아리, 영계, 젊은이, 풋내기, 숫처녀

- He is no spring chicken.

  그는 풋내기가 아니다.

square away

정리하다, 완료하다, 돛을 직각으로 하다

- Let's square these matters away before we finish the meeting. Our plan should be squared away before summer vacation.

  회의를 마치기 전에 이 문제를 정리합시다. 우리의 계획은 여름휴가 전에 완료해 야 합니다.

square the circle
불가능한 일을 시도하다, 원과 면적이 같은 정사각형을 만들다

- In the movie of Mission Impossible, Tom tries to square the circle, which is so interesting.

  영화 미션 임파셔블에서 탐이 불가능한 일을 시도하는 건 정말 흥미진진합니다.

stab in the dark,　　shot in the dark
억측, 근거 없는 추측에 의한 행동, 추측, 어림짐작, 뒤통수치기, 배신

- His offered solution is just a stab in the dark. But I think it's worthwhile to take a shot in the dark as we have no other options now.

  그가 제안한 해결책은 막연한 추측에 불과하지만 지금은 다른 옵션이 없으니 그렇게라도 시도는 해볼만 하다고 생각합니다.

stack the cards
자기에게 유리하게 카드를 쌓다, 여건을 유리하게 미리 준비하다, 부정 수단을 쓰다

- His visit of next week to our factory is of paramount importance to us. We should figure out how we can stack the cards. It sounds like you have already stacked the cards for a favorable outcome. What is it?

  다음주 그가 우리 공장을 방문하는 것은 우리에게 너무나도 중요합니다. 어떻게 해야 우리에게 유리할 것인지를 알아내야합니다. 유리한 결과를 얻기 위해 이미 뭔가 조처를 한 것 같군요. 그게 뭔가요?

stack the deck
(남이 불리하도록) 사전 준비를 하다, 부정 수단을 쓰다

- The mega corporations have stacked the deck by spending millions of dollars to influence congressmen.

  거대기업들은 수백만 달러를 사용하여 국회의원들에게 영향력을 행사하는 부정 수단을 사용했다.

stamp out
밟아 뭉개다, 불을 끄다, 근절하다

- I guess you might have learned at summer camp how to stamp out a fire.

  여름 캠프에서 불을 끄는 방법을 배웠을 것입니다.

stamping ground
(어떤 사람이) 잘 가는 곳, 자주 가는 곳, 익숙한 장소

- It's a long time since I've been back to this stamping ground.

  이 익숙한 장소에 오랜만에 와보네요.

stand by

곁을 지키다, 변함없이 지지하다, 고수하다, 옹호하다, 힘이 되다

- Do you still stand by your decision to impeach him?

  그를 탄핵하겠다는 당신의 결정은 변함이 없나요?

stand down

(직장/직책에서) 물러나다, 사임하다, 증인석에서 내려오다

- Thank you for your testimony and for answering my questions. Mr. Tim, you may stand down now. Effective immediately, the governor was forced to stand down after the scandal became public.

  귀하의 간증과 제 질문에 답해주셔서 감사합니다. Mr. Tim, 증인석에서 내려 오셔도 됩니다. 주지사는 스캔들이 공개되자 즉시 사임하여야 했습니다.

  ● *stand-down* (군인의) 포상 휴가

stand for

옹호하다, 찬성하다, 상징하다, 의미하다, 대표하다, 입후보하다, 용납하다

- The ruling party stands for the new bill for low taxes and individual freedom.

  여당은 낮은 세금과 개인의 자유를 위한 새로운 법안을 지지합니다.

stand in awe of

경외에 가득 차서다, 경외하다, 경외심을 갖다

- Everyone stood in awe of the movie star when he came to our small town on his vacation.

  영화배우가 휴가차 우리의 작은 마을에 왔을 때 모두가 그에게 경외감을 느꼈습니다.

stand in for

대신하다, 대신하여 일을 보다

- It was decided that I would stand in for my daddy while he took his sabbatical.

  아버지가 안식 기간을 보내는 동안 제가 아버지를 대신하기로 결정했습니다.

  ● *sabbatical* 안식 기간 (일상 업무를 벗어나 연구/여행을 하는 기간)

stand pat

의견을 굽히지 않다, 끝까지 지키다, 끝까지 버티다, 결심을 고수하다

- Despite several convincing arguments, he stood pat on his decision about the project's direction.

  몇 가지 설득력 있는 주장에도 불구하고 그는 프로젝트의 향방에 대한 자신의 견해 를 굽히지 않았습니다.

stand to reason

당연하다, 도리에 맞다, 합리적이다

- It stands to reason that no company can survive if it does not generate profits.

  이익을 내지 않으면 어떤 회사도 살아남을 수 없다는 것은 당연하다.

stand up

바람맞히다, 서있다, 효력이 유지되다, 유효성이 유지되다

- I'm sorry I stood you up yesterday night, but my family had a traffic accident last evening.

  어제 밤에 바람맞혀 미안해요. 가족이 어제 교통사고 났어요.

stand up and be counted

공개적으로 지지를 밝히다, 공개적으로 동의하다

- If you expect more government help for students, stand up and be counted.

  학생들을 위한 정부 지원을 더 바란다면 공개적으로 지지를 밝혀라.

standoffish

(남에게) 쌀쌀한, 냉담한

- The famous soccer player is hard to speak to, as he is standoffish.

  유명한 축구 선수는 쌀쌀맞아서 말 걸기 어렵다.

  ◐ 냉담한 *aloof, distant, remote*

stars in one's eyes

꿈꾸는 듯한 기분이다, 예능계를 동경하고 있다, 눈을 빛내다, 의기양양해지다

- Ever since Susan saw that Broadway play, she's had stars in her eyes. But I doubt whether she'll actually become a famous actress.

  수잔은 브로드웨이 연극을 본 이후로 예능계를 동경하고 있다. 하지만 그녀가 실제 로 유명 여배우가 될지 의심스럽다.

  ◐ *starry-eyed* 꿈꾸는 듯한 눈을 한

  You are likely to be starry-eyed about a place you've never been to.

start in

시작하다, 착수하다, 일을 시키다, 호통 치기 시작하다, 비평하기 시작하다

- When they started me in this position, I had no idea that I would be responsible for so many employees for such a short time.

  그들이 저를 이 직책으로 일을 시키기 시작했을 때 제가 그리 짧은 시간에 그렇게 많은 직원들을 책임지게 될 줄 몰랐습니다.

start up
시작되다, 시작하다, 시동이 걸리다, 시동을 걸다

- Start the car up now so it can warm up before we get in.

  승차 전에 예열이 되도록 지금 차를 시동 거세요.

stash bag,   stuff bag
쌈지, (마리화나, 입술연지, 운전면허증 보관용) 작은 주머니

- The policeman arrested Susan as he found a stash bag full of marijuana in her car.

  경찰관은 수잔의 차 안에서 마리화나가 가득한 쌈지를 발견하고 수잔을 체포했다.

stay the course,   stay the distance
(하던 일이 힘들더라도) 그대로 계속하다, 끝까지 버티다

- The training takes years of hard work, but if you stay the course, it will pay off fantastically. You have done remarkably well to stay the course for such a long time. Never give up!

  훈련에는 수년간 힘든 노력이 필요하지만 과정을 소화하면 큰 결실을 맺을 것입니다. 당신은 오랫동안 잘 견뎌내고 있습니다. 절대 포기하지 마세요!

steal a march on
미리 손쓰다, 기선을 잡다, 앞지르다, 앞질러 행동하다

- Our company managed to steal a march on its competitors by signing an exclusive export agreement with Tesla. Tom and I were both trying to win the position of CEO from the main shareholder of the company, but he stole a march on me when he got the deal.

  우리 회사는 테슬라와 독점 수출 계약을 체결하여 경쟁사에 기선을 잡았습니다. 탐과 나는 둘 다 회사 대주주부터 CEO 자리를 임명 받으려고 노력했는데, 탐이 그 거래를 성사시킴으로써 나를 앞질렀다.

steal one's thunder
선수 치다, 관심을 가로채다, 성공을 가로채다, 남을 앞지르다, 힘/권력을 약화시키다

- We had the idea for '3D printer' ten years ago, but I see they've stolen our thunder and have started selling their own version of it on the market.

  우리는 십년 전에 '3D 프린터'에 대한 아이디어를 가지고 있었지만, 그들이 우리 보다 선수 쳐서 그들 자체의 버전을 시장에 출시한 것으로 보입니다.

steal the spotlight,   steal the show,   steal the scene

(조연이) 주연보다 주목을 끌다, 인기를 독차지하다, 집중적인 관심을 받다

- The lead in the play was very good, but Tom, who played a role of the butler, stole the show. Tom always tries to steal the spotlight when he and I make a presentation to the board of directors.

  연극의 주인공도 훌륭했지만 집사 역을 맡은 탐이 더 주목을 받았습니다. 나와 탐이 이사회에서 프레젠테이션을 할 때, 탐은 항상 나보다 더 주목을 받으려고 노력합니다.

steer/take/follow a middle course

중간 입장을 취하다, 중도를 취하다, 진로를 따르다

- She wanted to stay for seven days, but I wanted to leave straight away, so in the end we took a middle course and stayed three days.

  그녀는 7일 농안 지내길 원했지만 나는 곧바로 떠나고 싶었다. 결국 우리는 중간 으로 해서 3일 동안 머물렀다.

  ◉ *middle course/way/path*   중도, 중용
  ◉ *meet someone halfway*   타협하다, 중간에서 만나다
     I'll agree to some of your proposals if you meet me halfway and allow me to implement some of my ideas. Can we meet halfway on this? I'm willing to compromise.

step in

안으로 들어가다, 디디다, 들어서다, 돕고 나서다, 개입하다

- We have a new marketing specialist stepping in to try to generate sales of our new, unique product.

  우리는 새롭고 독창적인 제품을 판매하기 위해 새로운 마케팅 전문가 한 분을 영입합니다.

step in shit and come out smelling like a rose,
fall into shit and come up smelling like roses,
come up roses

좋지 않은 상황을 유리하게 뒤집다, 국면을 좋게 전환하다.

- It looked like the project might break down at any stage, but everything came up roses in the end. Those were difficult times but now everything's coming up roses. The bribe scandal compelled most of the board members to resign but the president came up smelling of roses.

  프로젝트가 어느 단계에서나 무너질 수 있는 것처럼 보였지만 결국 모든 것을 이겨 내고 성공했습니다. 진행하는 동안 은 힘든 시기였지만 이제 모든 것이 좋아졌습니다. 뇌물 스캔들로 이사회 멤버 대부분이 사임했지만, 사장은 스캔들 여 파에서 용케 빠져 나왔다.

step on it,   step on the gas

(「빨리 차를 몰다」는 뜻으로) 세게 밟아라, 빨리 밟아라, 서둘러라

* Step on the gas, or we'll miss the flight.

  빨리 밟아라, 비행기 놓친다.

step out on

(배우자나 결혼상대 몰래) 외도를 하다, 바람을 피우다, 배반하다

* It's rumored that Tom has been stepping out on his wife.

  탐이 그의 아내 몰래 외도를 하고 있다는 소문이 있습니다.

  ○ *a faithful wife*   정숙한 아내   *an unfaithful wife*   부정한 아내
     a doting husband   애처가   *an unfaithful husband*   바람둥이 남편

step up

가속하다, 강화하다, 나가다, 올라가다, 승진하다

* He is expected to step up to General Manager of Marketing Department early next year.

  그는 내년 초에 마케팅 부서의 부장으로 승진할 예정입니다.

step up to the plate

책임을 맡다, 총대를 메다, 조치를 취하다, 적극적으로 행동에 나서다

* Someone will need to step up to the plate and lead this project now that Tom has resigned. We're all counting on you to actively get this project done. Now is the time for you to show your ability.

  탐이 사임 했으므로 누군가는 총대를 메고 이 프로젝트를 진행시켜야 한다. 우리 모두는 당신이 이 프로젝트를 잘 이끌고 나갈 것으로 믿고 있습니다. 지금이 당신 의 능력을 보여줄 때입니다.

stepped-up

속력을 증가한, 강화된, 증강된, 증대된, 증가된

* To fill the avalanche of orders, the factory had to operate at a stepped-up rate.

  쇄도하는 주문을 맞추기 위해 공장은 한층 더 빠른 속도로 가동되었어야 합니다.

stick it to someone,   put it to someone

심하게 다루다, 문제를 들이대다, 불만을 토로하다

* He dared to stick it to the executive director in front of staff members and as a result he was transferred to a regional office.

  그는 감히 직원들 앞에서 이사에게 따지고 대들었다. 그 결과 그는 지역 사무소로 전근되었다.

stick one's neck out, 　　stick one's chin out

위험을 무릅쓰다, 위험을 자초하다, 무모한 짓을 하다

- I'm sticking my neck out to plan to form a labor union just for justice. I could get fired if the owner of the newspaper find out what I am up to. We have to take some risks to be successful in business and in life, but don't have to stick our neck out for no good reason.

  나는 오로지 정의를 위해 위험을 무릅쓰고 노조 결성을 계획하고 있었다. 신문사 오너가 내가 무슨 일을 하고 있는지 알게 되면 나는 해고당할 수 있다. 우리는 사업과 삶에서 성공하기 위해 약간의 위험을 감수해야하지만 정당한 이유 없이 무모한 짓을 할 필요는 없다.

stick up

불쑥 튀어나오다, 방어하다, 옹호하다, 반항하다, 저항하다, 구애하다, 강탈하다

- He got sent to prison at 17 for sticking up jewelry shop.

  그는 보석 가게를 강탈했다는 이유로 17세에 감옥에 갔습니다.

  ◐ stick-up, hold-up　총기 강도

stick with, 　　stay with

함께 있다, 곁에 머물다, 계속하다

- Stick with me until we get out of this tunnel.

  이 터널을 빠져 나갈 때 까지 같이 있자.

stick-in-the-mud

새로운 것을 시도도 하지 않으려는 사람, 고루해 빠진 사람, 고리타분한 사람

- Susan was tired of being called a stick-in-the-mud by her friends just because she refused to join the dance party. Just because she doesn't like dancing, it doesn't mean she is a stick in a mud; she likes lots of other fun things as if she was in twenties.

  댄스파티에 참여하기를 거절했다는 이유로 친구들이 고리타분하다고 말하는 것에 수잔은 진력이 났습니다. 춤추는 것을 좋아하지 않는다고 해서 고리타분한 것을 의미하지는 않습니다. 수잔은 다른 20대와 마찬가지로 많은 다른 재미있는 것을 좋아합니다.

  ◐ stick in the mud　진창에 빠지다, 궁지에 빠지다, 꼼짝 못 하게 되다, 보수적이다

stir up

불러일으키다, 일으키다, 유발하다, 고무하다, 선동하다

- Hitler stirred up the wrong patriotism of the people with his outstanding eloquence.

  히틀러는 뛰어난 언변의 연설로 국민의 그릇된 애국심을 불러 일으켰다.

stir up a hornet's nest

벌집을 건드리다, 긁어 부스럼을 만들다, 문제/소동을 일으키다, 말썽을 일으키다

- The picture I tipped off to the broadcasting station stirred up a horner's nest of the city council, so it's awfully delightful.

  내가 방송국에 제보한 사진이 시 의회를 벌집 쑤셔 놓은 것처럼 만들어서 통쾌하다.

  - ◐ *step in a hornet's nest* 궁지에 몰리다

    tip off 제보하다, 귀띔해 주다   *tip-off* 제보, 귀띔

stop off
잠시 들르다, 머무르다
- I need to stop off at Taco Bell on my way back home.

  집으로 돌아가는 길에 잠깐 타코벨에 들러야 해요.

stop on a dime
갑자기 멈추다, 좁은 장소에서 빨리 서다, 그만두다
- Benz is terrific. I was able to stop on a dime when a driver suddenly pulled out in front of me.

  벤츠는 성능이 아주 뛰어납니다. 어떤 운전자가 내 앞에서 급제동을 했을 때 차를 즉시 멈출 수 있었다.

  - ◐ *on a dime* 비좁은 장소에서, 곧, 즉시

    turn on a dime 급회전을 하다, 예각으로 방향전환을 하다

straight as an arrow
똑바른, 일직선으로, 곧은, 꼿꼿한, 강직한
- I can trust him as he is straight as an arrow.

  그는 강직해서 나는 그를 믿을 수 있습니다.

straight from the horse's mouth
직접, 바로
- How do you know he's leaving? I got it straight from the horse's mouth. He told me himself.

  그가 떠난다는 것을 어떻게 알 수 있습니까? 나는 직접 들었습니다. 그가 직접 나에게 말했습니다.

straighten out
해결하다, 수습하다. 바로 잡다, 바르게 하다
- The on-going project got so muddled that they had to bring in an outside professional to straighten it all out.

  진행 중인 프로젝트가 너무 엉망진창이라 모든 것을 바로 잡기 위해 외부 전문가를 초빙해야 했습니다.

  - ◐ *muddle* 뒤죽박죽을 만들다, 엉망진창으로 만들다, 혼란스럽게 하다, 혼란 상태

straw poll

(비공식) 여론 조사, (비공식) 의사 타진

* The latest straw poll puts the incumbent president well ahead of his opponent, but it's twenty weeks to the presidential election, and a lot of things can happen in that time.

  최근의 비공식 여론 조사는 현직 대통령이 상대보다 훨씬 앞서고 있지만, 대선까지 20주가 남아 있어서 그 기간 동안 많은 일들이 일어날 수 있습니다.

street-smart,   street wise

세상 물정에 밝은, 도시 생활에 밝은, 마을 사정에 정통한

* Whoever is not street-wise in Rome is likely to get his pockets picked.

  로마 물정에 밝지 않으면 소매치기 당하기 쉽다.

stretch a dollar,   stretch one's money

아끼다, 절약하다

* I had to find creative ways to stretch our money after I lost my job. We have to stretch our money in order to be able to pay for the electricity and internet at the end of month.

  직장을 잃은 후 돈을 절약하는 기발한 방법을 찾아야했습니다. 월말에 전기료와 인터넷 비용을 지불할 수 있도록 돈을 아껴야 합니다.

  ◑ *stretch*는 「잡아 당겨서 길게 늘이는」것이니, 지폐를 길게 늘인다는 것은 지폐 표시 금액을 그 가치보다 더 오래 쓸 수 있도록 돈을 신중하고 현명하게 사용하는 것을 의미한다.

strike a bargain

흥정이 성립되다, 매매 계약하다, 타협하다, 협상하다

* After a great deal of haggling, they finally stroke a bargain.

  충분히 흥정한 끝에 마침내 매매 계약을 하였다.

  ◑ *haggling, bargaining*   흥정

strike a chord,   strike the right chord

심금을 울리다, 뭔가 생각나게 하다, 들은 적이 있다, 낯설지 않다

* Tom's proposal to expand the foreign trade struck a chord with the president, as he was of the opinion that the local market is saturated already. His face strikes a chord, but I don't know why.

  해외 무역을 확대하자는 탐의 제안은 사장의 마음을 사로잡았다. 왜냐하면 사장은 이미 국내시장은 포화 상태에 있다는 의견이었기 때문이다. 그의 얼굴이 낯설지 않은데 이유를 모르겠다.

strike it rich,   hit it rich

일확천금을 하다, 부자가 되다, 횡재하다, 떼돈 벌다

- Tom did not know that he had a super rich sister in France. He stroke it rich when his sister left her money to him, passing away.

  탐은 프랑스에 엄청난 부자 누나가 있다는 것을 몰랐습니다. 누이가 돈을 남기고 세상을 떠나자 그는 일확천금을 하였습니다.

strike out

독립하다, 실패하다, 삼진 시키다/당하다, 주먹을 휘두르다. 덤비다, 비판/비난하다

- The government is striking out at misinformation about the election fraud that has been circulating on the Internet. If he strikes out, we're going to lose the game. Frequent home run hitters are also apt to strike out a lot.

  정부는 인터넷에 유포되고 있는 선거 사기에 관한 잘못된 정보를 비판하고 있다. 그가 삼진 당하면 우리는 경기에서 지게 될 것입니다. 자주 홈런을 치는 타자들도 삼진을 많이 당하는 경향이 있다.

  ◐ *strikeout*   삼진, 스트라이크 아웃

strike someone funny

재미있게 여기다, 재미있다고 생각되다

- I think Tom has a great sense of humor. Everything he says really strikes me funny.

  탐은 유머 감각이 굉장하다고 생각합니다. 그가 무슨 말을 해도 웃겨요.

strike up

연주하기 시작하다, (대화/관계 등을) 시작하다

- As soon as the president took his place on the platform, and the band struck up the national anthem.

  대통령이 연단에 자리를 잡자 말자 밴드는 국가를 연주하기 시작했다.

string along

속이다, 함께 가다, 동조하다, 따르다, 협조하다

- Susan has been stringing Tom along over years but she did not mean to marry him.

  수잔은 수년 동안 탐과 함께 해왔지만 그와 결혼 할 생각은 없었습니다.

string out

질질 끌다, 연장하다, 도로변으로 초병을 배치하다, 강의를 연장하다

- The city wants to string out the phone poles for several miles.

  그 도시는 전봇대를 수마일 연장하고자 합니다.

strings attached

까다로운 부대조건

- Tom inherited $10 mil but the strings attached stated that he could not touch even a penny of it until he becomes twenty.

  탐은 1천만 달러를 물려받았지만, 단서조항에는 20세가 될 때까지 한 푼도 인출할 수 없다고 명시되어 있었다.

stroke of genius

천재적 솜씨

- Your idea of painting the rock wall red was a stroke of genius.

  암벽을 붉은 색으로 칠하는 당신의 아이디어는 천재적인 일이었습니다.

strong suit

장점, 장기, 높은 끗수의 패

- Waiting is never his strong suit, but he waited for her at the restaurant for two hours; his heart seems afire with love for her.

  그는 기다리는 것과는 거리가 먼 사람이나, 식당에서 그녀를 2시간이나 기다렸다. 그의 마음은 그녀에 대한 사랑으로 불타오르고 있는 것 같다.

  ◉ *Making money is never his strong suit.*   그는 돈 버는 재주가 없다.

strung out

마약에 중독된, 몹시 쇠약해진, 침울한, 초조한

- She seems so strung out on pills that she can't even remember where she was yesterday.

  그녀는 어제 어디에 있었는지 조차 기억할 수 없을 정도로 약에 취한 것 같습니다.

strut one's stuff

자신의 가장 좋은 면/의상/기술/솜씨 등을 보이다, 과시하다

- I think these dogs know they're being judged. Look how they strut their stuff. After a year of training, my dog went up onto the stage to strut its stuff.

  이 개들은 자기들이 평가 받고 있다는 것을 알고 있는 것 같군요. 개들이 자기들을 어떻게 뽐내는지 보세요. 제 강아지는 훈련 받은 지 1년 만에 무대로 올라가 폼을 잡았습니다.

stuck with

억지로 떠맡아, 함께 있다

- Everyone left in silence right after dinner, leaving me stuck with the bill.

  모두가 저녁 식사 후 가만히 바로 떠났고 내가 청구서를 책임져야 했습니다.

stuck-up

거드름피우는, 거만한, 우쭐대는, 잘난 척 하는

- I don't know why you want to go out with such a stuck-up guy. He doesn't seem to care about you so much.

  왜 그런 거만한 남자와 데이트하려 하는지 모르겠습니다. 그는 당신을 별로 신경쓰는 것 같지 않습니다.

sucker list

구매자 또는 기증자가 되어 줄 만한 인물들의 리스트

- I guess I should be on some charity sucker list or something. I made one donation last Christmas, and now I'm being asked to give money by several different charities across the country.

  자선 단체 목록에 올라있는 것으로 생각합니다. 지난 크리스마스에 한 번 기부를 했는데 지금은 전국 여러 자선 단체로부터 기부 요청 받고 있습니다.

sugar daddy

(보통 성관계 대가로 젊은 여자에게 물량공세 하는) 돈 많은 중년 남자

- You like to be pampered and may look for a 'sugar daddy' or 'sugar mama' to ease your way.

  당신은 누가 애지중지 해주기를 원하니, 순탄한 앞길을 위해 '슈가 대디' 또는 '슈가 마미' 를 찾아야 할지도 모르겠네요.

  ▶ *sugar mama/mummy*   (보통 성관계 대가로 젊은 남자에게 물량공세 하는) 돈 많은 여성
  sugar baby   훨씬 나이가 많은 상대와의 성관계 대가로 큰돈이나 선물을 받는 사람

sunbelt

선벨트 (미국에서 연중 날씨가 따뜻한 남부 및 남서부 지역)

- The Sunbelt stretches from Florida to southern California.

  선벨트는 플로리다에서 남부 캘리포니아까지 뻗어 있습니다.

  ▶ 선 벨트는 미국 남부 약 북위 37도 이남의 일조 시간이 긴 따뜻한 지역을 의미한다. 앨라 배마주, 애리조나주, 캘리포니아주, 플로리다주, 조지아주, 루이지애나주, 미시시피주, 네바 다주, 뉴멕시코주, 노스캐롤라이나주, 사우스캐롤라이나주, 텍사스주, 총 13개주를 지칭한다.

swallow one's pride

자존심을 억누르다, 자부심을 누르다.

- I don't have any other job offers at the moment because of economic recession, so I think I just have to swallow my pride and accept even this temporary position.

  지금은 경기불황기로 다른 일자리가 없기 때문에 자존심을 버리고 임시직이라도 받아 들여야 한다고 생각합니다.

swallow one's words

말을 취소하다, 말을 웅얼거리다, 식언하다

- He will swallow his words once I show him the sales figures for this quarter.

    이번 분기 판매량을 보여 주면 그는 그의 말을 취소할 것입니다.

swear by

깊이 신뢰하다, 이름으로 맹세하다, 효능을 확신하다, 확실히 믿다

- You should ask our accountant to have a look at your tax returns. He's always been able to save us money, so we swear by him.

    회계사에게 귀하의 세금 환급을 확인하도록 요청해야 합니다. 그는 항상 우리에게 돈을 절약시켜 주고 있어 우리는 그를 깊이 신뢰합니다.

swear in,   swear into

선서 받고 취임시키다, 취임 선서를 하게 하다

- At the moment no one knows who will be sworn in as the president.

    누가 대통령으로 선서를 할지 지금은 아무도 모른다.

swear off

(술/담배 따위)를 맹세하고 끊다, 그만 하겠다고 맹세하다

- Thank you, but I don't drink at all. I swore off alcohol after my father was killed by a drunk driver three years ago. Also, I swore off cigarettes for this New Year's resolution.

    고맙지만 술을 전혀 안 마셔요. 삼년 전 아버지가 음주 운전자로 인해 사망하신 이후에 나는 술을 끊었다. 또한 나는 새해 결심으로 담배도 끊었습니다.

    ◉ swear-off 금주 선서

swear out

(선서하고) 발급 받다, 영장을 (선서하고) 발부받다

- The police swore out a warrant for the suspect's arrest.

    경찰은 용의자의 체포 영장을 발부받았다.

sweat blood

피땀 흘리다, 피나는 노력을 하다

- We sweated blood for six months straight, and we finally got our product finished and on store shelves.

    우리는 6개월 동안 계속 피나는 노력을 하여, 마침내 제품을 완성하고 매장 판매대 에서 판매를 시작했습니다.

sweat bullets

몹시 걱정하다, 열심히 일하다

- He was sweating bullets because of possible impeachment.

  그는 탄핵 가능성 때문에 몹시 걱정하고 있었다.

sweat out

땀을 내서 제거하다, 초조하게 기다리다, 하느라 혼나다

- I have been trying to sweat the alcohol out from last night. I think I should spend some time in the sauna. It's a great way to sweat out toxins.

  어젯밤부터 땀을 흘려서 알코올을 제거하려고 노력중이다. 사우나에서 시간을 좀 보내야 할 것 같아요. 땀을 흘려 독소를 빼는 것이 좋은 방법이다.

sweep into power,   sweep into office

선거에서 낙승하다, 선거에서 낙승시키다

- The election victory in George is to sweep the party into a majority in the senate for the first time in ten years.

  조지아 선거에서 승리하면 10년 만에 처음으로 상원 의석 과반수를 휩쓸 것으로 예측된다.

sweep off one's feet

마음을 사로잡다, 마음을 뺏다, 매혹시키다

- The super rich swept Susan off her feet when he said the luxurious life in Paris to her at the dance party.

  그 갑부는 댄스파티에서 수잔에게 파리의 호화로운 삶에 대해 이야기하여 수잔의 마음을 사로잡았다.

  ◉ *super rich*   거부, 갑부, 슈퍼 리치, 엄청난 부자   *super-rich*   엄청나게 부유한

sweep/brush/push under the rug

비밀로 하다, (부끄러운 일 따위)를 감추다, 숨기다, 회피하다

- The congressman was accused of trying to sweep his former drug abuse under the rug. We have to stop sweeping our problems under the rug. Nothing will get resolved like that.

  하원 의원은 이전의 약물 남용을 숨기려고 한 혐의로 기소되었다. 우리는 문제를 감추려고 해서는 안 됩니다. 그런 식으로 해결되는 것은 없습니다.

sweetie pie

애인, 사랑하는 사람

- Tom got on top of the world when Susan called him sweetie pie.

  수잔이 사랑하는 사람이 탐이라고 하자 탐은 날아 갈 듯이 기뻤다.

sweet on

반한, 좋아하는

- Tom is sweet on Susan.

  탐은 수잔에게 반해있다.

sweet talk

아첨, 감언, 발림

- Women are weak to sweet talk. Tom could sweet-talk her into anything.

  여자는 달콤한 말에 약하다. 탐은 감언으로 그녀에게 무엇이든 얻어 낼 수 있었다.

  ● *sweet-talk* 감언으로 원하는 것을 얻다

sweet tooth

단것을 좋아함, 마약 중독

- Susan has such a sweet tooth that she hardly eats any other snack except candy.

  수잔은 단 것을 좋아해서 사탕을 제외하고는 다른 간식을 거의 먹지 않는다.

swelled head,　　　swellhead

자만, 자부

- When he got the first prize at the game, he got a swelled head.

  경기에서 일등상을 받자 콧대가 하늘을 찔렀다.

  ● *swelled-headed* 자만하는, 콧대 높은

switched on

새로운 것들에 밝은, 유행에 밝은, (술이나 마약에 취한 듯) 신나하는, 관심 있어 하는

- He gets switched on by raucous of music while I am never switched on by that kind of music.

  그는 시끌벅적한 음악에 신나하지만 나는 그런 음악이 신나지 않아요.

  ● *raucous* 시끌벅적한

sword of Damocles

신변에 늘 따라다니는 위험, 언제 닥칠지 모를 위험, 다모클레스의 칼

- Nuclear war hangs over all the world countries like the sword of Damocles.

  핵전쟁은 전 세계에 걸쳐 언제 닥칠지 모르는 위험입니다.

  ● BC 4세기 디오니시오스왕은 다모클레스를 호화로운 연회에 초대하여 한 올의 말총으로 매 단 칼 밑에 앉고, 행복이 항상 위기 및 불안과 함께 있음을 깨닫게 한 것에 유래 되었다. 1961년 UN 총회에서 미국의 케네디 대통령이 연설 중「우연히 일어날 수 있는 핵전쟁의 위험」을 경고하기 위해, 「다모클레스의 칼」 이야기를 인용하여 더욱 유명해졌다.

tail wags the dog

하극상하다, 주객이 전도된 상황, 본말이 전도된 상황

• The revised bill is a case of the tail wagging the dog.

그 개정안은 주객이 전도된 꼴입니다.

take a back seat

중요한 자리를 주고 물러나다, 일선에서 물려나다, 양보하다, 뒷전으로 밀려나다

• I was happy to take a back seat and give someone else the opportunity to make a presentation of the project. The manager was so workaholic that his family life had to take a back seat. The war forces all manufacturing to take a back seat to military needs.

나는 뒷자리로 물러나 다른 사람에게 프로젝트를 발표 할 기회를 제공하게 되어 기뻤습니다. 그 매니저는 일에 파묻혀 있어 가정생활은 뒷전이었다. 전쟁 중 모든 제조업은 군수 물자 생산을 우선으로 합니다.

take a bath

(사업상 거래로) 돈을 잃다, 손해를 보다, 목욕을 하다

• Many chain stores started stocking huge numbers of the masks, but now they're taking a bath on it as COVID-19 vaccine comes out.

많은 체인점에서 엄청난 양의 마스크를 비축하기 시작했지만 지금은 COVID-19 백신이 나오면서 손해를 보고 있습니다.

take a dim view of,　　take a poor view of

좋지 않게 보다, 낮게 평가하다, 비관적으로 보다, 회의적으로 보다

• I'm afraid the administration is taking a dim view of that bill, so it will most likely get vetoed, even though you might think it's good.

행정부가 그 법안을 회의적으로 보고 있는 것이 아닌가 합니다. 당신은 법안이 좋다고 생각할지라도 그 법안은 거부당할 가능성이 큽니다.

take a fall,   take a dive

체포되다, 거짓으로 쓰러지다, 넘어지다, 떨어지다

- Unluckily he took a fall alone although five persons including him robbed the bank. The defending champion was suspected of taking a fall in the championship game last Sunday.

  그를 포함 5명이 은행을 털었지만 불행히도 그는 혼자 체포되었다. 챔피언 방어자는 지난 일요일 챔피언 결정전에서 거짓으로 쓰러진 혐의를 받았습니다.

take a shot at

시도하다, 저격하다, 겨누어 쏘다, 혹평하다

- The policeman took a shot into the air above the suspect as a warning. I don't know I'll be able to do much better, but I want to take a shot.

  경찰은 경고로 용의자 공중에 총을 쏘았습니다. 내가 훨씬 더 잘할 수 있을지 모르겠지만 한 번 시도해보지요.

take a stand,   take a position

태도를 취하다, 태도를 정하다, 입장을 정리하다, 틀어박히다

- It is time for the Vatican to take a stand on homosexuality.

  동성애에 대해 바티칸은 입장을 정리 할 때입니다.

take a turn for the better

나아지다, 좋아지다, 호전되다

- In the morning the weather turned a turn for the better, so we went on a picnic.

  아침이 되자 날씨가 차츰 좋아 져서 소풍을 갔습니다.

  ◑ *take a turn for the worse*   악화되다, 나빠지다

take after

닮다, 재빨리 쫓아가다, 쫓아오다

- Susan does not take after her mother.

  수잔은 엄마를 닮지 않았다.

take back

(자기가 한 말을) 취소하다, 철회하다, 반품하다, 반품 받다, 회수하다

- I want you to take back the complaint you said about Susan.

  당신이 수잔에 대해 말한 불만을 취소하였으면 합니다.

take down a notch,   take down a peg

콧대를 꺾다, 체면을 잃게 하다, 자만심을 꺾다, 자기 수준을 깨닫게 하다

- Now is the time to take arrogant Susan down a peg. Her kid's arrogance is intolerable.

  건방진 수잔의 콧대를 꺾어 줄 때가 되었군. 그녀 아이의 오만함을 참을 수 없습니다.

take effect

효력을 발휘하기 시작하다, 시행되다, 발효되다, 적용되다

- The new tax law is to take effect as from January 1, 2022.

  새로운 세법은 2022년 1월 1일부터 시행됩니다.

take exception to

이의를 제기하다, 반대하다, 화를 내다

- There was nothing in his speech that they could take exceptions to.

  그의 연설에서 그들이 이의를 제기할 수 있는 것은 아무것도 없었다.

take for

잘못 알다, 라고 생각하다, 데리고 가다

- They did not take me for the vegetarian type and took me for a steak restaurant last Sunday.

  그들은 나를 채식주의자가 아니라고 생각하고 지난 일요일에 나를 스테이크 식당으로 데리고 갔다.

take for granted

당연시하다, 당연한 일로 여기다, 대수롭지 않게 여기다

- We are just getting fed up because the boss seems to take everything we do at the office for granted. If we weren't here, this whole company would have collapsed.

  보스는 우리가 사무실에서 하는 모든 일을 대수롭지 않게 여기는 것 같아서 우리는 그냥 지쳐 있습니다. 우리가 없었다면 이 회사 전체가 무너졌을 것입니다.

take heart

자신감을 얻다, 힘내다, 고무되다

- The soccer players took heart from the coach's words and won the 2nd half.

  축구 선수들은 코치의 말에 자신감을 얻어, 후반전에는 이겼다.

take in

구독하다, 사입하다, 섭취하다, 흡수하다, 줄이다, 포함하다, 포괄하다, 방문하다

- We planned to take in Niagara Falls and Toronto on our trip.

  우리는 여행 일정에 나이아가라 폭포와 토론토를 포함한 계획을 세웠다.

take in stride

쉽게 (장애물 등을) 뛰어넘다, 뚫고 나가다, 침착하게 대처하다, 가볍게 해치우다

- He is used to the jokes and take them in stride.

  그는 농담에 익숙하여 농담을 대수롭지 않게 받아들인다.

take it

믿다, 생각하다, 이해하다, 양해하다, (비난/고통 따위를) 견디다, 참다

- I take it from your silence that you don't want to join the party.

  당신이 침묵하는 것을 보니 당신이 파티에 참여하고 싶지 않은 것 같다.

take it on the chin

턱을 얻어맞다, 패배를 맛보다, 큰 타격을 입다, 큰 손해를 보다, 고통을 참아내다

- The basketball team really took it on the chin today.

  농구 팀이 오늘 크게 패배했다.

take it out on

분풀이하다, 화풀이하다, 남에게 마구 호통 치며 분풀이하다

- I know you're mad at slow progress, but don't take it out on me. I get that you're upset, but never take it out on my poor puppy. What did it ever do to you?

  당신이 느린 진행에 화가 난다는 걸 알아요, 하지만 나에게 화풀이 하지 마세요. 당신이 마음 상한 건 알지만 내 불쌍한 강아지한테 분풀이 하지 마세요. 내 강아지가 당신에게 뭐라고 한 적이 있나요?

take its toll,   take a toll

큰 피해를 주다, 타격을 입히다, 손해를 끼치다

- The floods had taken their toll on the city.

  홍수는 도시에 큰 피해를 입혔습니다.

take leave of one's senses

미치다, 이성을 잃다

- Have you taken leave of your senses? You can't just give up surgery. You have to try it immediately.

  제 정신인가요? 수술을 포기해서는 안 됩니다. 즉시 시도해야 합니다.

take liberties

여자를 희롱하다, 스스럼없이 대하다

- You're too friendly with your subordinates. That's why they take liberties with you. Susan, if Tom tries to take liberties with you, leave immediately.

당신은 아래 사람들과 너무 친숙합니다. 그래서 그들이 당신을 스스럼없이 대하는 것입니다. 수잔, 탐이 당신을 희롱하려고 하면 즉시 자리 떠나세요.

take off

이륙하다, 떠나다, 인기를 얻다, 잘 팔리다, 역전하다, 벗다, 떼어내다, 할인하다

- The tent did not take off until the shop manager decided to take ten dollars off the price tag.

  매장 매니저가 가격표에서 10 달러를 할인하고 나서야 텐트가 잘 팔렸다.

take offense at

화내다, 성내다, 공격하다, 기분이 상하다

- I know your comments were made completely in jest, but I couldn't help taking offense at them. Tom took offense at Susan for her thoughtless remarks.

  나는 당신이 순전히 농담으로 했다는 것을 알긴 하지만 그래도 기분이 상했습니다. 탐은 수잔의 생각 없는 발언에 화를 냈습니다.

take off one's hands

손을 떼다

- I'll take the children off your hands for a couple of days. Enjoy yourselves in Monte Carlo at the weekend.

  며칠 동안 내가 아이들을 돌볼테니 신경 쓰지 마세요. 주말에는 Monte Carlo에서 즐거운 시간을 보내십시오.

  ○ *Monte Carlo*는 프랑스 니스에서 22 km 거리이며, 세계에서 두 번째로 작은 국가 *Monaco*의 번화가로 *casino*가 있으며, 자동차 경주, 스포츠 축제 등이 열리는 아름다운 관광 휴양지이다. 카지노 근처에는 최고급 차량과 명품 *shop*이 즐비하다.
  Cannes - Niece - Monte Carlo 자동차 여행은 참으로 멋진 추억을 남겨 줄 것이다.

take on

떠맡다, 고용하다, 태우다, 떠들어대다, 흥분하다, 인기를 얻다, 대결하다

- The factory has started mass production, and is beginning to take on new workers.

  공장은 대량 생산을 시작했으며 근로자를 새로 고용하기 시작했습니다.

take one's word

누구의 말을 그대로 받아들이다. 그대로 믿다

- He took her word when she promised to pay up her debt.

  그녀가 빚을 갚겠다고 약속했을 때 그는 그대로 믿었습니다.

  ○ *take one's word for it* 말을 곧이곧대로 받아들이다

take out
죽이다, 없애다, 제거하다, 빼다, 받다, 데리고 나가 대접하다, 외출을 시켜 주다

- The police sharpshooters took out the wanted kidnapper with a telescopic rifle

  경찰 명사수들은 망원 소총으로 현상 수배중인 유괴범을 사살했습니다.

  ● *sharpshooter, marksman, crack shot*   명사수

take over
인계받다, 인수하다, 탈취하다, 장악하다, 대체하다, 더 중요해지다

- I'm the new manager. I'll be taking over from Tom as from June 1, 2021.

  나는 신임 매니저입니다. 2021년 6월 1일부터 탐을 대신 할 겁니다.

take sick,　　take ill,　　fall sick,　　fall ill
아프다

- I took sick with a bad cold last week. I hope I don't take ill before a trip to Paris.

  지난주에 심한 감기에 걸렸습니다. 파리 여행 전에 병에 걸리지 않기를 바랍니다.

take sides
편을 들다, 두둔하다, 편을 함께 하다

- He has decided not to take sides with both parties in the argument, as he doesn't like confrontation.

  그는 대립을 좋아하지 않기 때문에 논쟁에서 양쪽 어느 편도 들지 않기로 했다.

take someone for a ride
속이다, 기만하다, 바가지를 씌우다, 납치해서 죽이다, 태우다, 속이다, 이용하다,

- I can't believe Tom took me for a ride like that. It was my big mistake to believe his get-rich-quick business idea. Would you take us for a ride in your boat? Please take me for a ride in your new car.

  나는 탐이 그런 것으로 나를 속였다는 것을 믿을 수 없다. 그가 말하는 일확전금 사업 아이디어를 믿은 것이 큰 실수였다. 보트에 태워 줄래요? 새 차에 태워주세요.

  ● 이 표현은 갱들이 누군가를 차에 태워 데려 가서 납치 협박하거나 죽인데서 유래됨.

take someone to the cleaners
돈을 몽땅 따다, 사취하다, 완패시키다

- It was my first time playing slot machine at the casino, and the one-armed bandit definitely took me to the cleaners.

  카지노에서 처음 슬롯머신을 했는데, 여지없이 돈을 모두 털렸다.

  ● *one-armed bandit*   슬롯머신

과거의 슬롯머신은 당기는 레버가 하나이며, 결국에는 손님 돈을 따기 때문에 붙여진 이름이다. 요즘은 레버와 버튼 모두 있는 슬롯머신이 대세이다.

take someone up on something
제안을 받아들이다, 채택하다
- I will take you up on your promise to take me to Rome next fall.
  다음 가을에 나를 로마로 데려가겠다는 약속을 받아들이겠습니다.

take steps
조치를 취하다
- We're currently taking steps to solve the issue of house shortage.
  주택 부족 문제를 해결하기 위한 조치를 취하고 있습니다.

take stock
재고조사를 하다, (물품을) 점검하다
- Make sure to take stock of the items at each shop at the end of the week. I am going to order next Monday.
  주말에 각 매장의 품목별 재고를 확인하세요. 다음 주 월요일에 발주 예정입니다.

take stock in
주식을 사다, 관심을 가지다, 신용하다
- The new government took no stock in the idea that corporate tax cut was the right way to boost economy.
  새 정부는 법인세 인하가 경제를 부양하는 올바른 방법이라는 생각에 전혀 관심을 두지 않았습니다.

take the bull by the horns,   grab the bull by the horns
문제에 정면으로 맞서다, 용감하게 난국에 맞서다, 황소의 뿔을 붙잡다
- This is the time to take the bull by the horns and tackle the complex issues of finance. Why don't you ask the bank for a loan at a special interest rate?
  지금은 문제에 정면으로 맞서 복잡한 자금 조달 건을 해결할 때입니다. 은행에 특 별 이율로 대출을 요청하는 것이 어떨까요?

take the edge off,   take off the edge
무디게 하다, 기세를 꺾다, 약화시키다, 완화시키다, 진정시키다
- His apology took the edge off my anger. Her pizza took the edge off my hunger.
  그의 사과로 화가 진정되었다. 그녀가 준 피자 덕분에 배고픔이 해소되었다.

take the fifth,   plead the fifth

자신에게 불리한 증언을 거부하다, 묵비권을 행사하다, 답변을 거부하다

- He took the fifth when he was asked at the court whether he was a member of the Communist Party.

    그는 법원에서 공산당의 일원인지 물었을 때 묵비권을 행사했습니다.

    ● *the Fifth*는 피고인의 묵비권을 인정한 미국 헌법 수정조항 제5조

take the high ground

우위를 점하다, 도덕적으로 행동하다

- Thanks to these test scores, our school will finally take the high ground among 1,000 schools, and become the most prestigious one in the state.

    이 시험 점수 덕분에 우리 학교는 마침내 1,000개의 학교 중 상위권에 들게 되고, 주에서 가장 권위 있는 학교가 될 것입니다.

take the starch out of somebody

실망시키다, 거만한 콧대를 꺾다, 무기력하게 만들다, 딱딱함을 없애다

- This hot weather really takes the starch out of me. What a long day!

    이 더운 날씨는 정말 맥 빠지게 합니다. 하루가 얼마나 긴지.

take the sting out of something

실망을 최소화하다, (실망/실패/비난 등)의 혹독함을 완화시키다

- Please join dance party tonight which I think can take the sting out of getting the parking penalty ticket of $50.

    주차 범칙금 $50 때문에 열 받은 감정이 파티에 오면 많이 풀릴 거니, 오늘 밤 댄스파티에 오세요.

take to

가다, 데려 가다, 몰두하다, 시작하다, 배우다, 좋아하게 되다, 호소하다, 의지하다

- My father has taken to playing golf now that he's retired. I'm so happy that he has taken to my new boyfriend who is a golf player.

    아버지는 은퇴 후 골프에 몰입했습니다. 아버지가 골프 선수인 내 새 남자 친구를 좋아하니 너무 기쁩니다.

take to the hills

도망가다, 도주하다, 달아나다, 잠적하다

- He took to the hills as soon as he was found embezzling the company retirement fund.

    그는 퇴직금을 횡령 한 것이 발각되자마자 잠적했다.

take turns

번갈아 하다, 순서를 정해 돌아가며 하다, 교대로 하다

- They took turns to drive to New York from Los Angeles.

  그들은 로스앤젤레스에서 뉴욕까지 번갈아 운전하면서 갔다.

take up

계속하다, 배우다, 시작하다, 옷기장을 줄이다, 차지하다, 사용하다, 받아들이다

- Susan took up the lesson where she left over yesterday. The tailor took up the legs of her trousers.

  수잔은 어제 끝낸 부분부터 수업을 시작했습니다. 재단사는 그의 바지 기장을 줄였습니다.

  ○ *take-up* (제의/서비스 등을) 받는 사람의 비율, 이용자의 비율

take up arms

싸울 준비를 하다, 무기를 들다

- The people were quick to take up arms to defend their country.

  국민들은 나라를 지키기 위해 쏜살같이 싸울 태세를 갖추었습니다.

taken aback,   taken back

깜짝 놀라다, 기가 차다

- It took us all aback to learn that Tom was going to quit and move to England next month. It seems the news of the merger takes everyone aback, but please believe me that this is in the best interest of the company.

  탐이 다음 달에 그만두고 영국으로 이주 할 것이라는 사실을 알고 우리 모두는 깜짝 놀랐습니다. 합병 소식은 모두에게 놀라운 일 같지만 합병이 회사에 가장 큰 이익이 된다는 것을 믿어주세요.

talk back,   answer back

말대꾸하다, 말대답하다

- Tom talked back to his mother when she told him to stop smoking.

  어머니가 탐에게 담배를 끊으라고 하자, 탐은 말대꾸를 했습니다.

  ○ *back talk* 말대답, 말대꾸

talk big

허풍 치다, 잘난 체하며 떠들다, 호언하다

- He talks big about staying at the Plaza Hotel at Fifth Avenue in Manhattan, but he is penniless.

  그는 맨해튼의 5번가에 있는 플라자 호텔에 투숙한다고 허풍떨고 있지만 무일푼입니다.

  ○ *big talk* 호언장담

talk down

편하하다, 깎아내리다, 착륙을 유도하다, 깔보는 투로 말하다

- The senior engineer tried to explain about the core technology ofthe uniquely developing product to top management, but the head of R&D talked him down at the meeting.

  수석 엔지니어는 독자적으로 개발 중인 제품의 핵심 기술에 대해 최고 경영진에게 설명하려했지만 연구소 소장은 회의에서 그를 편하했다.

talk into

설득해서 하게하다

- Tom talked her into making a trip to Madrid with him.

  탐은 그녀를 설득하여 같이 마드리드로 여행 갔다.

  ◐ *fast-talk into*   구슬러서 하게하다

  Tom, sugar daddy, fast-talked Susan into sleeping with him.

talk out

철저히 논의하다, 마음껏 이야기 하다, 빠짐없이 말하다

- He and she talked things out, and reached full agreement.

  그와 그녀는 마음껏 이야기를 나누고 완전한 합의에 도달했습니다.

talk out of

설득해서 그만두게 하다, 하지 않도록 설득하다

- Susan talked his son out of quitting school.

  수잔은 아들을 설득하여 학교를 그만두지 않도록 했다.

  ◐ *talk into*   하도록 설득하다

  The salesperson talked her into buying the car.

talk over

대해 이야기를 나누다

- Susan talked her plan over with her mom before she flied to London.

  수잔은 런던으로 날아가기 전에 어머니와 계획을 상의했습니다.

talk shop

직장 얘기를 하다, 일 얘기를 하다, 전문적인 이야기를 하다

- Are you two talking shop again? Why don't you forget business for a while, and come and meet my friends for fun?

  두 사람이 또 사업 이야기를 하고 있습니까? 잠시 접어두고 재미로 친구들을 만나 보시지 않겠습니까?

  ◐ *talking shop, talk shop*   잡담장소   *shoptalk*   전문 이야기, 전문어

talk through one's hat

흰소리하다, 허튼 소리를 늘어놓다, 큰소리치다, 허풍떨다, 엉뚱한 얘기를 늘어놓다.

- It seemed that the candidate was talking through his hat for a while when the debate turned to the topic of tax policy.

  조세 정책이라는 주제로 논쟁이 벌어졌을 때 그 후보는 허튼 소리를 늘어놓는 것 같았다.

talk up

(실제보다 더) 좋게 말하다, 띄워주다

- Let's try to talk up the girl group when the Korean wave is getting increasingly global popularity.

  세계적으로 한류 인기가 올라가고 있을 때 그 걸 그룹을 띄워 보자.

tan one's hide

(아동에 대한 체벌로) 엉덩이를 때리다, 볼기를 때리다

- She tanned his hide as he was late.

  그녀는 그가 늦자 엉덩이를 때렸다.

taper down

(폭이) 점점 가늘어지다, 가늘게 만들다, 점차적으로 줄이다

- Tom, who designed the building, tapered down his drinking from three bottles of beer to one glass of wine a day. The building is gorgeous as its top tapers down to a cone.

  건물을 설계한 탐은 하루 음주량을 맥주 세 병에서 와인 한 잔으로 점차 줄였습니다. 건물 상단이 원뿔 모양으로 가늘어져 멋져 보입니다.

taper off

점점 줄어들다, 쇠미하다

- Sales have gradually tapered off since the manager quit.

  매니저가 그만 둔 이후로 매출은 점차 줄어들었다.

tar and feather

호되게 벌하다, (처벌로) 남의 몸에 타르를 바르고 깃털을 온통 붙이다

- The people of the village tarred and feathered the thief and chased him out of town. They threatened to kill him if he ever came back into their town.

  마을 사람들은 도둑을 호되게 벌을 주고 마을 밖으로 쫓아냈습니다. 그들은 그가 그들의 마을로 돌아오면 죽여 버리겠다고 위협했습니다.

tear apart
허물다, 해체하다, 갈가리 찢어 버리다, 서로 물어뜯게 만들다, 분열시키다, 혹평하다
- Nothing can tear them apart.
  그들을 떼어놓을 수 있는 것은 없다.

tear into
심하게 비난하다, 공격하다
- If you can't get his consent, he is likely to tear into you.
  그의 동의를 얻지 못하면 그는 당신을 심하게 비난할지도 모른다.

tearjerker
몹시 감상적인 이야기, 몹시 슬픈 이야기, 눈물을 자아내는 영화/연극/이야기
- Prepare a pile of tissues with you when you see that film; it's a real tearjerker.
  그 영화를 보려면 티슈를 준비하십시오. 그 영화는 눈물 없이 볼 수 없습니다.

teetering on the brink/edge/verge of
금방이라도 치닫는 듯하다
- The situation of military coup in that country is not under control; it is very much teetering on the brink of civil war.
  군부 쿠데타로 인해 그 나라는 금방이라도 내전으로 치달을 것 같은 상황에 있다.
  - ◐ *teeter* 넘어질 듯이 불안정하게 서다, 움직이다
  - ◐ *on the brink/edge/verge of* 직전에

tempest in a teapot/teacup,   storm in a teacup/teapot/puddle
사소한 일로 인한 큰 소동, 헛소동, 내분, 집안싸움
- I really think you're making a tempest in a teapot over this. It's just a tiny scratch on the car which is hardly visible to the naked eyes.
  나는 당신이 쓸데없는 일로 난리를 피운다고 생각합니다. 차의 긁힌 자국은 육안으로도 잘 보이지도 않는 작은 흠집 일 뿐입니다.

test out
시험해보다, 검증해보다, 과정을 수강하지 않아도 되다
- Test out your proposal on me first, and I'll let you know if it can work in the market or not. I want to test the new laptop out before I pay for it.
  먼저 나를 대상으로 당신 제안을 테스트 해 주시면 시장에서 효과가 있을 수 있는지 말씀드리겠습니다. 물품대금을 지불하기 전에 새 노트북을 테스트하고 싶습니다.

thank one's lucky stars

행운에 감사하다, 정말 다행이라고 생각하다, 운이 좋다고 생각하다

- We thank our lucky stars that we were able to get a home in this neighborhood at such a reasonable price.

  이 동네에서 그런 합리적인 가격으로 집을 구할 수 있었던 행운에 감사드립니다.

the birds and the bees

생명 탄생의 비밀, 성에 관한 지식 (새와 꿀벌을 예로 든다)

- Tom is only five, but he already knows about the birds and the bees.

  탐은 겨우 5살이지만 생명 탄생의 비밀을 알고 있습니다.

  ▶「새와 꿀벌」은 구애와 성관계의 관용적 표현으로 부모가 어린애들에게 설명 시 잘 사용함

the creeps

오싹, 섬뜩, 소름

- Reading the story of haunted house gave Tom the creeps. The haunted house was creepy.

  유령의 집에 대한 이야기를 읽으면서 탐은 소름이 끼쳤습니다. 유령의 집은 오싹했다.

the pits

질이 아주 좋지 않은, 최악

- The whole year of 2020 was the pits for the people over the world from beginning to end because of COVID-19.

  2020년 한 해는 COVID-19로 인해 처음부터 끝까지 전 세계 사람들에게 최악의 한 해였습니다.

the ropes

요령

- The new guy asked me to teach me the ropes, and so I spent a day at the assembly line showing him the ropes. He was eager to learn the ropes.

  새로 온 직원이 요령을 가르쳐 달라고 해서, 조립 라인에서 하루 동안 요령을 가르쳤다. 그는 간절히 요령을 익히고 싶어 했다.

the score

진실, 사실, 실제 벌어지는 일

- Very few people know the score in politics.

  정치의 실체를 아는 사람은 거의 없습니다.

the tip of the iceberg

빙산의 일각, 극히 일부분

- What the government announced is just the tip of the iceberg.

  정부가 발표한 것은 빙산의 일각에 지나지 않는다.

  ◐ 빙산은 바다 위에 보이는 부분이 전체 크기의 10% 정도라고 한다. 그래서 빙산의 일각은 「드러나지 않은 것이 많다, 숨겨져 있는 것이 많다」 라는 것을 의미한다.

the tracks

지역

- The poor people knew that they were not welcome on the other side of tracks.

  가난한 사람들은 건너 거주지역에서 환영받지 못한다는 것을 알고 있었다.

  ◐ *the right side of the tracks*   상류층 거주 지역
  ◐ *the wrong side of the tracks*   빈곤층 거주 지역

the whole nine yards

모든 것, 전부, 몽땅, 완전한 것, 모든 노력, 최대한의 노력

- If you decide to start the new business, I will be behind you the whole nine yards.

  새로운 사업을 시작하기로 결정했다면, 최대한 도울 것입니다.

  ◐ *nine* 이 들어가는 주요 표현

  nine cases out of ten   십중팔구   *on cloud nine*   무척 행복한
  have nine lives   (위험한 상황에서) 운이 좋다

think aloud,   think out loud

(엉겁결에) 혼잣말 하다, 생각에 잠기면서 독백을 하다

- "I guess I should pick up some mineral water while we're out…" "Pardon me?" Sorry, I'm just thinking aloud.

  "외출하는 동안 생수를 좀 가져와야 할 것 같은데…" "죄송합니다. 혼자 말하고 있었습니다.

think piece

해설 기사 (신문/잡지에 게재된 개인적인 견해/분석 기사), 두뇌

- He gained national attention after his think piece on upcoming financial crisis was picked up by several major news outlets. I've been asked to write a think piece about the upcoming trade war.

  다가오는 금융 위기에 대한 그의 견해가 여러 주요 뉴스 매체에 의해 게재된 후그는 국민적 관심의 대상이 되었습니다. 다가오는 무역 전쟁에 대한 내 개인적인 의견을 기고해달라는 요청을 받았습니다.

think up
생각해 내다, 고안하다, 발명하다

- He thought up a new golf game for the children to play.

  그는 아이들이 놀 수 있는 새로운 골프 게임을 고안했습니다.

three sheets in the wind,   three sheets to the wind
만취가 되어 있다, 얼근히 취하다, 좀 취해 있다, 곤드레만드레 취하다

- She came out of the graduation party hall, three sheets in the wind.

  그녀는 만취가 되어 졸업식 파티장에서 나왔다.

through the grapevine
풍문으로, 소문으로

- I heard through the grapevine that Tom would get married with Susan next month.

  나는 탐이 다음 달에 수잔과 결혼 할 것이라는 소문을 들었습니다.

  ▶ *through the horse's mouth*   (당사자로부터) 직접

through the mill
경험이 많은, 수행을 쌓다, 시련을 겪다, 시련을 겪게 하다, 욕보다

- Between losing his daddy to COVID-19, and having his daddy's building seized by the bank, and getting fired from his job, Tom has really been through the mill lately.

  COVID-19로 아버지를 잃고, 아버지의 건물은 은행에 압수당하고, 심지어 직장에서 해고까지 된 탐은 최근에 큰 시련을 겪고 있습니다.

  ▶ 압류하다   *seize, repossess, attach, sequestrate, sequester*

through thick and thin
좋을 때나 안 좋을 때나, 맑은 날이나 궂은 날이나, 물불 가리지 않고, 시종일관

- Our company has survived through thick and thin, and we'll be able to get through this ordeal as well. Our employees have always been with me through thick and thin, so I can't turn my back on them now even though our company is in difficulties.

  우리 회사는 어떤 어려움에도 살아남았으니, 이 시련도 극복 할 수 있을 것입니다. 우리 직원들은 좋을 때나 안 좋을 때나 항상 나와 같이 한 바, 지금 회사가 어렵다고 그들에게 등을 돌릴 수는 없습니다.

  ▶ 좋을 때나 안 좋을 때나   *through good times and bad times, rain or shine*

throw a curve,   pitch a curve

커브 볼을 던지다, (뜻밖의 질문으로) 놀라게 하다, 당혹하게 하다

- Her fact-of-the-matter statement threw the policeman a curve during questioning. I had only been studying at home instead of going to school classes, so some of the questions on the final exam really threw me a curve ball.

  그녀의 사실적인 진술은 경찰관이 심문하는 동안 경찰을 당황케 했습니다. 학교 수업은 참석하지 않고 집에서만 공부하고 있었기 때문에 기말 고사에 나오는 몇 가지 문제는 정말 어려웠습니다.

throw a (monkey) wrench

망쳐 놓다, 방해하다, 못쓰게 만들다, 실패케 하다

- We had everything in line for the party, but having the caterer cancel on us at the last minute really threw a monkey wrench into our plan. It'll throw a monkey wrench in the project if the BOD decides not to increase the capital.

  파티를 위해 모든 것이 잘 준비되었지만 마지막 순간에 출장요식업자가 우리와의 약속을 취소한 것이 정말 우리 계획을 망쳤습니다. 이사회가 자본을 늘리지 않기로 결정하면 프로젝트가 엉망이 될 것입니다.

  ● *BOD (board of directors)* 이사회

throw away

버리다, 없애다, 허비하다, 포기하다, 놓치다

- Never throw away anything that might be useful in the future.

  나중에 사용할 만 것은 절대로 버리지 마세요.

throw cold water on,   dash cold water on,   pour cold water on

찬 물을 끼얹다, 트집을 잡다, 기세를 꺾다

- I have proposed several ideas about how to increase sales, but my general manager pours cold water on all my suggestions.

  판매 증진 개선 방법에 대한 몇 가지 아이디어를 제안했지만 부장님은 나의 모든 제안에 찬물을 끼얹었습니다.

throw down the gauntlet

도전하다, 도전장을 던지다

- We expect to make some progress on this issue, as the newcomer threw down the gauntlet to the boss regarding the oppressive working conditions in the office.

  신참이 사무실의 억압적인 근무 조건에 대해 상사에게 이의를 제기 하였기에 우리는 이 문제에 대해 약간의 진전을 기대합니다.

  ● *gauntlet* (중세 갑옷용) 장갑, 태형, 시련
  ● *take up the gauntlet* 도전에 응하다, 도전을 받아들이다

throw in the sponge,   throw up the sponge,   throw in the towel
패배를 시인하다, 포기하다

- Don't give up your business of cellular phone accessories now. It's too early to throw in the sponge. The market is expected to recover soon.

  휴대폰 액세서리 사업을 지금 포기하지 마십시오. 사업 포기는 너무 이릅니다. 시장은 곧 회복 될 것으로 예상됩니다.

throw off
(고통/짜증 등을) 떨쳐 버리다, 옷을 벗어 던지다

- She was healthy enough to throw off her cold easily.

  그녀는 감기를 쉽게 떨쳐 버릴 만큼 건강했습니다.

throw one's hat in the ring,   toss one's hat in the ring
출전할 내색을 보이다, 출전하다, 출마 선언하다

- The senator threw his hat in the ring for the president.

  상원의원은 대통령 출마를 선언했다.

throw one's weight around
남용하다, 잘난 듯이 날뛰다, 지나치게 뻐기다, 거만하게 굴다

- I'm sick of his coming into sales meetings and throwing his weight around. Can't he just leave us to our own devices? Even the regional manager came to our office and tried to throw his weight around, but no one paid any attention to him, as he was not aware of the market situation of this area at all.

  나는 그가 판매 회의에 참석하고 영향력을 행사하는 것이 지겨워요. 그냥 우리가 알아서 하게 둘 수는 없는지요? 지역 관리자도 우리 사무실에 와서 잘난 척 하였으나 아무도 쳐다보지 않았습니다. 왜냐하면 그는 이 지역 시장 사정을 전혀 몰랐기 때문입니다.

  ◉ *flaunt*   과시하다, 휘두르다
  flaunt one's influence/authority/wealth/power
  ◉ *leave one to one's own devices*   제멋대로 하게 내버려두다

throw someone to the wolves,   feed someone to the wolves
당하도록 내버려두다, 남을 희생시키다, 배신하다, 희생시키다, 팔아먹다

- The investigation was going to be rigorous and unpleasant, and I could expect that the CEO might need a scapegoat. As is expected, he explained to the media that he came to know about the big embezzlement only after he was reported to by the director of finance. The CEO threw him to the wolves.

  조사는 엄격하고 불쾌 할 것이므로 나는 대표이사가 희생양이 필요할 것이라고 예상 할 수 있었다. 예상대로, 대표이사는 언론에 자기는 재무이사에게 보고 받은 후에야 그 큰 횡령 건에 대해 알게 되었다고 해명했다. 대표이사는 자기 살자고 재무이사를 희생시켰습니다.

  ◉ *scapegoat*   희생양, 제물, 속죄양   *make a scapegoat of*   제물로 삼다

throw (someone) under the bus

배신하다, 남 탓으로 돌리다, 곤경에 빠뜨리다

- All made a trip to Orlando together last Saturday, joining Tom's idea to have fun at Disney World, but when an unexpected typhoon hit Orlando, everyone threw Tom under the bus, saying that the trip was ruined by him.

  디즈니월드에서 즐거운 시간을 갖자는 탐의 생각에 동조하여 지난 토요일 모두 같 이 올랜도로 여행 갔지만, 뜻밖에도 올랜도에 태풍이 오자 모두 탐 때문에 여행을 망쳤다고 했습니다.

throw up one's hands

두 손 다 들다, 포기하다, 손들다, 내던지다, 단념하다

- Mom threw up her hands after her sons messed up the kitchen again.

  아들들이 주방을 다시 엉망으로 만들자 엄마는 두 손을 들었다.

thus and so,　　thus and thus

그런 식으로, 이리저리하여

- The executive director is fussy about the way of making a presentation. If you don't do it thus and so, you will hardly get the chance of making an overseas business trip.

  그 이사는 프레젠테이션을 만드는 방식에 대해 까다롭습니다. 그런 식으로 작성하 지 않으면, 해외 출장의 기회가 거의 없을 것입니다.

  ▶ *fussy*　안달복달하는, 까다로운, 야단스런, 신경질적인, 지나치게 장식이 많은

tickle one's funny bone

재미있게 해주다

- It tickles my funny bone to play with my kids.

  아이들과 노는 것은 재미있습니다.

tickle pink

매우 기쁘게 하다

- I was tickled pink to be invited.

  초대 받아 매우 기뻤다.

tick off

체크 표시(√)를 하다, 꾸짖다, 나무라다

- He ticked off the vacation assignments which his son had to do.

  그는 아들이 해야 할 방학 과제들에 체크 표시했다.

tide over
극복하다, (곤경 등을) 헤쳐 나가도록 하다, 돕다

• Will this small amount of money tide us over until next month?

이 작은 돈으로 다음 달까지 견딜 수 있을까요?

○ *tide over a crisis*   어려운 고비를 넘어오다

tie down
얽매다, 구속하다, 속박하다

• I will call you back when I'm not tied down to meetings.

회의에 얽매이지 않게 될 때 다시 전화 드리겠습니다.

tie in
결부되다, 병행되다, 들어맞다, 일치하다, 대조하다

• The police tied in the fingerprints on the suspect's gun with those found on the safety box in order to find out the thief.

경찰은 도둑을 찾기 위해 용의자의 총에 있는 지문과 금고에 있는 지문을 대조했습니다.

○ *tie-in*   결부, 연결, (새 영화/텔레비전 프로그램 등과 관련된) 파생 상품

tie in knots
혼란에 빠지다, 곤경에 빠지다, 걱정시키다, 혼란시키다

• Never try to tie yourself in knots over the details of your presentation. At this stage, all you need is an outline of project and projected income statement.

프레젠테이션의 세부 사항을 작성하려고 하지 마십시오. 현 단계에서 필요한 것은 프로젝트 개요 및 예상 손익 계산서 입니다.

tie one's hands
결박하다, 두 손을 묶다, 못하게 하다

• If the government would stop tying our hands with these burdensome regulations and red tapes, our economy would actually have a chance to flourish once again.

정부가 이러한 부담스러운 규제와 관료주의로 우리를 구속하지 않으면 우리 경제 는 실제로 다시 번창할 기회를 갖게 될 것입니다.

tie the knots
결혼하다, 백년가약을 맺다

• Tom and Susan tied the knots in Manhattan last month.

탐과 수잔은 지난달 맨해튼에서 결혼하였다.

tie up

묶다, 동여매다, 묶어 놓다, 연관시키다, 결부시키다, 완성하다, 마무리하다

- The crash of three buses tied up all traffic in the fifth Avenue. This accident tied the salesman for a while.

  세 대의 버스 충돌로 5번가의 모든 교통량이 교착 상태입니다. 이 사고로 세일즈맨은 한동안 꼼짝 못했습니다.

tied to one's mother's apron strings

모친에게 쥐여살다, 엄마에게 전적으로 의존하다, 치마폭에 휩싸인, 꽉 잡혀 있는

- I'm worried that my husband will forever be tied to his mother's apron strings; he's an adult but still does every little thing as he is asked to by his mom. I am worried whether my son would be tied to his wife's apron strings.

  남편이 영원히 어머니 치마폭에 싸여 살까 걱정입니다. 남편은 성인임에도 불구하고 사소한 일도 여전이 엄마가 하라는 대로 합니다. 내 아들이 아내에게 꽉 잡혀 살까 걱정입니다.

  ◐ *be tied to one's wife's apron strings*   아내에게 쥐여 살다

tie-up

합병, 관련, 연관성, 정체

- There has been a three-hour traffic tie-up on the highway because of chain collision of five buses.

  5대의 버스가 연쇄 충돌하여 고속도로에서 3시간 동안 교통 체증이 있었습니다.

tighten the screws

압박을 가하다, 나사를 죄다

- The bank has really started tightening the screws on the poor people since their mortgage payments have been increasingly delayed.

  가난한 사람들의 주택 대출 상환 연체 건이 증가되고 있어 은행은 대출 상환에 압박을 가하기 시작했다.

till one is blue in the face

지겨울 정도로, 장황하게, 피곤해질 때까지, 기진맥진할 때까지

- You can talk until you are blue in the face, but nothing will convince Tom to change his mind.

  몸서리치도록 지겹게 말해도 탐이 마음을 바꾸도록 설득하는 것은 불가능할 것입니다.

tilt at windmills,   fight windmills

가상의 적을 공격하느라 에너지를 낭비하다, 가상의 적과 싸우다

- The CEO seems to be tilting at windmills lately, especially with the high-ranking members of the press for no reason.

대표이사는 최근에 가상의 적, 특히, 아무 이유 없이 고위 언론인들과 싸우는 것 같다.

time and again,　　　time and time again
여러 번, 반복해서

- Children should be told time and again how to behave.

  아이들이 어떻게 행동해야 하는지 몇 번이고 말해야 합니다.

time and a half
1배 반 지급, 1.5배 지급, 50% 초과 근무 수당

- Tom gets 10 dollars for regular pay and 15 dollars for time and a half.

  탐은 정규 급여로 10 달러를 받고 초과 근무 수당은 15 달러를 받습니다.

  ▷ *double time*　(시간외 근무에 대해 지불) 두 배의 임금, 두 배의 시간외 근무수당

tip off
귀띔해주다, 고자질 하다, 제보하다

- The professor tipped off illegal admission.

  그 교수는 부정 입학에 대해 제보했다.

  ▷ *tip-off*　제보, 귀띔　　　*tipoff*　농구 팁오프 (점프볼로 경기를 시작하기)

tip the scales,　　　tip the balance
정세를 일변시키다, 상황을 바꾸다, 결정적인 영향을 미치다

- The TV debates of the presidential candidates tipped the scales in changing the minds of voters.

  대통령 후보 TV 토론은 유권자의 마음을 바꾸는데 결정적 영향을 주었다.

tit for tat
보복, 앙갚음, 오는 말에 가는 말

- Yesterday was my birthday, but he didn't send me a souvenir. I think it was tit for tat because I forgot his birthday and didn't take care of him.

  어제는 내 생일이었는데 그는 나에게 선물을 보내주지 않았다. 지난번 그의 생일을 잊고 신경 써주지 않은 것에 대한 앙갚음을 하는 것이라고 생각한다.

to all intents and purposes
사실상, 거의 완전히

- The head of both countries agreed to stop the fighting forever; so, to all intents and purposes, the war is over.

  양국 정상 모두 전투를 영원히 멈추기로 동의했습니다. 그래서 사실상 전쟁은 끝났습니다.

to a man

예외 없이, 만장일치로, 마지막 한 사람까지, 모두 다

- The shareholder's meeting decided, to a man, to fire the CEO.

  이사회는 만장일치로 대표이사 해임을 결정했다.

to boot

그것도, 더구나

- He's kind, handsome, learned, and rich to boot.

  그는 친절하고 잘 생기고 학식이 있고 게다가 부자입니다.

to death

죽으라고, 죽을 정도로, 아주 많이

- The movie frightened the kids to death.

  아이들은 영화를 보고 무척이나 놀랐습니다.

to no avail,   of no avail

보람 없이, 헛되이, 아무 효과 없이

- His preparation for the game was of no avail. As luck would have it, he could not join the game because of car accident.

  그는 경기를 위해 준비했지만 헛수고로 끝났다. 공교롭게도 교통사고로 경기에 참여할 수 없었다.

to one's face

면전에서

- If you've got a problem with me, tell me to my face instead of complaining about me to others behind me.

  나에게 문제가 있으면 내 뒤에서 다른 사람들에게 나에 대해 불평하지 말고 내 면전에서 말해줘.

to one's heart's content

마음껏, 실컷, 만족할 때까지, 흡족하게

- Tom wanted a week's vacation so he could go to the lake and fish to his heart's content and stay at my house. I will prepare plenty of food for many people including you, so please come and eat to your heart's content.

  탐은 호수에 가서 마음껏 낚시를 하면서 내 집에 머무를 수 있는 일주일간의 휴가 를 원했습니다. 당신을 포함 많은 분들을 위해 음식을 듬뿍 준비 할 것이니 꼭 들러서 마음껏 드시게.

to order

주문에 따라, 필요에 따라, 요구에 따라

- This suit fits so well because it's made to order. It looks great, and it fits like a dream! His feet are so big that all his shoes have to be made to order.

  이 슈트는 주문 제작이어서 잘 맞습니다. 멋져 보이고 아주 잘 맞습니다! 그의 발은 너무 커서 모든 신발을 주문 제작해야 합니다.

  - *made to order*   주문 제작된, 맞춤의
  - *like a dream*   완전히, 아주 잘   *go/work like a dream*   잘 돌아가다

to pieces

산산이, 조각조각으로, 철저하게, 완전하게, 자제력을 잃은, 흐트러진

- My old car went to pieces when it was crashed into by a truck.

  내 낡은 차가 트럭에 충돌해서 완전히 망가졌습니다.

to speak of

이렇다 할만한, 언급할만한, 중요한, 인즉

- There is nothing new to speak of in this movie.

  이 영화에는 언급할만한 새로운 것이 없습니다.

  - *not to speak of*   말할 것도 없이   *nothing to speak of*   말할 필요조차 없는

to the manner born

타고난 듯, 몸에 배인, 진짜 토박이처럼

- He speaks fluent English as if he is to the manner born.

  그는 토박이처럼 영어를 유창하게 합니다.

to the manor born

금수저의

- He is to the manor born; he knows how to ride a horse and to drive a yacht.

  그는 금수저로 태어났습니다. 말 타는 법과 요트 운전하는 법을 알고 있습니다.

to the nth degree

극도로, 최고도로

- This movie is boring to the nth degree.

  이 영화는 정말 따분하다.

to the tune of

무려, 거금을 들여, 가락에 맞추어

- He's in debt to the tune of 3 bil won which he can't pay back. However, he danced joyfully to the tune of drum at the party.

  그는 무려 30억 원에 이르는 감당하지 못하는 빚을 지고 있다. 하지만 그는 파티장에서 드럼 가락에 맞춰 신나게 춤 췄다.

to the wall,   to the corner

궁지에

- He was caught in a lie, which drove him to the wall.

  그는 거짓말이 들통이 나서 궁지에 몰렸다.

Tom, Dick, Harry

어중이떠중이, 장삼이사, 김씨 이씨, 갑남을녀, 일반인

- She didn't issue the invitation to every Tom, Dick, or Harry, but invited only ten persons including you.

  그녀는 어중이떠중이를 초대한 것이 아니고 너를 포함 10명만 초대했다.

tongue-in-cheek

농담조의, 우스개의, 조롱조의, 비꼬는, 빈정대는

- Tom made a tongue-in-cheek remark to Susan, but she got mad because she thought he was serious.

  탐은 수잔에게 농담조로 말했지만, 수잔은 진지하게 받아 들여 화를 냈습니다.

too many cooks in the kitchen,   too many cooks spoil broth/stew

사공이 많으면 배가 산으로 간다

- So far nothing had worked. One problem was that there were simply too many cooks. Several people are involved in this project, and the present situation is turning into a complete disaster. Too many cooks spoil the broth, after all.

  지금까지 아무런 진전이 없었습니다. 한 가지 문제는 단순히 요리사가 너무 많다는 것입니다. 여러 사람이 프로젝트에 참여하고 있으며 현 상황은 완전한 재앙으로 변 하고 있습니다. 결국 사공이 많으면 배가 산으로 갑니다.

  ◐ *Many hands make light work.*   백지장도 맞들면 낫다, 손이 많으면 일도 쉽다

tooth and nail

전력을 다하여, 최선을 다해, 필사적으로, 있는 힘을 다하여, 이를 악물고

- We fought tooth and nail to recover our corporate image undermined because of the air bag accident.

우리는 에어백 사고로 인해 훼손된 기업 이미지를 회복하기 위해 최선을 다했습니다.

top off
마무리 짓다, 대미를 장식하다, 마지막을 장식하다

- The captain of the team topped off his career with a gold medal. The company, which is running the team, held a garden party for him. To top the party off, he proposed a toast with 100-year-old Ballentine.

  팀의 주장은 금메달로 경력을 마무리했습니다. 팀을 운영하는 회사는 그를 위해 가든 파티를 열었다. 그는 100년 된 Ballentine으로 건배를 제안하면서 파티 대미를 장식했습니다.

top-drawer
가장 높은, 최고급의, 가장 중요한

- Tom is a top-drawer semi-conductor engineer, and so gets a very high salary.

  탐은 최상급 반도체 엔지니어이므로 매우 높은 연봉을 받습니다.

  ○ *top drawer*   최상류층, 상류 계급, 최상품

touch and go
아슬아슬한 상태, 일촉즉발의 상황, 재빠른 동작, 착륙 다시하기

- Chicago Bulls won the game, but it was touch and go at 3rd quarter.

  Chicago Bulls가 게임에서 이겼지만 3쿼터에서는 아슬아슬했습니다.

  ○ *touch-and-go*   (결과가) 불확실한, 불안한, 아슬아슬한

touch down
착륙하다, 터치다운하다

- The airplane touched down safely at LAX.

  비행기는 LA 공항에 안전하게 착륙했다.

  ○ *touchdown*   착륙, 터치다운
  Harvard won Yale by scoring several lucky touchdowns.
  Harvard는 행운의 터치다운을 여러 번 기록하여 Yale을 이겼습니다.

touch off
촉발하다, 발단이 되다, 발사하다, 발포하다, 정확히 묘사하다.

- The resignation of governor touched off a riot in downtown Los Angeles.

  주지사의 사임은 로스앤젤레스 시내 폭동의 발단이 되었습니다.

  ○ *Los Angeles*   스페인어로 영어의 의미는 *the angels* 이다

touch on

간단히 말하다, 언급하다, 다루다, 접근하다

- She touched on the problem, but she could not get a chance to explain about the root cause because of other several issues. We'll try to have time to touch on that matter in the next meeting, so let's stay focused on the issue at hand now.

  그녀는 문제에 대해 언급했지만 다른 몇 가지 문제로 인해 근본 원인에 대해 설명 할 기회를 얻지 못했습니다. 우리는 다음 회의에서 그 문제를 다룰 시간을 가지려 고 하니, 지금은 당면한 문제에 집중합시다.

touch up

손보다, 보기 좋게 고치다, 보정하다, 얼굴을 치레하다, 사진 원판을 수정하다

- The cover of his novel is almost ready; it just needs a few touch-ups before we send it to the printer. I'd just like to touch up my makeup before we leave. All we need to do is to touch the wall up with paint; it's not a big deal.

  그의 소설 책 표지가 거의 준비되었습니다. 인쇄소로 보내기 전에 몇 군데 보정만 하면 됩니다. 떠나기 전에 화장을 보정하고 싶어요. 우리가 할 일은 페인트로 벽을 조금 손보면 됩니다. 큰 일 아닙니다.

touchup

재빠른 손질, 수정, 칠 땜질, 보정, 마감 손질, 다듬기, 터치업

- Just a small touchup here and there of manuscript will make your novel publishable. A small touchup of my hair made me a star at the party last Saturday.

  원고를 여기저기 조금만 다듬으면 소설로 출간할 수 있습니다. 지난 토요일 파티에 머리를 살짝 다듬고 갔더니 스타가 되었습니다.

tough cookie

자신만만하고 늠름한 사람, 강인한 사람, 줏대가 확실한 사람, 독종

- A pushover is not matched with her at all. Behind that sweet smile, there lies a tough cookie. She had a difficult childhood, but she's a tough cookie. I am sure that she'll be a success.

  그녀는 전혀 호락호락한 사람이 아닙니다. 그 달콤한 미소 뒤에는 자신감과 줏대가 넘칩니다. 그녀는 어린 시절을 어렵게 보냈지만 강인한 사람입니다. 나는 그녀가 성공할 것이라고 확신합니다.

  ⊙ *pushover* 식은 죽 먹기, 아주 쉬운 일, 간단한 일, 호락호락한 사람, 만만한 사람

tout around,   tout about

여기저기 팔아넘기려 하다, 성가시게 조르다, 강매하다, 손님을 끌다, 몹시 칭찬하다

- The boss has been touting the new director of marketing & sales around like he's going to tremendously elevate the sales revenue of the company.

  상사는 새로 취임한 마케팅영업 담당 이사가 회사의 매출을 엄청나게 높일 것 처럼 여기저기 칭찬하고 다녔습니다.

- *tout* 삐끼, 호객꾼, 유객꾼, 여리꾼
- *toot sweet, toot suite* (불어 toute de suite를 잘못 발음한데서 유래) 즉시

track down
찾아내다, 잡다
- I have been trying to track down people from the list of guests for our elementary school reunion. The police tracked down the suspect to the abandoned house on the mountain.

  초등학교 동창회 모임을 위해 초청자 명단에서 사람들을 찾으려고 노력하고 있습니다. 경찰은 용의자를 산속 버려진 집까지 추적했습니다.

trade in
거래하다, 사고팔다, 취급하다, 웃돈을 주고 신품과 바꾸다, 보상 판매를 하다
- He traded his old car in on a new one.

  그는 헌 차를 보상받고 새 차를 구입했습니다.

  - *trade-in* 보상판매 (쓰던 물건 반환 보상 조건부 판매), 보상 판매 중고품

    The dealer took our old car as a trade-in. We got a good trade-in price for our old car.

    딜러는 우리의 헌 차를 보상 판매 중고품으로 인수했다. 우리는 헌 차를 좋은 가격으로 보상 받았습니다.

trade on
이용하다, 이름을 팔다
- Many children of celebrities sometimes trade on their family names to receive special treatment and attention at school.

  학교에서 특별한 대우와 관심을 받기 위해 때때로 가족의 이름을 파는 유명인사의 자녀들이 많습니다.

treadmill
다람쥐 쳇바퀴 도는 것 같은 일이나 생활, 트레드밀 (달리기 운동 기구)
- Working as a novice at a big group company seemed like an endless treadmill of repeating the same work every day.

  대기업에서 신입 사원으로 일하는 것은 매일 같은 일을 반복하는 다람쥐 쳇바퀴 도는 생활처럼 보였다.

trial balloon
여론 타진용 조처, (대중의 반응 조사용) 시안이나 제안
- It was just a trial balloon, but the response was overwhelmingly positive. So we launched that brand right away.

  대중 반응 조사용이었지만 시장 반응이 압도적으로 긍정적이었습니다. 그래서 우리는 그 브랜드를 즉시 출시했습니다.

trick-down economics,   trickledown theory
낙수 경제 이론, 통화 하향 (침투) 이론

- It is said that trickle-down economics only made the rich richer and poor poorer.

  낙수 경제 이론은 부자들을 더 부유하게 만들고 가난한 사람들을 더 가난하게 만들 었다고 합니다.

  ◑ 「낙수 경제 이론」 또는 「낙수 이론」은 대기업의 성장을 장려하면 중장기적으로 중소기업 과 소비자에게 긍정적인 영향을 미쳐, 총체적으로 경기가 부흥한다는 주장으로 미국의 코미디언 윌 로저스에 의해 최초로 만들어진 유머 이다

trick of the trade
비법, 요령, 장사의 한 수법

- My daddy was an electric engineer, so he taught me all the tricks of the trade to do wiring work. The tax accountant showed me the tricks of the trade to minimize income tax.

  아버지는 전기 엔지니어였기 때문에 배선 작업 요령을 가르쳐 주셨습니다. 세무사는 소득세를 최소화시키는 비법을 가 르쳐 주었다.

trick or treat
사탕을 안 주면 장난칠 거예요

- The children yelled "Trick or treat," and Tom gave them sweets.

  얘들이 "Trick or treat" 라고 소리치자, 탐은 애들에게 사탕을 주었다.

  ◑ *trick or treat Halloween* 때 아이들이 말하는 깜찍한 협박

tripped out
일관성이 없는, 앞뒤가 맞지 않는, 혼란스러운

- I could not understand what Tom said yesterday; he sounded so tripped out.

  어제 탐이 한 말을 이해할 수 없었습니다. 너무 앞뒤가 맞지 않는 말을 해댔습니다.

  ◑ *trip out* (회로가) 끊어지다, 회로를 끊다, (기계가) 멈추다, 기계를 멈추게 하다

trip up
실수를 하다, 실수를 하게 만들다, 실수를 유도하다

- The teacher asked tricky questions in the test to trip up students who were not alert. Tom's inability to focus on the test tripped him up.

  교사는 시험에 까다로운 질문을 하여 정신 차리지 않은 학생들의 실수를 유도하였 습니다. 테스트에 집중할 수 없는 탐 은 실수를 하였다.

trump card
비장의 패, 으뜸 패

- Tom played his trump card; effective as from June 10, 2020, no money could be drawn out without his signature.

  탐은 비장의 패를 꺼냈습니다. 2020년 6월 10일부터 탐의 서명 없이는 돈을 인출 할 수 없습니다.

  ❍ *play one's trump/best/winning/strongest card*   비장의 방책을 쓰다

trump up

조작하다, 날조하다, 거짓으로 꾸며내다

- He just trumped the evidence up for his proposal and hoped no one would be able to investigate it. It is clear that the so-called evidence in this report is clearly trumped up. These trumped-up charges are just an excuse for the government to arrest him and make him leave the country.

  그는 단지 자신의 제안에 대한 증거를 날조하고 아무도 그것을 조사 할 수 없기를 바랐습니다. 이 보고서의 증거라고 일컫는 것은 조작된 것이 명백합니다. 이 날조된 혐의는 정부가 그를 체포하고 출국하게 만드는 변명에 지나지 않습니다.

  ❍ *trump up evidence*   증거를 조작하다   *trump up a story*   풍설을 날조하다
  ❍ *trump up excuses to*   구실을 만들다   *trumped-up charge*   무고, 날조된 혐의

try one's hand

시도하다, 해보다

- Thank you for your allowing Tom to come to basketball practice with you. He has been eager to try his hand at your team.

  탐이 농구 연습을 할 수 있도록 허락 해주셔서 감사합니다. 그는 당신의 팀에서 농구하기를 열망했습니다.

tryout

예행, 시운전, 선발경기, 인기탐색, 선발경쟁

- Tryouts for the team player will be held next week.

  팀 선수 선발경쟁은 다음 주에 열립니다.

tug-of-war,   tug of war

줄다리기, 주도권 싸움, 결전, 격전, 격투

- Our company has an annual tug-of-war match every fall, sometimes with as many as 100 employees pulling on each side! I don't want a game of tug-of-war between us for custody of the children. How about sharing it equally?

  우리 회사는 매년 가을에 매년 줄다리기 경기를 개최하며, 때로는 100명 이상의 직 원이 양쪽에서 줄을 당깁니다. 나는 아이들의 양육권을 위해 우리 사이의 주도

  권 싸움을 원하지 않습니다. 양육권을 동등하게 공유하는 것은 어떻습니까?

tune in

주파수/채널에 맞춰 듣다, 청취하다, 시청하다, 귀 기울이다, (상황/추세를) 이해하다

• We have over 10 million viewers tuning in to our TV show every week.

매주 천만 명이 넘는 시청자가 우리 TV 프로그램을 시청하고 있습니다.

tune out

듣지 않다, 무시하다

• I guess that most of the audience tuned out during the last part of the lecture as it was stereotyped and boring.

강의의 마지막 부분은 진부하고 지루했기 때문에 대부분의 청중이 귀 기울이지 않은 것 같습니다.

　○ *tune-out*　(라디오/TV의 특정 프로) 끊기, 시청 거부

tune up

조율하다, 음을 맞추다, 곡조를 맞추다

• Please tune the piano up tomorrow for Saturday party.

피아노 경진 대회를 위해 내일 피아노를 조율하십시오.

　○ *tune-up*　튠업(엔진 등의 철저한 조정), 준비 연습, 예행연습
　○ *My car needs a tune-up.*　자동차 엔진 점검을 해야겠다.

turn a blind eye

보고서 못 본척하다, 무시하다, 보이지 않는 척하다, 모르쇠 잡다

• Can't you just turn a blind eye to this little incident, instead of telling Mom and Dad?

엄마와 아빠에게 말하는 대신 이 작은 사건을 모른 척 할 수 없니?

turn a deaf ear to

귀담아듣지 않다, 무시하다, 귀를 기울이지 않다, 귓등으로 듣다, 귓전으로 흘리다

• The government has been turning a deaf ear to the pleas of its most vulnerable citizens. The Mayor of Paris has long turned a deaf ear to Parisians who want tougher laws to protect the cleanliness of their pavements. I'll never forgive myself for turning a deaf ear when my roommate was crying out for help.

정부는 가장 취약한 시민들의 탄원에 귀를 기울이지 않고 있습니다. 파리 시장은 포장도로의 청결을 보호하기 위해 더 엄격한 법률을 원하는 파리인 들의 청원을 무시하고 있습니다. 룸메이트가 도움을 간절히 청하고 있었음에도 못들은 척한 내 자신을 결코 용서하지 않을 것입니다.

turn down

거절하다, 거부하다, 각하하다, 엎어놓다, 접어 젖히다

• Unexpectedly she turned down his offer of help.

그녀가 그의 도움을 거절한 것은 예기치 못한 일이었다.

turn off
끄다, 신경을 끊다, 귀 기울이지 않다, 흥미를 잃게 하다, 길을 벗어나다

- I won't date out with Susan any more. She just turns me off nowadays.

  더 이상 수잔과 데이트하지 않겠습니다. 그녀에게는 더 이상 흥미가 없어요.

  ◉ *turn-off* (도로의) 분기점, 갈림길, 매력 없는 사람, 흥미 없는 것

turn on
켜다, 달려 있다, 좌우되다, 대들다, 반항하다, 몽롱해지다, 흥분시키다, 열중하다

- Susan in a fancy miniskirt really turned me on at the party.

  화려한 미니스커트를 입은 수잔은 파티에서 정말 매력적이었다.

  ◉ *turn-on* (성적) 흥분을 안겨 주는 사람, 흥분을 주는 것

turn in
안쪽으로 향하다, 잠자리에 들다, 돌려주다, 반납하다, 제출하다, 고발하다

- She turned her application one hour before the deadline. She turned in about 10 o'clock.

  그녀는 마감일 한 시간 전에 지원서를 제출했습니다. 그녀는 10시쯤에 잠자리에 들었습니다.

  ◉ *hand in* 제출하다

turn/spin in one's grave,   turn over in one's grave
(고인이) 무덤 속에서 탄식하다, 고이 잠들지 못하다

- I can't believe the finance director has been using our employees' pension payments to prop up a Ponzi scheme. The founder of this company would be turning in his grave to see his company collapsing down. Your mother would turn over in her grave if she heard the bad things you were talking about your elder brother.

  재무이사가 폰지 사기를 떠받치기 위해 우리 직원의 연금 지급금을 사용하고 있다는 것은 믿을 수 없습니다. 이 회사의 창립자는 회사가 망해가는 것을 보고 무덤 속에서 탄식할 것입니다. 당신이 오빠에 대해 말하고 있는 험담을 어머니가 들으면 무덤에서 탄식할 것이다.

  ◉ *prop* 받치다, 버티다, 지주를 대다, 버팀목을 대다

turn on one's heels,   spin on one's heels,   swing on one's heels
뒤로 돌아서다, 홱 뒤돌아서다, 갑자기 떠나다

- Many of them have turned on their heels following the chairman's controversial statements.

  의장이 논란이 많은 발언을 하자, 갑자기 많은 사람이 자리를 떴다.

  ◉ *controversial* 논란이 많은 ⇔ *non-controversial, uncontroversial* 논란의 여지없는

turn one's back on

저버리다, 무시하다, 도망치다, 등을 돌리다, 곤경을 모른 체 하다

- After becoming a successful writer, Tom turned his back on all the people who supported him for years.

  탐은 성공적인 작가가 된 후, 수년간 그를 지원 해준 모든 사람들에게 등을 돌렸습니다.

turn one's head

고개를 돌리다, 외면하다

- We knew that what the company was doing was wrong, but we all just turned our heads because it was still profitable to us, affecting our salary.

  회사가 하는 일이 잘못된 것은 알고 있었지만 여전히 회사에 수익을 주고 있으며 그 수익은 우리 급여에 영향을 미치기 때문에 우리는 그 일을 외면했습니다.

turn one's nose up at,   thumb one's nose up at

콧방귀를 뀌다, 거들떠보지도 않다

- Tom turned his nose up at Susan, and that hurt her feelings. She thumbed her nose up at the new dress that he sent her as a birthday gift and wore the old one.

  탐은 수잔을 거들떠보지도 않았고, 이는 수잔의 감정을 상하게 했다. 그녀는 그가 생일 선물로 보내준 새 드레스는 거들떠보지도 않고 예전에 입던 옷을 입었습니다.

turn out

모습을 드러내다, 나타나다, 되다, 생산하다, 끄다, 정리하다, 비우다

- The factory manager confirmed that his company could turn out nearly 10 million sets of refrigerators every year. But he turned out to be a liar when he received orders.

  공장장은 그의 회사가 매년 거의 천만 세트의 냉장고를 생산할 수 있다고 확인해주었으나, 실제 오더를 수주했을 때 그는 거짓말쟁이로 판명되었습니다.

turnout

참가자의 수, 투표자의 수, 투표율

- 2020 turnout is the highest over a century. Vote counting continues, but most states have already hit new high marks.

  2020년 투표율은 100년 넘게 가장 높습니다. 투표 집계는 계속되지만 대부분의 주에서는 이미 과거 최고점을 기록했습니다.

turn over

뒤집다, 계속 돌아가다, 채널을 돌리다, 곰곰이 생각하다, 매출을 올리다

- I've been turning over their job offer for days, but I still haven't made a decision.

I don't want to jump to the conclusion.

나는 그들의 일자리 제안을 며칠 동안 곰곰이 생각하고 있지만 여전히 결정을 내리 지 않고 있다. 성급히 결론 내고 싶 지 않다.

turn over a new leaf

새사람이 되다, 본심으로 돌아가다

• He has made a mess of his life. He'll turn over a new leaf and hope to do better. Why don't you turn over a new leaf too and surprise your family?

그는 자기의 삶을 엉망으로 만들었습니다. 그는 새 사람이 되어 잘하기를 희망 할 것입니다. 당신도 새 사람이 되어 가 족을 놀라게 하는 것이 어떨까요?

turnover

총 매상고, 매출 수량, 매출액, 이직률, 재고 회전율

• The turnover of our company has been expanding at a great rate, and so the turnover in personnel is very low.

우리 회사의 매출액은 크게 증가하고 있으며, 직원들의 이직률은 매우 낮습니다.

turn tail

꽁무니를 빼다, 달아나다

• The burglars turned tail at the sound of our automatic security alarm.

강도들은 자동 보안 경보음에 꽁무니를 빼고 달아났습니다.

turn the other cheek

애써 참다

• Usually she turns the other cheek when someone is rude to her.

그녀는 누군가가 그녀에게 무례 할 때 대체로 화를 억누릅니다.

turn the tables

판을 뒤집다, 형세를 역전시키다, 열세를 만회하다

• Turning the tables like that requires a lot of elaborate plots in the political circles.

정치판에서 그렇게 형세를 역전시키려면 정교한 음모가 많이 필요하다.

turn the tide

전세를 뒤집다, 형세를 일변시키다, 열세를 만회하다

• It looked as if the team were going to lose, but from the 3rd quarter, our star player turned the tide.

팀이 지는 것 같았지만 3쿼터부터 우리의 스타 선수가 전세를 뒤집었다.

turn the trick,   do the trick

목적을 이루다, 일이 잘 되다, (약 따위가) 잘 듣다

- The movie won't win any awards, but the gory special effects may possibly do the trick for the fans of the horror genre.

  이 영화는 어떤 상도 받지 못할 거 같지만 피투성이 특수 효과는 공포 장르의 팬들 에게는 먹힐 수 있습니다.

  ◉ *gory*   유혈의, 피투성이의

turn thumbs down

탐탐치 않아 하다, 반대하다, 거부하다, 거절하다

- The company turned thumbs down his sales plan.

  회사는 그의 판매 계획을 거절했다.

turn turtle

뒤집히다, 전복하다

- Never forget to wear a life jacket in the sea because there's always a chance that the boat could turn turtle.

  배가 전복할 가능성은 항상 있으니 바다에서 구명조끼 착용하는 것을 명심하세요.

turn up

나타나다, 찾게 되다, 도착하다, 나타나다

- The stolen cellular phone came up at the opera house two days later.

  도난당한 핸드폰이 이틀 뒤 오페라 하우스에서 발견되었다.

turn up one's nose at

비웃다, 콧방귀 뀌다, 경멸하다

- The main shareholders of our company may turn up their noses at our plan, but they'll realize soon that it's the only chance of keeping the company afloat.

  우리 회사의 대주주들은 우리 계획에 대해 콧방귀를 뀔 수 있지만, 그 계획이 우리회사를 살릴 수 있는 유일한 기회라 는 것을 곧 깨달게 될 것입니다.

  ◉ *afloat*   (물에) 뜬, 빚은 안 질 정도의, 도산은 안 당하는

twiddle one's thumbs

(무료해서) 손가락이나 만지작거리다, 빈둥빈둥 지내다

- Don't sit around twiddling your thumbs.

  빈둥빈둥하지 마세요.

twist one's arms

강요하다, 설득하다, 팔을 비틀다

- Much to my pleasure, Susan immediately accepted our invitation to the camping trip; I didn't even have to twist her arms.

  수잔이 우리의 캠핑 여행 초대를 즉시 수락한 것은 아주 기쁜 일입니다. 나는 그녀를 강요할 필요도 없었다.

twist someone around one's little finger thumbs
turn/wrap someone around one's little finger

남을 농락하다, 조종하다, 지배하다, 마음대로 부리다, 좌지우지하다

- All accused him of twisting the boss around his finger.

  그가 보스를 좌지우지한다고 모두가 그를 비난했다.

two bits

25 센트

- The ticket to the public aquarium is only two bits.

  공공 수족관의 입장권은 25센트에 불과하다.

  ● *two-bit* 별 볼일 없는, 하찮은

two cents

시시한 것, 의견, 견해

- Susan always proposes her two cents whether we want her opinion or not.

  우리가 원하든 원하지 않든 수잔은 항상 자기 의견을 제시한다.

two-faced

위선적인, 표리부동, 두 얼굴의, 가식적인

- Never trust him; he has notorious reputation of being two-faced.

  그는 위선적인 사람으로 악명이 높으니 절대로 믿지 마라.

two-way street

양면 교통 도로, 쌍무적 상황, 상호 호혜적 관계, 주고받는 관계

- Respect is a two-way street; you have to give it first if you expect to receive it. Friendship is also a two-way street.

  존중은 상호 호혜적 관계입니다. 존중 받기를 원한다면 상대를 먼저 존중하여야 합니다. 우정도 마찬가지입니다.

two strikes against one

스트라이크를 둘 빼앗기다, 불리한 입장에 처하다, 궁지에 몰리다.

• He's got two strikes against him for frequently coming into work late. If he does it again, I expect the boss to fire him immediately.

그는 빈번한 지각으로 궁지에 몰렸다. 그가 다시 지각한다면 보스가 그를 즉시 해고 할 것으로 예상합니다.

two-time

(배우자/애인 등을) 속이다, 바람을 피우다, 양다리를 걸치다

• Susan could not believe her eyes to find that Tom was two-timing her.

수잔은 탐이 양다리를 걸치고 있는 것을 보게 되자 자기 눈을 믿을 수 없었다.

◐ *two-timer* 바람둥이

ugly duckling
미운 오리 새끼

• Tom was an ugly duckling at his family; he became the president when he was fifty.

탐은 그의 가족에게 미운 오래 새끼였으나 오십에 대통령이 되었습니다.

◉ 보통의 오리들과는 다르게 생겼다는 이유로 따돌림을 당했던 새끼 오리가 사실은 아름다운 백조였다는 안데르센의 동화에서 유래된 표현으로 「지금은 별 볼일 없으나 나중에 잘 되는 인물/상황」을 의미한다.

under a cloud
의심을 받는, 잠시 눈 밖에 나다, 총애를 잃다

• The head of opposition party left office under a cloud ever since his private e-mails leaked out.

야당 대표는 개인 이메일 유출된 후 의혹 속에 퇴임했습니다.

under age
미성년인, 법정 연령이 안 된

• The TV talent was prosecuted for having sex with a girl who was under age.

TV 탤런트는 미성년자와 성관계를 가졌다는 이유로 기소되었습니다.

under cover
위장한, 잠복한, (악천후를) 피해

• The prisoners ran away under cover of darkness.

죄수들은 어둠 속으로 도망 쳤습니다.

under fire
포화를 받고, 비난을 받고, 공격을 받고

• The troops were under fire for weeks. The president has come under fire for vetoing the bill to cut taxes.

군대는 몇 주 동안 총격을 받았습니다. 대통령은 감세 법안을 거부했다는 이유로 비난을 받았다.

Underground Railroad

지하철, 지하 철도 조직 (남북 전쟁 전에 노예의 탈출을 도운 비밀 조직)

- African Americans who were slaves in the old south were sometimes able to escape to the North or Canada through the Underground Railroad.

  옛 남부의 노예였던 아프리카계 미국인들은 때때로 지하철도망을 통해 북부나 캐나다로 탈출 할 수 있었습니다.

  ▶ 지하철도는 19세기 미국에서 활동하였던 노예 해방을 위한 비공식 네트워크이다. 지하 철도는 미국 흑인 노예들의 자유를 위해, 이들이 노예 제도를 인정하지 않는 지역으로 갈 수 있도록 비밀스런 탈출 경로와 안전 가옥을 제공하였다.

under one's belt

(음식 등을) 배에 채우고, (자랑거리를) 소유/경험하여, 이미 챙긴, 이미 겪은

- Tom becomes talkative even though he has only a few drinks under his belt.

  탐은 몇 잔만 마셔도 말이 많아진다.

under one's breath,   below one's breath

작은 소리로, 소곤소곤, 낮은 목소리로

- Fortunately Tom said it under his breath. If he had spoke out loud, it would have caused a big issue among the participants.

  탐이 소곤소곤 얘기 한 것이 다행이었습니다. 그가 큰 소리로 말했다면 참가자들 사이에서 큰 문제를 일으켰을 것입니다.

under one's nose,   under the nose of

안전에서, 바로 눈앞에서

- The serial killer walked out of the building, right under the nose of FBI.

  연쇄 살인범은 FBI 바로 눈앞에서 건물 밖으로 걸어 나갔습니다.

under one's own steam

자력으로, 자기 자신의 힘과 노력으로, 혼자서

- Tom may need some help with the project. I don't think he can do it under his own steam.

  탐은 프로젝트에 도움이 필요할 수 있습니다. 그는 자신의 힘으로 그것을 할 수 없습니다.

under one's thumb,   under the thumb

좌지우지하는, 지배하에

- Although the job paid well, I couldn't stand the way the boss tried to have me under his thumbs. Furthermore, he wanted me to have these workers under my thumb, but I'm not the manager type.

월급은 좋았지만, 사장님이 나를 좌지우지하려는 것을 참기 어려웠습니다. 또한 이 작업자들을 내 갑질하에 두기를 원했지만 나는 그런 유형의 관리자는 아닙니다.

under one's wing
감싸서, 보호하여

- Susan was nervous starting an internship at her cousin's company, but she felt comfortable immediately as she was under his wing.

  수잔은 사촌의 회사에서 인턴십을 시작하는 것이 긴장되었지만 사촌의 배려로 즉시 편안해졌습니다.

under the hammer
경매에 나온

- The house and all its contents are to come under the hammer next Thursday.

  집과 부속물이 다음 목요일 경매에 붙여질 것이다.

  ● *come/go under the hammer* 경매에 붙여지다, 경매에 나오다

under wraps
비밀로 해둔

- The bids were submitted in May and the winner is expected to be kept under wraps until June.

  응찰 가격은 5월에 제시되었으며 낙찰자은 6월까지 비밀입니다.

until hell freezes over
영원히

- Financially, I'll never be able to retire; I'll have to work until hell freezes over.

  경제사정상 나는 은퇴 할 수 없습니다. 영원히 일해야 합니다.

up a tree
진퇴유곡이 되어, 진퇴양난에 빠져, 곤경에 빠져, 술 취한

- I was really up a tree. Do you remember what happened at the bar last night? I have no idea how I'm going to get out of this embarrassing situation. I'm really up a tree now.

  나는 정말로 취했었다. 혹시 어젯밤 바에서 무슨 일이 있었는지 기억하십니까? 이 난처한 상황에서 어떻게 벗어날 수 있을지 모르겠습니다. 나는 지금 정말로 진퇴양난이네요.

up against
직면하여, 당면하여, 봉착하여, (문제/반대에) 부딪쳐

- I am sorry I haven't been in touch recently. I've really been up against the financial issues for a few weeks.

  최근 연락을 못해서 미안합니다. 몇 주 동안 경제적인 문제를 겪고 있었습니다.

up and at them,   up and at 'em

즉시 깨어 활기를 띄다, 활발하게 관여하다

- He usually goes to bed early so he can be up and at 'em in the morning.

  그는 대체로 일찍 잠들기 때문에 아침에 늑장부리지 않고 활기차다.

up for grabs

누구나 구할 수 있는, 차지할 수 있는, 고려되고 있는

- The candidacy is up for grabs. Everything is still very chancy. I don't know who will get the promotion. It's up for grabs.

  누구든지 입후보 가능합니다. 모든 것이 여전히 큰 기회가 있습니다. 누가 승진을 할 지 모르겠습니다. 누구에게나 기회 있습니다.

up front

선불로, 전위에, 포워드에, 경영진, 관리진

- I paid the supplier $10,000 up front; the rest is to be given when the work is finished.

  나는 공급자에게 $10,000를 선불로 지불했습니다. 나머지는 작업이 끝나면 주고자 합니다.

  - ● *upfront*   솔직한, 선불의
    She's very upfront about why she needs to join the company; her knowhow can possibly make the company earn a lot more money.
    그녀는 회사에 입사해야하는 이유에 대해 매우 솔직합니다. 그녀의 노하우는 회사가 더 많은 돈을 벌 수 있도록 만들 수 있습니다.

up in the air

아직 미정인, 미결정으로, 막연하게, 굉장히 화가 나거나 흥분한

- My wife went up in the air when she came to know that I lost lots of money in stock investment.

  아내는 내가 주식 투자로 많은 돈을 잃었다는 사실을 알게 되자 몹시 화가 났습니다.

  - ● *in midair, up in the air*   반공중에, 미결인
    Investment in the project has been left in midair until the aftermath of economic recession becomes clear.
    프로젝트에 대한 투자는 경제 불황의 여파가 분명해질 때까지 미결입니다.

up one's sleeve,   in one's sleeve

몰래 준비해 둔, 비책을 갖고 있는, 유사시의 계획/최후의 수단/비법이 있는

- She has a card up her sleeve if they ever try to fire her, since she knows about the boss's embezzlement, sex harrassment and unscrupulous business practices.

  그녀는 상사의 횡령, 성희롱 및 부도덕한 사업 관행에 대해 알고 있기 때문에 해고 대비책을 준비해 두고 있다.

up the ante

자금/판돈을 올리다, (돈의 액수나 요구 등의) 정도를 높이다

- Tom's ex-wife has upped the ante in her alimony suit against him.

  탐의 전 부인은 위자료 소송에서 위자료 액수를 올렸습니다.

  ○ *ante* 분담금, 자금, 출자금, 거는 돈, 돈을 걸다, 자기 몫의 돈을 내다

up the/a creek,   up the/a creek without a paddle

곤경에 처한, 곤경에 빠진

- I am so worried about the recent surge in unemployment. I have no savings at all, so if I get fired suddenly from my job, I'll be up the creek without a paddle. Shouldn't we stop a minute at gas station? We'll be up a creek if the car dies on that bleak desert ahead.

  최근의 실업 급증이 너무 걱정됩니다. 저축이 전혀 없어서 직장에서 갑자기 해고되면 큰 곤경에 처할 것입니다. 주유소에 잠깐 서야 되지 않나요? 앞에 있는 황량한 사막에서 기름이 떨어지면 곤경에 빠질 것입니다.

up to

까지, 감당할 수 있는, 부응하는

- I doubt whether the new director is up to the overseas joint ventures.

  새로 온 이사가 해외 합작 투자를 진행할 능력이 있는지 의심스럽다.

  ○ *joint venture* 기업에서 J/V 라고 하는데, 쉽게 얘기해 동업, 합작투자라는 의미이다. 합작에 참가하는 기업들이 소유권과 경영/책임을 분담하여 자본/기술/판매 등 상대방 기업이 소유하고 있는 강점을 이용할 수 있으며 위험을 분담한다는 점에서 상호 호혜적 투자방식이다.

up to no good

못된 짓을 하는, 나쁜 짓을 하는

- I'm worried that my son's friend is up to no good; he seems to be involved in some illegal scheme.

  나는 내 아들 친구가 못된 짓을 하는 사람일까 걱정됩니다. 그는 불법적인 계획에 연루된 것 같습니다.

up to par/scratch/snuff/the mark/grade

보통 정도는 되는, 기대에 부응하는, 수준에 달하다

- I have a bad cold and don't feel up to par.

  나는 심한 감기에 걸렸고 컨디션이 좋지 않다.

  ○ *feel up to par* 컨디션이 좋다

up to the chin/ears/elbows/eyes in

몰두하여, 분주한

- Tom is up to his ears in homework.

  탐은 숙제에 몰두해있다.

up-and-coming

전도가 유망한, 떠오르는

- The newly elected mayor is an up-and-coming young politician.

  새로 선출 된 시장은 전도유망한 젊은 정치인입니다.

ups and downs

성쇠, 부침, 오르내림, 기복, 고저, 부침, 영고성쇠

- I've had my ups and downs, but in general life has been good to me. All people have their ups and downs.

  나는 기복이 있었지만 대체로 삶이 순탄했습니다. 모든 사람들은 기복이 있습니다.

upset the applecart,   upset one's applecart

망쳐 놓다, 뒤엎다

- He does not have any intention to try to upset the applecart. He just needs more detailed financial statement to get the whole picture first.

  그는 일을 망칠 의도는 하나도 없습니다. 우선적으로 전체적인 상황 파악을 위해 좀 더 자세한 재무제표가 필요합니다.

upside down

거꾸로 뒤집혀, 곤두박이는, 뒤집힌, 혼란한, 뒤죽박죽의

- The real problem with that Department is that everything is upside down; we need to reshuffle the Department.

  그 부서의 진짜 문제는 모든 것이 뒤죽박죽이라는 것입니다. 부서를 개편해야 합니다.

use every trick in the book

모든 지식을 동원하다, 가능한 온갖 방법을 쓰다

- I used every trick in the book to make them invest, but nothing could persuade them.

  나는 온갖 방법으로 그들이 투자하도록 노력했으나, 그들을 설득 할 수 없었다.

vanishing cream

배니싱 크림, 기초화장에 쓰이는 크림

- Susan spreads vanishing cream on her face before applying face powder.

  수잔은 페이스 파우더를 바르기 전에 얼굴에 배니싱 크림을 바른다.

variety store

잡화점

- She visited a variety store in Paris and bought several perfumes.

  그녀는 파리의 잡화점을 방문하여 여러 가지 향수를 샀습니다.

virgin page

인쇄가 되지 않은 페이지, 첫 장, 서막

- The new book had a few virgin pages in the middle, which I guess would be a printing error.

  새 책은 중간에 몇 장이 인쇄가 전혀 되어 있지 않은데, 아마 인쇄 오류 일 것 같습니다.

visible to the naked eye

육안으로 식별 가능한, 확실한

- After the book is audited, it became visible to the naked eye that the finance director and CEO embezzled the company's profit together.

  재무이사와 대표이사가 회사의 이익을 횡령 한 것은 회계 감사로 확실히 드러났다.

visiting nurse

방문 간호사, 지역 간호사

- The visiting nurse came to give him an injection and change the bandages.

  방문 간호사가 주사를 놓고 붕대를 갈아주기 위해 왔다.

voice an opinion

의견을 말하다, 의견을 발표하다

- I have voiced an opinion that the business plan does not seem feasible.

  사업 계획이 실현 가능하지 않은 것 같다는 의견을 표명했습니다.

  ● *voice/air/express/give/offer/pass/state/venture an opinion*

voice box,   larynx

후두

- He could not talk for weeks after operation of voice box.

  후두 수술 후 몇 주 동안 말을 할 수 없었다.

voiceprint

성문 (사람의 음성 분석), 전자 장치에 의해 종이에 기록된 목소리의 흔적

- The police succeeded in identifying the serial killer by voiceprint.

  경찰은 음성 분석으로 연쇄 살인범을 식별하는 데 성공했습니다.

  ● *fingerprint* 지문

vote a straight ticket

동일 정당 후보자에게 투표하다, 모든 표가 같은 정당 멤버에게 가도록 투표하다

- I don't want to study the ballot in detail, and so I tend to vote a straight ticket.

  투표용지를 자세히 보는 것이 번거로워서 동일 정당 후보자에게 투표하는 경향이 있습니다.

vote in

선출하다, 투표하다

- Everyone over 18 has a right to vote in this presidential election.

  18세 이상의 모든 사람은 이번 대통령 선거에서 투표 할 권리가 있습니다.

vote someone out

투표로 몰아내다

- Only Congress has the power to vote the president out of office through the impeachment process.

  탄핵 절차를 통해 대통령을 파면시킬 수 있는 권한은 의회만이 가지고 있습니다.

wade in, wade into
뛰어들다, 덤벼들다, 끼어들다, 싸움이나 토론 등으로 뛰어들다

- He has promised to wade in and sort out the contamination issue personally.

  그는 오염 문제에 적극 개입하여 개인적으로 일을 처리하겠다고 약속했다.

  ▶ *sort out* 선별하다, 분류하다, 문제를 해결하다, 진전하다

wait table, wait at table, wait on table
식사 시중을 들다

- He had to teach his new maid to wait table properly.

  새로운 하녀에게 식사 시중드는 방법을 가르쳐야 했다.

wait for the other shoe to drop
불가피한 결말을 마음 졸이며 기다리다, 어떤 일이 끝날 때까지 행동/결정을 미루다

- The defective quality of our shipment is said to have caused the company to receive a big claim on its cellular phones from its customer, so now we're just waiting for the other shoe to drop.

  우리가 선적한 물량의 품질 불량으로 인해 그 회사는 고객으로부터 휴대폰에 대한 클레임을 크게 받았다고 하는 바, 우리는 마음 졸이며 그 회사의 처분을 기다리고 있습니다.

wait on
시중들다, 기다리다, 예의상 방문하다

- I waited on the prime minister during his birthday festivities and paid my respect.

  나는 총리의 생일 축제 때 총리를 방문하여 경의를 표하였다.

wait on someone hand and foot
손발 노릇을 하다, 지극 정성으로 시중을 들다

- I hate the way how she waits on the boss hand and foot. She is a real toady.

  나는 그녀가 보스의 손발 노릇을 하는 방식이 싫다. 그녀는 진짜 아첨꾼입니다.

  ▶ 아첨꾼 *toady, flatterer, yes man, brown-noser, apple-polisher*

wait up

자지 않고 기다리다, 같이 갈 수 있도록 보조를 맞추면서 기다리다

- She always waits up for her husband when he comes back home drunken.

  남편이 술에 취해 집에 돌아올 때 그녀는 자지 않고 항상 남편을 기다립니다.

walk a tightrope,　　　tread a tightrope

긴장 상태에 놓이다, 줄타기하다, 아슬아슬한 상황에 처하다

- Their business is about to fail. They've been walking a tightrope for three months already.

  그들의 사업은 곧 실패 할 것입니다. 그들이 아슬아슬하게 줄타기를 하고 있는지도 벌써 3개월이 지나고 있습니다.

  ○ *a tightrope walker*　줄타기 곡예사

walk away with,　　　walk off with

수월하게 획득하다, 차지하다, 갖고 달아나다, 착복하다, 떠나 버리다

- Our team walked off with the championship of national league thanks to the excellent strategy of team coach.

  우리 팀은 코치의 뛰어난 전략 덕분에 내셔널 리그에서 우승을 하였습니다.

walking papers,　　　walking orders,　　　walking ticket

해고 통지

- Our boss gave Tom walking papers because he is often late for work.

  탐이 종종 지각하여 상사는 탐에게 해고 통지 하였다.

walk in the park (WITP)

아무 것도 아닌 일, 쉬운 일

- I've been running 10 km every morning, so the half marathon will be a walk in the park this coming September.

  나는 매일 아침마다 10 km를 달리기 때문에 오는 9월에 개최되는 하프 마라톤 완주는 쉬운 일이 될 것입니다.

walk of life

계급, 신분, 지위, 사회적 계급

- In general people from every walk of life enjoyed TV ten years ago, but no one does so recently because of cellular phones.

  10년 전에는 각계각층의 사람들이 TV를 즐기는 것이 일반적이었지만 최근에는 휴대폰으로 인해 그렇지 않다.

walk the plank

판자 위를 걷다, 사임하다, 사퇴하다, 그만 두다

- When the store was acquired by others, the shop manager had to walk the plank.

  다른 사람이 그 점포를 인수하자 점장은 그만 두어야 했다.

  ▶ 뱃전 밖으로 걸쳐놓은 판자 위를 걸어 바다 속으로 빠지게 한 처벌을 *walk the plank* 라고 한데서 유래

wallflower

(파티에서 파트너가 없어서) 춤을 추지 못하는 사람, 인기가 없는 사람

- I used to be a wallflower during my high school days. But things have changed once I got a job; many handsome guys have been offering a dance to me whenever I join the party.

  나는 고등학교 때 같이 춤추자고 하는 사람이 없었어요, 하지만 일을 시작하면서 상황이 달라졌습니다. 파티 갈 때 마다 같이 춤을 추자는 잘생긴 남자들이 많아요.

warm one's blood

피를 끓게 하다, 몸을 따뜻하게 하다

- When Tom visited Susan on a cold night, she offered a hot drink to him to warm his blood.

  탐이 추운 밤에 수잔을 방문했을 때 그녀는 그를 따뜻하게 하기 위해 뜨거운 음료를 제공했습니다.

warm up

몸을 천천히 풀다, 준비 운동을 하다, 준비가 되다, 활기를 띠다

- It is safe to warm up before entering the pool.

  수영장에 들어가기 전에 준비 운동을 하는 것이 안전합니다.

  ▶ *warm-up* 준비 운동, 흥 돋우기

wash one's hands of

손을 떼다, 관계를 끊다

- I hate to be a part of this illegal scheme. I really want to wash my hands of it this time.

  나는 이 불법적인 계획에 참여하기를 원치 않습니다. 이제는 정말 손 떼겠습니다.

wash-and-wear

빨아서 입을 수 있는 (다리미질이 필요 없는)

- Her dress is made of wash and wear fabric.

  그녀의 드레스는 다리미질이 필요 없는 옷감으로 만들어졌습니다.

waste away

쇠약해지다, 수척해지다, 약해지다

* Tom is wasting away with cancer.

    탐은 암으로 수척해지고 있습니다.

waste one's breath/words,　　spend one's breath/words

입만 아프다, 쓸데없는 말을 하다, 말해봐야 소용없다, 쓸데없이 지껄이다

* I wonder whether I wasted my breath trying to explain my business idea to the board of directors. Don't bother trying to change my mind about the business idea, then you're wasting your breath.

    내 사업 아이디어를 이사회에 설명하려고 쓸데없는 말만 한 것은 아닌지. 내 생각을 바꾸려고 애 쓰지 마세요, 괜히 당신 입만 아픕니다

watch like a hawk

엄중히 감시하다

* I've been watching the site like a hawk to see if the price changes, but up to now it only went down by a few dollars.

    가격이 변하는지 알아보기 위해 그 사이트를 째려보고 있지만 지금까지는 겨우 몇 달러만 인하되었습니다.

watch one's language

말을 조심하다

* Please watch your language always when you have a face-to-face meeting with potential customers.

    잠재고객과 대면 상담 시 말조심하세요.

watch one's step,　　mind one's step,　　pick one's step

신중하게 행동하다, 조심하다, 조심해 걷다, 발끝을 조심하다

* Please watch your step with new boss as he is sensitive and proud.

    신임 상사는 예민하고 거만하니 신중하게 행동해라.

water down

물 타다, 물로 희석하다, 효과를 약화시키다, 약간 부드럽게 조절하다

* The teacher had to water down the course for a slow-learning class.

    학습 진도가 늦은 학생들을 위해 선생님은 수업 진도를 약간 조절하여야 했다.

water over the dam,　　water under the bridge

돌이킬 수 없는 일, 어쩔 수 없는 일, 다 끝난 일, 지나간 일

- The heated discussion is just water over the dam now. Never worry about it. I'm so sorry for bringing up that thing with your father again. Don't be sorry, that was a long time ago. It's water under the bridge.

  열띤 토론은 지나간 일이다. 그것에 대해 걱정하지 마십시오. 당신 부친에게 그런 일을 다시 제기해서 미안합니다. 미안해하지 말아요. 오래 전 일입니다. 다 끝난 일입니다.

wave the red flag
붉은 기를 흔들다, 적색경보를 울리다, 심각한 문제를 경고하다

- As soon as the mad cow disease was discovered, the health authorities waved the red flag and banned importing beef from infected countries.

  광우병이 발견 되자마자 보건 당국은 적색경보를 울리고 감염된 국가의 쇠고기 수입을 금지했다.

way the wind blows,　　how the wind blows
나아가게 될 방향, 형편, 귀추

- The politician, in general, is waiting to see the way the wind blows regarding public opinion on the issue before deciding how to take action.

  일반적으로 정치인은 행보를 정하기 전에 해당 사안에 대한 여론의 귀추를 보려고 기다립니다.

way to go
잘했어, 정말 멋진데

- You look great! Thanks! I've lost about 10 kg. My goal is to make myself 60 kg for better health. And I did it. Way to go, Tom!

  멋져요! 감사! 나는 약 10 kg을 뺐어요. 내 목표는 더 나은 건강을 위해 체중을 60 kg을 만드는 것입니다. 그리고 나는 그것을 해냈어요. 탐, 잘했어요!

wear down,　　wear off,　　wear away
마모되다, 마모시키다, 약화시키다, 저항을 진압하다

- Both sides are trying to wear the other down by being obstinate in the price negotiations.

  양측은 가격협상을 완강하게 함으로써 상대방을 지치게 하려고 노력하고 있다.

wear on
흘러가다, 화나게 하다

- The lecture wore on for three hours, with several in the audience audibly snoring. It seemed certain that the class's unruliness wore on our teacher.

  강의는 3시간 동안 계속되었고 청중 중 몇몇의 코골이는 강의실에 들렸다. 수업의 무질서가 우리 선생님을 화나게 한 것 같다.

wear one's heart on one's sleeve,   pin one's heart on one's sleeve

감정을 감추지 않고 드러내다, 숨기지 않다, 솔직하게 행동하다

- The senator has begun wearing his heart on his sleeve now that he's not seeking re-election.

  상원 의원은 재선 의사가 없는 바, 생각한 것을 숨김없이 말하기 시작했다.

wear out

못 쓰게 되다, 지치다, 낡아서 떨어지다

- It's surprising how quick the toddlers wear their sneakers out.

  유아들은 운동화를 얼마나 빨리 마모시켜 못 신게 되는지 경이롭다.

  ○ *wear-out* 닳음, 마모

wear out one's welcome,   overstay/outstay one's welcome

성가시게 방문하여 미움을 사다, 너무 오래 머물러 미움을 사다, 궁둥이가 질기다

- They wore out our welcome at our house as they were so loud, staying so many days.

  그들은 우리 집에 장기간 머무르면서 너무 시끄럽게 해서 우리의 미움을 샀다.

  ○ *A long stay/visit wears out one's welcome* 긴 병에 효자 없다.

wear thin

약해지다, 참기 어렵게 되다, 받아들이기 어렵게 되다, 닳아서 없어지다

- His lousy joke began to wear thin as we heard it too many times. She could not afford to buy a new one even though her sweater has worn thin at the sleeve

  그의 형편없는 농담을 너무 여러 번 들어서 듣기가 싫어졌다. 스웨터 소매가 닳아 얇아져도 새 옷을 살 여유가 없었다.

wear well

내구성이 있다, 내구력이 있다, 잘 지내다, 잘 어울리다, 잘 보이다

- Their remarriage has worn well. They wear their years well.

  그들은 재혼하여 잘 지냈다. 그들은 나이보다 젊게 보인다.

  ○ *wear one's years well, wear one's age well* 나이보다 젊게 보이다

weasel out

회피하다, 손을 빼다, 요리조리 잘 빠지다

- Don't try to weasel out of your responsibility for taking care of your children. You have to do it. Last month your three-year-child managed to weasel out of the hole which he was stuck in; otherwise he may have passed away.

자녀를 돌보는 책임에서 벗어나려고 하지 마세요. 당신의 의무입니다. 지난달에 당신의 3살 아이는 자신이 갇혀 있던 구덩이에서 빠져 나오는 데 간신히 성공했습니다. 그렇지 않으면 그는 죽었을 것입니다.

weasel something out of,   winkle something out of
(어렵게, 힘들게) 알아내다
- The judge weaseled the truth out of the accused by posing sophisticated cross-questions.

  판사는 치밀하게 따져 물어 피고인으로부터 진실을 알아냈습니다.

  ◑ *cross-question*   자세히 따져 묻다, 힐문하다, 반대 심문, 힐문

weasel word
(고의적인) 애매모호한 말, 못마땅한 교묘한 말
- The burglar tried to make a fool of the police by weasel words.

  강도는 애매모호한 말로 경찰을 바보로 만들려고 했다.

weigh down,   weight down
짓누르다, 무겁게 누르다
- He is weighed down by increasing debt.

  그는 늘고 있는 부채로 인해 마음이 무겁다.

weigh in
(시합 전에) 체중 측정 검사를 받다, 끼어들다, 관여하다, 거들다
- The champion weighed in at 150 pounds. If you want to weigh in with your idea, please raise your hand first.

  챔피언의 몸무게는 150 파운드였습니다. 아이디어를 제안하고 싶다면 먼저 손을 들어주세요.

  ◑ *weigh-in*   (선수의) 체중 측정, 계체량

weigh on
압박하다, 괴롭히다
- Tom's guilt weighed heavily on his daddy.

  탐의 죄책감은 그의 아버지에게 큰 부담이 되었습니다.

  ◑ *weigh on one's mind, trouble one's mind*   마음에 걸리다

weigh one's words
말을 신중하게 하다, 말을 삼가다
- Weigh your words when you talk to your boss. The situation is what you need to finesse.

  당신의 상사와 이야기 할 때 말을 신중하게 하세요. 당신을 그 상황을 능숙하게 처리해야 합니다.

  ◑ *finesse*   수완, 재간, 교묘하게 처리하다

welcome mat
도어 매트, 환영

- We always put out our welcome mat for friends.

  우리는 항상 친구를 환영합니다.

  ○ *roll out a red carpet for*   크게 환영하다

well and good
좋아, 어쩔 수 없지

- Well and good. I will allow my son to come to your house tomorrow.

  좋아요. 내일 아들이 당신 집을 방문하도록 허락하겠습니다.

wet behind the ears
머리에 피도 안 마른, 대가리에 피도 안 마른, 풋내기의, 경험 없는, 세상모르는

- You may think that Tom is too young to take on a job like this. He may be wet behind the ears, but he's well-trained and totally competent.

  탐이 이런 일을 하기에는 너무 어리다고 생각할 수 있습니다. 그는 풋내기이지만 잘 훈련되어 있고 아주 유능합니다.

  ○ *dry behind the ears*   풋내기가 아닌, 성숙하여, 어른이 되어

wet blanket
흥을 깨는 사람, 분위기를 망치는 사람, 결점을 들추는 사람

- Tom was very tired of being called a wet blanket by his friends just because he did not drink alcohol.

  탐은 술을 마시지 않는다고 친구들로부터 분위기를 망치는 사람이라고 불리는 것에 매우 지쳤습니다.

  ○ *throw a wet blanket*   찬물을 끼얹다

wet one's whistle
술을 마시다, 목을 축이다

- He stopped at the bar to wet his whistle. I don't need a big glass of water. Just a small cup is enough to wet my whistle.

  그는 목을 축이기 위해 술집에 들렀다. 큰 잔으로 주실 필요는 없고요. 작은 컵 한 잔이면 내 목을 축이기에 충분합니다.

what of it,   what about it
그것이 뭐 어떻단 말인가? 그래서 뭐?

- He missed the bus. What of it?

  그는 버스를 놓쳤다. 그래서 뭐?

what's up,   what's cooking,   what's doing

별일 없니? 무슨 일?

- What's up? What is cooking?

  무슨 일이니?

what's with,   what's up with,   what's by

무슨 일?

- Susan looks sad. What's with her?

  수잔이 슬퍼 보이는데 무슨 일이니?

what with

때문에, 왜냐하면, 결과로

- He could not leave for the airport what with the snowstorm.

  그는 눈보라 때문에 공항으로 떠날 수 없었습니다.

wheel and deal

술책을 부리다, 권모술수를 쓰다, 민완을 발휘하다

- Nothing gets done on Capitol Hill without a lot of people wheeling and dealing. It's just how politics works.

  미국 의회에서는 많은 사람의 권모술수 없이는 아무 것도 할 수 없다. 정치가 작동 하는 방식입니다.

wheeler-dealer

권모술수에 능한 사람, 수완가

- He's just another wheeler-dealer eager to generate lots of profit by any means possible.

  그는 가능한 모든 방법으로 많은 이익을 창출하고자 하는 또 다른 수완가 일뿐입니다.

when hell freezes over

절대로 않다

- I will believe you when hell freezes over.

  나는 절대로 너를 믿지 못한다.

when the chips are down

막상 일이 닥치면, 긴급하거나 매우 어려운 상황이 되면

- You can tell a lot about persons' characters from how they act when the chips are down. I know that I can depend on Tom to help out when the chips are down.

  사람들이 긴급하거나 매우 어려운 상황에서 어떻게 행동 하는지를 통해 사람의 성격에 대해 많은 것을 알 수 있습니다. 막상 일이 닥치면 탐이 도움을 줄 수 있다는 것을 알고 있습니다.

where it's at
아주 인기 있는 곳, 유행하는 것, 유행의 첨단, 활동의 중심, 거점, 핵심

- Austin has been where it's at for the independent music scene in the southern United States. Big, broad suits are so last-century; well fitted trousers, jackets, and shirts are where it's at right now.

  오스틴은 미국 남부의 독립 음악계의 중심이었습니다. 크고 넓은 옷은 구닥다리 입니다. 꽉 끼는 바지, 재킷, 셔츠가 바로 유행의 첨단입니다.

where the shoe pinches
재앙의 원인, 슬픔의 이유

- I hate to say it, but this new project seems where the shoe pinches. The business plan shows that it's just taking too much of our time with too little payoff.

  말하기 싫지만 이 새로운 프로젝트는 재앙을 부를 것 같습니다. 사업 계획은 시간 이 너무 소요되고 보상이 너무 작습니다.

while away
(시간을 즐겁고 느긋하게) 보내다

- We whiled away the winter playing ski.

  스키타면서 겨울을 보냈다.

while back. while ago
수주 전에, 수개월 전에는, 앞서

- We had a good wind to operate windmill a while back, and we need more now.

  수주 전에 풍차 작동에 좋은 바람이 있었는데 지금은 더 필요합니다.

whip up
자극하다, 흥분시키다, 잽싸게 만들어 내다, 북돋우다

- The senator knows how to whip up enthusiasm among the audience.

  상원 의원은 청중 사이에서 열정을 불러일으키는 방법을 알고 있습니다.

whipping boy
남 대신 비난을 받는 사람, 남 대신 벌을 받는 사람, 희생양

- Tom got tired of being the whipping boy for the mischief caused by his older brothers.

  탐은 형들이 저지른 나쁜 짓으로 인하여 형들을 대신하여 벌 받는 것에 지쳤습니다.

  ◉ 희생양 *scapegoat. fall guy*

whispering campaign

중상모략, 중상을 퍼뜨리기, 유언비어

- The candidate started spreading out whispering campaign against the present governor.

  후보자는 현 주지사에 대한 중상모략을 퍼뜨리기 시작했다.

whistle in the dark

침착한 체하다, 지레짐작을 하다

- Tom is whistling in the dark even though the poll shows that he's going to unseat the incumbent.

  여론 조사에서 현직자가 낙선되고 탐이 당선될 것으로 판명되지만 탐은 침착한 체했다.

  ◑ *unseat an incumbent* 현직에 있는 자를 내쫓다, 낙선시키다

  unseated 낙선한 *incumbent* 현직자, 재직자, 점유자, 거주자

whistleblow

내부 고발하다

- He has faced numerous death threats since he whistleblew about the government agency's misuse of power.

  정부 기관의 권력 남용에 대해 내부 고발 후 수많은 살해 위협에 직면했습니다.

  ◑ 내부 고발자 *whistleblower, deep throat*

white elephant

무용지물, 애물단지, 흰코끼리 (돈만 많이 들고 더 이상 쓸모는 없는 것)

- The country cottage is a white elephant to him.

  시골에 있는 별장은 그에게 애물단지이다.

  ◑ *white elephant sale* (자선목적의) 불필요품 추렴 세일, 폐품세일

white lie

악의 없는 거짓말, 선의의 거짓말, 편의상 하는 거짓말

- Sometimes people may get confused as to what is a white lie and what is a black one.

  때때로 사람들은 선의의 거짓말이 무엇이고 악의 있는 거짓말이 무엇인지 혼동 할 수 있습니다.

  ◑ *black lie* 악의 있는 거짓말

whitewash

눈가림, 겉발림, 백색 도료, 백색도료를 바르다, 실책을 숨기다, 여론을 무마하다

- The interim report on the fund fraud was a whitewash. Many people believe that President Kennedy's assassination was whitewashed by Warren Commission.

  펀드 사기에 대한 중간보고서는 여론 무마용이었습니다. 케네디 대통령의 암살 건이 워렌위원회에 의해 여론에 무마되었다고 믿는 사람들이 많다.

whodunit

스릴러 소설, 추리 소설, 탐정소설, 추리 영화, 추리극

- Agatha Christie was a true master of the whodunit.

  Agatha Christie는 추리소설의 진정한 거장이었습니다.

whole cheese,   whole show

스타 선수, 유일한 중요 인물

- He can't be the whole cheese just because he is the largest shareholder.

  그가 단지 최대 주주라는 이유로 중요인물이 될 수는 없습니다.

whole new ball game

완전히 새로운 국면/상황, 완전히 달라진 양상

- The Middle East situation is a whole new ball game now.

  중동 상황은 이제 완전히 새로운 국면입니다.

wildcat strike

살쾡이 파업, 무모한 파업, 노동조합과는 상관없는 자의적인 파업

- The wildcat strike by baggage-handlers caused lots of disruption for air travellers at JFK Airport.

  수하물 취급자들의 살쾡이 파업은 JFK 공항의 항공 여행객들에게 많은 혼란을 가져 왔습니다.

  ◑ *wildcat strike*   살쾡이파업은 1968년 프랑스의 5월 혁명에서 주로 사용된 투쟁 방식으로 노동조합의 허가 없이 노동자들의 일부가 비공인 파업을 하는 것이다.

wild goose chase

부질없는 시도, 막막한 추구, 헛된 노력, 헛수고, 가망 없는 추구

- It's a wild goose chase to pursue the overseas joint venture project without financing plan.

  자금조달 계획 없이 해외 합작투자를 추구하는 것은 부질없는 시도이다.

will a duck swim,   does a duck swim,   can a duck swim

당연하지, 말할 것도 없지요, 확실히

- Will the governor run again? Will a duck swim?

  주지사가 다시 출마하니? 당연하지.

windbag

떠버리, 수다쟁이

- He speaks too much. He is a windbag.

  그는 너무 말이 많다. 떠버리이다.

windfall

우발적인 소득, 뜻밖의 횡재, 바람에 떨어진 과실, 낙과

- The unexpected retroactive pay raise was a surprising windfall for all the employees.

  예상치 못한 급여 인상 소급은 직원들 모두에게 뜻밖의 횡재였습니다.

window dressing

겉치레, 눈속임, 쇼윈도 장식, 진열창 장식

- How many of the new government's policies are really good for the people, and how many are just window dressing?

  새 정부의 정책 중 국민에게 정말 좋은 것은 얼마 정도인지, 그리고 얼마나 많은 정책들이 단지 눈속임에 불과한지?

  ○ *window dressing* 증권 시장에서의 의미

  매년 3월, 6월, 9월, 12월 말에는 주식시장에 윈도 드레싱(window dressing)이라는 단어가 등장한다. 이는 기관의 수익률 평가는 보통 분기말, 반기말, 연말 결산기에 이루어지는데, 이 때 자산운용 투자 수익률을 높이기 위해 공격적으로 주식을 사고파는 행위를 의미한다.

window-shop

윈도쇼핑을 하다, 아이쇼핑을 하다

- My wife was only window-shopping, after I became jobless.

  내가 실직 한 후 아내는 윈도쇼핑만 했다.

wind up

뒤처리 하다, 마무리하다, 결말을 짓다, 흥분하다, 감다

- He wound up broke as he lost all of his money by gambling.

  도박으로 돈을 다 날리고 무일푼이 되었다.

win hands down

외부 도움 없이 이기다, 아주 쉽게 이기다

- We were really unprepared for our final game, but we won the other team hands down.

  우리는 마지막 경기를 준비하지 않았지만 다른 팀을 아주 쉽게 이겼습니다.

winning streak

연승

- Chicago Bulls is now on a 10-match winning streak.

  시카고 불스는 10연승 가도를 달리고 있다.

  ● *hit a winning streak* 연승하다 ⇔ *hit a losing streak* 연패하다

wipe out

넘어지다, 자빠지다, 완전히 파괴하다, 궤멸시키다, 삭제하다, 기진맥진하게 하다

- Why don't we wipe out all of our personal information before we sell this used computer?

  이 중고 컴퓨터를 판매하기 전에 개인 정보를 모두 지우시지요.

wipeout

전멸, 말살, 완패, (서핑 보드에서) 넘어짐, 나자빠짐

- The ruling party is facing a virtual wipeout in the coming election.

  여당은 오는 선거에서 완전히 전멸할 위기에 처해있다.

wisecrack

재치 있는 말, 재치 있는 농담

- The lecturer always attracts the audience by wisecracks.

  그 강사는 항상 재치 있는 말로 청중을 끌어들입니다.

wise guy

많이 아는 체하는 인간, 잘난 체 하는 놈, 마피아 족속

- Give it a rest, wise guy. You speak too much today.

  그만 좀 하지, 오늘 말이 너무 많네.

  ● *know-all* (뭐든 다) 아는 체하는 사람, 똑똑한 체하는 사람

wise up to

깨닫다, (불쾌한 진실을) 알게 되다

- We've been trying to wise the president up to the threat that some country poses to our national security, but he simply won't listen to the reason. Let me do what I can to wise the president up.

  우리는 일부 국가가 우리의 국가 안보를 위협하고 있다는 것을 대통령이 깨닫도록 노력해 왔지만 그는 한사코 이유를 듣지 않으려고 합니다. 대통령을 깨우치기 위해 제가 할 수 있는 일을 하겠습니다.

wish A on B

B에게 A가 있기를 빌다

- Susan wished on a star that she could pass the entrance exam.

  수잔은 입학시험에 합격할 수 있기를 별에게 소원을 빌었습니다.

witch hunt

마녀사냥

- The ruling party's witch hunt against its detractors sparked people's demonstration.

  여당의 비방자에 대한 마녀 사냥은 국민의 시위를 촉발시켰다.

  ▶ *detractor* 가치를 깎아내리는 사람, 폄하하는 사람, 비방자

with a bang

멋지게, 성공적으로, 모두의 주목을 받으며, 강력하게

- The unexpected appearance of famous movie star at Tom's wedding ceremony went over with a bang.

  유명한 영화배우가 탐의 결혼식에 예기치 않게 나타나자 갈채를 받았다.

  ▶ *go over with a bang* 갈채를 받다

with a grain of salt,   with a pinch of salt

줄잡아, 에누리해서

- Just read the political articles with a grain of salt, because such news is often exaggerated.

  정치 기사는 종종 과장되니 줄잡아 읽으십시오.

with a vengeance

맹렬히

- The angry soldier attacked the enemy with a vengeance.

  격분한 병사는 적을 맹렬히 공격했습니다.

with child

임신한, 애기가 생기다, 아이를 배다

- He felt on top of the world to hear that his wife was with child.

  그는 아내가 임신했다는 소식을 듣고 너무나 기뻐했다.

with flying colors

우수한 성적으로, 대성공하여, 기를 나부끼게 하고, 의기양양하게, 우쭐대며

- Tom passed his math test with flying colors.

  탐은 우수한 성적으로 수학 시험을 통과했습니다.

with the best,   with the best of them

누구 못지않게

- Don't underestimate him; he can play tennis with the best of them.

  그를 과소평가하지 마십시오. 그는 그들 중 누구 못지않게 테니스를 잘 칠 수 있습니다.

within an ace of,   within an inch of

막 할 찰나에, 하마터면 할 찰나에, 아주 근접한

- Crude oil prices came within an ace of $50 a barrel on Monday, which might cause the economic recession around the globe.

  원유 가격은 월요일 배럴당 $50에 근접한 바, 전 세계의 경기침체를 야기할 수도 있습니다.

within an inch of one's life

죽기 직전까지, 거의 죽도록

- The bear clawed the hunter within an inch of his life.

  곰은 사냥꾼이 거의 다 죽도록 발톱으로 할퀴었다.

  ◐ *claw*   발톱, 집게발, 할퀴다, 긁다

wolf down

먹어대다, 게걸스럽게 먹다

- Don't wolf your food down. Enjoy your food. You have enough time to catch the flight.

  음식을 게걸스레 먹지 말고, 천천히 즐기세요. 비행기 탑승 시간이 충분합니다.

wolf in sheep's clothing

양가죽을 쓴 이리, 양의 탈을 쓴 늑대, 위선자, 본성을 감추고 얌전한 체하는 협박자

- Never convey your expertise to Susan. She looks like a wolf in sheep's clothing. She will certainly try to steal your position if given the chance.

수잔에게 당신의 전문성을 가르치지 마세요. 그녀는 양의 탈을 쓴 늑대 같습니다. 기회가 주어진다면 그녀는 당신의 직위를 확실히 훔치려고 할 것입니다.

word of mouth
구전

- We have no budget for a big marketing campaign, so we'll just have to hope that buzz about our shop gets spread by word of mouth.

  대대적인 마케팅 캠페인 예산이 없기 때문에 우리 가게가 입소문으로 퍼지기를 바랍니다.

  ● *word-of-mouth* 구두의, 구전의, *buzz group* (시장 조사를 위한) 토론 그룹

words of one syllable
아주 쉬운 말

- When you help my mom set up her computer, be sure to explain things in words of one syllable.

  엄마의 컴퓨터 설정을 도와줄 때는 아주 쉬운 말로 설명해주세요.

work in
포함시키다, 넣다, 섞다

- Work in the potato, milk and sugar until the mixture comes together.

  혼합물이 섞일 때까지 감자, 우유 및 설탕을 넣으십시오.

worked up
흥분한, 화가 난

- She often gets worked up over nothing.

  그녀는 가끔 아무 일도 아닌데 화낸다. 별일 아닌데 화낸다.

working girl
창녀, 윤락 여성, 일하는 여성, 직업여성

- In general, the average working girls can't afford a fancy car.

  일반적으로 평범한 직장 여성들은 멋진 차를 살 여유가 없습니다.

work off
풀다, 해소하다, 빚을 갚다, 해결하다

- Tom worked off the fat around his waist by running in the dawn for two hours every day.

  탐은 매일 새벽 2시간을 달려 허리 주변의 지방을 제거했습니다.

work on

노력을 들이다, 착수하다, 공을 들이다, 효과가 있다, 작동하다

- The senator worked on the other committee members to vote for the bill. The pills that my father always tried worked on the nerves and made him feel relaxed.

  그 상원 의원은 다른 위원회 위원들이 법안에 투표하도록 공을 들이고 있었다.

  아버지가 항상 복용하는 알약은 신경에 작용하여 그를 편안하게 해주었다.

work one's fingers to the bone

뼈 빠지게 일하다, 손가락 지문이 닳도록 일하다

- He has to work his fingers to the bone for a measly pittance of salary, as he has to pay back for the mortgage loan.

  그는 매달 모기지 론을 갚아야 하기 때문에 쥐꼬리만한 월급이라도 받기위해 뼈 빠지게 일했다.

  ○ 박봉, 아주 작은 돈 *pittance, peanuts, chicken feed*   쥐꼬리만한 *measly*

work out

운동하다, 잘 풀리다, 좋게 진행되다, 계산하다, 산출하다, 해결하다, 생각해내다

- Working out a budget before you start a business is the first thing you have to do.

  사업을 시작하기 전에 예산을 짜는 것이 가장 먼저 해야 할 일입니다.

  ○ *workout* 운동, 연습, 트레이닝, 시험

work over

두들겨 패다

- He was worked over by the hoodlums on the alley in the night.

  그는 밤에 골목길에서 깡패들에게 두들겨 맞았습니다.

work up

흥분시키다, 돋우다, 들이쑤시다, 부추기다, 뒤지다, 아프다, 작성하다

- He worked up an in-depth report for the newly developed product.

  그는 새로 개발된 제품에 대한 심층 보고서를 작성했습니다.

world is one's oyster

세상에 못할 것이 없다, 무한한 기회가 열려 있다, 세상사는 생각하기에 달렸다

- You have so much talent at such a young age. The world is your oyster. Think of all the opportunities ahead of you.

  당신은 그렇게 어린 나이에 많은 재능을 가지고 있습니다. 세상은 당신의 것입니다. 당신 앞에 있는 모든 기회를 생각하십시오.

world without end

영원히, 영원한, 끝없는

- Mankind goes on world without end.

  인류는 영원하다.

worse for wear

몹시 낡았다, 허름하다, 더 이상 쓸 수 없을 정도로 낡은, 술이 취한

- Her favorite sweater looks worse for wear.

  그녀가 좋아하는 스웨터는 몹시 낡았다.

  ○ *none the worse for wear* 여전한, 사용에도 불구하고 조금도 변하지 않고 같은 상태인

worth one's salt

급료에 상응한 일을 하는, 유능한, 급료 값을 하는

- People started to doubt whether the coach is worth his salt when his team hit a 10-match losing streak.

  그 팀이 10 경기를 연속 패배하자 사람들은 그 코치가 연봉의 가치가 있는지 의심하기 시작했습니다.

wrapped up in

몰두한, 열중한

- Tom has no time to study as he is all wrapped up in playing computer games.

  탐은 컴퓨터 게임에 몰두하여 공부할 시간이 없습니다.

wrap up,   bundle up

옷을 따뜻하게 챙겨 입다, (합의/회의 등을) 마무리 짓다

- Let's wrap up the meeting and go home. Wrap yourselves up before going out of the office; it is heavily snowing now.

  회의를 마무리 짓고 집에 가자. 다들 사무실 나서기 전에 옷을 단단히 챙겨 입어라. 지금 눈이 엄청 오고 있으니.

wreak havoc with

아수라장으로 만들다, 막대한 손해를 끼치다, 많은 문제를 초래하다

- His objection will wreak havoc with the project.

  그의 반대는 프로젝트에 많은 혼란을 일으킬 것입니다.

wringing wet

흠뻑 젖은, 물이 줄줄 흐르는, 짜야 할 정도로 젖은

- As soon as I came out of the office, my shirt got wringing wet.

  사무실에서 나오자마자 셔츠가 땀으로 흠뻑 젖었습니다.

  ○ *wring* 짜다, 비틀다

write home about,   shout home about

대해 특별히 내세워 언급하다, 자랑하다

- The new coffee machine which I found at the exhibition is so great that I would write home about it. Tom said that the exhibition was nothing to write home about, but I actually think it's pretty entertaining and worthwhile to have a look at.

  전시회에서 발견한 새 커피 기계는 너무 좋아서 특별히 언급할만한 정도였습니다.

  탐은 전시회에 특별한 것이 없다고 말했지만, 내 생각으로는 실제로 꽤 재미있고 볼만한 가치가 있다고 생각합니다.

  ● *nothing (much) to write home about* 특별히 내세울 것 없는

write off

대손상각하다, (부채를) 탕감하다, 무가치한 것으로 간주하다, 해고하다, 단념하다

- We've been keeping these outstanding payments on the books, but we need to write them off as a loss now. Don't write off Joe so fast. He's smarter than you think.

  우리는 이러한 미지불대금을 장부에 기장해 왔지만 이제는 손실로 처리해야 합니다. 탐을 너무 빨리 해고하지 마십시오. 그는 당신이 생각하는 것보다 똑똑합니다.

write up

(메모를 바탕으로) 완전히 작성하다, 기록하다

- Many reporters from newspapers are here to write up the whole story of the serial killer.

  연쇄살인범의 전체이야기를 작성하기 위해 신문사 기자들이 여기에 많이 왔습니다.

write-off

폐차하는 것이 나은 차량, 공치는 시기, 허탕 치는 시간, (부채) 탕감, 대손상각

- Much to her luck, she wasn't hurt, but the car's a complete write-off.

  운이 좋게도 그녀는 다치지 않았지만 차는 완전히 박살났다.

write-up

논평 기사

- I read an interesting write-up about the hyperinflation in an economic magazine.

  나는 경제 잡지에서 하이퍼인플레이션에 대한 흥미로운 논평기사를 읽었습니다.

American Idioms

X marks the spot

이곳이 바로 그곳이다, 이곳이 바로 정확한 장소이다 (◉ X는 그 장소를 가리킴)

- The treasure hunter said to his fiancee, "Here it is; X marks the spot."

  보물 사냥꾼은 약혼자에게 "여기 있다; 이 곳이 바로 그곳이다." 라고 말했다.

X-double minus

(연극이나 연주 시) 성적이 아주 저조한, 성적이 아주 안 좋은

- She gave an X-double minus performance at the contest, and lost her chance to become a member of national orchestra.

  그녀는 콘테스트에서 성적이 아주 저조하여 국립 오케스트라 멤버가 될 기회를 잃었습니다.

X something out. X someone out

단어/문장을 원고에서 지우다, 삭제하다, 없애다, X표를 하다, 무효로 하다, 취소하다

- All the words related to the side effect of vaccine have been X-ed out from the newspaper.

  백신 부작용과 관련된 모든 단어는 신문에서 삭제되었다.

xoxo

포옹과 키스 (*hugs and kisses* ◉ 편지 마지막에 자주 사용)

- He sent an email to Susan on an overseas trip to Paris, and ended it with xoxo.

  그는 파리로 여행 중인 수잔에게 이메일 보냈고, 이메일 마지막에 xoxo 라고 적었다.

x-rated

성인용의, 18세 이상 관람가의, 미성년자 관람 불가의

- My son is allowed to visit X-rated movie from next year.

  내 아들은 내년부터 성인 등급 영화를 볼 수 있게 되었습니다.

  ◉ *X-rated movie, adult movie*   성인영화

American Idioms

year-round,   year-around
연중 계속되는
- Havana is a year-round sunshine resort with tropical climate.

    아바나는 열대 기후로 연중 내내 햇볕이 잘 드는 리조트입니다.

    ● *Havana*   쿠바의 수도로 카리브 해의 최대 도시

yellow journalism
황색 저널리즘, 선정적 언론, 값싼 선동적 신문편집
- Yellow journalism often distorts facts and is hardly ever truly informative.

    선정적인 언론은 사실들을 자주 왜곡하며, 유익한 정보를 제공하는 경우는 드물다.

yellow-belly
겁쟁이
- A yellow-belly should not join CIA.

    겁쟁이는 CIA에 들어 와서는 안 됩니다.

    ● *yellow-bellied, yellow-livered*   겁이 많은

yeoman service
다급할 때의 원조, 적절한 조력, 큰 공헌, 훌륭한 행동, 커다란 공헌
- He did yeoman service in fund-raising for founding an orphanage.

    그는 고아원 설립을 위한 모금에 큰 공헌을 했다.

    ● 요면(*Yeoman*)은 14~15세기의 봉건제 붕괴시기에 출현한 독립 자영 농민으로 농노해방의 과정에서 생겨났으며, 영국에서 젠트리와 서민 사이에 위치한 중산층, 자영농을 의미한다.

you bet,   you bet your boots,   you bet your life
물론이지, 바로 그거야, 물론, 틀림없다, 천만에
- You can bet your boots that he will surely attend the graduation ceremony.

    그가 졸업식에 참석하는 것은 확실하다고 확신해도 됩니다.

you can say that again,　　　you said it
정말 그렇다, 당신 말에 전적으로 동의한다, 너의 말대로다, 바로 그렇다

- The party was gorgeous. You can say that again.

  파티가 멋졌다. 그래 정말 멋있었어.

you can't make a silk purse out of a sow's ear
a crow is never the white for washing herself
개 꼬리 삼 년 두어도 황모 못 된다

- What do you want me to do with this low-quality fabric? You can't make a silk purse out of a sow's ear!

  저품질 원단으로 무엇을 하기 원하는지요? 개 꼬리 삼 년 두어도 황모 못 된다.

  ◑ 개 꼬리를 오래 간직하여도 귀하고 비싼 족제비 꼬리털이 될 수 없듯이, 처음부터 잘못된 것 또는 바탕이 나쁜 것은 아무리 소중히 다루고 가꾸어도 좋게 될 수 없다는 뜻.

you can take a horse to water, but you can't make him drink
말을 물가까지 끌고 갈 수는 있어도 물을 먹일 수는 없다

- I gave her the point-of-contact in charge of recruiting marketing manager but she still didn't contact him. You can take a horse to water, but you can't make him drink

  나는 그녀에게 마케팅 매니저 채용 담당자 연락처를 주었지만 그녀는 여전히 연락 하지 않았습니다. 평양 감사도 저 싫으면 그만이다.

  ◑ 자기가 하려는 마음이 없는 사람은 누구라도 어찌 할 수 없다

you can't teach an old dog new tricks
나이든 개한테 새로운 기술을 가르쳐줄 수 없다, 배움에는 때가 있다

- You will find it very difficult to teach the old people how to use the functions of cellular phone. You can't teach an old dog with new tricks

  노인들에게 휴대폰의 기능 사용법을 가르치는 것은 매우 어렵습니다. 배움에는 때 가 있다.

you don't say,　　　well, I never
설마 (그럴 리가), 내 그럴 줄 알았다

- The airline might go into bankruptcy if the pandemic does not disappear shortly. You don't say.

  전염병이 곧 사라지지 않으면 항공사가 파산 할 수 있습니다. 설마 그럴 리가.

you are on
동의하다, 수락하다, 찬성하다

- You pay for the wine and I'll pay for the taxi. You're on. I bet you $30 that Chicago Bulls beats LA Lakers. You're on.

  네가 포도주 사고 내가 택시비 낼게. 동의해요. Chicago Bulls가 LA Lakers를 이기는 것에 $30을 건다. 좋아요.

you are telling me
정말 그대로야, 그쯤은 나도 알고 있어

- You make a mistake. You are telling me.

  당신이 실수 하는 거야. 그쯤은 나도 알고 있어요.

you guess is as good as mine,   it's anybody's guess
모르기는 나도 마찬가지야, 저 역시 잘 모르겠어요, 누구도 예측을 못할 상황이다

- Who is to win presidential election? Your guess is as good as mine.

  누가 대통령에 당선될까요? 저 역시 잘 모르겠네요.

you scratch my back,   and I'll scratch yours
오는 정이 있어야 가는 정이 있다, 내 등을 긁어주면 네 등을 긁어주마

- It's hard for the private companies to break off the back-scratching relationship with politicians. They always say, "You scratch my back, and I'll scratch yours."

  민간 기업이 정치인과 유착 관계를 끊는 것은 어렵습니다. 정치인들은 항상 상부상조하자고 합니다.

  - *back-scratching* 상호이익 도모, 아첨, 추종   *back-scratch* 알랑거리다, 아첨하다
  - *back-scratching alliance of government and businesses* 정경 유착

yum-yum
아이 맛있어, 맛있는 것, 맛있는 음식, 냠냠

- That pizza is very good. Yum-yum.

  그 피자는 아주 맛있어요. 냠냠.

  - *yum-yum girl, yum-yum tart* 매춘부

zero hour

결단의 시간, 행동/공격 등의 개시 시간, 발사 시간

- Midnight was zero hour for the bombers to take off.

  폭격기 이륙 개시 시간은 자정이었습니다.

zero in on

겨냥하다, 초점을 맞추다, 모든 관심/신경을 집중시키다

- The president zeroed in on the atomic bomb attack. And the missiles were zeroed in on certain targets, to be immediately fired if necessary.

  대통령은 핵 공격에 관심을 집중했습니다. 미사일은 필요한 경우 즉시 발사되도록 특정 목표물을 겨냥했습니다.

zero time flat

눈 깜짝할 사이에, 순식간에

- Don't worry about that. We can finish the work in zero time flat, and go to the movies as originally scheduled.

  그것에 대해 걱정하지 마십시오. 우리는 순식간에 작업을 완료 하고, 당초 계획대로 영화 보러 갈 수 있습니다.

zonk out

취하다, 몽롱하다, 푹 잠들다, 취하게 하다, 정신을 잃게 하다

- As we drove a long way, we zonked out and slept for 7 hours.

  먼 길 운전 후 잠이 푹 들어 7시간이나 잤다.

zoom in

(피사체/장면 등을) 줌 렌즈로 클로즈업해서 잡다, 확대하다

- He zoomed in on the tiny grasshopper hopping in his living room.

  그는 거실에서 뛰어 다니는 작은 메뚜기를 확대해 보았습니다.

  ● *zoom out* 축소하다

참고 문헌 및 Sites

- accountingtools.com
- American Idioms
- businessdictionary.com
- Cambridge Dictionary
- Collins
- dictionary.cambridge.org
- merriam-webster.com
- investopedia.com
- investinganswers.com
- en.Wikipedia.org
- Longman
- Phrasal Verb Dictionary
- The Free Dictionary
- 네이버 영어 사전
- 에센스 영어 사전
- New 경제용어 사전
- 한경 경제용어 사전
- 매일 경제용어 사전
- 시사 경제용어 사전
- 두산백과
- 위키백과(kr.Wikipedia.org)
- 무역실무, 전순환 저, 한올출판사(2012년 개정판)
- 탄탄대로 대기업 영어, 장시혁 저 한올출판사
- 탄탄대로 실전 비즈니스 무역영어 이메일 패턴집, 장시혁 저 한올출판사

American Idioms & MBA English
미국 실용 관용어와 Global 경영·금융·증권·외환·무역 용어

초판 1쇄 인쇄	2021년 7월 15 일
초판 1쇄 발행	2021년 7월 20일

지은이	장시혁
펴낸이	임순재

펴낸곳	(주)한올출판사
등 록	제11-403호
주 소	서울시 마포구 모래내로 83(성산동 한올빌딩 3층)
전 화	(02) 376-4298(대표)
팩 스	(02) 302-8073
홈페이지	www.hanol.co.kr
e-메일	hanol@hanol.co.kr

ISBN	979-11-6647-097-4

American Idioms &
MBA English